U0795761

王子云传

李廷华 著

陕西新华出版传媒集团 太白文艺出版社

图书在版编目（CIP）数据

王子云传 / 李廷华著. — 西安：太白文艺出版社，2015.8

ISBN 978-7-5513-0826-7

Ⅰ. ①王… Ⅱ. ①李… Ⅲ. ①王子云（1897~1990）—传记 Ⅳ. ①K825.7

中国版本图书馆CIP数据核字（2015）第189761号

王子云传

作　　者　李廷华
责任编辑　王婧姝
整体设计　建森工作室
出版发行　陕西新华出版传媒集团
　　　　　太 白 文 艺 出 版 社
　　　　　（西安北大街147号 710003）
　　　　　太白文艺出版社发行：029-87277748
　　　　　tbwytougao@163.com
经　　销　陕西新华发行集团
印　　刷　西安市建明工贸有限责任公司
开　　本　730mm×1000mm　1/16
字　　数　450千字
印　　张　20.5
版　　次　2015年10月第1版 第1次印刷
书　　号　ISBN 978-7-5513-0826-7
定　　价　48.00元

版权所有　翻印必究
如有印装质量问题，可寄印刷厂质量科调换
印厂电话：029-85282578

序

永远的丰碑

王学理

王子云、何正璜两位学术大家的传记即将出版，令人欣喜异常。作为晚辈的我，因为考古的原因，更因为这秦俑的原因，在 20 世纪 80 年代便走近了他们，得知识，得鼓励，所获殊多。但触及两位前辈的知见，我只不过是面对浩瀚的大海仅拾得岸边一二海贝而已。只恨自己生性驽钝，先生远去，致我错失讨教良机，今日幸逢先生传记出版，也许能补得点滴。

随考古学术的精进，认识两位前辈，读取的是写不尽的碑文，高大伟岸，丰富详尽。其学养、其人品、其行迹、其精神，哪一样不都体现着中国传统美德又显示着现代人文精神，又有哪一样不是留给人间的物质财富与精神财富？现代学人在诸多文化领域中多有建树，但也有相当一些“不知有汉，何论魏晋”，并不知拥“开创之功”者不是自己，而是王子云、何正璜。

王子云先生遍游西欧各国与爱琴诸岛，从西洋美术名迹的考察中深感民族美术遗产的可贵与应受保护的迫切。在他的力倡之下，1940 年成立“西北艺术文物考察团”。他亲任团长，带领包括何正璜在内的八位团员，踏进人迹罕至的荒漠，对敦煌雕塑、壁画艺术做了如实的调查与研究，有不容忽视的开山之功。

他们对河南、陕西、甘肃、青海的文物徒步调查，备尝艰辛。在关中汉唐陵墓调查中，从摄影、文字记录、拓片、写生到翻模，都留下了历史性记录。从尘封已久的《教育部艺术文物考察团西北摄影选》中可以看出其内容庞博，史迹名胜、陵墓与佛窟的雕刻、敦煌千佛洞壁画、古代建筑、工艺图案以及社会风俗，林林总总，无所不包。20世纪后期以来，随技术手段的进步，陕西考古学者对“西汉十一陵”和“唐十八陵”进行了一次又一次的调查、测绘、录影和重点试掘，可说是踏着王子云、何正璜先生的足迹前进，从而取得了新的成果。

“三军可夺帅，匹夫不可以夺志。”王子云先生历经磨难，早已不是掌权的领军人物，既然匹夫不屈，何况王先生是才高八斗、名副其实又刚正不阿的教授？渡过劫难之后，手的残疾迫使他从画家、雕塑家的身份转向学术研究领域。年近八旬的他，以坚强的意志与惊人的毅力，不服老迈之躯，在前有“欧洲之旅”后有“新疆之行”的基础上，再次踏遍祖国大地去做“万里之行”。他对河北、山西、山东、河南、陕西、四川、江西、江苏、浙江、广东、天津、北京、辽宁、山东、安徽等地的古代雕塑艺术遗迹做了重点考察及重复踏勘，并留下详实的纪录与学术见解。这在中国乃至世界美术界都是光耀史册的杰作。“读万卷书，行万里路”，从而做到理论与实践的结合。时下生活、工作条件优越，借一部电脑享尽他人成果、拼凑出研究成果的学人，哪个能同王子云比肩？

搞古代雕塑艺术研究和考古研究一样，都属于实证的科学，首先得以实物为据。雕塑家王子云先生以独到的眼光、丰富的知识从研究角度忠实地把对中外雕塑艺术品的研究结集出版，奉献给当时对自己祖先文明遗留还茫然无知的中国社会。《唐代雕塑选集》（1955年）和《中国古代石刻画选集》（1957年）的出版，在中国这一片雕塑研究的空白地带掀开了新篇章——“美术考古”，为中国美术考古学科奠定了基础。《中国古代雕塑百图》（1980年）和《陕西古代石雕刻》（1985年）两部书，则是前两部书的精选与浓缩。《中国雕塑艺术史》这部心血之作是1988年出版的，收入图片七百余幅，是一部开创性的雕塑艺术通史。尽管还有可补阙之处，但在文物多毁的情况下，毕竟给后人留下了不可再得的真实影像。《从长安到雅典——中外美术考古游记》在读者眼前展开的是一幅欧洲和中国汉唐雕塑全景式的图画。他身后由子女整理出版的还有《汉代陵墓图考》(2007年)和《中国历代应用艺术图纲》(2007年);早年完成的《汉唐陵墓艺术》《中国古代装饰艺术》《秦汉瓦当图录》《关中唐陵考察记》等十多部书稿还有待整理面世。有谁能想到处于耄耋之年的老人以惊人的毅力、不屈的精神,用颤抖的手一字一画地涂写,竟完成一部又一部皇皇巨著,给后人留下丰厚的文化遗产。回想当年情景,不觉泪涔涔。相比之下,今世追名逐利者岂能望其项背?

王子云老前辈的夫人何正璜女士,是位伟大的女性。她精于美术,擅长绘画,又有良好的文学修养和史学积淀,在同丈夫相处的半个世纪里,甘苦与共,相濡以沫,共登艺术文物研究的峰巅。

何正璜虽出身书香门第,但并非柔声细气的娇小姐,而是聪慧多才、胆识过人的巾帼之才。她随"西北艺术文物考察团",同王子云历时五年,行十万余里,踏遍关中大地,调查汉唐陵墓、佛寺道观、长安城址,深入洛阳龙门与敦煌莫高窟,调查石窟艺术,撰写了大量的考察报告、游记与散文。1942年她在重庆《说文月刊》上刊登的《敦煌莫高窟现存佛窟概况之调查》,不仅首次开出莫高窟艺术内容的总目录,让中国人知道自己的"家底",而且对历史沿革、形式演进、类型风格、时代特点做了全面系统的研究,提出了中西文化融合的独到见解。这为以后"敦煌学"的形成,奠定了认识基础。

王子云先生的调查成果及十多部文物艺术专著,均得力于夫人的协助。

1953年,正当何正璜三十七岁时,她结束了颠沛流离的生活,开始长期供职于陕西省博物馆。在这里,她如鱼得水。她担任陈列部主任,在文物陈列、外事接待、文物宣传方面都贡献出超人的智慧和力量。她在馆内建立"西安石刻艺术室",由陈毅元帅题额,展现了陕西古代建筑、陵墓、宗教石刻的丰富内容。她妙笔生花,用大量的文字介绍陕西文物古迹,给人以知识与美的享受。她编著的《古代装饰花纹选集》《西北少数民族图案选集》《唐代的战马》《陕北东汉画像石选集》也都陆续出版。

关心文博建设，何正璜竭尽全力。坐落在大西安南郊的陕西省历史博物馆，就是她向周恩来总理建议而成立的，其功至伟。

她待人和蔼，诚恳谦逊，在培养新人方面更是不遗余力。她本可担任馆长，但硬是推荐年轻人上，充分显示出她提携后辈的高风亮节。她作为全国政协委员，对政府荐言献策，在文物保护、救危扶困方面，处处体现出高度的责任心。

对很多大事，她的见解往往也都带有前瞻性。1940 年 12 月，何正璜随王子云北上，观嘉陵江水发抒感言，希望将来中国办起美术馆或博物馆。她感慨那时“本团虽已不存，而在此开始无人注意及此之时，即已尽力奠其基础。星星火粒燃起民族光荣巨焰，本团定亦在旁为之欣慰无已”。多么有远见、有气量！她的愿望在漫长的岁月里逐渐变成现实，而自己却做了无名英雄，“待到山花烂漫时，她在丛中笑”。

何正璜先生的画作、诗歌、散文、游记、文物考察报告与研究专著，都是她留给世人的珍贵遗产。陕西省历史博物馆编辑的《何正璜文集》，陕西省文史研究馆“长安学丛书”中的《何正璜卷》，均是从她宏著中精选的一部分。

王子云、何正璜两位学术老前辈已离我们远去，其人品、其学识、其精神，树之于碑永远难尽一二。他们二老给中国美术考古界树立起来的是“永远的丰碑”，我们面对二老的传记，只有景行行止。

（本序作者系陕西省考古学会常务理事，中国秦文化研究会副会长，陕西省考古研究院原秦汉研究室主任、研究员，研究生导师，享受国务院特殊专家津贴。）

目录

第一章　江水初发源

1922 年王子云在北京留影

1．大道边缘一小城

安徽省萧县，处于安徽与江苏、山东、河南四省交界处。早在春秋时期，便有萧国，为宋国之附属。周天子分封天下，华夏之野，成三千群国。如果把现代中国三千左右的县名与春秋时期的国名比对，大致都可以各得其所。秦统一后，置萧县，这是萧县最早为县。如今，县改市成为风气，以前的很多著名的县份，像万县、商县，已经再听不到了，萧县则一仍旧名。刘汉代秦，将萧县归入“首善之区”的沛郡，使得萧县沾了龙脉。隋唐之世，县名为龙山。多年以后，萧县的一些画家在舞文弄墨之际，便也把自己的画派冠以“龙山”之名。本书的主人公王子云，其名亦有些这样的意味。以前中国人的姓名讲究意蕴，一名之意不足，还要以“字”和“号”发扬之，像赵云，必得有“子龙”之号相得益彰。武人尚如此，何况文士？王子云原名青露，字子云，云路鹏程之义亦明，以后，他因为图省事，也是喜欢“子云”两个字的潇洒，便索性“以字行”。家邦文化在他身上不能说没有影响。

历史上的萧县，处于四战之地，便经常变换于江苏、安徽的治下。直到中华人民共和国成立以后，它先属皖北行政公署的宿县专区，后归江苏省徐州专区，最终归于安徽省宿县地区。萧县距宿州市七十五公里，而距徐州市只有二十五公里，在安徽省，它是最为偏僻的县治，却又以地接名区，风气并不闭塞。萧县历史上最有名的人物应该是南宋开国皇帝刘裕，辛弃疾词云“寻常巷陌，人道寄奴曾住”，就是写的他。刘裕是梁启超多次夸赞过的历史人物。稀世的武功当然不会在一个地方经常表现，到了现代，萧县地方的骄傲，竟是在几十年时间里出现了多位在全国颇有影响的美术家。除王子云外，萧龙士、刘开渠、王青芳、王肇民、朱德群也都是萧县人。这里，还有一个可以分析的现象，即除了萧龙士一人是传统型书画家外，以王子云为首，多是接受了20世纪初期“新文化”和“新美术”的熏陶和教育，留学欧洲，终身从事美术教育事业的。中国现代美术的大家很有一些，像林风眠、徐悲鸿、潘天寿诸人，都形成了自己的画风，而在乡县之中，同道迭出且蔚为大观，只有萧县可表。

现在从徐州乘火车西行，第一站就是萧县。县城四面环山，城南有龙虎两山相峙，附近又有凤山和石牛山，旧县志有谓：“群峰环抱，锦水带流，蟠龙栖凤，左右通丽，踞虎眠牛，远近回映。”虽然不免渲染，亦有所本。

王子云的家乡在萧县的南海乡守备村，离县城有四十公里路。王子云于 1953 年 5 月 28 日在西北艺术学院填写的“干部履历表”中写道：“我的家庭处于穷乡僻壤的苏北四县(省)交界地带，本为半地主成分，但到父亲手上已成为破落户的自耕农。”(1964 年，在社会主义教育运动中，西安美术学院党组织向王子云家乡发函调查其家庭出身问题，守备村党小组回函说：“关于王子云的家庭，土改时是地主成分，后来改为富裕中农成分。在守备村这情况是没有，在徐州市是否改为富裕中农成分，我们就不了解啦。因为他的家庭在徐州市居住，自土改以后，守备村对王子云的家庭成分没有评审过。”)地既偏僻贫瘠，家庭也绝谈不上富裕，王子云年轻的时候就做小学教员，应该是当时当地比较好的职业。

王子云出生的时间，在现存的记载里说法不同。1997 年，西安美术学院曾经举办过纪念王子云诞生一百周年的活动。如果以此为据，王子云应该是 1897 年出生，而王子云多次填写的个人简历，却都是 1900 年出生。（这三年的相差，出在他读私塾期间，按照王子云二女王蒨所制“王子云年表”，他是 1905 年七岁时入本村私塾就读，而王子云自己所填简历，入私塾是 1907 年。私塾为王子云叔父所办，依常情，自家孩子，读书是要尽早的。1921 年，王子云考入北京国立美术学校的日期，“年表”和简历的时间相同，以后，王子云的活动年代，两说均同，只是年龄不同。在王子云第一次因为政治审查而填表的时候，是 1951 年，实际上他已经五十四岁，填为五十一岁，可能也是为多有几年工作时间。本书对王子云年龄的确定，依据王蒨所制“年表”。）

王子云的祖父王梦其是一个地主兼工商业者，除有土地二百余亩外，还经营了中药店、榨油坊和染布坊，生意都很好，其中尤以中药店为远近几十里知名。这在 19 世纪末期的农村，应该是相当富裕的家境。王其梦有四个儿子，老大春山，早夭无后；次子碧山，有子青芳、青选；三子峦山，有子青照、青露、炎；四子秀山，有子青云、青学。王其梦去世之后，王家逐渐没落。家产一分为三，王子云的伯父得药店，叔父得染坊，父亲得油坊。土地也分成四份，三兄弟各得一份，其余的归祖母，由三兄弟代耕。以后，王子云和堂弟青芳成为美术家，远离家乡。王青芳曾经写过一首打油诗自叙家门：“我与王莽是一家，兄弟七人幸无八。潦倒风尘只两个，一在北平一在法。”他写这打油诗时，堂兄王子云正在法国留学。

1918 年，王子云婶母及其二子

王子云五岁丧母，随祖母生活，得到婶母照顾甚多。婶母出身于书香之家，在日常生活和家庭教育方面，比农村一般家庭就多了文雅。王子云在儿童时期的环境熏陶和性情发育，因为婶母而得天独厚。婶母家里的一个奶娘也是眉清目秀，她为小弟弟喂奶，王子云经常偎在身边，这奶娘的慈眉秀目，竟深深地印在他心里。王子云以后爱美术而以为终身事业，和他少年时期形成的精神潜质是有关系的。以后，他带领西北艺术文物考察团在洛阳龙门奉先寺考察时，见到那尊巨大的菩萨像，立即想起自己婶母家奶娘的样子，那奶娘就是一个河南人。

王子云叔父王秀山（号松岭），考取秀才后在家乡之留影。他创办县立第一高等小学堂，后当选省议会议员

王子云父辈三兄弟中间，唯有叔父王秀山是读书人。叔父考中秀才以后，就在本村开学馆，这学馆不同于一般私塾，是要亮出老师的姓名招牌，要经得起远近读书人的挑剔，如果没有点儿真学问，是开不起来也办不下去的。守备村王家学馆一开，居然吸引来了附近十数里已经读过私塾还想深造的学童，这学馆的红火也如同当年老王家的中药店。以后，萧县成立第一个新式高等小学堂，王秀山被公推为第一任校长。王子云也因为叔父的关系，在读过几年私塾之后，前往三十五公里外的县城上小学。

刚刚在封闭朦胧中苏醒的社会，上小学比今天的青年上大学还要艰难。王子云记得，在三年时间里，每到开学，他利用的交通工具是毛驴和独轮车，三十五公里路要走一整天，有时候赶到天黑刚刚到城外，而城门已经关闭，就得在城外住一夜小店。“鸡声茅店月，人迹板桥霜”的情景，在少年王子云是经常体会的。

王子云的最初成长，这位读书人兼教书人的叔父起了关键作用。贫瘠地区的少年，通过文化学习，往往发生对外界生活的幻想。王子云以后回忆，他在读私塾时，对司马迁描述的“壮游”生活——“余尝西至崆峒，北过涿鹿，东渐于海，南浮江淮”，最为神往；李白所谓“大丈夫必有四方之志，乃仗剑去国，辞亲远游，南穷苍梧，东浮溟海”也是让他心绪萦忽的情景。李白的“四方之志”，最热衷的还是建功立业的政治热情，王子云以后的“行走”生活确实不亚于前贤，在同时代美术家里，似乎也还没有人像他那样到晚年还热心于“行走”，可是，王子云从来没有对政治发生过热情。吴宓曾经在五十岁时想学习班定远（见《吴宓日记》第七册，吴在昆明西南联大任教时曾多次与关麟徵谈“从军”之想），到军队里去立功。王子云那时候和军界也有接触，却从来不生此念。20世纪的文人和政治关系的密切，超过了以往的任何时代，以前科举时代的文人，虽然读书之后便做官，却一生都在“礼教”中生活，个人未必有政治思想，为一“循吏”是善终之途。而20世纪，礼坏乐崩，有“四方之志”的知识分子，被建设新时代的热情所激励，投入时代浪潮为大势所趋，即使对政治缺乏热情者，也几乎无人能够逃脱政治风潮的挟裹。王子云在半百之后，就不断地被政治运动缠绕，其实，从他最初读书的时期开始寻绎，专心于艺术，游走其间而心不旁骛，在20世纪的知识分子里，实在是少见。

王子云读本县高等小学的时候，就喜欢画画。教美术的老师会画螃蟹。这时候，齐白石还没有为社会知晓，王子云在萧县这小地方更不知道外面有位画虾蟹的大家，在他的视野里，小学校的美术老师就是了不起的画家了。他的哥哥也喜欢画两笔，这就在少年王子云的心里种下了美术的种子。他画起画来有些入迷，而对其他功课就没有什么兴趣。小学毕业之后，王子云考上了设在徐州的江苏省立第七师范学校。这是辛亥革命发生后次年即1912年的事，从这个时间也可以旁证王子云的年龄，他不可能在十二岁就上师范学校。当时师范学校学制，预科一年，本科四年，王子云是第一届学生，缩短学制一年，毕业时间是1916年。师范学校同学中间有萧县同乡徐朗秋，有江苏丰县人刘季洪，以后，王子云生活中几次关键性转折，均和刘季洪有关系，而徐朗秋也是见证人。第七师范学校校长是刘仁航先生，他对地方历史古迹很有兴趣，这对王子云以后的“考古”

1921年，王子云在萧县举办个人习作展览会

兴趣产生了影响。美术教师是孙捷先生，毕业于上海美专。当时美术教学内容多为临摹，但已经不是中国画，而是用铅笔水彩画在“洋纸”上的“西洋画”。王子云在全班五十多名同学里，美术课是学得最好的，而其他功课则大不如人意。这时候，他就意识到自己毕业以后只能当美术教师。师范学校的美术课每周只有一次，远不够专业化，王子云不能满足，在第七师范学校毕业以后，没有直接回萧县任教，而是立即往上海进入张聿光、刘海粟二先生为校长的私立上海西门图画学校学习。王子云的绘画已经有相当基础，在图画学校同学中也是成绩比较好的，但也因为学习成绩好，却给自己带来麻烦：张聿光先生教铅笔素描课，多为静物，先由他画成，再给同学临摹。可见当时一般学生还缺乏写生能力。同学徐朗秋画得不如王子云，他将王子云画的一张已经被张先生打过分的静物作业，用橡皮擦去王子云的名字，当成自己作业交卷，结果得到的分数比王子云原先的得分少了十多分。徐朗秋不思己过，反而在课堂上质问张先生，说他是“看人给分”，结果是“此地无银三百两”，惹得张先生大怒，决定开除这个学生。事情一抖搂出来，王子云也受牵连，他们两人都没法再在这个学校待下去，又转到周湘先生任校长的上海艺术师范学校。这个学校全部学生只有二十来人，教学质量远不如西门图画学校，没有待多久，王子云就离开此校回萧县。在上海进两所美术学校的时间不到一年，但王子云学到了对照石膏模型画素描和静物写生方法，为回萧县当美术教师和以后自己在美术方面的深造打下了基础。在当时的萧县，能够基本掌握这种西画方法的，王子云是第一人。

在王子云刚刚接触社会的初期，他的命运不幸而且悲惨。对他的成长最有影响的叔父，因为开创家乡现代教育的功绩，先是被推举为县高小校长，继而又被推举为省议会议员。这个开地方风气之先的人，也期望到外面寻求更大发展，但最初的顺利再不重现，他处于郁郁不得志之中，竟病死北京。王子云的父亲，更是死于非命。辛亥革命推翻了封建王朝，是历史的大进步，但在当时，也造成很多地方的权力真空，“有枪便是草头王”成为一时普遍现象。萧县地处几省交界，本来是个近于“三不管”地区，当时更是盗匪横行。王子云家乡叫“守备庄”，离河南省境只有七里路，可以想见历史上牵涉兵战的情形。这时候更是垒土为寨，以图自保。在土匪的多次攻掠下，寨子三次被破。王子云的家庭本来是村中富户，三次都是首当其冲。土匪每次攻寨，都是在大冬天的年关时候，这时候的农村，富户经过一年经营，都在收粮入囤、收钱入柜，穷人家里也多少有点年货，攻进寨子总是会有所斩获的。守备庄寨子第一次被攻破，王子云家里的人躲开了，家里财物被洗劫一空，房屋也被烧。土匪第二次来，是在大白天，恰是王子云在徐州读书期间的一年寒假，他听见外面的人高喊他们是来抓土匪的军队，要进家搜查。王子云的父亲知道是诡计，严守家门，结果外面土匪冲进门来开枪就打，父亲当场倒地。土匪更是将王子云身上衣服剥光，并将家里牛车也推走。家人慌乱惊恐，待土匪离去之后，才发现一家之主腰中枪弹，家人在哭号里眼睁睁看着他挣扎而死。这个家庭一时间陷于崩溃。不料当时萧县的匪祸却是一茬接一茬，父亲死后不久，哥哥也被土匪绑架枪杀。这样的奇祸凶灾，不仅将一个家庭推入难以恢复的苦痛深渊，也给青年王子云的精神造成巨大的伤害。王子云自称，他以后的某些孤僻内向的性格就与这样的经历有关（王子云：《八十九岁自述》，《美术史论》1990年第1期）。

萧县地方，传统的书画之风很盛，王子云在少年时期就受到影响，他在师范学校学习时也独钟美术，毕业之后又前往上海继续学习一段时间，即回本县高小担任美术教师。现存王子云最早的一张照片，是他于1921年在萧县举办的个人美术展览会留影。画面上展出的几乎全部是素描写生和色彩风景，中国传统的山水花鸟画找不见一幅。这时候的王子云，已经接受了徐州师范学校和上海图画学校的两次美术教育，并且准备再往北京美术学校深造。他表现出来的是和传统中国画家的不同，也和萧县的“书画传统”不同。几十年后，萧县被称为“书画之乡”，论起名气资望之高，多以王子云为首。但是，20世纪末期，蔓延全国的“书画热”，几乎全又回到传统的山水花鸟和书法，而萧县籍画家，从王子云以下，刘开渠、朱德群等，则几乎都不搞传统意义的“书画”，只有萧龙士和以后长期在北京生活的王青芳是例外。王子云的美术道路完全是“新学”途径，这可以说明王子云的“得风气之先”，可是，他自己的命运，也因为这样的“新学”路子，使得晚年几近穷愁，其中幽微，也真使人不能不有所思。

1924年，刘开渠赠王子云的小像，上题：子云我师：你底学生开渠，于北京。一九二四，三，四。

王子云在萧县高小最值得回忆的事情，应该是他发现并开发了刘开渠的美术天赋，并把他送上终身从事美术事业的道路。据王子云在《八十九岁自述》里讲：刘开渠在萧县高等小学学习时，图画成绩就表现突出，当北京美术专科学校在1920年招考学生时，王子云自己也想去报考，因为北京美专是当时全国唯一一所国家办的美术学校。但这所学校当时是中专性质，按规定只能招收高小毕业生，王子云早已经是徐州师范学校毕业，超过资格也失去资格，而刘开渠那年刚刚毕业，王子云就鼓励他去考。当时的刘开渠家庭经济很困难，他父亲因为喜欢玩鸟，不务正业，使得家境破落，到刘开渠高小毕业，实在无力供他到外面再深造。王子云知道，萧县这地方，既穷又乱，一个高小毕业生如果不能到外面去求学，以后的人生道路就很难有发展。他跑到县教育局，居然为刘开渠请求得到每年一百二十块大洋的助学金。这笔钱在当时相当于一个工人一年的薪金，毛泽东当时在北京大学图书馆当管理员，每月薪金就是十元（还有一种说法是八元）。刘开渠对这段生活回忆道："萧县高等小学有位美术课老师王子云先生，他教我们图画。我看见他什么都能画，给人家画像，寥寥几笔就勾画出来，而且很像。我很羡慕，自己也拿起笔来，学着他的样子画，可是我画什么却不像什么。我很想像他一样，会写会画，因此我特别爱上他的美术课。课外我常到他住屋，看他作画，他也很耐心地给我讲怎样算好，怎样算不好。我下决心，一定要学会画画。在图画课上我用心画，课下也常常画。这样，我的图画成绩就逐渐成了全班最好的一个。我家中无一人识字，亦无一本书，更不用说美术了。我从好奇开始，从羡慕小学美术老师的美术技能开始，逐步培养起对美术的爱好，想学美术。而能够走上美术专业的道路，主要还是我从小就有不畏艰难、不怕曲折、不计成败的坚定意志……1920年，我高小毕业了。有钱人家的孩子都有了出路，我没有钱，不能升学，必须回家。不能升学，使我非常难过，我尤其是一百个不愿见到我父母不和以及整天哭闹的家。正在这绝望的时候，好心的王子云老师，问我想不想到北京学美术，说那里新办了个美术学校，招收高小毕业生。我说我当然想去，但没有钱。王先生劝我去投考，并托他的朋友给我请准了'萧县学生留外资金'，作为去北京的生活费……王老师把我托付给一个在北京法政大学读书的同乡，就跟着他千里迢迢地来到了北京。"

20世纪20年代的中国，新文化风气初开，给那一时代的青年提供了投身文化而改变命运的发展机会，一个小学毕业生而能够远赴北京求学，在今天听来近乎天方夜谭。如果见不到刘开渠先生的自述，今天的读者也可能会疑惑：一位现代中国的雕塑大师和美术教育家，怎么会是家里无一人识字？时代的机遇，再遇上有心人的无私帮助，就改变了一个人的命运。

2. 在北京

王子云把刘开渠送往北京不久，在第二年春天，又在报纸上看见北京美术学校将开办高级师范科的消息，学校由中专性质改为大专，招生范围也随之扩大。王子云在开考前半个月赶到北京，这时候，是他的学生刘开渠在北京迎接他。王子云和刘开渠这一对师生，命运对他们的安排真是有趣，似乎每一次重要的改变，都是王子云在后面推一把，刘开渠又跑在前面迎接自己的老师。以后，王子云到巴黎留学，又是刘开渠先到了那里，而且即将毕业回国，刘开渠租的房子就让给王子云，让他省去初来乍到人生地不熟的很多麻烦。他们个人的关系，王子云是老师，刘开渠是学生，而在北京美术学校和巴黎高等美术学校的关系，按先来后到的排序，刘开渠又应该是学长了。

当时的北京美术学校位置在西单京畿道街，没有学生宿舍，所有学生都在附近租房子住。这也是当时北京的普遍现象，北京大学在沙滩，学生就多有在当时开辟为公园的中南海里租房的。王子云租的是一处单间小房，连吃带住，每月只需八元。这样一算，刘开渠每月有十元助学金，日子应该过得可以了。以后的岁月，特别是到了晚年，刘开渠每回忆起自己的人生道路，总是不忘恩师在命运关键处的提携指引，这应该算得中国现代美术史的一段佳话。

王子云在北京美术学校的学业并不顺利。王子云进的这个班为师范性质，食宿学费都由学校提供，但手工劳作课的材料费须由学生自己负担。入学第二学期，就有同学提出此项费用也应该由学校负担。校长郑锦不同意学生请求，学生则和任课教师发生冲突，郑校长认为学生是无理闹事，宣布将四名出头的学生开除学籍。王子云不在这四人之列，但也被记过处分。王子云当时也是血气方刚，不甘受辱，便离开了学校。

当时的北京，刚刚发生了五四运动，学生在学校里是很有发言权的，从北京美术学校的这次冲突来看，学生颇有天之骄子、一往无前的气势，是一点儿亏不吃、一点儿委屈不受的。学潮的发展，使得郑锦在北京美术学校控制不住，不得不离开。教育部派来几人也无法维持，而想当此校校长的还大有人在。除徐悲鸿、林风眠这样的留洋专家以外，连蔡元培这样的民国元老、前教育部长也在学校内外人士的游说酝酿之中，最后居然用全体教师学生“海选”的办法，选出林风眠当校长。学生人数当然比老师多，可以说，林风眠当校长，实际上是学生选出来的。五四运动之后的北京，没有一个大专学校的校长可以不买学生的账而能得自安。郑锦校长办北京美术学校，是中国现代公办美术教育的第一家，他应该是有开创之功的，却因为处理校务的具体问题和学生冲突，竟不得不离开学校。王子云虽然不是“学潮”的主要人物，当时，也自觉理直气壮。他离开了学校，不再是北京美术学校的学生，但他却受到一些教师的同情。当时北京美术学校的老师、留英的李毅士和留法的吴法鼎，对郑锦就很不满，这里面既有平时教育路径和方法的不同，也有为人的不同。当王子云不能在学校待下去之时，他们表现出同情。他们发起成立的“阿博洛”学会，是以学校教师为主要成员的研究性团体，却不仅吸收王子云参加，还要他当了负责日常事务的“干事”。王子云正在为难之际，被老师们这样支持，不啻雪中得炭，他的工作就表现出格外的热情。“阿博洛”学会是北京的第一个新美术团体，1922年秋天成立，第二年春天，便举办了会员作品展览，到暑假期间，又在师范大学举办美术讲习班，招收北京的中小学美术教师和业余美术爱好者讲授新美术知识。1924年，又举办第二届美术作品展览会和暑假美术讲习班。由于是一些志同道合的美术家的自发行为，参与者的积极性超过了在学校的例行授课，这些活动又注重社会影响，当时的所有活动都被北京大小报纸报道，一时间，“阿博洛”学会的声誉甚至超过了出现裂痕的北京美术学校。吴法鼎、李毅士、王悦之等老师也有用“阿博洛”学会与郑锦分庭抗礼的意味。王子云作为学会干事，一切活动的策划和组织实施，包括参加活动的人员接待，活动地址的联系安排，宣传稿件的撰写投送，都由他这个“干事”一力承担。学会的参加者多是教师，大家每人出一点儿会费，就帮助了王子云的生活。当时一个教师的工资，大学教授月薪在三百元以上，中专教师也在一百五十元以上，而养一个失学的学生，每月有二十元就可以解决其生活基本需要。王子云没有留下他在“阿博洛”学会当干事时期的收入记录，但可以想见的是，他的收入并不比当一个师范科学生的助学金差。他当时的年龄已经在二十五岁左右，比一般学生大出许多，就是以后来北京美术学校当校长的林风眠，也比他小。王子云失学，这是他的不幸，他却直接进入了北京的美术界，也是他的幸运。由于在“阿博洛”学会的工作得到老师们的赏识，王子云被推荐到平民中学当美术教师。

“阿博洛”学会的发起人，既有李毅士和吴法鼎这样留学“西洋”的教师，也有夏伯鸣、王悦之、章启这些留学“东洋”的教师，在当时的北京美术学校，这已经是几乎半数左右的教师阵容了。郑锦校长因为开除学生和一部分教师形成对立，“阿博洛”学会又用王子云这样为郑校长不容的学生为“干事”，在社会上的活动且有与学校分庭抗礼的作用，这就不能不让郑校长恼火。北京美术学校是在当时北京政府支持下开办的，北京政府当然支持郑锦，为郑锦所不容的李毅士和吴法鼎便于1924年暑假之中，被郑锦辞退。王子云已经是平民中学教师，主要精力当然得放在学校。李、吴两位老师被辞退，在北京就没有了立锥之地。他们是留洋归来的美术专家，不可能像王子云这样来当一个中学美术教师，而当时的中国，除了北京，就只有上海还有美术学校，而且，上海的美术学校还都是民办性质。李、吴两位老师因为同情学生，而丢了教职，他们都不得不离开北

1922 年，王子云（后排中）在北京与“阿博洛学会”同人

京，前往上海谋职。北京的“阿博洛”学会因为没有了主将，也渐渐式微。王悦之先生后来将学会改为研究所，又发展成为私立北京艺术学校，但这是 1926 年以后的事情了。那时候，中国美术界的重心，又因为“北伐”的胜利和国民党政府的定都南京而向南方转移。王子云也是在那样的形势里，离开了北京。

“阿博洛”学会的几位主要成员，都是英年早逝，其中尤以吴法鼎先生命运最为悲惨。吴法鼎是河南信阳人，字新吾，出生于 1883 年，1904 年入北京译学馆，以后留学法国，先学法律，后在巴黎美专学油画，回国后就在北京美专任教。1924 年，他离开北京后，到上海美术学校任教，不久后逝世于上海至常州的火车上，时年仅四十一岁。

李毅士是江苏武进人，名祖鸿，以字行，出生于 1886 年，堂叔是写过《官场现形记》的李宝嘉。李先生早年留学日本，后转英国格拉斯哥美术学院，毕业后又重进物理系学习，回国后曾主持理工学院。他这样的经历可以想见其人生抱负，科学救国和艺术救国的道路在几十年的生命里纷至沓来，也因为自己的性情难以羁束而每遇坎壈。他被迫离开北京美专后到了南京，先后在南京高师及中央大学教授美术。抗日战争开始后，李先生随中央大学迁重庆，后来干脆辞职作画。他和徐悲鸿有些相像，喜欢用油画作中国历史，徐悲鸿画了《田横五百士》《愚公移山》等，李先生则画了《长恨歌》。他于 1942

年在桂林逝世，时年也只有五十六岁。

王悦之即刘锦堂，号月芝，以后以“月芝”的同音为名，他的真名倒被人忘忽。王先生为台湾人，从日本东京美术学校毕业后即来北京美术学校任教。当李毅士、吴法鼎等离开北京之后，他独力支撑“阿博洛”学会。随后，他也到了杭州，成为国立西湖艺术院的第一批教师。他比王子云大三岁，在西湖期间，应该是比较相投的。以后，林风眠在1955年“肃反”环境里向调查人员提供王子云的材料，就说王子云最熟悉的人是王悦之。王悦之先生出生于1894年，1937年去世，才四十三岁。他的大量作品却被有心人保存下来。1994年，台北和北京相继举办了纪念他的作品展览。王子云在1990年的一次谈话录音里说，王悦之是他很敬佩的老师。在中国美术馆举办王悦之作品展览之际，北京的一些美术界人士谈到关于中国20世纪30年代油画创作的评价问题，闻立鹏说：“30年代的这批画家把油画的技法、艺术基本的奥妙之处已掌握了，特别是王先生明显地从现代角度观察西方艺术，达到非常高的水平。但历史上没怎么提到他，不仅是王先生，30年代很多画家的介绍都非常少，实际上咱们割断了一段历史，不自觉地抹杀了他们。”（《美术家通讯》1995年第5期）王子云也是属于“从现代角度观察西方艺术，达到非常高的水平”的一位，他以后的艺术实践将有辉煌的表现。当时北京美术学校的先生们均非等闲之辈。王子云因为已经倾情于西画，对国画没有再留心。其实，当时北京美术学校老师陈师曾，即是当时最有成绩的文人画家，也在尝试绘画的“中西融通”。王子云没有受到他太多影响，而跟随王子云也来北京读美术学校的堂弟王青芳，却在国画和篆刻方面得到陈师曾先生的真传，以后又向齐白石学习，成为北京的花卉和篆刻名家。北京美术学校的同学还有李苦禅，他也是走了中国画道路，也与王青芳一样，拜齐白石为师，以后成为大写意花卉的一代名家。

3．平民中学和孔德学校

1922年，王子云任北京平民中学美术教员时，在画室中做人像写生

王子云于1922年离开北京美术学校第一届高级师范科以后，由学校教授李毅士介绍到平民中学任美术教员。这家学校是教会出资、带有社会福利性质的学校，校长是著名历史学家陈垣（援庵）先生。陈垣以后又出任过辅仁大学和北京师范大学校长。新中国成立后，中国科学院设立三个历史研究所，由郭沫若和范文澜担任第一所和第三所所长，分别负责中国上古史和近代史研究，负责中古史的第二所所长在陈寅恪和陈垣之间备选，因陈寅恪不愿意到北京，最后由陈垣担任。这位大历史学家，在故宫博物院刚刚成立时就出任图书馆馆长，其治学渊薮是传统中国学问，结交当时书画名士，也多为传统翰墨金石之家，但他为自己的大女儿聘请家庭美术教师，请的却是学习西画出身的王子云。在20世纪20年代，有时代意识的文人都在追骛新学。当时还有一个有趣的现象，即“新学”的大本営在不久前还是封建朝廷所在的北京，尤其是从“京师大学堂”衍变而来的北京大学，成为“新学”人物的养成所。而上海这“十里洋场”，除了为市民生活服

务的通俗文化发达之外，学术文化界却远没有北京的新锐气象，在书画艺术方面的表现最为明显，大批前清名士在上海滩卖字卖画，而北京倒没有他们的地盘。王子云在北京美术专科学校参加的“阿博洛”学会，就是明章大号学习西方艺术的团体，李毅士和吴法鼎先生都是中国最早留学欧洲的油画家。这一时期的北京画坛，老一辈若陈师曾，在日本学习多年，虽然秉承的还是传统中国画的笔墨功夫，但已经接受“为人生”的艺术思想，是处于“新”“旧”之间的艺术家。徐悲鸿和林风眠都是中西画兼能而又以“洋办法”教学者。王子云在三家美术学校学习过，都是学的西画，“阿博洛”更是西画研究团体。王子云在平民中学当美术教员，教的当然是西画。西画的教学方法，素描色彩的严格练习，透视比例的科学规范，有其立竿见影之功，最能够和“新学”思想吻合。陈垣校长选家庭美术教师，不用北京城里诸多丹青妙手，而独认学西画的王子云，可以看出当时的一种文化风尚。无独有偶，当时该校教务主任马隅卿，即马廉（著名学者马衡的弟弟），是一个饱学之士，对新派画家王子云却也是欣赏有加。马隅卿喜欢美术，本来也接触的是传统中国画，来了王子云，他请王子云为他画了一幅油画像。这和以前传统文人画的“写意”是大大不同的，首先是“像”——几天时间的对面写生，画家手里的画笔就活灵活现地把对象“定”在画幅上了，光线色彩的真实表现，更使得人物栩栩如生。这样的画法和效果，中国传统人物画家是不可能实现的，现在看以前流传的“历代帝王图”，汉武帝和唐太宗没有多少区别，一幅李太白，你说是苏东坡也没什么不可。从康熙用郎世宁开始，西画的写实方法渐行于华甸，及于慈禧太后，她治下多少名画家，但她就能够耐着性子让洋画家为自己“写真”。西画，国画，各有所长。在20世纪20年代的中国，西画正在“物稀为贵”的时候，王子云在北京能够生存下去，端赖其术业之“新”。如果王子云当时是一个传统画家，其命运就又是另外一番可能。

王子云虽然没有在北京美专毕业，但学习西画已经多年，任“阿博洛”学会干事使得他的社会活动能力得到锻炼，和陈垣、马廉的交往，又使得他在北京文化圈里有了一些“人脉”。到平民中学教书不久，马隅卿便聘王子云为孔德学校的美术教员。原来马先生的本职是孔德学校教务主任，在平民中学是给陈垣帮忙。陈垣办平民中学，本来有为社会尽道德义务的性质，经费困难，请不起专门的教务主任。当时的知识分子，普遍具有社会责任心，马廉、陈垣之谊，可见一斑。乐意提携后进、济困扶危，是文人本色，当时用尚无大学文凭的王子云，也出一概。陈垣以后还曾破格使用启功，让这位“中学生”成为北京师范大学的“副教授”（而启功亦铭记师恩，成为中国书法家协会主席之后，将自己卖字所得一百五十万元设立“励耘奖学金”，堪为现代文坛佳话）。王子云进入孔德学校不久，故宫筹备建设博物院，马衡为筹备负责人，陈垣为博物院图书馆馆长，马廉也介绍王子云成为故宫古物接收委员会的成员。新知故物，口沫手砥，王子云得到了以前不敢想象的文化环境，进入了一个更具北京文化特色的圈子。

孔德学校为蔡元培和李石曾于1917年创办，校名是为纪念法国实证主义哲学家孔德。蔡元培和李石曾是留法勤工俭学活动的创始人和组织者，20世纪之初，中国知识分子追求民主共和社会理想者，多以法兰西革命为师。大批青年到西方学习，除少数得到“庚子赔款”的公费生外，更多的是依靠“勤工俭学”办法出国，而“勤工俭学”又以前往法国者为最多。李石曾在法国巴黎办起了“中法大学”，北京部分为其预科，而孔德学校又是其附属中学。因为学校在故宫边上的东华门，与时在沙滩的北京大学一箭之遥，实际上孔德学校成了北京大学的子弟学校。因为这样的原因，孔德虽为中学，来任教的却有很多是北京大学教授。教务主任马隅卿本人，以后也做了北京大学教授。周作人曾经在《知堂回想录》里谈道：“我与隅卿相识大约在民国十年左右，但直到十四年，我担任了孔德中学部的两班功课，我们才时常见面。当时系与玄同、尹默包办国文功课，我任作文、读书，曾给学生讲过一部《孟子》《颜氏家训》和几本《东坡尺牍》。”当时的王子云，在孔德学校就经常和北京大学的这些名教授们共事，学生也多为北京大学教员的孩子，李大钊的孩子李葆华、李星华，钱玄同的孩子钱秉雄和钱三强，周作人的两个女儿，还有孔德学校董事长沈尹默的孩子，都在孔德学校读书。（王子云长子王华与侄子王同亦在此读书。）以后王子云回忆，北京大学这些名教授的孩子，以后几乎没有专门学习美术的，但当时的教育环境，对美术还是很重视，他和一些学生也保持了长久的师生之谊。在王子云毕生的转徙奔波里，应该以孔德中学的几年生活最为愉快。北京大学的这些名教授，多为文章道德君子，满腹经纶而待人以诚，乐于扬人之善。王子云也从他们的风范回首自己的往昔，他对刘开渠的帮助，在当时就是出于对自己的学生的关心，一片热心，一番努力，竟改变了一个乡村孩子的命运。那时候的知识分子，也搞斗争，有时候还搞得很激烈，但多有五四以来争自由、反专制的色彩，而同人之间，则多肯互相帮助；在一起和当权力量发生冲突之时，参与者还多取“同进退”的态度。这里面既有利益的互相连带，也可见道德风义。西方的民主平等自由理念和中国传统文化里的人情温暖，在这些领时代风气的知识分子身上表现得最为充分。以后，王子云的生活，从一个美术专业者而又潜心于学术，对他个人的命运或者并没有带来实际的利益，甚至使他进入人生苦旅，但也正是这样的一个生命，其悠长表现和斑斓色彩，透逸出时代文化的变易。王子云晚年回首平生，每言及孔德时期的生活，充满怀念。

收入的丰裕也和精神生活的愉悦相得益彰。孔德学校的待遇之高在全国是有名的，因为虽然名为私立中学，却得到一部分“庚款”支持。王子云曾经回忆，他的月薪在百元上下，而每月的生活所需，不过十元左右。以后，王子云游历欧洲达七年之久，相当一部分费用就靠的是在孔德学校教书几年的薪水积蓄。王子云这时候离开萧县小城不久，北京职业生活的丰富和收入的惬意与穷乡僻壤对比强烈。其实，那时候的大学教授，收入更加令人咋舌，像周作人教授月薪为三百余元，又兼孔德之课，加上稿费收入，月入在千元上下。而大学中一个普通工役的收入不过十几元，已经勉强可以养家糊口。就聘孔德后，王子云还把自己的堂弟王青芳、同学赵人麐也介绍到孔德任教。当时的北京，旧式的文人画家有很多，求得教职颇不容易，而作为北京美术学校的第一批学生，王子云等人可谓得风气之先。那一时期，在王子云一生中，应该是最舒心的一段。他和马隅卿等人经常在北京的"东来顺""全聚德"等饭店聚餐，"轮流做东"是十分轻易的事情。在他晚年所写的《中外美术考古游记》一书里，曾经这样写道："我在孔德时每月工资七十、九十、一百一十元不等，而当年学校每月伙食费是三元、四元，如此连每月衣履零用，十到十五元即够。而我只是单身汉，无任何家庭负担，每月收入除存蓄之外，吃馆子就是很经常的了。这也是由于教务长马隅卿是浙江宁波人，最爱吃也最善吃，记得当时东安门外的'全聚德'烤鸭店，'一鸭三吃'（除烤吃外还有鸭油炒鸡蛋，鸭骨身炖白菜）是我们的常菜，而东安市场的小吃就更不用说了。"（王子云：《从长安到雅典——中外美术考古游记》，陕西人民美术出版社 1992 年第 1 版，第 248 页。后均简注为《中外美术考古游记》）

孔德作为中法大学的附属中学，十分注意培养学生的艺术情趣。学校位处东华门大街与北池子之间，旧"宗人府"的大院高堂尽为所用，学校外面不远就是故宫、北海。当时的校歌唱道："我们可爱的孔德，我们的北河沿，你永是青春的花园，你永是智慧的来源。"（邓云乡：《文化古城旧事》，中华书局 1995 年 1 月第 1 版，第 87 页）几十年后，有首名为《让我们荡起双桨》的歌，将首都美好风光和北京少年的幸福生活唱得荡气回肠，让未得其幸福生活的人无限羡慕，其实，那情味意态全是从这"孔德学校校歌"来的。王子云那时候的心境，也如荡起理想之桨的少年，家乡充满血腥的回忆渐渐远去，代之以恣情任性的名士气。马隅卿就是以其名士气而著名的，他收集明代通俗小说，便自号"不登大雅之堂"，收得《平妖传》，遂自号"平妖堂主人"，又自号"云雨窗欹枕室"。看似有些散漫不经，其实，马隅卿的治学、办事都有建树。应该说，王子云以前在几所美术学校的学习生活，是以学习技艺为主，而孔德学校及其联系的文化圈子，却使他得到更多文人性情的影响。孔德，是他生命中一段深情的回望。因为学校的性质决定，王子云在孔德学校教过的学生，以后以学习外语和工程者居多，但是，在几十年后，他们对这位教美术的老师还是记忆如昨。王子云记得，他的学生里除钱三强等名人外，还有以后在教育岗位上默默奉献的北京大学外文系教授陈定民、蒋人宇、齐香等。多年之后，他到原孔德学校旧地游历，触景而思昔，引发唏嘘无限。

在孔德学校期间，王子云又参加了一个"红叶画会"，在这个沙龙性质的组织里，除他是专业美术教师外，其他的几个主要成员，都是另外有职业的文化人，其中有：

萨空了，满族人，当时是《北京晚报》副刊编辑，以后又到《世界日报》任副刊编辑。

他在搞新闻的同时，又业余学画，还在燕京大学新闻系的刊物《新闻学研究》上发表了《五十年来中国画报之三个时期》。以后，萨空了参与政治，为中国民主同盟的重要干部，为此曾经坐过国民党的监狱。新中国成立后，萨空了成为高级干部，担任过国家新闻出版总署副署长兼人民美术出版社社长，以后又任国家民委副主任、全国政协副秘书长。因为萨空了身居高位，王子云和他联系不多，但为出版《中国雕塑艺术史》，王子云曾经找他，萨空了很帮忙。

初大告，参加"红叶画会"时是北京真光电影院英文翻译。那时候的进口电影，都没有翻译成中文，一般由懂外国语的专家先行翻译，再由口齿清楚语言流畅的播音员在放映时一句一句当场口诵。这样的"翻译"办法，一直延续到20世纪40年代。著名的外国文学专家吴宓教授在昆明也做过这种工作。这一行的前辈应该算初大告先生。初大告以后入英国剑桥大学学习，王子云到英国旅行时，又得到他的接待。他在新中国成立前几年也曾经在西北大学任教，他一生和王子云的缘分真是不浅。新中国成立后，他为北京外国语学院的英文系主任，还当过九三学社的中央委员。

谭旦冏，《北京晚报》编辑，萨空了因为他的介绍进入《北京晚报》，他因为受萨空了的影响而参加"红叶画会"，以后便以美术为专业，到法国专修美术，并以考古为职业。以后到台湾，做了台北故宫博物院的副院长。

1923年，王子云（右一）与"红叶画会"同人在北京

1922 年，王子云（左一）在北京孔德学校任教时与同人及学生

此外，参加“红叶画会”的还有梁晋华和夏承枢、赵人麐等。赵人麐是王子云介绍到孔德学校的，以后是重庆大学教授。梁晋华以后调往上海海关工作，王子云从法国归来时候，一批字画书籍就寄存在梁家，可见友情之深。在“红叶画会”成员里，只有夏承枢是闲居在家，后早亡而不名于世。

据萨空了女儿萨沄所叙：“‘红叶画会’是个松散的美术组织，没什么章程，就是每周日上午在谭旦冏住的江西会馆聚在一起画画。”（《著名民主人士传记丛书——萨空了》，花山文艺出版社，第 13 页）那时候，王子云已经结婚，并且有了儿子王华，家乡的妻子靠分在王子云名下的几十亩地生活，日子也还过得去。王子云对这桩婚姻显然没有什么感情，在多年的职业生活里，妻子张素娟只与他在北京生活过一年多，他一个人在北京，可以说是优哉游哉。在几年的聚会和画画的生活里，他和“红叶画会”的朋友们享受了北京 20 世纪 20 年代优裕的生活空间。

4. 南下

孔德学校待遇优厚，但作为留法预备学校，毕竟不可能以美术教育为重点，王子云还是希望自己在美术专业方面有所建树，当这样的机会到来时，他就放弃了在孔德学校平静而优裕的生活，于 1926 年来到南京，任中山大学民众教育馆美术部主任。

北伐开始以后，北京政府风雨飘摇，大批文化人也从北京往南方发展。王子云当年在徐州读书时期的同学刘季洪首任南京中山大学民众教育馆馆长，显然也是作为国民党的政工干部去发挥作用，若罗家伦在同时期前往清华大学当新校长。王子云在书里曾经提到刘季洪，说他从法国归来旅行河南时，曾经与时任河南大学校长的刘季洪接触。任职南京民众教育馆一事，就没有提刘季洪，以后到西北大学任教，也只提萧一山而未提刘季洪。这里面的幽微显然是有所忌讳。因为刘季洪虽然几次在教育部门任职，却是陈立夫麾下的重要干部，以后一直跟着蒋介石和陈立夫去台湾，由台湾师范大学系主任、政治大学校长一直做到考试院院长。王子云对这样一个社会关系，没有办法完全回避，但每一提起，难免心有余悸。这样的幽微，在林风眠证明王子云和自己关系的材料里，也可以看出来。林风眠说他和王子云是在南京认识的，其实，林风眠在 1926 年被选举为北京艺专校长之后，虽然李毅士、吴法鼎已经走了，但王悦之还在，“阿博洛”学会并没有解散，王子云到孔德学校之后，又搞“红叶画会”，这是当时北京画坛的热闹事，他们不可能不接触。这样的话语隐晦，都是 20 世纪 50 年代的政治环境所致，不知道哪句话会给自己和给别人带来什么麻烦，多一事不如少一事，多一句不如少一句。当这些历史迷雾中的人物终于成为历史人物，他们自己的隐晦却给后人带来寻绎考辨的困难。

王子云离开孔德学校，他的堂弟王青芳却留在北京。王青芳在北京艺专毕业以后，又被王子云援引进孔德小学教美术课。当林风眠、王子云这些以西画为主业的画家相继南下之后，也是学西画出身的王青芳却拜齐白石为师，跟他学写意花卉和篆刻，到三四十年代，王青芳已经是齐白石弟子中的佼佼者。他对西画功夫的保留是木刻，自号为“万板楼主”。当时和王子云一起在北京艺专同学的李苦禅，以后西湖艺术院的李可染，也相继拜齐白石为师，都取得卓越成就。王青芳也是才高遭嫉，五十六岁就死在中央美术学院。其家属后人又没有一个搞艺术，致使其作品风流云散。从这几位和王子云有过命运联系的画家的发展变化观察，可以看出一个现象：开始学习西画而后归于国画者，最终成绩都比较明显。国画在“西学东渐”风潮下经历了考验，中国的文化土壤里，最终还是表现出更大的适应性和生命力。

离开北京，王子云来到南京，马上担任了民众教育馆美术部主任，在王子云一生的多次迁徙里，这一次应该说是明智而得宜的。经过几年的教书生涯和在北京美术界的活动，他已经是一个有影响的画家和美术活动家，再加上民众教育馆馆长刘季洪是当年江苏省第七师范学校的同班同学，他也得到这样一个“科级”官衔。月薪比起孔德学校，又有较大提高，每月有一百五十元左右。如果放在大学，这也是讲师级待遇。

20世纪30年代，王青芳（王子云堂弟）和王华（王子云长子）摄于北京

王子云的美术部同事有乌叔养和吕凤子。吕凤子是江苏丹阳人，出生于1885年，比王子云大十二岁，毕业于李瑞清主办的江苏两江师范学堂，以后任教于南北各地师范学校。在中央大学民众教育馆工作时期，他和王子云都还不是教授，以后，王子云到了西湖艺术院，吕凤子则成为中央大学美术系教授。吕凤子最著名的著作为《中国画法研究》，虽只薄薄几十页，却是现代中国画论名著。抗日战争时期，王子云离开了由北京和杭州两处国立艺术学校合并的新的国立艺术专科学校，而吕凤子则来此校任教，并且在重庆办了私立正则美术学校，滕固去世之后，吕凤子又当过一段国立艺专校长。在民众教育馆美术部的短暂共事时期，王子云还是搞他的油画，而吕凤子则是纯然中国画，年轻的王子云领导年老的吕凤子，除了刘季洪的关系，显然，在当时是西画更吃得开一些。

王子云在中央大学时间不长，但这时候的民众教育馆，负有组织社会文化艺术活动的职责，王子云这个美术部主任和南京、上海，乃至北京等地美术家的联系就比较密切。1927年，王子云联合二十多位美术家在南京举办了第一届首都美术展览会。以前在“阿博洛”学会时期的活动方法，是举办社会性的美术学习班，这既是民众教育馆的工作，也是教育部关心的社会教育内容。林风眠先生在北京艺术专科学校当校长的时间也不长，当蔡元培担任南京国民政府大学院院长不久，他也来到了南京。在北京大学当校长的时候，蔡元培就提出“以美育代宗教”的主张。为实践这个主张，他让自己在孔德学校毕业的女儿蔡威廉到欧洲学了美术。徐悲鸿、林风眠这些具有现代美术教育理念的青年才俊也早在他的观察和交往之中。大学院一成立，他就在策划艺术教育的新举措。因为蔡元培的一声号令，林风眠就来到南京。王子云以民众教育馆名义举办的联谊活动，便有已经就任大学院艺术教育委员会主任的林风眠参加。林风眠在“证明材料”里，就把自己和王子云的关系写成从这时候开始。艺术教育委员会这个机构，自从1927年成立以后，在大学院和以后的教育部里，一直存在。在国民政府时期，一直没有文化部的设置，有关文学艺术的一切事务，都由教育部管辖和联系。这个艺术教育委员会，从美术展览的举办到美术事业机构的设立，都具有关键作用。林风眠两次卸校长之职，都是在这个艺术教育委员会里任职。西湖艺术院筹备的时候，林风眠才二十六七岁，刚刚当了一年时间的北京艺术学校校长，根本不是赋闲的时候。王子云也知道，林风眠的南来，并非知难而退，是“天将降大任于斯人也”。而王子云的南来，也已经不是只为谋职糊口。美术，美术教育，在蔡元培的改造国民性的大计划里，已经是一个具有神圣意义的大事业。

1927年，在南京民众艺术馆举办的“中国美术展览会”上，王子云（左一）与林风眠（前右三）、刘开渠（左五）等部分参展人士留影

在介绍或回忆王子云的一些文字里，多见其南来为林风眠引荐之说，因为王子云的办事才能以后在西湖艺术院的创办时期得到林风眠的倚重。蔡元培用林风眠，林风眠用王子云，大的脉络是这样。王子云自己也曾经谈到他在北京工作期间就和林风眠建立友谊，而林风眠则说是到南京后才与王子云有来往。因为时间的久远，或者记忆有误，也或者因为时代环境和人事关系的复杂，别有隐衷。这样的幽微，在林风眠1926年担任北京美术专科学校校长的时候，也出现过。当时的普遍说法是林风眠为蔡元培所荐，因为蔡元培在欧洲学习考察时就十分看重青年美术家林风眠的才干，他在辛亥革命建成中华民国之后，以政治家的角度而关注教育，提出“以美育代宗教”，一直在寻找和挑选可以完成其理想的骨干。林风眠以后成为国民政府定都南京后兴办的第一所艺术专门学校的首任校长，就是掌政府教育大权的蔡元培的决定。这些都是历史事实，但林风眠1926年就任北京艺专校长却并非蔡元培所荐。自从蔡元培在北京大学的开明治校方略不能尽行，也因为对北京大学学潮的开明态度不能自安而去职之后，他和北京政府教育部

1928 年，国立西湖艺术院创建，王子云（右二）与同人合影

的关系形同水火。在 1926 年的政治环境里，实际上，他的推荐对北京政府教育部并不起作用，而且，自从郑锦校长去职，该校为新校长的人选折腾得天翻地覆，最后的办法是由全体学生“海选”，林风眠因得票第一而当选。林风眠当选校长之后，所作所为颇有革新气象，为新文化运动的美术一翼增添了活力。当蔡元培准备在南方建设新艺术学校的时候，就毫不犹豫地用了林风眠（彭飞：《机遇与挑战——林风眠 1926 年出任北京艺专校长始末考略》，《美术研究》2003 年第 3 期）。这说明，相知相交是必然要发生作用，但也因为时势的复杂而表现得幽微。蔡元培和林风眠的关系是这样，林风眠和王子云的关系是这样，王子云和其他一些人的关系也是这样。

5．西湖艺术院

林风眠写于1955年11月29日的“证明材料”说：“王子云在南京民教馆与乌叔养、吕凤子一起工作时，因开展览会要我出品而认识，我看他还能干，后让他来校工作，只兼任一点儿水彩画，主要是担任注册主任。画得很少，有一些展览会等工作多是由他去搞，曾到日本去开会一次，是我校教师的作品的展览会。这是‘九一八’事变以前的暑期，后来他要求到法国去留学，他在河南教育厅认识些什么人，大概是收取了。学校也给他一个驻欧代表的名义（先是通讯员），每月给他五十元，这只是挂个名，买过些书。实际没有什么事情好做，后来这个代表名额由教育部取消了。他回国后先在河南，后又回学校任教授，教的功课很杂，没有什么作品，喜欢考古。抗战后学校迁至昆明，我离开较早，以后情况不详，王悦之和他熟悉，他爱这里跑跑那里跑跑，但另外也没有见什么知己的朋友。”林风眠的这份材料后面有上海市公安局思南路派出所的批语：“查该人系美术画家，现任上海美术协会常务理事，该人曾早年留学德国、法国等国并娶法籍女人。抗战前回国，曾任美术专科教授多年，历史上据了解曾加入过伪国民党，一般党员，社会关系复杂，所写材料供你处参考。”这个公安派出所的“批语”说林风眠参加过“伪国民党”，错。汪精卫降日后自命“国民党总裁”，他下面才有“伪国民党”。林风眠抗日战争时期乃至一生和“伪国民党”没有任何联系。此“批语”表现的是特别时期的特别概念错误，而在那样的特别时期，在那时候的政治环境里，林风眠这样的大艺术家，他的一言一行都在公安派出所的监控之下，他对王子云的“证明”，其实有些“不证明”的含义，这样的“证明材料”要的就是“社会关系”。林风眠讲来讲去，还是说不知道王子云有什么朋友。唯一提到的一位王悦之，1937年就去世了。林风眠当时再怎样记忆力有差，不至于忘记王子云是1937年回国并回杭州任教，不至于忘记在紧接着的千里大流徙的队伍里已经没有了王悦之吧？在这样的证明材料里，对被调查对象的揄扬，可能只会给对方增加麻烦。像以后王子云担任国民政府教育部的西北艺术文物考察团团长，这分明是艺术界人人皆知的事，但林风眠就是一字不提，这与他和王子云的共事无关。他只写在西湖艺术院的共事，而且十分低调。林风眠当然也知道有一条最高指示：“凡是敌人拥护的，我们就要反对。”他是在公安派出所监控下的“敌人”（以后林风眠更因为有法国妻子而被打成“间谍”，蒙受多年牢狱之灾），他如果说某人有多么了不起，

王子云20世纪20年代的油画作品《江干》

只能让这人更倒霉。不独林风眠是这样，在那一时期所写的证明，让人看来，他们也只是“认识”而已。天地玄黄之间，人间的多少情感被涂炭泥淖。

西湖艺术院成立之初，林风眠的办学方针是：“介绍西洋艺术，整理中国艺术，调和中西艺术，创造时代艺术。”介绍西洋艺术被放在第一位。以后，西湖艺术院出去的画家，多受林风眠艺术观念的影响，王子云也未例外。王子云在北京艺专的时候，最亲近的老师是李毅士、吴法鼎，而非陈师曾。蔡元培办西湖艺术院，就是要表现与以前北京艺专不同的气象，这新气象，固然也有蔡元培一贯坚持的兼容并包，但以“西化”为主是显然的。1928年3月，西湖艺术院成立。8月，校内教师又成立了“艺术运动社”，以林风眠、王子云、李朴园三人负责，成员有林文铮、吴法鼎、潘天寿、李超士、刘既漂、李金发、蔡威廉、孙福熙、李树化，院外社员还有齐白石、李有行等。该社在成立宣言中说：“根本否认传统派艺术之存在价值，凡足致力于创造新时代艺术之作家，当然是我们的同道。”当时关于“新时代艺术”的观念，似乎具有极大的冲击力和涵盖性，连齐白石和潘天寿都乐于承认。但是，新艺术在发展中，又同时产生了内部的分裂。在西湖艺术院成立的同时，蔡元培也策划了全国第一届美术展览会。展览期间，因为徐悲鸿在《美展》杂志上发表文章，严厉抨击赛尚、马蒂斯的现代派艺术，认为其是腐败丑恶的艺术。主持《美展》编务的徐志摩与徐悲鸿打起笔仗。在相持不下之间，蔡元培发表文章说：“一切美术作品，若批评者尚未到相习的程度，就容易抹杀其长处。一时的批评是相对的而非绝对的。”（《美展》，1929年4月第7期）蔡元培的态度对于现代派是包容宽厚，而实际上是批评了徐悲鸿的“绝对”的态度。这样的一场论战，实际上开始了新美术运动以后几十年里的两大派别：艺术是以自我表现为重，还是以社会人生的服务为重。徐悲鸿的观念在以后的中国社会里成为主流，这也是因为中国现代社会的发展，其主要矛盾和问题与西方大有不同。在一个经济落后，人的个人权利和尊严都远非完全的社会里，改造社会当然是当务之急。但这样的改造路径，也存在着根本的分歧，当艺术的服务职能被无限夸大而变成工具，艺术本身的价值意义也就沦落和消解了。新

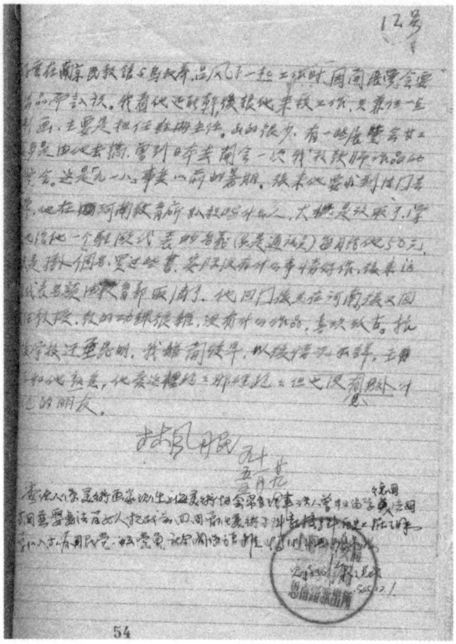

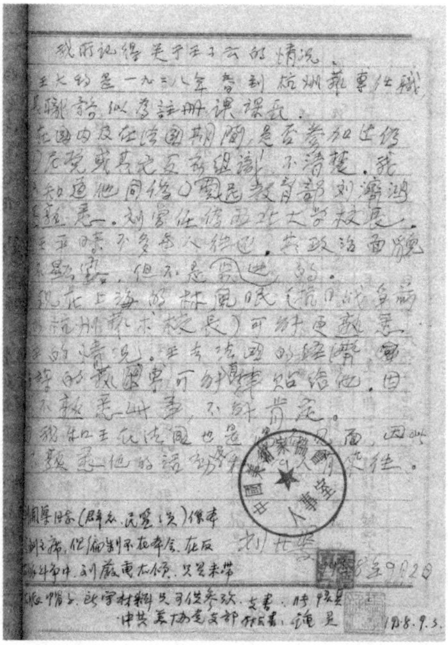

林风眠、刘开渠的证明材料

美术是从西方学来的，一部分有敏感的主观的艺术家，在接受西方美术观念的时候，超前于中国社会的现实，直到中国社会超越以艺术为改造工具的阶段，直到艺术本来的价值随着人类社会的发展而终于凸显其价值，这部分敏感的主观的艺术家的价值，也才被重新认识。王子云在这两种艺术观念的争斗里，开始是属于纯艺术一派，这倒不完全因为他最先学习的是油画。徐悲鸿等人正是因为油画的写实手段高于中国画，才开始以主题创作为标志的“载道”。王子云最先的艺术观念是受到林风眠的影响，在此前，他在上海和北京的学习，还都是以学习技法知识为目的。进入西湖艺术院，特别是担任“艺术运动社”的工作，他不得不在接触艺术观念的斗争的同时也建立自己的艺术观念。美术界的艺术观念之争，实际上是当时中国文化界观念斗争的分支，在 1928 年到 1937 年这十年里，这斗争十分激烈。王子云之特殊性在于他还没有卷入斗争中心，便于 1930 年出国，直到 1937 年回国，而在他回国之前，艺术方向和流派的斗争因为抗日战争的开始，基本上都统一到救亡图存的民族精神之下，而这时候的王子云因为在国外的逆向思维，对民族传统艺术发生以前不能比拟的热爱，这也使得他的艺术生活和艺术观念的分歧没有什么纠葛。

林风眠要王子云来西湖艺术院工作，最主要的是看中他的“能干”，一个艺术学院的运行，最重要的是艺术思想和学术空气，但也得有具体事务的操持。王子云回忆到西湖艺术院初期情况：“我到西湖艺院工作是在该院筹建初期，院长林风眠认为我是个热心从事于美术工作的干才（这是从北京‘阿博洛’美术学会时代多次的接触中被他发现的），故首先被聘用。但我没有‘留洋’的头衔，所以只能给以讲师名义，而主要是为新学校做筹建工作。教务是学校的中心环节，教务长我既无资格，只好给个教务注册科长的兼职。由一个中学美术教员升上大学讲师，我自己也是知足的，因而我的工作积极性很高，尽量发挥所长，为西湖艺院教务设施，包括一切表册设计和教学安排等工作，夜以继日地苦干，使得学校教务臻于完善。不仅如此，学校对外的美术宣传，我也是一手承担，其所以如此，还是出于我对美术事业的热情。”（《中外美术考古游记》，第 303 页）

王子云 20 世纪 80 年代所写的“回忆”和林风眠 20 世纪 50 年代所写的“材料”，基本事实是一样的。他对自己当时的环境既满意也不满足，这是人之常情。当时，两所国立艺术专门学校的教务长，北京艺专是闻一多，西湖艺院是林文铮，都是“留洋”教授，像齐白石那样纯粹因为艺术而能够被聘请为教授的，在全中国也找不出几位。吕凤子是前清时期的师范学校毕业，年龄比王子云大十几岁，在民众教育馆还受王子云领导。新时代要的是新学问，而新学问的来源则非出国留学不可。出国，出国，王子云随时在为这样的理想而努力，也为实现这理想而积攒。他在孔德学校时的月薪是八十元，当时就觉得很不错。到南京升为一百五十元，而他每月所需最多只要三十元，如果在国内过日子，这样的收入，已经比家乡的中小地主还富裕，这还只是中级教育人员的收入，如果是大学教授，月薪就在三百元以上。达到那样的水平，就不需公款，可以自由出国旅行了。王子云觉得，当一个艺术家，应该有这样的经济条件，不论是为艺术的发展，还是为经济生活的提高，他都必须出国。

6．杭州之雨和东京之风

王子云的第一次出国是到日本。作为学校的教务注册科长，他经常为展览会一类事忙碌，这在林风眠的“证明”里也可以看出，所以，学校到日本去举办首次展览，他也是具体的操办人。全部作品在运往日本以前，先在上海举行预展。赴东京的西湖艺术院代表团由四人组成，团长为林风眠，另外三人是潘天寿、王子云和李树化。潘天寿与王子云是同龄人，他的经历实际和吕凤子仿佛，也毕业于中级师范学校，但来西湖艺术院之前已经在刘海粟的上海美专当过教授。刘海粟的这所学校的教育质量应该是不低的，培养出来很多著名画家，但因为其私人性质，教授资格还不能和国立学校等量齐观。也因为郑锦将北京艺术专科学校的著名教授李毅士、吴法鼎解聘，而李、吴二教授转往上海谋职业。刘海粟改造原来与张聿光合办的图画学校为上海美术专科学校，正需要延揽名教授，李毅士和吴法鼎的到来不啻为上海美专提高了学术地位。潘天寿的画作当时在社会上已经有名，来西湖就被聘为教授，这在当时的国画家里应该属于凤毛麟角，找遍全国美术界也只有齐白石和他。李树化是音乐教授，当时的西湖艺术院里有音乐系，虽然往日本是开展览会，但也借以考察音乐教育。以后，西湖艺术院改名杭州艺专，也还有音乐系，一直到抗日战争开始，学校流亡到西南，音乐系没有几个学生，才合并到重庆的国立音乐学院。按照蔡元培先生

1928 年，在上海美术展览会上，王子云（左二）与林风眠（左三）

1930 年 6 月 28 日，西湖艺术院代表团抵日本东京车站。林风眠（前右二）、王子云（前右一）与前来迎接的日本画家横三大观夫妇（左一、左二）

西湖艺术院一行在日本画家斋藤教授家宴上，林风眠（右二）与潘天寿（左三）、王子云（左一）。客人所穿服装图案为主人设计

“以美育代宗教”的原意，这“美育”里面是不能没有音乐的，从西湖艺术院出去的学生，也有张权这样的著名音乐家。以后中国的艺术教育，美术和音乐分分合合。有时候讲精，讲学科细化，就分；有时候又讲全面包容，又合。但西湖艺术学院以后的浙江美术学院和中国美术学院，再没有办过音乐专业。而刘海粟开创的上海美专，以后发展为南京艺术学院，不仅有音乐系，还增加了舞蹈专业。中央工艺美术学院也被合到清华大学去了。西湖艺术院第一次派代表团出访日本，去了三位美术家，一位音乐家，就是当时的学院性质决定的。在三位美术家里，王子云本来就是兼搞行政的教师，这次出国也还是做“干事”。

西湖艺术院在日本东京美术馆举行美术展览会。王子云（右一）与李树化（右二）、潘天寿（右三）、李凤白（右五）、林风眠（右六）

1929 年创作《杭州之雨》在日本展出，后又在巴黎“春季沙龙”等展出，系王子云油画代表作

在日本，西湖艺术院代表团受到热烈欢迎。到达东京时，有艺术界和各大报记者的迎接采访，被安排住在东京最高级的帝国饭店，又被邀请到京都和富士山等地旅游。这时候的王子云，还没有到过祖国的古都西安，但在参观京都时，他知道了中国唐代长安城的规模形制在这里还得到保留。在参观东京的长寿寺时，见到“俳句”碑林，这里有江户时代最有名的诗人松尾芭蕉的俳句碑。这时候的王子云还没有想到，他以后的生涯将长期甚至永久地和祖国西北的城市西安联结在一起，他将来的家也会安置在西安最有名的古代文化遗址——碑林。但是，那时候，他就感觉到：艺术家的生活是最容易超越国界的，艺术家的作品，就是他超越国界的通行证。他也体会到自己的作品被外国人欣赏而引起的自豪，他从中也发现自己是可以成为一个大画家的。

这次出国交流活动，日本美术界最看重的是林风眠，因为他的地位和影响，早已经被日本美术界了解。展览会在东京上野公园美术馆展出，以林风眠的大幅油画为主，王子云和潘天寿的作

1930 年 7 月，王子云在东京美术馆

品较少。就当时三人的地位来看，以林风眠作品为主也是正常的。但东京美术画报在刊登西湖画家展览会作品时，有两幅作品是彩色刊印，其余皆为黑白。林风眠被选中的是小幅水墨画《海鸟》。林风眠的绘画，既以油画为基础，又想探索以西画构图和中国水墨结合的路子，这次的展览作品，大量的大幅油画没有被日本画报选用，而用的是一件小幅水墨，可见日本艺术界的一部分人对林风眠“中西结合”的期望大过对他油画的欣赏。另一幅彩色刊印的是王子云的大幅油画《杭州之雨》，这幅作品表现杭州，没有画其湖光山色，而是表现雨中街头情景：打伞和穿雨衣的行人，人力车和自行车，小楼窄街，典型的中国 20 世纪 30 年代城市风光。因为雨，画面上的行人车辆显得急促，而速写式的笔触和画面情景气氛十分融合，大胆地用线和用黑色，或者是画面情绪的需要，似乎也在不经意中间表现出中国人的习惯和精神，在动感强烈的街头人物里，有一个携画夹的艺术家——王子云把自己也画进去了。

在日本展览作品得到的肯定，对王子云的绘画才能和创作热情都是一个鼓舞，这幅为他带来荣誉的《杭州之雨》，以后也被他带到巴黎，再次给他带来了荣誉。这幅油画在巴黎的“独立沙龙”展览后，又连续参加了官方性质的“春季沙龙”和“秋季沙龙”，得到几十家报刊的好评，被认为是一幅有东方民族趣味和艺术特色的佳作。1934年，巴黎出版的《现代美术家辞典》将王子云选入，并且刊录了《杭州之雨》。王子云对自己的这幅早期作品也是十分珍爱的，以后，他把它带回国内，在长期的“到处跑跑”的流动生活里，他都一直把自己这幅珍爱的作品保存得很好。直到在“文化大革命”中，这幅作品和王子云几十年来一直带在身边的十几幅作品一起被造反的西安美术学院附属中学的青年学生当着他的面投入熊熊的火焰。

第二章　艺游江入海

1934 年，王子云在法国巴黎工作室中

1．郑和的足迹

到东京参加展览会以后，王子云就下了往法国继续求学的决心。出国留学，最重要的问题是经济支出。那时候没有寻找国外经济担保的事情，要么公费，要么私费。王子云已经是在职教师，不可能再取得公费留学资格。那时候的公费留学，都由“庚子赔款”解决。清华学堂为留学美国的预备学校，孔德学校为留学法国的预备学校。两校成立之初，学生毕业，就自然取得“放洋”资格。像吴宓先生，在清华学校毕业，因为体育不及格，补习一年，次年获得通过，留学资格依然有效。以后，清华改成大学，毕业生不再像以前具有当然的留学资格，也是随着中国教育的逐渐发展，“物以稀为贵”的情况在渐渐改变。钱钟书在清华大学毕业后的留洋是公费，他的新婚妻子杨绛也毕业于清华大学，出国就是自费。1930年，王子云已经三十三岁，早已经不是一般学生留洋的年龄，倒和20世纪80年代大批“老三届”学生上山下乡回来又赶“洋插队”的年龄仿佛。王子云在北京美术学校没有毕业，他的实际毕业学历是江苏第七师范学校，以后当中学教师，当西湖艺术学院的大学教师，都是破格录用。在长期的实践里，他的绘画才能已经得到表现，特别是他的《杭州之雨》在日本得到的高度评价，说明他当时的油画创作已经是中国一流画家水平。但是，仅仅是这一次的表现，人们可能认为是他的运气，不可能再为他“破格”。要超越这样的资格藩篱，只有一条路，就是留洋。

王子云这时候有五千多元积蓄，多年的辛苦与积攒，他就是在为这一天做准备。林风眠对王子云出国的支持，就是同意给他西湖艺术院“驻欧代表”的名义。这样，王子云每月可以从学院得到五十四元经济补助。按照林风眠在1955年“证明材料”里的说法，王子云这“驻欧代表”也是通讯员，因为王子云到巴黎上学，由教师变成了学生身份，而这“通讯员”和“代表”，又使他和一般的青年学生有所不同。

出国之前，王子云曾经回了一次萧县老家。这时候他的儿子王华已经快十岁了。王子云自从到北京求学，和萧县家乡的结发妻子张氏就实际断绝了关系。在以后的生活里，他偶然对自己的孩子谈起这件事，只能说婚姻为父母包办，谈不上什么感情，为了事业前途，多年在外奔波，根本也不可能和家乡有什么联系。以后，他的这位妻子也没有再嫁人，她先是靠出租土地为生，以后儿子有了工作，就跟儿子过。王子云是因为新文化的发展离开家乡，他以后的美术活动也在新文化的范畴里，在婚姻问题上，他没有学胡适，

1930 年 12 月，王子云与埃及儿童在一起

倒有些像郭沫若。到晚年，他曾经在考察南方文物时顺便到徐州看过自己的发妻。张氏和王华对他都很好，也使他在大半生的奔波里，在人世沧桑的回首里看到，还有因为他而终身孤独的苦命人。

王子云是1930年12月从上海出发，到码头送行的只有他当时的女友吴佩璋一人。吴是一位女画家，上海嘉定人。林风眠说王子云也没有什么知心朋友，作为“证明材料”，多一事不如少一事，是当时写“证明”的明智做法。显然王子云也不是很喜欢交际的人，他在回忆里能够谈到的好朋友，那关系就不是等闲之交。如果王子云不是往法国一去七年，他在国内也要面对一个现实：是不是再寻找一个能够有共同语言的伴侣？这位吴佩璋，几次出现在王子云并非传记而多谈交游的《中外美术考古游记》里，可以看出她在王子云心里的分量。当王子云从法国回来的时候，吴女士已经因为肺病而去世，王子云曾经到她墓前默坐很久。

离别的滋味，没有比轮船码头上显现得更撩人心绪：火车站的告别，可以看见车上人倚窗挥手，车下人随车奔跑摇手，月台只是那么长，车窗又是那么小，车一开，几秒钟便让车上车下再见不得；而轮船，解缆掉头，荡波鸣笛，既是宣告离别，也是展现告别，没有见过一艘轮船掉头之后就加速飞冲，都是那样悠悠摆摆，缓缓而行，容得离人挥袂江风，抛泪江水。即使在平地上看不清那人面容了，还可以再上层楼，这样的离别让任何人都会生出诗情。三十多年之后，王子云在长江流域进行一次长短途交错、水陆互用的旅行，只要有机会坐船，他就不坐车，他实在是对轮船有特殊的喜爱。

王子云在船舷上直望到那位女友的身影再难分辨。他乘坐的法国轮船“安得来朋”号，航期达四十天之久，所乘为三等舱，一室乘客十五人。船上饮食供应甚好，有音乐，有阅览室，王子云开始很为这样的旅行生活感到快意。不久后就开始晕船，每天只能吃一顿早餐，其余时间就躺在舱内，几天之后，船到西贡，他才可以起床。船在西贡停靠三天，王子云上岸之后，见街道繁华如上海，酒吧、舞厅霓虹闪烁，这都不是他要进去的地方，他想了解一下当地的文化，便寻找到一家小学。他自报家门，说是中国西湖艺术院的教师，学校的老师也不放过让他“讲一讲”的机会。他看见这里的功课还是中国旧学的四书五经，开始有些亲切感，他也是从私塾学校出来的，但他马上意识到“安南”比起中国，还处在更加落后之中。他不便将自己的这些看法全讲出来，便提议他们多看些新的报刊，多学习新的知识。等离开这学校之后，他又想起，“安南”和中国的根本不同，是还在法国的殖民统治下，这里的人们又能够看到什么新的东西呢？

船过新加坡之后，王子云已经完全适应了海上航行，甚至得到极大的乐趣，“碧海云天，日出月落，海天相连，一尘不染”（《中外美术考古游记》，第307页）。在科伦坡，王子云和同行旅客坐马车游览了市容，并且参观了这里的博物馆。这里的蓝宝石为世界著名，更加引起王子云注意的，是这里有中国著名航海家郑和所立的一通石碑，此碑上刻有中文、阿拉伯文和当地的泰米尔文，并且在碑头上刻有龙纹装饰。这通在中外交往史上有重要价值的石碑，可能是王子云对文物、对碑刻最早的倾心留意。他当时可能完全沉浸在对那“龙纹”和碑文的读解里，他当然为自己能够远游到这样一个奇异的地方而欣幸。在中国的现代艺术家里，漂洋过海的人不少，而像王子云这样得见“三宝碑”的可能还不多。

沿途又过了孟买、亚丁、吉布提，王子云看到这些地方人们的生活，比中国还要贫穷落后，吃饭直接用手抓，虽然可以说是民族风俗，毕竟不卫生，不能不说是陋俗。有些地方的少年，游泳技术高明至极，游人将铜币撂进大海，他们能够劈风潜浪，很快就捞起来，那姿态，真可以赛过中国的“浪里白条”。但他们这样的冒险，只是为了那价值低微的几枚铜钱。中国清朝末年的驻英国公使郭嵩涛把当时世界上的国家、民族分为三个层次，文明、野蛮和介于其间者，王子云这时候就体会到中国应该是介于其间者。

船过苏伊士运河需要一天时间，这一天时间的安排是：愿意上岸参观者乘汽车前往开罗，参观金字塔。因金字塔附近全是沙漠，不通汽车，又有骆驼等候，载人直到塔前。那时候能够到这里参观的人极少，进入墓穴也没有什么限制，沿塔中隧道可以直接走到埃及法老的棺室。因为时间仓促，这样不可想象的机会，王子云也只得望其穴而回首。参观过后，又乘汽车赶到苏伊士运河出口的塞德港，等待上船。这样的旅行，紧凑而丰富，完全利用轮船通过运河的时间，只花了二百法郎，却领略了埃及最著名的文物景观。

轮船航行的终点是法国马赛港，王子云到达这里是 1931 年 1 月 14 日。经过四十二天的航行，他领略了沿途绮丽的风光和不同的文明，对世界艺术之都巴黎更加向往。他甚至再顾不上在马赛游览，便乘火车赶往他憧憬已久的圣地。

2．世界艺术之都

王子云初到巴黎，有当年北京“红叶画会”的朋友夏承枢迎接，他介绍王子云住进一个家庭：一家四口，老两口和一个已婚而经常住娘家的女儿，一个女佣。食宿全包，费用比住旅馆便宜很多。这样的生活方式，对前来求学者最大的好处是很快便能够融入当地的市民生活，且于学习法语非常有利，在这里王子云感到舒适而愉快。很快，他就进入一家法文补习学校，经过半年学习，又经中国驻法国大使馆介绍，进入巴黎高等美术学校学习。

王子云以前一直是搞油画的，而进入巴黎美校，他却直接进了著名波兰籍雕塑家朗多维斯基主持的雕塑系。往国外学习的初衷，本是希望得到知识和能力的充实，在巴黎半年的生活，王子云看到雕塑和城市建设的关系，和人们日常生活的关系十分密切。在国内的时候，传统型的书画家多为名人遗老，孤芳自赏的多，作品能够进入社会的很少。新型画家基本上都靠教书吃饭，中国社会中人，能够掏钱买新画家作品的，比买传统画

1935 年的法国巴黎高等美术学校

1931 年，巴黎高等美术学校雕塑班师生合影，朗多维斯基（前左四）、王子云（前左二）

家的字画更难。艺术是清高的，但是要靠艺术吃饭就太难了。雕塑在巴黎这样的欧洲城市，一直以城市的发展而发展，它依然是高雅的艺术，更是有实际用场的谋生手段，有建筑家的发展空间就有雕塑艺术家的饭碗。王子云出国之前，除上海以外，南京、杭州的城市建设也显得很有规模，当时国内普遍的认识，中国经济会有一个比较迅速的发展。和王子云一样想法的美术家在当时颇不乏人，选择雕塑为发展方向的中国留学生在巴黎形成气候。据王子云回忆，和他同时期在巴黎学美术的中国学生有三十多人，而和他同校学习雕塑的就有刘开渠、曾竹韶、王临乙、郑可、周轻鼎等人。当时巴黎高等美术学校有三个男生雕塑教室，每一教室都有中国学生。

雕塑并不是和其他造型艺术脱离的艺术，王子云的油画并没有因为学习雕塑而放弃，相反，因为巴黎的美好风光，他作油画风景写生的兴趣更加浓郁。每到假日，他便携带画具，利用巴黎地铁廉价而便利的交通条件，跑遍了城市的四面八方，“从广阔的公园到巴黎最古老的小街僻巷，几乎无不出现在我的画幅中”（《中外美术考古游记》，第 311 页）。

到巴黎后不久，王子云的油画就为他带来光荣。他带来的自己的作品《杭州之雨》，在 1931 年冬季的“独立沙龙”展览之后，得到法国美术报刊的介绍达三十多处。有什么样的需要就有什么样的工作，王子云不可能看到那么多法国报刊，巴黎有几家专门从事信息传递的文化服务社，按照展览目录刊登的作者情况寻找有关报道，再寄上门去，并索取一点儿服务费。这样的服务，不仅鼓舞了画家的精神，甚至还为画家带来实际利益。王子云的出国，按照当时的教育制度，还和他籍贯所在的江苏省教育厅有些关系（林风眠将王子云的籍贯误记为河南省，在1955年的证明材料里说他“可能在河南省考取了”，显然王子云以学生身份出国与原籍省是有关系的）。王子云在几年时间里得到过一百多篇各种报道，他将这些剪贴的一部分寄回江苏省教育厅，竟然在1932年到1934年间得到江苏省教育厅每月五百法郎补助。王子云开始从杭州艺专得到的津贴被取消之后，江苏省教育厅的这笔补助就帮了大忙，那时候的五百法郎可以维持他一个月的生活。王子云连续参加过几次沙龙展览之后，还得到一项巴黎美术家俱乐部给予的优惠，就是可以到俱乐部享用半费的午餐、咖啡并在这里午休。对美术家来说，这里最大的吸引还是可以免费画人体模特。设计精良的圆形转台，体形优美的男女模特，在转台上自动、按时变换姿态，由艺术家写生。俱乐部的服务人员并非是缺钱花的打工者，倒是些阔家夫人和小姐，她们来这里服务，就是为了一瞻艺术家的风采。这样的情形，似乎也只有在法兰西这样的国家才会出现。当年拿破仑带兵远征的时候，军中最受优待和保护的是艺术家。全世界的艺术家都希望到这里来得到滋养和熏陶，他们也互相熏陶。在这样的美术家俱乐部里，王子云当然也感觉着作为一个艺术家的光荣。1935年，巴黎一家美术出版社编辑出版一部三卷本的《现代美术家辞典》，收入从1905年到1934年之间全世界范围的成名美术家近两千人，王子云被选入。为出此书，出版

1931年，王子云在法国沙龙展览会大厦

王子云创作于1932年的油画《巴黎协和广场》

1931 年，王子云在法国的速写

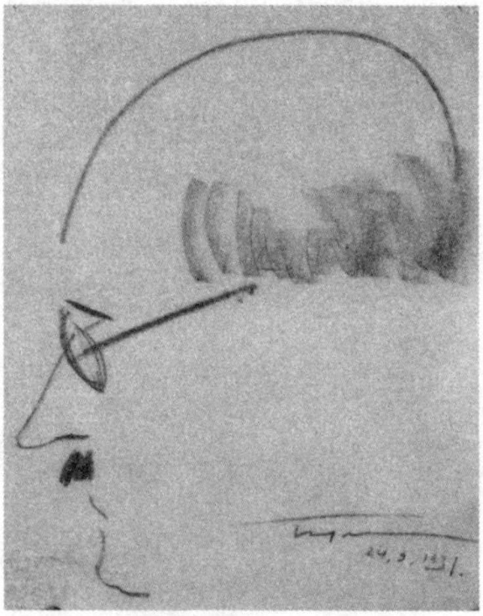
1932 年，王子云在法国巴黎的画作

社编辑还登门采访，了解王子云的从艺经历，并且刊出他在工作室的照片和作品。王子云自己说："在当时来说，算是为中国在世界美术史中争得了一个虽小而颇为光荣的地位。"（《中外美术考古游记》，第 317 页）王子云的自豪也表现得谦抑。那样一部囊括三十年间全世界美术家的人名辞典，对他的介绍，在当时确实是一件大事，作为油画家，他应该是当时的凤毛麟角。

可惜王子云在巴黎画的大量风景油画在回国时没有携带，时间过去了半个多世纪，那些油画应该是一个外来艺术家对巴黎老城既真实又独出心裁的记录。这些东西可能在 20 世纪 40 年代巴黎被德国法西斯占领时期已经毁灭，也可能还隐藏在什么不为人知的角落里。这和王子云在巴黎的一些感情生活仿佛，语焉不详而确实存在。大约百年前，法国驻中国昆明的一位外交官拍摄了大量昆明及其附近的风土照片，成为那一时期昆明社会生活的见证，被几位有心发掘乡邦历史的昆明人从巴黎购回，在国内展览后，引起强烈反响。王子云那些"巴黎最古老的小街僻巷无不出现"的画幅，难道真正已经灰飞烟灭？如果有一天在什么地方，再发现有如《杭州之雨》一般的"东方情调"的巴黎画幅，王子云的油画，应该有怎样的评价？

这些，当然是扑朔迷离的历史带给后人的蒙惑。王子云当年在巴黎生活得充实而又快乐。他到巴黎的前后，除了美术家，还有不少中国的优秀文学家、音乐家，如朱自清、吴宓、冼星海，也在巴黎。同在异乡为异客，有些有缘相见，不见的也声息可闻。王子云记得朱自清对巴黎的描绘："我们不妨说，整个儿巴黎是一座艺术城。……你瞧，公园里，大街上，有的是喷水，有的是雕像，博物馆处处是，展览会常常开，他们几乎像呼吸空气一样呼吸着艺术气，自然而然地就雅起来了。"

王子云以为，最能代表"艺术之都"面貌的，应该为塞纳河岸的书画市，这里的旧书市场早在 17 世纪就出现了。"今天如果从圣母院教堂的钟楼上放眼

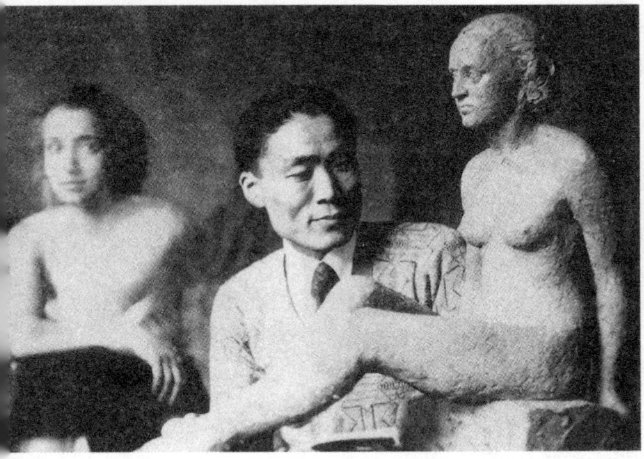

1934 年，王子云在巴黎高等美术学校写生

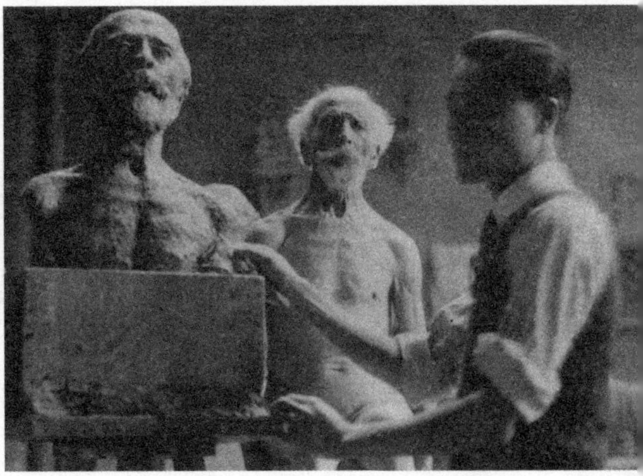

1934 年，王子云在巴黎工作室中做雕塑

望去，只见塞纳河左岸摆满了书摊，绵延数里，形成了一个书摊区，摊前熙熙攘攘，人流不断。其中大学生、旅游者，喜爱文艺的妇女以及世界各地来的书籍爱好者，还有英美学者和日本书画商。他们不时能见到一两本古籍孤本和稀有的画片，甚至还有珍贵的手稿。”（《中外美术考古游记》，第 315 页）王子云在巴黎学习的几年中，这里几乎是他每星期必来之地，碰上会心之物，往往乐而购之，他本来是个俭省的人，那笔存款，想在欧洲多跑些地方，为买书籍，也必然要省吃俭用。有本《世界装饰艺术图集》，是地摊上淘得，这是一本在德国印刷的高档图书，第一流的纸张，烫金花纹装饰的封面，和图书内容相得益彰。这书被他带回国内，经历了几十年风雨流徙，居然躲过劫难，至今犹存。这应该是王子云在巴黎那段美好生活的纪念。

巴黎艺术家和咖啡馆的关系如影随形。王子云来巴黎前几十年，在塞纳河北岸蒙马托高地就有一些平民艺术家汇聚，“红磨坊”咖啡馆成为当时最有吸引力的去处。大量法国和旅居法国的世界艺术家，留下了关于“红磨坊”的艺术作品。直到今天，“红磨坊”依然是前往巴黎观光的世界各地艺术家和旅行者的必往之处。20 世纪 20 年代前期，塞纳河南岸因为巴黎大学在文化界的中心地位，带动文化艺术产业的发展，艺术家又多迁聚来此，“红磨坊”则成为一个带有标志意义的地方，旅居巴黎的外国艺术家，也经常到这里聚会。这是文化信息交流的需要，是精神寄托之所，也是一种时尚。王子云和他的同时代人，那时候正是“红磨坊”的常客。

王子云第一年寄住在一个家庭，第二年就搬进有绘画工作条件的美术家工作室。当时，从世界各国前来巴黎的艺术家有上万之众（以后，吴冠中在一次谈话里回忆他到巴黎学习的 20 世纪 40 年代后期，巴黎有十万画家，可能有些夸张），修建“美术家工作室”成为巴黎建筑业的风潮。这样的工作室，既适合美术家的需要，又经济便宜。王子云所进的地方，就是他以前的学生刘开渠住过的。刘开渠来巴黎比王子云早，王子云来后一年，他就学成回国了。

这间工作室在巴黎第三十五区的一条偏街里，一大间，既是卧室，又是画室，水电煤气俱全，可以自己做饭。地方虽然不在热闹街道，但坐地铁两站路就可以到文化中心蒙巴那斯大街。因为出行便利，有五六十位美术家聚居于此。就是在这里，王子云认识了冼星海，由冼介绍去听过几场音乐会。

巴黎作为世界艺术之都，不仅表现在它的艺术成就和艺术时尚，也表现在他为艺术家和艺术教育服务的无微不至。王子云所在的巴黎高等美术学校，由一座桥梁和塞纳河对岸的卢浮美术博物馆相连，在这座桥上可以欣赏塞纳河上的美丽风光，可以欣赏卢浮宫辉煌的建筑，也可以在桥上的座椅上休息。这是巴黎市区塞纳河上二十四桥中的一座，到巴黎去过的游人，在游览卢浮宫的时候，大都会到这座桥上呼吸一下清风爽气。王子云对这座桥的怀念，是因为它可以让美术学校的学生直接地、自由自在地进入卢浮宫。在美术学校学习的四年间，王子云每个星期都要有几次走过这座桥，卢浮宫作为法国最大的美术博物馆，他的陈列室就是美术学校的课堂。除了在这里上临摹和欣赏课，王子云在情绪不甚愉快的时候，也会到这里来，一进入这荟萃着人类美术精华的殿堂，心情便一变而为豁朗。也就是在无数次的观览徜徉里，王子云对这里的收藏渐渐熟悉到如数家珍，对法国的美术史也有了全面的了解。人类的艺术集藏，真正像是一个汪洋大海，在这里，他感到充实，也觉得自己的渺小。他看到自己的照片和作品被登录在《世界美术家辞典》中的时候，也看到《辞典》里有马奈、莫奈这样的画家，他们的作品也在卢浮宫里收藏和展览，他当然也向往以后能够成为像他们那样被自己民族纪念的画家，但他在巴黎和欧洲的观览，也因为民族自尊心而使得他的艺术道路发生着微妙的变化。他

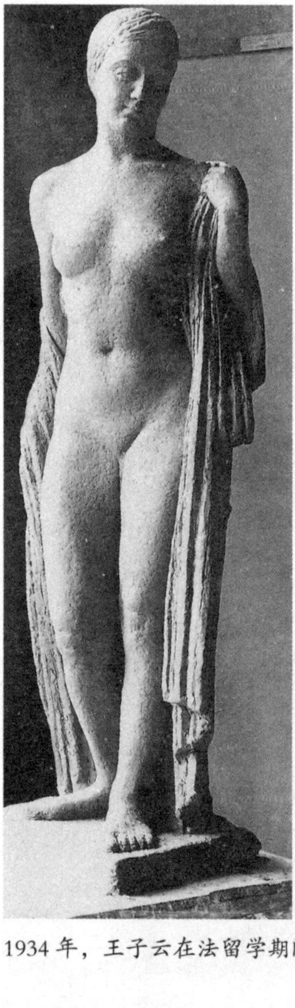
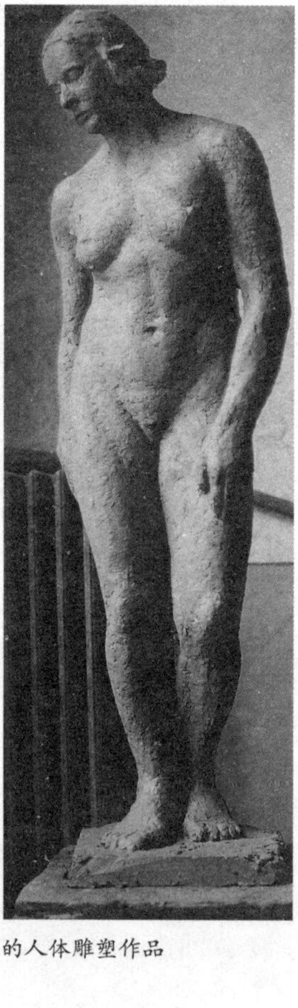

1934 年，王子云在法留学期间的人体雕塑作品

在学校和卢浮宫之间的“艺术桥”上行走的时候，还不会觉察，他的步履，一旦走出这座小桥，前途将会有多么开阔，也会有多么崎岖。

王子云所进的巴黎高等美术学校是法兰西美术界的象牙之塔。能够在这里任教的老师都必须是国家学士院的美术院士，美术院士是法兰西美术界最高学术和荣誉地位。法籍学生中最优秀者毕业后每年有三人可以前往意大利的罗马进修五年，回国后如果每年有作品在国家春季沙龙展出，并且获专业报刊好评者，就逐渐成为美术界名流，最后前程便是进入国家学士院。巴黎高等美术学校是法国学院派的大本营，教学和创作都恪守传统。当时来巴黎学习的日本人，多不愿意进这家学校，而中国留学生几乎全进此校。王子云回忆说：“只有半殖民地的中国人才进入学校，多半是为了‘镀金’，以便回国后可以炫耀于人，并轻易地取得大学教授的高位，当然包括我自己。”（《中外美术考古游记》，第 321 页）这话语里显然有 20 世纪 80 年代的印痕，带些自嘲。巴黎的美术教育，除高级美术学校等国家和巴黎市政府开办的院校外，还有很多艺术家私人开办的研究所。这些研究所的学习比较自由，只要交费，就可以到画室画模特，而有些外国来的研究者是更喜欢看模特而并不画。那大抵是不准备学成规范本领，以求职业资格。当然，这样完全自由自在的人，从另外一种意义来讲，可能也会成为有独特个性的艺术家。但王子云他们这些中国留学生，谁不是在艰难生活里拼搏？能够有这样的学习机会，又有谁不珍惜，想当教授有什么错？

王子云到巴黎的时候，正是这座世界“艺术之都”发展的鼎盛时期，当时，以“沙龙”命名的美术展览会每年有四次，即春季沙龙、秋季沙龙、冬季沙龙和独立沙龙，其中以春季沙龙规模最大，秋季次之，独立沙龙最小。其中又以春季沙龙最为官方重视，其参展作品必须是传统学院派风格，每人最多两件作品，但每次展出作品也在二三百件。凡不合于春季沙龙规范的作品，可以在另外的沙龙展览。王子云的作品《杭州之雨》就

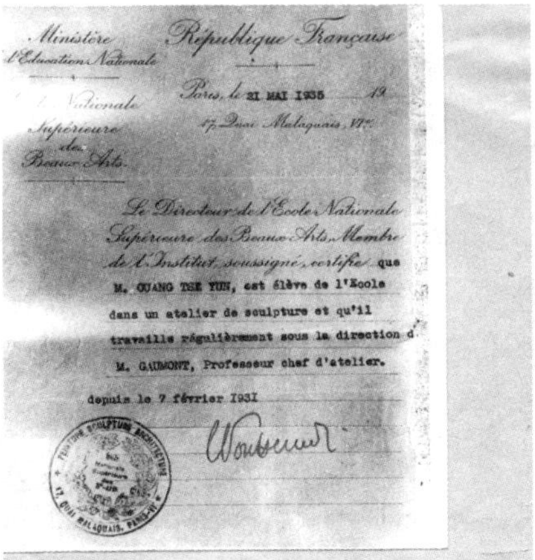

Ministère
l'Education Nationale

République Française

Paris, le 31 MAI 1935 19
17 Quai Malaquais, VI.e

Nationale
Supérieure
des
Beaux-Arts

Le Directeur de l'Ecole Nationale Supérieure des Beaux-Arts, Membre de l'Institut, soussigné, certifie que M. OUANG TSE YUN, est élève de l'Ecole dans un atelier de sculpture et qu'il travaille régulièrement sous la direction d M. GAUMONT, Professeur chef d'atelier.

depuis le 7 février 1931

1934 年，法国巴黎国立高级装饰艺术学校颁发给王子云的装饰雕塑专业毕业证书

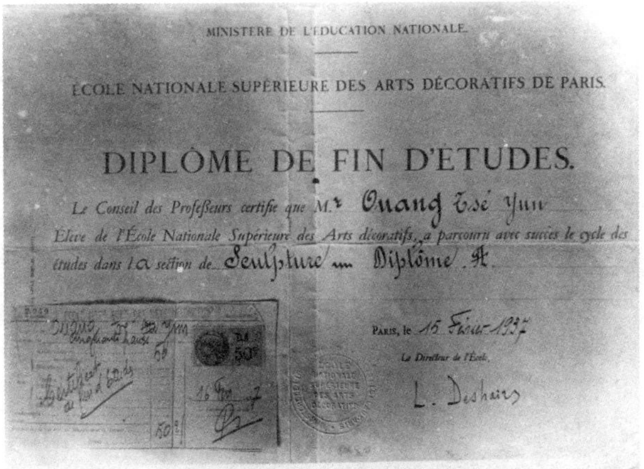

MINISTERE DE L'EDUCATION NATIONALE

ÉCOLE NATIONALE SUPÉRIEURE DES ARTS DÉCORATIFS DE PARIS

DIPLÔME DE FIN D'ETUDES.

Le Conseil des Professeurs certifie que M.r Ouang Tsé Yun Elève de l'École Nationale Supérieure des Arts décoratifs, a parcouru avec succès le cycle des études dans la section de Sculpture Diplôme A.

Paris, le 15 Février 1937

Le Directeur de l'École.

L. Deshairs

1934 年，法国巴黎国立高等美术学校颁发给王子云的雕塑专业修业证书（该校规定无毕业证书）

Yun s'est aussi appliqué à ...
Il travaille depuis 1932 à un ...
aux soldats chinois morts ...
patrie ».

Ouang-Tse-Yun dans son atelier.

artiste réputé, on lui doit le premier mouvement artistique depuis la République Chinoise. Attiré très jeune vers l'art graphique chinois, sa famille le destinait au professorat. Il dirige ses élèves vers le dessin, obtient de sa ville natale une Bourse (1918), part pour l'Université de Pékin où il ne tarde pas à exposer. Il fonde 1921, *Apollo*, association artistique qui compte bientôt mille adeptes. En 1927, il professe et expose

Ouang-Tse-Yun. Place de la Concorde. (Salon d'Automne 1931).

Ouang-Tse-Yun. Pluie à Hangchow.

Principaux tableaux : *Coucher de sole*... (1920). *Lausanne, Porte de Pékin* (1922... *Neige à Pékin* (1925), *Fleuve à Nankin*... *Maison populaire* (1927). *Lac de l'Oue*... (1928), *Pluie à Hangchow* (1929), *Plac*...

Ouang-Tse-Yun. Esquisse pour un monument aux Morts.

de la Concorde (1931), *Danse de fêt*... *La place du Concours* (1932).

1935 年，巴黎版《世界现代艺术家辞典》（法文）介绍王子云的内容

是因为参加了官方的春季沙龙展览，才使得他的名字录入门槛甚高的《现代美术家辞典》。除了上述“主流”性质的展览会之外，当时巴黎还有上百家为个人展览提供场地和长期陈列作品的画廊，这些画廊常年不断地进行各种展览和美术活动。在巴黎学习的外来学子每一天都可以寻找自己希望看到的新作品。王子云在回忆自己的巴黎学习生涯时，既有自豪，也多自责。他说：“巴黎美术学校中有一个大陈列馆，凡每年考取罗马奖的作品，依年依次陈列，成为在校学生的第二个美术馆。因为在卢浮宫里看到的古代名作，还不如在这里看得更为直接，受到的感染更大，这样也就更加深了学院派风格样式的学习。所以说，巴黎美术学校是法国学院派的大本营，也可以说它是一所美术的牢笼，有出息的美术家多不愿进入。这也影响到日本，所有的日本来巴黎学美术者，从来无一人进巴黎美术学校。”王子云写《中外美术考古游记》时，是在 20 世纪 80 年代的末期，这时候，大量“留洋”归来的知识分子恢复了文化活动，整个社会因为长期对文化和文化人的轻蔑，处于“拨乱反正”之中，寻找新的文化英雄正成为时髦。王子云这时候的这番言语，超越了当时的一般知见，而具有对现代世界美术发展的观察眼光。20 世纪前三十年的大规模的“西学东渐”，使中国艺术家接受了西方以“学院派”为代表的传统创作观念和方法，这在刚刚从封闭的农业社会里苏醒过来的中国艺术界，有重要的建设作用。但是，艺术发展，艺术家的心灵发展，又不能完全以社会经济生活发展的节律要求，艺术家的个性诉求应该是艺术发展最重要的内驱力量。王子云得到了以学院派创作方法为核心的美术技能，这也使得他以后实现了出国的初衷，但他在巴黎的所见所感并不能以自己的所得为心灵满足。那些遍布于巴黎大街小巷的不为求功名，完全是表现个人感受的知名和不知名的艺术家的作品，给予王子云的启示应该不小于他在卢浮宫所见。20 世纪 30 年代的巴黎，美术界的发展已经在构筑全新的境界，但是，中国艺术家的需要，中国艺术家可以用以服务于社会、同时也取得自己社会地位的需要，传统学院派的东西还必须是主流。王子云之为学，表现得十分朴实，比较于在他去世前后，一些出于推波助澜的皮相推崇之言，他自己的这些追述，正是在朴实之中给人以长久的认识价值。

3. 关于中山陵孙中山雕像

法国雕塑家朗多维斯基与王子云在孙中山坐像模型小样前

《西北美术》1997 年第 7 期刊有署名宏均一文，并配有王子云和乃师朗多维斯基在孙中山雕像前的合影。宏均的文章谈道：

“由于朗氏在世界雕塑界名声显赫，久享盛誉，尤其是他的作品向以古朴、典雅著称于世，所以引起了当时‘国民政府’孙中山先生葬事筹备委员会的注意。筹委会委托当时的中国驻法国大使馆做了一番考察后，于 1928 年 10 月 20 日在筹委会举行的第六十二次会议上，由林森主席做出决议：‘总理石制坐像模型，用中国服式，请孙哲生（孙科）先生电告巴黎使馆，转承雕刻家 Landowski 知照。’

“朗氏接获通知后，即建议孙科亲赴巴黎一趟，因为孙的长相有若干部分酷似其父，朗氏欲请孙科当一次模特儿。孙科遵照其意亲赴巴黎，并且携带了孙中山生前不同时期的许多照片，供郎氏参考。

“朗氏对着孙科的正面侧面，不断地作素描，尤其注意他那最像其父亲的部分，他仔细琢磨，反复端详孙中山的各种照片，在心中一遍一遍地勾勒出塑像的造型。至于孙中山先生所着的中式服装———长袍马褂，以及所坐的太师椅上那带有东方风格的花纹等，是他借助于他的中国籍学生之手合作而成的。

1936 年，王子云在巴黎创作的孙中山浮雕像

“造型方案确定之后，朗多维斯基先用黏土捏制出一个小样，再将其翻制成一米高的石膏模型，为求更加完美，他不仅认真听取了孙科和中国驻法使馆成员的意见，还特地把自己所任教的巴黎国立高等美术学校雕塑系的中国学生王子云找来共事。等到大家都满意了，朗氏便精选了一块上乘的意大利白色大理石，按照预先规划的尺寸——高 4.6 米，底座宽 2.1 米—— 一斧一凿地干了起来。”

根据宏均的这段叙述，王子云显然是参与了孙中山雕像的工作。笔者在以前发表的一些论述王子云的文章里也都取此种看法。

从宏均的叙述来看，这尊孙中山坐像的创作，从设计开始到最后制作，都有中国学生参与。关于“太师椅上那带有东方风格的花纹等”叙述，更容易使人认为朗氏借助的是王子云，因为王子云在西湖美术院担任图案教师，这样的资源能力，朗师应该是会充分发挥的。雕塑的创作，起样的部分，当然是更具原创意义，但雕塑与绘画之不同，是具体制作阶段，既是艺术又是劳动。在中国传统里的文人画家，是不屑于进行这样“匠人”式的劳动的，所以，中国大地上数不清的雕塑作品，极少有留下创作者姓名的。实际上，即使到了现代，雕塑的制作阶段，那“一斧一凿”的功夫，多是由师傅指导下由徒弟来“干活”。至于完成以后的署名，就各个不同，中国以后有北京人民英雄纪念碑，署名的就是刘开渠和他的多位合作者。

这尊孙中山雕像的最后完成和署名，宏均是这样叙述的：

“为了借此训练学生们的操作技巧，朗氏特别挑选了得意门生充当助手。当然，塑像的头部、脸部等重要部位，那是他亲自动手制作的。师生们一共工作了一年零八个月，至 1930 年 6 月 25 日陵园管理委员会举行第十八次会议时，塑像已大功告成。朗大师在坐像的左下角刻了两行整齐的英文：‘P · LANDOWSKI · SCULPTURE——PARIS · 1930（朗多维斯基 1930 年雕刻于巴黎）。’”

“1930 年 11 月 12 日，是孙中山先生诞辰六十五周年（虚龄），‘国民政府’在中山陵祭堂隆重举行了孙中山坐像的揭幕典礼。本来朗氏要求亲自护送坐像来华，中国方面也同意了，但后来不知何故，朗氏不来华了。他只好约了学生王子云来到自己的别墅，在孙中山坐像前摄影留念。”

关于孙中山坐像完成的时间，宏均所述或者是其根据的材料有误，因为王子云到达巴黎已经是 1930 年初，而他进入巴黎高等美术学校是在半年之后，即 1930 年的下半年。王子云在自己的《中外美术考古游记》和发表于《美术史论》的《八十九岁自述》文章都附载有这幅照片，却说明是摄影于 1934 年。显然，这两个时间都还值得考辨，孙中山出生于 1866 年，1930 年确实是他的六十五岁（虚岁），但这时候，王子云还在国内，不可能与朗师在孙中山坐像前合影，于此也可以证明这尊坐像不可能在王子云去巴黎之前完成。王子云和朗多维斯基的合影，身后的孙中山雕像应该是留在巴黎的那件模型小样。因为光线距离的原因，望之与实体雕塑几乎没有什么区别。

在王子云历年的回叙文字里，均未提到过他曾经帮助朗师创作孙中山雕像一事。因为历史资料的稀缺，王子云和朗师的合影，以及宏均的文章，使有关王子云的此段经历流传甚广，而反证未见，时日堆积，竟成确定影响。一直到修改此书之时，笔者又向有关人士询问，既不能完全推翻宏均之说法，又难以确定王子云在孙中山塑像一事中的行为。以目前所见王子云的履历对勘，笔者倾向认为，王子云是没有参与此像创作。以前所撰各文，谈及此事的部分都应该修正。可以记叙一笔的是，王子云在法国学习雕塑期间，倒是独立创作了一幅孙中山的浮雕头像，在以后多年的动荡生活里，此件作品已毁损，只有一幅照片可以证实其曾经存在。仅仅数十年之隔，实物、照片、传说，便可以对同一事物做出不同诠释。“二重证据”甚至“多重证据”，成为学术研究之必须。

1939 年，王子云雕塑的孙中山像

4．万国艺术博览会

1934年，王子云的学业已经结束，并且获得巴黎高等美术学校和巴黎高等装饰艺术学校的修业和毕业证书，这时候如果回国，谋一美职是比较容易的。这时候的中国，总体形势还比较安定，经济建设和文化建设都处于发展之中。但王子云没有立刻回国，而是继续在法国和欧洲进行以美术观览为主要内容的旅行，时间长达近三年。其中对他今后生活影响最大的是1935年，“中国留法艺术学会”二十余人集体到英国参观中国艺术国际展览会。同行者有曾竹韶、周轻鼎、滑田友、陈世文、常书鸿和夫人陈芝秀，还有李瑞年、张紫屿、吕霞光、黄觉寺、郑揆一、王文元、凌常、张贤苑、唐蕴玉、黄伯溶、王蘅芷、刘家裕、袁明君、饶澹华。王子云和曾竹韶两人作为先遣人员，先两日到伦敦打前站。当时的中国留法学生一共三十多人，基本上全是巴黎高级美术学校学生。这次在伦敦举办的中国艺术展览会，规模盛大，吸引了全世界艺术文物界的目光。法英两国之间，只隔着一条三十多公里的加莱海峡，来往十分方便。在巴黎美术学校的中国留学生便集体前往英国参观。

关于1935年至1936年间在伦敦举办的这次中国艺术展览会，评价不一。展品汇集了欧洲各国博物馆和私人收藏的中国艺术珍品，如果考究来历，多是近代以来，西方列

1935年，王子云在英国伦敦博物馆

1935 年，王子云（右一）与旅欧艺术家于伦敦

强侵略中国掠夺而去。中国人在这样的展览会上，既可以看到自己国家失而不能复得的艺术珍宝，也不能不感到被欺凌的屈辱和愤怒。当时的国民党政府文化主管部门在故宫博物院和全国主要博物馆选送代表性文物参加展览。来自国内外的展品达三千多件，囊括了中国古代最有价值的绘画、青铜器、玉器、陶瓷等，其中若东晋顾恺之的《女史箴图》，是传为世存最早的中国画。能够看到这样的稀世之宝，中国美术家谁不兴奋？但那种矛盾的痛苦也折磨着他们的心。展览会上最出风头的是一位浙江籍的古董商人卢芹斋，他在巴黎、伦敦、纽约都开有古董店，在巴黎还开有专门仿制中国古董的工厂。在这次展览会上，有卢芹斋从国内盗运来的一尊三米高的石雕像。王子云在多年以后回忆这个展览会，还余愤未消，他说："像这样辱国丧权的艺术展览会，中国竟以政府名义参加，半殖民地的面目毕显。看过展览，我的心情是十分愤慨而难以平静的。"（《中外美术考古游记》，第 339 页）王子云写这番话是在 20 世纪 80 年代，国民党政府在大陆早已经被推翻，骂一骂国民党没有任何风险，但也不再是什么新鲜事。他本来是一个不参与政治的艺术家，何必要表现这样的愤怒？当年在法国学自然科学的老共产党员孟雨（字凌崖）在王子云已经被打成右派分子之后的 1958 年，写过一个"关于王子云在法国的一些情况"的证明，其中谈道："他在法国不太活动，只是画画。不是活动分子，没听说有什么政治问题。他当时骂国民党骂得很凶。"显然，王子云之骂，是从 20 世纪 30 年代就开始的。过了五十年，他想起在巴黎所见的流失文物，依然顿生积怒。

骂的是腐败的政治，爱的是艺术。王子云和大批同学在伦敦看了两天展览，他觉得没有看好，回巴黎之后又往伦敦，这次就比较从容。他在"红叶画会"时期的老朋友初大告，这时候正在伦敦的剑桥大学留学，可以为他在剑桥学校里安排住宿，这当然是求之不得的好事。这次除了在大英博物馆陈列的《女史箴图》前面仔细品摩，又观赏了大

1935年，王子云（右一）与友人在欧洲游览

1936 年，王子云（右三）与原北京孔德学校的教员相聚于巴黎

量佛像雕刻，其中出于中国洛阳龙门石窟的《帝后礼佛图》佛教浮雕，辉煌灿烂，比平面的绘画更加具有美感力量。这时候的王子云，对雕塑的关注已经成为职业需要。在看到从中国割揭而来的佛教浮雕和壁画，他的愤怒又不由得升起。壁画是画在墙壁上的，是画在有历史和地域特别规定意义的墙壁上的，这样的“割揭”，难道不是等同于把一个人身上的皮肉割下来放到另外的地方，哪怕保养得再好，它又还有什么生命？王子云在这时候也已经读到伯希和、斯坦因的有关著作，他们就是从中国盗窃文物最厉害的强盗，但是，他们的学问，他们为干成事业而不惧艰苦的能力又让中国人汗颜。王子云虽然厌恶中国的政治，却不能不知道中国的事情。国内的消息，总是让人沮丧的居多。蒋介石才定都南京，李宗仁又打起来了，阎锡山又打起来了，冯玉祥又打起来了。那些宝贵的壁画，在荒远无人的深山古庙里，难道不会被大兵们烤火时熏坏，不会被炮火轰毁？这样想一想，又觉得这些在中国不被珍惜的东西还不如放在大英博物馆里，可以让人仔细端详。就是在这样的环境里，王子云的情绪有时候就逸出了一个纯粹艺术家的天地，难免骂人，他骂的也不是哪一个具体的人，也正是因为不能具体地骂哪一个人，往往就把愤怒归结到代表国家和民族的政府身上。如果是革命家，就干脆放弃对政府的一切幻想，把政府当成祖国和民族的敌人，让它垮台灭亡。但王子云不是革命家，当他发现自己的骂可能改变艺术家的职业方向的时候，他便又回过身来，控制自己的情绪不要太过激烈。

5．欧陆之旅

在英国的短期旅行，使王子云看到了英国和法国虽然一海之隔，人的性情却有明显的区别。法国人是天生的热情浪漫，而英国人则深沉冷静，就像伦敦这座美丽而古老的城市，经常被轻雾笼罩，当雾散天清，呈现在你面前的又是无限风光。王子云从1930年底来法国，到1934年已经完成了巴黎高级美术学校的学业。他没有马上回国，他学得的雕塑技艺，已经可以参加当地的一些创作。杭州艺专和江苏省教育厅的两笔补助都早已经停发，他的生活就靠自己以前的那点儿存款是不够的，中国老话所谓“坐吃山空”，他那点儿积蓄远不够一座山，他不能坐吃。雕塑和绘画给他带来快乐，却不能带来财富，即使在巴黎，在全欧洲，也没有几个大富大贵的艺术家。梵·高在世时的生活，甚至远不如一个最普通的中国画家。巴尔扎克的作品翻译到全世界，但他一直到死，也没有富起来。看惯了这样的先贤，艺术家们一边做着美丽的梦，同时也多能安贫乐道。多年以后，一个也曾经在巴黎学习过的中国女作家，写出一本书，书名一点儿也不艺术，叫《工作着是美丽的》。艺术家如果能够终身都在工作中，即使没有大师之能、开创之功，日积月累，也可以编织出悠长的美丽。王子云不想很快回国，他害怕一回去就要面对那个官僚世界。其实，拿他和同时代的大量艺术家比较，他已经是很幸运的。也许正是因为他幸运，他就想望着更加美好的前程。他数一数口袋里的余钱，如果精打细算，还可以支撑一两年，如果在这一两年里，把欧洲的重要美术遗存都看遍，也是值得的。中国古人说“读万卷书，行万里路”，他今天就要先行万里路。在这样的算

1936年，王子云（左一）与旅欧同人

计下，他也就不能不珍惜金钱。他回想自己这些年的生活，都是小心翼翼过来，如果大手大脚，在北京的那些年就不可能有数千元积蓄，如果在西湖那两年耽于享乐，也就没有可能自费出国。他在法国的生活，既看见异国情调的浪漫，也注意到所有的欧洲人都知道“亲兄弟明算账”，吃饭付费大都是大家分摊，再有钱的人也不会摆阔当冤大头。王子云很欣赏这样的生活方式，这是一种既有友谊而又不滥用友谊、最终还可以保留和发展友谊的生活方式。中国人最爱谈“乘肥马衣轻裘与朋友共”，那肥马轻裘难道是不义之财？王子云在留学巴黎的同学里，家境不能算富裕，他没有从前人那里得到什么经济上的培植，他依靠自己而颇有节余却在同学中为人所知。大家都是穷学生，穷与穷却大有不同。王子云是计算自己的钱还能够跑多少国家，也有同学算计自己的钱还能交几个月房租。王子云不可能向同学借钱，却不免被同学借钱。他有时候借给人，有时候不愿意借。借的时候被人感谢，不借的时候也难脱怨言。在一个人情大国，他就不免既收获友谊也收获怨怼。不过，王子云的性情还是属于相对平和的一类，不是那种“肝胆洞，毛发耸，立谈中，死生同，一诺千斤重”的豪迈之士，但他也经常在自己的能力所及时帮助别人，特别是帮助比他更加困难的学生和晚辈。也如林风眠在以后所写的“证明材料”里讲的“没有什么特别知心的朋友”，那或许是为王子云挡事，但也符合王子云的大致情况。

王子云以后长达一年的欧洲之旅，基本上是他一个人，“独行”而非“侠”，不仗义扶贫，也不拔刀救美。1936 年的欧洲，远离战争，也远离贫穷，王子云从容地放开游屐，走遍了这里的大好河山。

王子云说：“我于 1936 年 3 月 10 日从巴黎出发，先到邻近的比利时，于 7 月 25 日结束游程，由罗马返回巴黎。由于受经济限制，时间短促，对各国城市风景名胜，未能一一尽览，但从美术欣赏和见闻方面来说，收获仍是很大的。”“这次的游程是循着由西欧到中南欧的路线，共游历了比、荷、德、瑞、意等五个国家。旅程中随时速写游览见闻，并拍摄了很多的名胜风光照片。遗憾的是 1937 年回国以后，正值抗日战争，长期过着流离生活，居无定所，以致这些资料及书物陆续散失。”（《中外美术考古游记》，第 347 页）在王子云子女保存的老人遗物里，还有一些当年王子云留下的欧洲各国的地图、旅游说明、明信片等。20 世纪 70 年代，王子云曾经将这些东西装订成册，对子女讲起当年行迹，遐思难抑，壮年时期的壮游，在他的一生生活里，永远是难以忘怀的幸福。

在威尼斯，王子云看了很多欧洲美术大师表现女性美的名作，他想起曹雪芹在《红楼梦》里所说“女子是水做的”，这里的女子多有“出水芙蓉”般美丽，走在街上，随处可以看见美人，她们体形修长，面容丰满，皮肤白中带褐，发色金黄近棕，长眉蓝眸，举止大方而话语轻柔。如果说巴黎的美妇多以艳装浓抹见长，而威尼斯的女子则自见天然秀色。王子云认为威尼斯画派的大师多有女性美的杰作，正是生活提供了美。这样将现实生活里的美与进入艺术经典的美比照而观，对于一个艺术家来说，真正是心灵的享受。也只有到了 20 世纪 80 年代以后，王子云才敢于表现他的心灵记录。

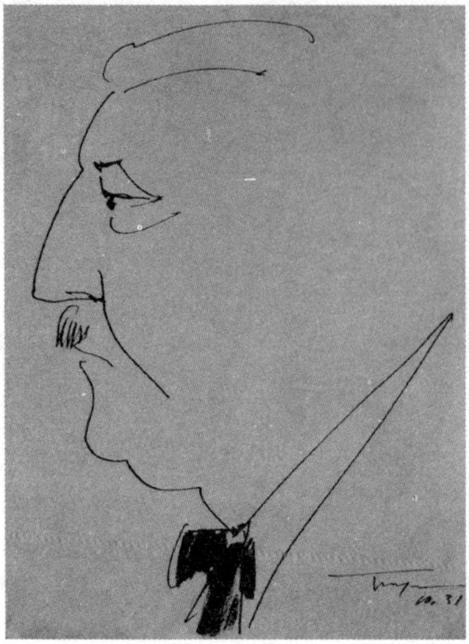
王子云在欧时期的速写

1936 年，王子云在比利时的雕像前

比利时等地

王子云在比利时旅行，注意到这里的布鲁塞尔国家博物馆里陈列着几百套精美的童装。原来，这里面有一个同比利时历史和人民感情关系密切的故事：16 世纪时，西班牙统治着比利时，为对付人民反抗，计划用炸药炸毁布鲁塞尔，哪知有一个小男孩费尔南多，在路旁撒尿，湿了炸药导火线，挽救了布鲁塞尔。到 17 世纪初，布鲁塞尔市民在市政厅附近的一座喷泉旁建塑了一个正在撒尿的小男孩。以后，比利时又曾经为法国占领，这小男孩的雕像被法国士兵窃走，未料一个仅高半米的小雕像，竟引动布鲁塞尔全城市民的抗议，结果逼得法国当局派大臣将小雕像礼送回比利时，才平息了风波。以后，欧洲各国与比利时交往，多有赠送儿童服装者，以示对比利时这段历史的尊重。王子云作为一个旅人，在布鲁塞尔市中心的这尊小雕像前欣赏了很久。那小男孩脸上现出顽皮的微笑，他的尿水涓涓而流，将一个民族不能忘忽的历史在轻松的表现里植入人们的心灵。每一个民族都有自己的心灵发展历史。王子云在杭州就住在岳飞庙附近，长年累月，可以看见为岳飞烧香膜拜的人群。岳飞之为民族英雄，表现的是“怒发冲冠”的悲愤，而布鲁塞尔小男孩作为民族英雄，表现的却是轻松和滑稽。在庄严和轻快的比较里，可以发现不同的民族心理和美学心理，而民族美学心理的传达和表现，雕塑是最直接最具体的艺术手段。一件小小的儿童雕像，竟会引起两个国家的外交纷争，又长久而轻盈地融入城市风景，这传奇般的故事，也使得王子云对雕塑艺术的爱好更进一层。

比利时最著名的画家是鲁本斯，他一生得到当局的器重，曾经以美术家身份而多次担任驻外国使节，这和歌德以其文化全才得到魏玛公国的重用仿佛。鲁本斯一生享尽荣华富贵，其画风也表现出华美灿烂、豪放不羁的特点，其代表作品为表现法国宫廷生活的巨幅组画，被永久陈列在巴黎卢浮宫。

鲁本斯不仅绘画题材和画面辉煌壮阔，而且高产。他的故乡安特卫普曾经举办过其遗作展览，有作品两千三百余件，即使刨除一部分学生的代笔，依然数量巨大。这是欧洲文艺复兴以后，艺术家热情和精力十分充沛的实证。

在荷兰，王子云看到了梵·高（当时译为凡·谷柯）的作品。梵·高的经历和画风与鲁本斯恰成为对照。在阿姆斯特丹近代美术馆里，有一幅梵·高的作品《吃土豆的人》，画的是一个农民家庭正围坐着吃土豆。王子云评价道："那种淳朴憨厚的神态，使人一看就想到法国 17 世纪农民画家路易·拉南所画同类题材的画幅。但拉南的画是法国风味的写实画，而凡·谷柯的作品则是笔触纵横，神态毕现。"（《中外美术考古游记》，第 357 页）这样一位大画家，其毕生生活都是在晦暗穷困中度过的。在人类艺术历史上，似乎还很难找出像梵·高这样在生前连一幅作品也难卖出，而在身后寸纸片幅价值连城者。鲁迅曾经对欧洲近代美术发生过浓厚兴趣，翻译过日本人板垣所著的《欧洲近代美术溯论》。其中有对梵·高的评论。梵·高是一个外表木讷甚至显得弱智而内心充满表现激情的艺术家。他在法国生活多年，却断绝同巴黎画界的联系，完全走自己的心灵孤旅。斑斓而幽微的自然界在他的内心引起无限的激动，又在他的笔底流泻出一个超自然的神奇世界。一切自然现象在他的心灵里起伏、交错、燃烧，辉煌的太阳、喘息的树林、战栗的大地，都在他的调色板上聚合为全新的艺术语言。他的绘画，被美术史家认为已经超越了造型的世界，而表现出隐藏在大自然和人的灵魂深处的力量。他笔下的阳光，可以让人感觉到温暖。这样的画家，这样的作品，对王子云的精神震撼是巨大的，以后，他在西安美术学院讲世界美术史，每讲及梵·高，眼前便似乎有太阳的温暖。他的口才并不流畅，但他的精神的投入和感情的真实，使得听过他课的人记忆十分深刻。艺术的本真，原来是要由心灵来体会的。

在德国，王子云几次遇到当地人热情的帮助，且都是年轻美丽的少女。他在小城杜塞尔多夫，遇见两个德国少女，她们陪王子云在公园里坐了很久。杜塞尔多夫虽为小城，却产生过"杜塞尔多夫画派"，这里有著名的陶瓷博物馆和工艺美术学院，还有中世纪遗留的教堂和古堡。王子云在最具哲学意味的德国似乎也更加体会到思索的乐趣。在法国时，他对法兰西民族的热情印象深刻，而以为德意志民族性情古板，到了德意志，才发现这样的认识太表面化了。离别杜塞尔多夫，他来到柏林，在参观国家美术馆时，又遇到一位女大学生，主动为他当导游，使得他对德国美术有了很多面对作品的直接了解。王子云认为："在欧洲美术史上，德国 18—19 世纪的绘画虽不及法国之盛，但成就仍是很突出的，特别是始终保持着北欧的民族风格和特点。只是由于民族偏见，以致受到法国美术史家的歧视而其名不彰。"德意志民族曾经有过长期分裂的历史，也影响到文化艺术的长期缺乏民族传统，直到 18 世纪的大哲学家康德和文学家莱辛的引导，才摆脱虚无主义而转变为尊重民族传统。美术考古学家温克尔曼也对德国近代美术的发展产生了重要影响，而其重视实物证明的学术方法，不仅影响到欧洲的近代艺术学、人类学等领域，甚至也影响到以后前往东方探询历史秘踪的斯坦因、伯希和等科学家。王子云的艺术道路的转变，也在这样的影响里。王子云以后写道："德国民性刚毅，气度沉着憨厚，我这次在旅游中接触到的德国人，和一切事物，随处多显示出一种刚劲坚强的特点。就拿最常见到的地铁来说，在柏林所见，远比法国的厚重坚固，连一件小小的车门把手，德国与法国的也显然不同，前者粗壮结实而后者小巧玲珑。这反映出两种气质，两种民性和他们的生活面貌以至审美观点，都是不相同的。就现在的美术发展说，充分发挥豪迈个性的表现派绘画为什么创始于北欧的德国而不是产生于巴黎，也和这种民族特点分不开的。当我看了柏林美术馆中建起这样大规模的琉璃房，陈列上述培尔喀蒙发掘出来的祭坛建筑原物时，已直接意识到，只有德国人能有这样的气魄。"（《中外美术考古游记》，第362页）这样具有精神力量的民族，却也最可能走向极端，就在王子云离开法国之后不几年，德意志民族竟然陷入法西斯的深渊，并且，以其民族力量的无限张扬，在欧洲大地上横飞狂卷，造成20世纪欧洲乃至全人类最大的灾难。当时，德国法西斯的统治空气连旅游者王子云都能够感觉出来，这使得他在德国的旅行，既有收获而又心理紧张，像那位主动为他导游的女大学生的作为，应该是德国老百姓里具有自由善良心理的表现，但住旅馆和在公众场合的严厉的政治气氛，就和艺术旅行的自由浪漫格格不入。王子云本来还要和那位女大学生道别，仓促之中，也只得放弃。但是，他还是往德国南部的纽伦堡和奥格斯堡去了，因为在这两个不显眼的小城市，却产生了两位德国最具有影响的大画家，丢勒与贺尔拜因。丢勒最著名的作品是《四使徒》，王子云在慕尼黑的美术馆里已经看到丢勒的作品，感于其艺术的力量，专门到其故乡参观，也算作在德国考察艺术的最后一站。

1936年，王子云在德国旅行

从德国往意大利，必须经过瑞士。在苏黎世，王子云参观了这里的美术博物馆。苏黎世虽然是一座小城，但这里美术博物馆的收藏却不亚于欧洲其他国家大博物馆。特别是对于现代新流派的美术作品，这家美术博物馆特别留意。"达达"派的作品，在这里就有展览。王子云所见是几件用碎报纸、破烟盒等粘贴在一起而名之为某某肖像或者某处风景。他以为，这样的"美术作品"完全抛弃了美术创作的准则而随心所欲，以怪异炫人，寿命不可能长久。但是，在标新立异的西方艺术世界，却也留下了"达达"画派，这也是一个让当时的中国艺术家不可理解的现象。王子云还注意到，苏黎世美术博物馆

1936年，王子云在瑞士日内瓦和平纪念碑前

虽然展出“达达”派的作品，但是，却没有标明作者姓名，在包罗万象的艺术状态里，还是可以见出倾向。风景秀丽的日内瓦是世界著名的会议城市和旅游胜地，这里的国际会议中心与阿尔卑斯山雪峰相望。日内瓦的市立美术馆和多处画廊，也陈列着各国著名画家的作品，因为游人如潮，这里的美术作品交易也十分活跃。王子云在这里参观时，还认识了一个中学生，他向王子云打听关于中国画的知识，还把他带到家里去和他的父亲见面，这父子俩都喜欢中国画，他们很为能够结识一位来自中国的艺术家而高兴。王子云虽然学的是西画，但在异国他乡，也为自己民族的艺术而自豪。就在他离开德国来瑞士的时候，还因为兑换现金发生过不愉快，海关人员开始还对他十分友好，谈了不少对东方民族十分感兴趣之类的话，但弄清他是中国人之后，马上就表现出冷漠。在欧洲旅行，这样的不愉快他已经经历多次，都是被认作日本人受到礼遇，而弄清楚是中国人便“前恭而后倨”，这使得民族自尊心十分强烈的王子云十分光火。看见这对父子对中国画这样热爱，这才是对中国文化、对中国人真正的尊重。王子云感觉十分愉快，这是作为一个中国美术家发自内心的愉快。他乐得花费很多时间对他们讲中国画的种种妙处。顾恺之和吴道子是这些欧洲中国画发烧友都熟知的，而现代的中国画家显然在西方还没有什么影响，王子云因为他们的热情而想起自己熟悉的一些现代中国画家，像陈师曾、齐白石的作品，在北京已经很被看重，他的同事潘天寿，也是靠自己的国画作品在日本得到好评，至于他自己，他虽然没有以中国画为方向，但给这父子俩介绍得也足够他们满意。当王子云回到巴黎以后，还收到他们的明信片。欧洲人对艺术的热情，同他们的生活水平和社会文化发展程度是有直接关系的。普通老百姓多已生活无忧，于是有充分的时间和热情来关注外面的世界，关注艺术，这和自己的同胞大多数终其生为温饱而劳碌真是残酷的对比。在这样的对比里，王子云也感觉到，自己的国家和民族，事事不如人，唯一可以自豪的是悠久的文化和艺术传统。不出国门，这样的感觉还不强烈，正是在被外国人的轻蔑和尊重的情感体会里，王子云更为自己此生以艺术为事业感到庆幸，而将来必为中国艺术的发展倾尽心力，也更成自觉。

米兰等地

在米兰，王子云看到了经过五百多年建设才最后完成的米兰大教堂。在中国，最繁盛悠长的王朝也只有三四百年的寿命，一般艺术品多在百年之内就被毁损，像故宫那样经历两个朝代陆续建设而成的建筑群，已是凤毛麟角。而一座建筑能够在五百年里建造，这也是意大利的宗教生活传统没有被破坏中断的原因。不论政权怎样更迭，人们对宗教的热情和依归都是不可改变的，也正是在这样恒定的文化和心理传统里，历史遗存才可能得到最好的保护。王子云还参观了圣母玛利亚修道院餐厅墙壁上的不朽名作《最后的晚餐》，这件出于达·芬奇的巨幅油画在全世界艺术品里具有最大的知名度，这幅作品在这里已经陈列了近四百四十年。王子云在杭州生活时，也到绍兴去玩过，那里的东湖，风光奇绝，岩石上有一副对联："水三千尺不见底，树五百年一开花。"中国的道家最讲究事物的长久，言事言物多不免玄远，这副对联就颇具道家意味。在《最后的晚餐》面前，王子云不禁慨叹：文艺复兴时期艺术大师的巨作，并非五百年一开花，这艺术之花竟一开五百年而依然撼动人心。

在威尼斯这座集中了意大利文艺复兴时期美术成就的水城，王子云享受到人类对大自然的充分利用，这里最宽阔的街道就是城市中心人工开拓的大运河，这大运河与海湾连接，像一条项链，将运河两边明珠般的街市连缀起来。这里有百座以上的大小教堂，有数不清的宫殿和钟楼。也正是这样被蓝天绿水滋润着的繁华，使得维尼斯画派具有别处无法比拟的鲜亮色彩。威尼斯画派的代表人物是提香，他的代表作《花神》《女神》都是画的女性肌体，将色彩对人体的表现达到呼之欲出的程度。多年之后，王子云还对他在威尼斯参观风景和观摩艺术得到的体会集而言之。他认为：威尼斯画派的特点是反对禁欲主义而歌颂现实的物质生活，也由于威尼斯商业经济的发展，为城市物质生活的繁荣提供了条件，更为别处不能比拟的是，威尼斯得天独厚的自然风光，亚得里亚海边澄澈的天空和一尘不染的街市，在这里生活的人们，特别是女性的姿态和肤色，给画家提供了天然范本和创作激情。

意大利文艺复兴的发源地是佛罗伦萨，而文艺复兴的原动力则是经济的发展和繁荣。15 世纪欧洲最有实力的银行家美第奇在这里兴建了大量的教堂和宫殿，因为艺术装饰的需要而刺激了艺术品的生产，因而出现了大量的艺术家。佛罗伦萨全城就像是一座巨大的艺术宫殿。全城的博物馆就有四十多所，这里荟集着各种风格和历史传统的艺术品，全城数不清的教堂和宫殿也无一不是展示艺术品的场所，还有在全市街道广场上的大大小小的纪念雕像和喷泉雕刻，甚至房屋墙壁上的装饰花纹，艺术在这里无处不在。中国北宋时代的声韵艺术因为众多艺术家的天才创作而极其发达，"有井水处，皆歌柳词"，是一个时代艺术风气和艺术普及程度的象征。王子云在杭州生活几年，对这样的艺术状态是不陌生的，但歌唱言说的文艺作品，毕竟只能存在于人们的记忆里，而美术，特别是雕塑作品，却以其实物特征，在人们的生活里更加切实地存在，它让每一个生活在其间的人无时无刻不与其发生物质的联系。在佛罗伦萨市政厅矗立的米开朗基罗所塑的《大卫》，表现了这个民族的英雄气概。意大利的很多艺术作品都是长期和所在建筑物同时存在，供全体市民和游客观览，但米开朗基罗的《大卫》太受珍视，在广场上展览了三个世纪之后，被移到该市美术学校的陈列馆里被保存起来，王子云和一般游人所见的是一件复制品。雕塑和版画的共同性质都是可以依版依模复制，这样的特点，也和欧洲工业社会的生产方式有一定联系。中国人最早发明了雕版印刷，但木版年画作为美术品，和“文人画”截然两造，在中国的美术史论述里始终没有受到重视，雕塑虽然因为宗教原因几乎无处不在，却也不被文人化的艺术社会看重，在中国大地上，千千万万座寺庙里，有多少释迦牟尼！有多少观世音！有多少五百罗汉！可是，哪里能够见到这些雕塑作品的作者姓名？在这样的比较里，王子云感觉到：欧洲的艺术品和人们生活的联系是如此密切，不论是艺术家，是高层人士，还是一般平民老百姓，没有人会永远不和艺术品打交道。而在中国，比如说他自己的家族，只有少数人，少数读书人，甚至只有读艺术的人，才接触艺术。艺术存在本来和人们的生活是这样近，而艺术意识和人们又这样远。王子云在这样的观察和思考里，不由自主地形成着新的艺术观念，也不由自主地形成着自己的艺术道路。

在意大利首都罗马，王子云回首在这个欧洲文艺复兴发祥地的旅行收获，此行不仅让他实地感受了这里的风土人情，还看到了文艺复兴三位代表性人物达·芬奇、米开朗基罗和拉斐尔的原作。三位大师各有特点：达·芬奇是百科全书式的文化巨擘，他的绘画作品并不是很多，但每件作品都达到完美无缺的地步；米开朗基罗在绘画和雕塑两方面都表现出雄强宏大的创造能力；拉斐尔则以娴丽秀美的风格表现出人类的多姿多彩。观摩这些大师的真迹，是王子云此番长游最大的收获，他感觉自己的行囊已经装满，头脑里的万千气象也待仔细梳理，从二十多年前在徐州的师范学校学习美术以来，还未曾有这样在短时间里，将人类最丰富而灿烂的艺术瑰宝集中而频繁地观览。旅行生活，看什么都不免走马观花，想起以前在国内，很少能够看到历代名家的作品。在孔德学校教书时，他还列名故宫古物接收委员会，应该是中国画家里最幸运的分子，但是，要想观赏古代名迹，也很困难。那些卷轴绘画，从创作和装裱之初便似乎是为了“秘藏”而非“公示”，在这样的“珍稀”环境里，即使是宫廷画家，也只能接受他所能够见到的那些作品的影响，而散落在民间的画家，也因为地域文化的分布和传承的原因形成不同的画派。没有一个时代的任何一个画家，能够像在欧洲各国这样，只要你愿意，你就可以遍览所有公开陈列的艺术瑰宝。意大利文艺复兴三大家出现的时期，中国正处于明代，三大家的艺术将欧洲的历史文明和对新生活的展望表现得无比壮阔，影响一直及于今日。美术家的创造才能受到社会人群的普遍推崇和热爱，而美术家的作品和社会人群的关系又是这样密切。在这次旅行里，王子云只是一个最普通的游人，一个学生，他却能够没有任何阻碍地亲近这样多艺术大师的真迹，这要在中国，简直就是白日做梦。当他现在真正巡览了这些大师真迹的时候，竟经常有一种梦幻之感，他想牢牢地抓住这个梦，不要它醒来，不要它消失。他在欧洲已经多年，以他现在的资格和见识，回国去谋一教授之职应该没有什么问题，正是应了中国那句古话——“学然后知不足”，他竟觉得，这里的艺术宝库远不是这样的观览能够得其精髓，他真愿意在欧洲再多待几年，甚至就永远定居在这里，他愿意在这些敞开的艺术殿堂里忘却晨昏，愿意在这艺术的大海里遨游沉潜。

王子云准备离开意大利的时候，又在中国大使馆听到一个人介绍：还有一个小城庞贝，你应该去看看，那可是欧洲古代文明的活化石。他来到了庞贝，在这古城的废墟上，他的心绪进入另一种激荡，这激荡伴随着沉思。据介绍，庞贝是毁于突然爆发的火山，那可能正是人们吃饭的时候，在猝不及防里，整座城市被埋入火山灰。在经过 17 个世纪的沉埋以后，到 1784 年，才被考古学家发现。庞贝之于古代欧洲文明的关系，就和这里层层堆积的火山灰一样，伸手可触，又幽微难测。王子云所见，一些遗传的壁画有明显的希腊风格，庞贝本来曾经是希腊的属地。希腊的绘画，多以线描手法表现形体，这与欧洲油画的光线立体表现大异其趣，倒似乎和中国画的工笔表现形式仿佛。王子云还在庞贝看到一些出土的彩陶，其上所绘人物，也与中国画的用笔相似，这其中是不是有什么历史文化的联系？在参观的时候，王子云脑海里掠过这样的问题，而解答这样的问题，就不是绘画艺术的内容，而是艺术文物考古的内容了。也正是在庞贝，王子云思考到欧洲的艺术文物考古和美术创作的关系。他说：“18 世纪中期以后，德国美术考古学家温克尔曼开始在全意大利进行考古发掘，并且写了《古代艺术史》。这本书不久在巴黎以法文译本出版后，竟轰动了整个欧洲。从此才兴起了对于希腊、罗马美术学习研究的高潮，才引起对希腊、罗马的崇敬，也就是对古代美术的向往，并由此形成了古典主义学派。”（《中外美术考古游记》，第 380 页）温克尔曼学派的影响，当然不止于欧洲，王子云当时不曾想到，他自己以后的艺术道路的变化，也在其影响之中。

结束欧洲五国之游，回到巴黎不久，王子云经孟雨介绍，又参加了一个由苏联侨居巴黎的青年组成的旅行团，往尼斯海滨旅行。孟雨这时候来法国已经有十年之久，王子云也已经知道他是一个共产党员，他曾经带王子云去参观过位于巴黎郊区的毕古茵，那里是第一次世界大战时期中国劳工的聚居地，这些劳工大多已经入了法国籍，和法国妇女结婚。孟雨作为中国共产党党员，显然是要给王子云一些阶级意识的影响，虽然王子云对阶级斗争理论未能领会，始终没有参加什么政治活动，但他和孟雨的友情还是一直保持着。他也不会想到，以后，他这个不参加政治活动的人被卷进政治旋涡，经受磨难而生命悠长，当他得到自由以后，往全国各地访古兼访旧，曾经到北京打听老朋友孟雨，这位老共产党员已经在“文化大革命”期间去世了。王子云可能不知道，孟雨在 1958 年，被戴上右派分子帽子之后最倒霉的日子中，在一份证明材料里说他“经常大骂国民党”。那时候，孟雨是国家卫生部下属一个研究所的负责人，算“高干”，他的证明虽然不能救王子云于水火，却也让那些一直以为王子云是反革命的人看到了他也有革命的一面。

王子云就是爱“到处跑跑”。他参加的这个苏联青年旅行团，只有他一个人是“外国人”，于是受到热情照顾，其他团员都要自己带帐篷，他却只需带一个帆布床，连餐具也由旅行团免费供给。他被安排在一顶两人用的小帐篷里，连饮水也被青年团员们送到帐篷里来。吃饭是大家在树林里野餐，即兴的歌舞在青年人的热情里更显得生气蓬勃。王子云这年已经是接近四十岁的年龄，和这些青年人在一起，他也得到感染，而他的艺术，在这里也因为大受欢迎而得到激发，在三周时间里，王子云给旅行团里很多人画了速写像，还画了五十来幅海滨风景，每天都生活得紧凑而快乐。但是，他的年龄也带给他矜持，当大家一起奔向大海的时候，他既兴奋，又自惭形秽，他不会游泳。在海滨度假而不能游泳，就像进了卢浮宫不会分辨色彩，就像在珍馐美味面前正闹肚子。王子云不甘心只是看着这些青年人尽情快乐，他也希望自己能够到那蓝色的大海里劈浪扬波。有一天，他悄悄跑到一处偏僻的海岬，见这里海浪比较平静，便下水练习，哪知道这里的平静恰恰是因为水深，他刚一下海便陷于灭顶。这里离开大伙很远，没有人看见他，他拼命挣扎，几乎绝望，幸亏有海浪冲来，将他推到岸边。几分钟的时间，他经历了生死的搏斗，也感受了命运的不可捉摸。他到这片偏僻地方来没有告诉任何人，如果他竟被海水拖进冥冥，也不会有人知道。以后，他看到关于中国音乐家聂耳的故事，聂耳大概就是那样走进大海就再没有回来。想起这一次经历，他时常感到后怕。这一次的惊险，缘于他的矜持，因为矜持而孤独，孤独最容易让人沉没，这样的沉没还无人

1936年夏，王子云与苏侨旅游团成员在法国尼斯海滨树林中

1936年，王子云在尼斯海滨树林中作画

知晓。

惊险也是人生难得的体会，是事先无法设计的体会，他是人生经历中真正的艺术——如果说艺术最不喜欢雷同的话。参加苏联青年旅行团，对王子云的身体和精神都带来了益处。这个充满生命活力和友好情谊的旅行团，旅行时间是五周，这几乎是夏天的最好时光。王子云真想和他们在一起多待些时候，但是，他这时候是一个有计划的旅行家，他早就安排了往古希腊的旅程。他不得不告别这些青年朋友。

在希腊的译诗

看呀！船头的远处
展开了我们所急待的海程
明净的水平线上
透出了无数起飞的高峰
神话中不可思议的仙境
渐渐地向人们展送
世纪的深层
——早已被忘掉的文明史迹
现又重新复兴
由于考古学的发现
把久经埋没的瑰宝
和千山万水所成就的名胜
一起呈现在绮丽的波层
啊！可爱的希腊
当人们的眼帘第一次与你接触
便感到无限惊喜的美景
待靠近你的身边
更不由自主地心弦震动
究竟为了什么
使得人们产生如此的交感和热情
啊！白玉无瑕的希腊
你诱人的魅力
在人类所有的语言里
再也找不出恰当的字句足以形容

这是王子云1936年8月27日夜翻译的法国诗人罗普斯的《咏希腊短笺》。这一天他乘坐的轮船经过南斯拉夫进入希腊。在神奇历史和身边瑰丽风光的交汇氤氲里，诗情

1936 年，王子云在希腊帕特侬神庙前

焉能不油然而生。王子云在以后填写“干部登记表”的时候写过：“英语、法语均能够阅读。”这首诗歌本来就明快爽朗，他的翻译可能没有多少修饰，但读来朗朗上口，可以想见他在旅途中激动的心情。

在巴黎高等美术学校的学习，除了造型艺术的专业，也接触到欧洲的文艺理论。从18世纪以来，温克尔曼（亦译克尔曼）的《古代艺术史》对欧洲美学界的影响便一直亘延到20世纪。在他之前，欧洲美学的核心只有诗学而没有对于造型艺术的关注。温克尔曼的美学也存在明显的缺陷，即他所观察的艺术品都是希腊晚期作品的罗马复制品，不可能对欧洲艺术史做出全面的评论，再则他过分信任主观印象，缺乏逻辑思辨，故而其理论多有自相矛盾之处。但是，这些缺陷没有能够影响到温氏学说在欧洲艺术界一百多年来的广泛传播。对于造型艺术界来说，因为他，第一次有了独立的学科理论，“诗画一致”理论就是他提出来的。他认为，绘画可以和诗有同样宽广的界限，和音乐家一样，画家也可以追随诗人，这论点以后启发了莱辛的名著《拉奥孔》。温克尔曼对欧洲艺术界的实践意义，在于他提出：艺术史必须根据对艺术作品的直接接触和亲切体会。一个民族和一个时代的艺术必须看作和它的物质环境和社会背景有血肉联系。其实，在中国的古典文化里，关于绘画和诗歌的关系，苏东坡早就有过“诗中有画，画中有诗”的表述，不过，如钱钟书所说：这样的说法，多存在于文人的书信议论里，长期以来，没有被看作什么理论。温克尔曼的思想直接影响到黑格尔的美学，对歌德和席勒也发生了明显作用。王子云在这首译诗里言及的希腊古迹的发现，对欧洲现代艺术的促进，正是温克尔曼学说的直接效果。他当时还想不到，自己以后的艺术生涯，竟会和这时候的学习接受有内在的逻辑联系。作为个体的艺术生命，王子云也不会想到，在“西学东渐”的大背景下，他会成为中国美术界“对艺术品的直接接触和亲切体会”的代表人物。后来的研究者却可以发现，在那一时期，中国学术界也在接受温克尔曼和莱辛等美学家的影响。以后取代林风眠和赵太侔担任合并的国立艺专校长的滕固，在短短的时间里，自己写出了不少美术史论文，还约请刚刚从欧洲归来的青年学者钱钟书在艺专校刊上发表了《中国诗与中国画》。钱钟书从这时候开始的美学研究，时断时续，随环境和兴趣而转移，20世纪60年代之后，他发表的《论通感》《读拉奥孔》等文章，最先构思，可以追溯到留学时期。王子云作为一个美术实践家，则在当时就把他在欧洲的考察游历延续多时，尽其力量多看多走，以后，对中国古代雕塑、壁画遗存进行大规模调查研究，成为他最重要的事业，竟一直进行到生命晚年。

告别希腊

王子云在这漫长的旅途里既有知识和视野的巨大收获，也有美好风光里的愉悦快乐，但他也感觉孤独。全船只有他一个中国人，他的快乐和孤独都无法向人表达，他也就只能总是做出快乐的样子，而让孤独在心底隐藏。当轮船到达伊达克港口时，航程中出现高潮，这里是希腊航程的终点，当地政府将举行送别招待会。主人以香槟酒招待全体游客。

1936 年，王子云在希腊旅行时，在船上与厨师交谈

船上的法国人本来就游兴不衰，得到这样的招待，更加如疯如狂。王子云本来就没有什么酒量，他沿途寻古访幽，作画译诗，却不能适应痛饮狂歌的放浪。钱钟书曾经这样形容中国人的文化性情和西方人的不同："在中国诗里算是'浪漫'的，在西洋诗里仍然是'古典'的；在中国诗里算是痛快的，比起西洋诗，仍然不失为含蓄的。我们以为词华够鲜艳了，看惯纷红骇绿的他们还欣赏他的朴素；我们以为'直恁响喉咙'了，听惯大声高唱的他们只觉得是低言软语。"（《七缀集》，上海古迹出版社 1985 年第 1 版，第 16 页）王子云不能让同船的人扫兴，而船上旅伴也都对他十分友好，他们似乎感觉出来这个东方人的文雅和孤独，他们似乎也知道"一人向隅，满座不欢"，便格外殷勤地向他敬酒，王子云不能推脱，也找不出推托的语言，他只好来者不拒，竟然喝得大醉。

航程的最后一站，是威尼斯。王子云在一年之内，三次来到这里，欧洲的广阔和繁荣，欧洲的文化和艺术历史，他都有了真切的感受。他到欧洲已经是第七个年头，再过一年，他就四十岁了，中国人所谓“四十而不惑”，他从一个小学教师到大学教师，再到留学生；从一个油画家到一个雕塑家，到遍览欧洲美术遗存，对美术旅行考古发生极大兴趣，在他的学养和能力兴趣里，随便展开哪一项都可以挥发出巨大的能量。他想起杜甫的诗：“会当凌绝顶，一览众山小。”在艺术的道路上，没有绝顶，只有高峰，他既然有了这样的壮游，有了对欧洲美术的了解，他应该去做什么，才能够使得自己的艺术生命更加有意义？

回国，该回国了。

1937 年年初，王子云从威尼斯起程回国。在这一年的秋季，法国巴黎将举办一个“世界艺术博览会”，当时正在征求中国展品，王子云给博览会的筹备机构写信，询问参加的具体要求，得到很多宣传品。他便想回国向政府主管部门介绍情况，征集作品。他的想法是通过这样的工作和国内美术界保持联系，或者利用自己在法国多年、比较熟悉情况的条件，做一个定居国外而联系国内的美术家，这样的生活，既不因为国内政治斗争的尖锐而影响艺术事业，也可以对自己的国家有所贡献。

回国的旅程极不愉快。七年前，王子云出国的时候，虽然还是一个学生，却有比较丰裕的积蓄，还有杭州艺专“驻欧洲代表”的津贴，有一些同行的中国人，他即使想节约也不能太过分，而现在他虽然有了留学多年的身份，却并没有任何职业和头衔，他的积蓄也在几年的自由生活里花去了不少。这次他就买了一个最便宜的大统舱，以前坐轮船多次，总的感觉都还不错，他不相信统舱会坏到哪里去。结果他坐的那艘轮船恰恰运了一大队由意大利开往埃塞俄比亚的占领军，这时候的王子云，就感觉到被压迫民族的滋味。

王子云是 1937 年 3 月到达南京，他曾经在这里工作过一段时间，也有过一些朋友，但是，回到故地，却并没有什么热烈的情绪。当时的政治局势是刚刚发生了“双十二”事变，蒋介石的宝座都险些被掀翻，而日本人又在步步进逼。像是随时都会爆发什么事件，而不可能有什么让人鼓舞和高兴的事情。他去教育部联络，希望为巴黎的“世界艺术博览会”征集展品，却没有得到认真对待。剃头挑子一头热，使王子云对国民党政府更加反感，他就寻思，还是回巴黎，在那里当一个自由自在的艺术家。

第三章　联袂向西北

1941 年，王子云、何正璜考察西安南郊兴教寺，在唐三藏塔前合影

1．一声炮响改变了一切

王子云出国多年，和自己的家庭联系越来越少。他在农村的妻子靠他名下的那几十亩田地过日子，有时也得到他汇款资助。想起自己家族的命运，王子云就不由得身体发寒，父亲和哥哥死于非命，最有才华也最有抱负的叔父最后也是郁郁而死。自己算是这家族里飞得最高、跑得最远的一个了，留洋归来，这就和以前得了功名一样可以炫耀乡里，光耀门庭。可是，一个搞艺术的人，和为官为宦的路子是大不相同的。要遵从的，是自己的心性。不愿意和为官为宦的人多打交道，却又处处要看他们的脸色，办任何事情都要受他们的掣肘。这些心思，给家乡的人怎么讲？你不想多讲，他们只以为你是发达了看不起乡亲了。王子云唯一可以自慰的是，他把堂弟王青芳和族侄王肇民都引出去学习了美术，现在，他们也都有些名气了。还有刘开渠，早几年从法国回来，在杭州艺专已经是教授了。如果要王子云扪心自问，应该说对得起自己的家族，也对得起自己的家乡。那么，自己以后应该可以心安理得地去寻找艺术的归宿了。

王子云在出国之前，一直是读书、谋职，很少有机会云游四方，有点儿积蓄也为了出国而不敢多用。如今留学归来，他并没有衣锦荣归的感觉，只是觉得国内的文化环境远不能和欧洲相比。偌大的上海，对西方的纸醉金迷学习得很快，到处是歌厅酒吧，却很难找到一处现代意义的展览馆。杭州虽然有全国最具影响的艺术学府，却连完整的校舍也还没有建设起来，学校上课的地方都是东一处西一处。以前，他在杭州居住时觉得这里一切都好，连散点式的校舍也觉出诗意，在杭州做一个艺术家真正是在天堂里生活，如今却难免有些挑剔：到岳庙的人依然香火不绝，却多是祈福求保佑，而湖边的一切，依然是“暖风熏得游人醉”。他现在是一个对中西艺术文化有所比较的艺术家了，特别是在英国观摩世界艺术博览会所受的影响，使他对祖国的历史文物发生前所未有的兴趣。他呼吁对民族艺术文物的宣传和保护。如果不能对中国的艺术和文物怀大兴趣、下大功夫，那就太对不起自己的文化，也对不起出国多年的感受。他在南京向教育部要求组织国内艺术品和文物到欧洲展览，没有得到响应。显然，这时候的南京政府，被复杂的国内外局势缠绕，根本无暇顾及这样需要巨大财力人力的文化举措。王子云当时很为欧洲各国对民族艺术文化的重视感染，心情急迫，也多有理想主义在焉，被泼了一瓢冷水，对国民党政府就更加不满，连以前为当教授而出国的目标，也在马上可以得到的时候觉得黯然。

为消遣心胸，他从南京直接到了洛阳，以前的徐州师范学校老同学，南京中央大学民众教育馆时期的老上司刘季洪现在已经当了河南大学校长。到河南，可以看到不少中原古迹。刘季洪果然没有让老同学失望，他把王子云介绍给河南省教育厅厅长鲁荡平。因为有留洋归来的身份，河南省教育厅对王子云接待十分热情，将教育厅保存的大量艺术文物让他拍照。这些照片，一直被王子云保存，直到多年后，他教学写书都还发挥了作用。河南省教育厅还派员陪同王子云参观了制作“唐三彩”的作坊，参观了著名佛教圣地白马寺，这样的旅行参观，应该是他以后进行艺术文物考察的预演。为了答谢河南省教育厅的热情接待，王子云为鲁荡平雕塑了一尊半身像。在当时，中国的雕塑艺术家还是凤毛麟角，这应该是一件厚礼。王子云还给鲁荡平介绍欧洲各国对美术事业的重视，以及美术特别是雕塑在现代城市建设中的美育作用。这时候的洛阳，是河南省省会，城市建设的蓝图也在规划之中，王子云的宣传使得鲁荡平对现代美术教育发生了兴趣，恰好，这时候一年一度的选派留学生工作开始，鲁荡平便临时决定在留学生名额里要有一名学习美术的，并且就要王子云帮忙当主考老师。王子云没有想到他回国还没有担任教职便先被拉了个大差，但这样的事情他也乐意做。经过考试，在当时报考的十多名河南考生里他发现了李剑晨。李剑晨当时已经是中学美术教师，王子云发现他的水彩画很好，便录取了他，并且建议河南省教育厅直接派他往英国学习水彩画。以后，李剑晨成为中国水彩画大家。王子云这偶然中的洛阳之行，又为中国美术界增添一段佳话。所谓千里马常有而伯乐不常有，中国人口众多，人才尽有，而受教育特别是出国受教育的机会太少，大量的优秀人才大多是自生自灭，只要有一点儿机会，就必然有人成长发育。在王子云的一生里，李剑晨应该是他的第二个刘开渠。刘开渠于雕塑，李剑晨于绘画，以后的成就都超过了王子云，他们的努力，他们的天赋，因为机遇而得到充分发挥。中国水利学泰斗张光斗于 2004 年 2 月 6 日在中央电视台《大家》节目中谈到他一生成就时，坚持认为机遇在一个人的经历里有决定性作用，它甚至超过天赋和努力这些因素。静思之，张光斗所言确实有道理，在社会的各个角落，有才华、有抱负的人太多了，因为信息极不平衡，机会极不均等，有多少人的才华被埋没至老，又有多少人能够因为才能抱负的发挥而扬眉吐气呢?

王子云在南方旅行之后，到了济南，老朋友乌叔养在这里的民众教育馆当馆长，几年不见，他当年的下级已经是一个省会城市的小部门负责人了。谈及当年中央大学民众教育馆的同人，刘季洪当了河南大学校长，吕凤子也在中央大学当了教授，王子云是为了当教授而出国，如今反而对在国内当教授失去了先前的向往和热情。现在没有足够的材料证实王子云回国这段时间谋职的情况，河南大学显然不是他想去的地方，虽然老同学刘季洪可以关照他，河南大学的历史系也是有名的，但这时候的王子云，还是一个美术家，而非学者。他的目标应该还是国立杭州艺专(国立西湖艺术院已经于1930年改名)。可能王子云回国之初，联系工作不太顺利。他出国七年，这七年间国内教育界的情况已经发生了不小的变化，当年因为“留洋”而身价百倍的风光，已经被逐渐增多的“留洋”归来者冲淡了。国内的美术教育虽然有一定发展，但也只有那样的规模。那时候，出国留学者还很少有久滞不归的，以杭州艺专而论，这时候，是老雕塑家李金发在做雕塑系主任，刘开渠从巴黎回来也在这里做了教授，但是，学生很少。王子云以后虽然被聘为杭州艺专教授，也并未在雕塑系任职。据吴冠中的一次回忆，他在巴黎留学时，大约有十万来自世界各地的美术家齐聚一城，这当然是巴黎之所以为世界艺术之都的热闹和光荣，但是，这样多的艺术家，吃饭问题怎样解决？到巴黎去的艺术家，都是去学习、熏陶甚至是去“镀金”的，能够去抢法国艺术家的饭碗，那就是另外一番天地。王子云以后的朱德群、赵无极，在法国取得了职业地位，那已经是 20 世纪 50 年代以后的事。王子云的生活适应能力，以及对新事物的适应能力，都使得他有可能在巴黎支撑下去，回国之前，他也有这样的打算。应该说，留在法国和留在国内，在他这时候的思想里是处于举棋不定的选择状态。他回忆当时情况说：“从开封去济南，必须经过徐州，这里是我的故乡，我的中学教育就是在徐州师范学校度过的。这里离我的出生地萧县西乡七十里的农村，虽然只有一百多华里，但照常理说，远离祖国七八年，既已回国，应该到家乡看看。但一想到出国之前，自己早已流落他地，一心只想到所学的美术专业，对于穷苦破落的家乡，已经久久淡漠了，而且古人所说的‘衣锦还乡’，寓有无上的光荣感。可我仍然是个尚无着落的穷学生，难免感到无颜与家乡父老相见，所以还是不回为好。”（《中外美术考古游记》，第 7 页）

王子云在徐州没有停留，坐火车直奔济南。乌叔养真正是够朋友，陪他游遍济南全城的风景名胜。在千佛山，王子云对这里的佛教雕像兴趣十足，使得乌叔养对他有“刮目相看”之感。他们以前都是画油画的，出国之前，王子云还不曾对雕塑有什么兴趣，如今，他已经有雕塑家的观察眼光了。王子云当然也向老朋友尽述欧洲的美术观念与国内之异同，这对乌叔养也不啻“闻其声而望俗”。两人在济南就玩了十多天，兴犹未尽，乌叔养又陪王子云上泰山，看到经石峪的《泰山铭》和《金刚经》等摩崖擘窠，比较不久前在河南洛阳附近登过的中岳嵩山，王子云马上就发现两座名山艺术遗存的不同：中岳以石阙佛雕称胜，东岳以摩崖刻书为雄。

下了泰山，乌叔养又陪王子云去青岛。这时候恰是 1937 年 7 月 7 日夜间，二人坐济南到青岛的火车，行至 8 日凌晨突然听列车广播：日军于昨日进攻北平城外的宛平和卢沟桥，我国守军第二十九路军正在英勇抗战，本次列车奉命必须立即开返济南以做军用。列车里顿时沸腾，抗日战争终于正面打响，国家将进入战争时期，对于普通老百姓来讲，今后，将陷于战争的恐怖和灾难，但对于日本侵略者的步步进逼，中国老百姓已到忍无可忍、同仇敌忾的地步。当时的这列客车，几乎每一个人都因为国难而及于身家命运，没有一个人的生活能够脱离开这平地惊雷的震荡。以王子云而论，到青岛海滨去优游数日，本来是计划了多日的快乐，如今已经了无意趣，而今后的日子，事业功名，一切有计划的均被打乱，而不曾计划的则必须计划，以前清晰的某些意念突然一片模

1937 年，王子云游览泰山

糊，以前不曾多想的念头却倏然清晰。人的生理反应，如果一颗炸弹落在眼前，当然是跑开，如果一场灾难降临，当然也是走避。战争，这人类最可诅咒的灾难，就降临在中国人眼前，降临在踌躇满志而意态彷徨的王子云面前，这灾难，他本是可以躲避的，这战争，他也是可以远离的。他是一个普通老百姓，是一个艺术家、一个文人，战争让这样的人躲开。每有战争，老百姓首先是成为难民，难民的唯一能力是逃难，往安全的地方跑，中国之大，每遇内战，大量的老百姓便是东奔西跑。如今，是外国侵略者杀进来了，这日本鬼子，早已经占领了中国的东北三省，东北老百姓跑进关内的早就是千千万万，而如今，日本鬼子在北平又打起来了，北平老百姓又该往哪里跑？前几年日本鬼子还在上海打过，上海老百姓又该往哪里跑？跑来跑去，还在中国。那么，日本鬼子如果要灭中国呢？如果战争在全中国打开呢？中国人又有多少能够跑到外国去呢？王子云是可以到外国去的，他已经在法国生活了七年，他本来就有准备继续在那里生活，他如果按照原来的计划继续回法国去生活，那可能还不算“跑”吧！可是，就在这喧腾嘈杂的车厢里，王子云的思路逐渐清晰起来，他的基本想法，不是“跑”，也不是“走”，他觉得正是因为打仗了，他反而不能回法国了。他早读过法国作家都德的短篇小说《最后一课》，在法兰西那样一个最讲究个人自由、最崇尚艺术和浪漫的国家，也就是在一般中国人眼里最讲究享乐的国家，其实人们心里都有一种明确的人格价值。这价值平时是被歌舞升平掩盖着的，而到国家危难时期，就表现在全体国民的情绪和行为里，这样的情绪和行为，就是《最后一课》里那手无缚鸡之力的老教师和还没有长大的孩子们的眼泪和决心。这样的眼泪和决心，可以让一切苟且偷安的念头无地自容。生活，平时是一汪活水，清浑难辨，而灾难，特别是国难，就像是特殊的沉淀剂，让清浑立判。王子云想起在巴黎认识的一个朝鲜画家，他就是因为自己的国家被日本人占领而流亡在巴黎。人们对一个艺术家的流亡总是同情的，但在这同情里，也隐藏着轻蔑：艺术家不是最讲究情感作用的吗？一个人和自己祖国的情感是不是有同孩子和母亲的情感？如果母亲在受难，孩子可以跑出去躲避吗？这样的推理，似乎有些让手无寸铁的普通老百姓为难，何况，祖国母亲的被侵略被凌辱，不应该由那些以祖国的名义而实际是败家子的统治者、达官贵人们负责，反而要平时被压迫被轻贱的老百姓来承担么？这样的反问当然也是有道理的，但这毕竟是弱者的情绪，是逃避的借口。一个强大的国家，如同一个兴旺的家庭，是不可能被强梁欺负的，也正是在有问题的国家、有问题的家庭，才出现权利和责任的不平衡。有责任心的孩子，不会在母亲受欺负的时候和她算老账，这时候正是孩子尽责任显能力的时候。这样的道理，在中国人的圣贤古训里，是早就存在着的，而在现时代的中国，却需要重新提起。在王子云的留学生活里，这样的道理却是十分显豁甚至不容置辩的。王子云是一个中国艺术家，但他在面临国家兴亡和个人安危的选择时，促使他做出决定的却是在国外生活里得到的观念。

王子云在济南就给国立杭州艺专校长林风眠去信，表示自己愿意留在国内，参加美术教育工作。显然，杭州艺专对自己学校出去的王子云是早就有延揽之意的，或者因为他本人的意向不太明确（回国半年，王子云还没有决定去向）。当林风眠得到王子云的信，立刻就给他回信，表示欢迎他回校任教，并且决定以一级教授相聘。

2. 国立艺术专科学校

王子云从济南来到杭州，正是暑假期间，按惯例，学校员工在假期是不办公的，必办的行政事务，也往往堆积到一定程度，在校长得便时一并处理。王子云刚刚在学校的临时客房住下，就收到校方送来的一级教授聘书和第一个月的薪金三百六十元。在出国之前，王子云对一级教授的职位和薪水都是羡慕的，他在孔德学校的薪水已经够不错了，每月八十元。主要是在孔德几年的工薪积蓄，使得他在欧洲住了七年。如今一下子就有了高出孔德三倍的薪水，不能不说是学校待他之厚。王子云很快就在西湖边租了两间房子，每月租金三十元。这在当时应该是很高的租金。现在作为杭州国宾馆的“刘庄”，是一位从政不成又经商的广东人刘学询在 20 世纪 20 年代买下的，也不过几万银圆（解放初期，刘学询的遗孀因为害怕挨斗争，一分钱不要就把刘庄捐献了，以后被改建为杭州最高级的国宾馆）。在西湖边的一段日子，应该说是王子云一生中最富足也最尊贵的日子。中国美术界中人，最讲究的就是“留法”，当年王子云在西湖，自以为艺不逊人，就是因为没有“留法”的金字招牌，就是当不上教授。如今，七年留洋，谈起欧洲美术的一切，他都不逊于任何人。至于艺术方面的真正造诣，这时候的王子云，几乎是一个全能人物。他的油画，在日本和法国都是上了大雅之堂的。他在欧洲七年，还使自己从一个单纯的画家进入了学术。这，在当时的杭州艺专，也是凤毛麟角。他得这个一级教授，既欣喜，又心安理得。如果要和更加先进的同道相比，他还觉得自己这教授实际已经得晚了。当年，林风眠从法国回来，才二十四岁，

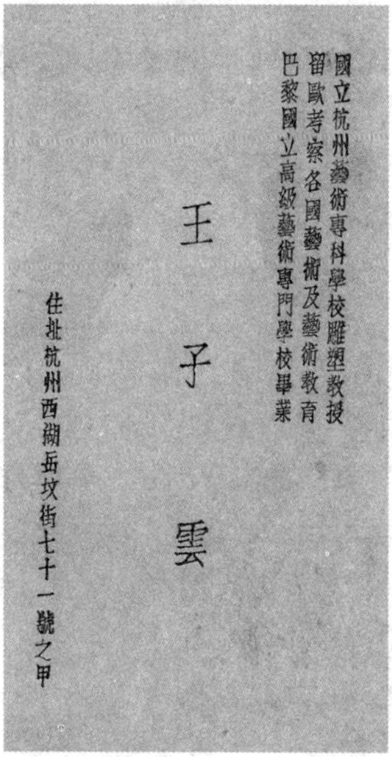

王子云任杭州艺术专科学校教授时的名片

直接就当了北京美专的校长。王子云如今已经四十岁了。他有些踌躇满志，也有些感到光阴促迫。学院和他的居所，离岳飞墓都只有十几分钟的路，他每过岳坟，就不由得想起岳飞的名句："莫等闲白了少年头，空悲切。"岳飞死的时候多少岁，三十九，而如今王子云已经四十了。不能满足，不能耽于西湖边的良辰美景，要干事情，要把在法国、在欧洲学得的一切报效国家，报效的具体对象就是他的学生。

就在王子云心静下来，准备为学校努力服务的时候，战火烧近了杭州。日本军阀发动的这场侵略战争到底会打到什么程度，中国的大部分老百姓是看不出深浅的。当1931年的九一八事变发生的时候，王子云已经到了法国，那时有很多激进的文化人也在法国，法国是中国抗日运动的海外基地，《义勇军进行曲》在法国的华人聚会时唱得很响。"中华民族到了最危险的时候"，但是，战争没有往关内发展。"七七"事变，王子云为之不回法国，南下到杭州。战事在北方，艺术报国，华北自然安不下一张平静的书桌，以中国之大，难道就没有安放书桌之处？但是，王子云想不到，战争没有直接在北方蔓延，日军却做了一个大回环，在中国经济的要害部位上海摆开战场。上海不保，杭州也在敌锋指顾之间。

学校搬迁，搬往哪里？金华。这是当时浙江省除杭州、宁波之外的一个较大城市。做出这样的决定，也出于对战争前途的乐观：小小日本，举国之力有多大？举国之兵有多少？我中华四万万儿女，唾液成河，举臂成林，难道你还能攘我全境？国民党政府当时宣传"速胜论"，对人民却难有保护之力，当日军兵临杭州，全城乱成一团。王子云刚刚买的一房上等家具全部丢掉不算什么，他刚刚买的一套日本出版的《世界美术全集》，还没有看熟，也只能撂在房东家里。仓皇之间，他倒是带出了一只红漆马桶。在法国几年的生活，他已经有些"欧化"，对卫生的要求颇不同于往昔。但刚出杭州城不久，严酷的现实就逼得他丢掉那玩意儿。连一日三餐都无法保证，洗脸刷牙的水都无法保证，描金的马桶又有何用？

到金华，同人正在商量建校的选址问题，又接命令，继续转移。刚入江西境，学校中就有人要求在这里建校，理由是随时好返回杭州。但终于被日军烽焰所逼，不得不继续往西南方向走。到江西贵溪后，王子云被学校指派，先行长沙，为学校的进一步撤退寻找校址。在长沙周围的县份，王子云等"先遣人员"走了不少地方，发觉长沙也是"四战之地"，如果日本人进一步来攻，从湖北、江西有多路可袭。这时候的王子云，对地理知识学习了不少，战争的威逼，使得人不能不经常行走，在行走中就不免观山找水，寻店求宿。以后，王子云直到老年都不怕走路，就是这时候的锻炼。作为一个美术家，王子云对"美人"是喜欢的，他还注意到地方气候等条件对"美人"生成的影响：在意大利威尼斯旅行时，就知道那里是欧洲最出美人的地方，可能是因为"水城"的气候浸润吧？到湖南，他闻说湘潭美人有名，便自己雇了一条小船，由长沙往湘潭，到一所小学校，以参观之名接触女教师，也可能那里的妇女真是美丽超群，也可能是王子云的心理暗示，他对所见的两位女教师从体态面容到举止风度都十分倾慕。如果不是时间促迫，王子云很可能在这里谈一场恋爱。

学校在湖南的校址是沅陵，在这里，从北平迁来的北平艺专奉命与杭州艺专合并为国立艺术专科学校。当时，北平艺专的校长是赵太侔，他也是一位留法人士，专业是戏剧，此人在文化界颇有影响，曾经主持山东大学，不仅是沈从文、老舍、杨振声等名作家的朋友，还提携过初入艺途的江青。北平和杭州两所艺术专科学校的骨干教师，都以留学法国归来者为多，北平方面有常书鸿、庞熏琹、王临乙、王曼硕、李有行等，杭州方面则有潘天寿、刘开渠、雷圭元、李超士和王子云。两校在师资方面是旗鼓相当。虽然当时有“教授治校”之说，但为教师者对谁当校长并没有什么决定权力，每遇合并之类重要人事变动，还是官场作业。赵太侔与林风眠在新的国立艺专校长位置上相持不下，结果两败俱伤，都没有当成新校长。教育部派来的是被美术界很多人认为和美术“不搭界”的滕固。其实，滕固（字若渠）其人，是留学德国专攻美术史的博士，虽然在政界多年，有过教育部专员等官职，从骨子里也还是个文人，他不是画家，但对中外美术史的知识和见解其实是一位专家。他在1935年就曾经和黄文弼、徐炳昶等人在国民政府中央古物保管委员会会议上提出整修西安碑林的建议，使得西安碑林在1938年之前就得到中央政府和陕西省政府的共同拨款，由梁思成设计，进行了一次大规模的整修。他去世近六十年后，有学者收集其遗著，出版了《滕固美术论集》。就是在滕固就任艺专校长后不久，他邀请也是和美术界“不搭界”的钱钟书为校刊撰文。钱钟书便写了《中国诗与中国画》，这篇文章对中国传统画论中的“诗画同源”说提出疑问，被认为是现代美学理论的重要文献。虽然钱钟书的立论以后也遭到质疑，但滕固的学术眼光却不能不被人佩服，他不局限于美术界对学术的“自给自足”，大胆地发动国内最优秀的学者来谈美术问题，应该说是为美术界豁胸明目的开拓之举。滕若渠还是一位诗人，可惜其作品也因为其人之早逝而若风流云散，倒是在吴宓的日记里，还可以找到当时因两人唱和而被细心的吴宓记下的零章断简。

王子云对滕固当校长，没有什么明显的反对态度，这时候，他虽然已经有了学术兴趣，但主要还是一个画家，和林风眠等“西湖”老人当然更加密切。其实，如果做一个假设，倘若他当时对滕固多些理解，在学术上多些交流，对他以后的学术发展应该是有帮助的。滕固的短暂掌校，有提升艺术院校学术品位的抱负，可是，那时候美术界中人，普遍重技术而轻学术，“西湖”老人，也普遍认为滕固一政客而已，谁会去把他当成一个美术教育家呢！和滕固地位、经历有些仿佛的还有一位顾毓秀，也是因为当了教育部次长而膺“政客”之名，其实，到晚年出版全集，人们才发现顾毓秀其实也是著作等身。中国是个“官本位”传统深厚的国家，文化人对官，是又羡又嫌，惯常情况是官对文化人的命运发生影响，在有些情形下，文化人的“众口铄金”，对某些有官“名”也有文“实”的人也发生影响。滕固的生前身后，可以为这样的幽微做说明。

两校合并，倒是给王子云带来一次小小的“官运”：校长是上面派了，但学校的中层，还是要照顾两边。这样，常书鸿当了学校的专科部主任，王子云当了中专部主任。

据王子云回忆，当时在艺专学习的学生有董希文、李浴、毕晋吉，赵蕴修、姚继勋、张祖武、吴冠中、卢善群、柳维和、乌密风、周绍森、朱培均、王炳照、雷震、赵无极、朱德群等，其中雷震、卢善群、姚继勋三人，在王子云组织西北艺术文物考察团时，都前往报名参加。这里需说明的一点是，王子云在欧洲学习雕塑艺术时间最久，他回来后，最适合的位置应该是艺专的雕塑系，但他一直到离开艺专，都没有在雕塑系任职。当时艺专雕塑系的主任是李金发，他也是早年从欧洲学习回来的艺术家，但他作为诗人的影响远远大过雕塑家的成绩。王子云虽然未进雕塑系，但这时期对学习雕塑的王朝闻、朱培钧等学生都有影响。他在欧洲的见闻，成为行军路上学生们喜闻乐问的内容。

在沅陵待了没有多久，学校又往贵阳、昆明撤退。在长达一千五百多公里的长途跋涉中，真正是千辛万苦。这时候王子云和常书鸿作为学校的两员大将，又被派为先遣人员，在昆明为学校寻找抗日战争期间的永久性地址。应该说，王子云和常书鸿既有在法国留学时期的接触，又有千里长途中的患难与共，又都是学校倚重的中层干部，应该有很多话可讲。他们在昆明一起求见龙云，为学校要求合适的建校地址。龙云虽为武人，对艺术教育还表现很热情，他主动建议把昆明市区的风景名胜圆通寺拿出来作艺专的校址。龙云应该是王子云和国民党高级官员打交道的第一人，以后，他还将和卫立煌，和蒋鼎文，和胡宗南打交道。在这些官员里，他没有什么深交，也没有想过和他们深交，多为办公事，大多也还得到帮助。当时他不曾想到，和这些人的公事往来，在以后也会给他带来麻烦。

1935 年，王子云在法国留学期间

王子云在昆明待的时间不长，1939 年春天才到达，他为学校联系建校地址，刚刚有着落，便于 1939 年暑假之后离开学校，前往重庆。有说法是因为林风眠的离校，造成王子云的跟随而去，这可能是一个人情上的原因，但更加重要的是王子云为自己的出路着想。他在滕固掌校初期虽然没有反对，但终是不和。这时候，抗日战争进入相持阶段，重庆作为“陪都”地位已经巩固，文化人多往重庆聚集，王子云到重庆不久，便通过“投标”方式接受了重庆市政府为抗日战争牺牲的无名英雄纪念碑做雕塑的任务。据王子云回忆，学校到达昆明以后，他虽然还在担任中专部主任，但和学生接触的时间很少。而本来准备加强的雕塑专业，只有几个学生，更缺乏教具设备，基本上无法上课。这时候王子云相当清闲，便寻观昆明的雕塑遗存，其中最为他重视的是在筇竹寺大殿，有五百罗汉彩塑像，是清光绪年间由一位叫黎广修的民间艺术家用七年时间塑成的。在五百罗汉附近的佛堂里，还有黎广修画的一幅山水画。王子云认为，这样一位既能雕塑又擅长绘画的民间艺术家，对中国古代美术的贡献应该是很突出的，可能还有不少黎广修这样的民间艺术家，因为没有文字记录，都被湮没了。在筇竹寺看见记录黎广修的碑刻，让王子云十分兴奋，认为是自己在昆明短短日子里难忘的收获。以后，王子云再没有来过昆明，也不知道这筇竹寺是否能够逃脱以后年代文物被不断毁坏的厄运。这时候，他已经因为离开了教学岗位，在社会上的行走和观察里，逐渐萌生着对艺术文物的研究兴趣。

3．文化人拿什么爱国

王子云到重庆后，在半年时间里拿出了抗日无名英雄纪念碑的图稿和模型，获得当局的通过，已经备料兴工，却因为日军的狂轰滥炸，使得重庆“战时首都”的建设计划大部搁浅。纪念碑是当时最高建筑，又在市中心的广场上，当然是日军轰炸的显要目标，而且，在山城重庆复杂的地形条件下，还容易成为日军飞机的导航路标。在这样的情况下，本来是重庆市政府一项重要建设计划的纪念碑及雕塑，不能不取消。王子云在这一时期，三天两头等待官方的决定，心里却在思考：在如今这样诸事难为的环境下，怎样做一点儿可以投注较长时间和精力的事情。在国外的时候，他就想望一旦回国，要有重点地寻访古典美术遗存，那时候的想法是把这样的考察收获带到国外，可以办展览、写文章，作为一个“中国艺术家”，向国外介绍中国美术。现在既已决定留在国内，为什么不更加系统和细致地进行这项工作？国难时期的任何工作，做起来都困难万分，但如果只是焦急、等待、反复，就像那终于不能完成的纪念碑，说起来是伟大的计划，没有人会责备你王子云吃饭不做事，但是，等闲白了少年头，

1939 年，王子云应重庆市政府委托，为抗日战争牺牲的无名英雄塑造的纪念碑模型

空悲切的又是谁呢？在这样的精神宕跌里，他渐渐理出一个头绪，并且很快向教育部提出自己的计划：组织一个以艺术文物为主要考察内容的队伍，前往祖国西北进行全面系统的调查了解，并且以现在可行的科学手段，做以记录表现。这样的工作，不仅是千百年来，历代政府未曾顾及、史无前例之盛举，尤在当前抗日战争艰难进行时期，对中华民族伟大文化之认识及感知，对国人坚持抗战之信心必有极大鼓舞，即使从发挥现有美术专业人才作用、减少失业之具体而言，也是事半功倍之举措。王子云平时并不善言谈，也不多写文章，可是，林风眠与之共事，却每委以必须条分缕析清爽明白之任。在出国之前，王子云是西湖艺术院的注册科长，回国之后，又任合并后艺专的中专部主任，这两件差事，都要些行政才能，而王子云偏偏不想受行政历练，他就是想靠艺术成名成家。但是，公文报告，等因奉此，阐述申请之类的作业，毕竟也不是毫无用处。他对教育部的有关人员谈起组织西北艺术文物考察团的想法，立即引起重视，很快便通过所有的官场程序。在 1940 年秋天，考察团便组织成立，在成都进行了为时一个月的培训后立即开拔西安（王子云的《中外美术考古游记》将考察团前往成都时间记为 1940 年 6 月，根据何正璜日记，应该是当年 11 月至 12 月），这时候有很多文化人也在议论关于西北文物的研究开发，还在做“知”与“行”孰易孰难的各种考量，而王子云和他的团队已经在西北展开工作了。王子云是一个行动的人，是一个有想法就要付诸实施的人，在这一次表现得最为明显，也成为他一生事业的闪光点。

教育部西北艺术文物考察团的成立，王子云出任团长，按一般人的想法是出于林风眠的推荐，这个因素是存在的。在西湖艺术院的老人里，出国学习雕塑艺术，时间最久的应该数王子云，而在进行创作的同时对学术发生强烈兴趣的也是王子云。王子云回到杭州国立艺专，为林风眠校长接纳，抗日战争开始以后，艺专从杭州千里流徙，一直到沅陵，王子云和林风眠同甘共苦。滕固取代林风眠任校长之后，林风眠不能再在学校待下去，只身前往重庆，几近赋闲。很快，王子云也来到重庆，二人如影随形。这一时期，王子云的进退出入受林风眠直接影响是显然的。

其时，抗日战争逐渐进入相持阶段，“前线”和“大后方”的战略格局渐趋分明，“大后方”的社会生活得到暂时相对宁静，而大量的文化人则处于失业状态。王子云有幸受命进行陪都重庆“抗日无名英雄纪念碑”的创作，是最为光荣、也有生活保障的事情，但是，一旦停顿，也处于失业威胁之中。这时候的林风眠离开国立艺专校长位置，比一般失业教员要好过些，他毕竟是国民政府教育部任职多年的教育官员，这时候在重庆教育部以“专员”名义挂个闲职，也同滕固前来艺专之前的身份差不多。王子云和林风眠都有法国生活经历，在重庆，能够经常走走谈谈的，王子云不离林风眠，林风眠也不离王子云。两人议论之间，既为个人前途计议，也离不开艺术事业。在王子云下决心往西北之时，林风眠的意见肯定是起了作用的。但是，这时候的林风眠，“既已不得志于有司”，他也没有决定西北艺术文物考察团团长的权力。还有一说，是王子云靠他的徐州老乡刘季洪而得遇于教育部长陈立夫（据西北大学在新中国成立初期对王子云的审查材料，包括部分考察团员如卢善群的材料）。其实，考察团成立一年多以后，刘季洪才就社会教育司长之任。而根据王子云自己的回忆，他于 1941 年率领考察团到河南洛阳考察时，刘季洪还在河南大学校长任上。王子云还通过他和河南省官方联络有关事宜（《中外美术考古游记》，第 4 页）。据《西北大学学人谱》，刘季洪任河南大学校长是 1935 年 11 月到 1939 年 4 月，而在就任社会教育司长之前，他已经是教育部秘书，实际上就是陈立夫的专任秘书。看来王子云的记忆也有误。

不能排除刘季洪在王子云就任考察团团长一事上发挥的作用，但是，王子云自己向教育部提出了一个报告是确实的，而当时，教育部也确有进行此项工作之计划。遗憾的是，王子云本人对考察团组建时期的记录已经难以寻见，还是当年一位当事人的“交代”材料所叙甚详。这个人是徐朗秋，他写于 1955 年 8 月 7 日的材料说：

“在伪教育部退到重庆以后，有一个反动的阴谋计划，就是登记逃亡的各种教育工作人员，把他们组织起来，为它们做反动教育工作。我所知道的在社会教育方面的有社会教育工作团，戏剧教育工作队，电化教育工作队等各一队到三队不等，分散各省巡回工作。西北艺术文物考察团，就是那时计划设立的。

“1940 年（大概在暑假前后），王子云到了重庆，还有画家林风眠一同住在旅馆里。

“王子云那时候就谈到西北艺术文物的丰富，特别是汉唐文物，都需要考察整理，他就向伪教育部提出了考察建议书。这个建议书是托我转给社会教育司长陈礼江的。”

可见，当时决定考察团组建问题的是教育部社会教育司。王子云和司长陈礼江并无个人关系，老同学徐朗秋只是一个科员，他是怎样当上考察团团长的，徐朗秋的材料说：

“这个建议书得到了伪教育部的采纳，决定成立西北艺术文物考察团，规定考察洛阳龙门石窟、陕西汉唐文物及甘肃敦煌石窟等。并指定由王子云负责筹备，登记并选用合格人员。我那时是社会教育司主管科（二科）的科员，就由我拟稿，以社教司名义签报核准的。我是不是有这样大的力量举荐比较地位高的团长取得陈立夫的信任呢？在实力上，我是没有的。我想，那是陈礼江口袋里没有这路人才，王子云本身有这种工作条件。科长相菊潭是陈立夫的人，他也和王子云谈过，这件事要做，或者以王子云为合适。王子云是个纯技术观点的艺术工作者（我那时的看法），不见得有什么政治企图。至于他是否另借其他方面的力量如滕固、林风眠等向陈立夫处推荐，我就不知道了。”

徐朗秋写这份材料时，正在上海的一所中学工作，当时正处于“肃反”运动之中，其材料里把国民党政府教育部称为“伪教育部”，对国民党当局在抗日战争时期进行的所有文化方面的工作统称为“反动阴谋计划”，这是当时的时代烙印。其实，其所言及的一些文化组织，如演剧队，不唯有大量进步艺术家在其中工作，有些还完全在共产党员的控制之下。那一时期，越是在国民党政权里工作过的人，越是要谈国民政府必称“伪”，谈蒋介石及国民党高官必称“匪”，这是两党尖锐对立、政权易手后的时代语言，没有经历过那一时代的今天的青年读者偶见此种文字可能会发生疑问。徐朗秋既要表示和旧政权的一切行为划清界限，又要尽量保证所谈问题的客观，以他所叙，王子云没有大后台却可以因为工作需要而当上直属教育部领导的考察团负责人，这岂不是又在为旧政权评功摆好？于是他留下伏笔，说王子云可能通过滕固等人去游说陈立夫，这样的“想当然耳”，也显得书生气。滕固固然是当过国民党政府教育部的高官，但是王子云正是因为与他“不搭界”才很快离开艺专，通过他去请托显然不可能。但是，王子云显然和滕固之间也没有什么大不愉快，起码在重庆和老同学徐朗秋的交谈里不会表现对滕固的啧言，甚至让徐朗秋也以为滕固可以为之说项。显然，起码滕固没有因为自己与教育部的关系从中作梗，也是事实。徐朗秋的证明材料还有一个值得注意的地方，就是在王子云任职一事上绝口不谈刘季洪。刘季洪在1940年确实不是教育部社会教育司长，但他也已经离开了河南大学校长之任，王子云在《中外美术考古游记》里谈到刘季洪，说他到河南龙门等地考察时，见到刘季洪，这或者是错忆，或者是故意写错。刘季洪在1939年离开河南大学后回教育部，先也任的是“专员”闲职，但他本来就是教育部长陈立夫的亲信，又有美国华盛顿大学的化学博士学历，任过河南大学校长的官历，以后便由秘书而社会教育司长，也十分自然。在王子云的任职问题上，刘季洪比林风眠和滕固更有说话权力是显然的。徐郎秋和王子云都回避谈刘季洪，显然出于共同的苦衷：他们和刘季洪都是徐州江苏第七师范学校的同学，而刘季洪在20世纪50年代正在台湾任国民党高官，属于“死敌”。如果谈起刘季洪，徐朗秋既怕给王子云带来麻烦，也怕给自己带来麻烦。他的材料写得合情合理，全在说明王子云的任职是出于业务能力，是实至名归，等于是在给调查单位西安美术学院讲王子云的资望，这样的良苦用心，也显出徐朗秋个人的素质。1945年以后，徐朗秋又与刘季洪、王子云在西北大学共事，大陆易手，他没有跑台湾，显然也是以为自己没有什么政治罪恶，谨言慎行，与人为善，想总可以苟安于世，后来他在上海复旦大学附属工农速成中学任教，在反右派运动时自杀未遂被关进监狱。他在狱中所写有关王子云材料依然说明王子云“不参与政治”。

关于刘季洪，现在在大陆很难得见其人资料，由于多年挨整，王子云在生前的有关文字记述里几乎没有提到其人，实在避不过去之处便含糊言之。刘季洪在20世纪40年代曾经担任过西北大学校长，《西北大学学人录》里留下了他的简短资料。又查《中华民国职官志》，刘季洪1935年至1939年期间任河南大学校长，1944年至1947年任西北大学校长，1942年8月20日至1944年9月26日期间任教育部社会教育司司长，这时候的教育部部长是陈立夫。在国民党时期，“蒋家天下陈家党”不是一句玩笑话，而刘季洪是陈立夫的亲信。早在20世纪20年代，王子云在南京中央大学和教育部共辖的民众教育馆工作时，刘季洪就是馆长，王子云为美术部主任，其属员有吕凤子、乌叔养。这时候徐朗秋也在馆内工作，为民俗调查部主任。以后，王子云想往西北考察文物，徐朗秋作为教育部一个普通科员而能够全力促成，有共同的文化兴趣和职业经历应该也是原因之一，说他们因为“老乡”关系而过从，也是事实。刘季洪在出任教育部社会教育司长期间，对艺术文物考察团的事情有很多关照，考察团在重庆举办成果展览时，刘季洪陪陈立夫前往参观，当时报纸评价是弘扬民族文化的显著成绩，作为社会教育司长的刘季洪脸上有光。考察团结束之时，恰恰也是刘季洪由教育部社会教育司长调任西北大学校长之时，而王子云其时直接到西北大学历史系当了教授，除却有徐州老乡萧一山在西北大学当文学院院长，刘季洪身为校长的原因也是显然的。因为刘季洪以后在台湾当到考试院长、总统府资政，和王云五、张其昀身份仿佛。王子云在历次政治运动中都是战战兢兢，在“四人帮”垮台之前，他是根本不敢提起刘季洪其人的。

艺术文物考察团的成员是公开招聘的，当时教育部在青木关，考察团的筹备处即临时设在部属之民众教育馆内。应聘者均须往青木关接受考试，内容主要是对美术学历的资格审查和绘画基本知识的考试。当时前来应聘者多是美术院校的毕业学生。现在可以看见的王子云和夫人何正璜对考察团的回忆多为学术性质，而对考察团的人员组成，语焉不详。倒是当年考察团成员，解放后在江西省文化部门工作的雷震，于1955年向有关方面的一个“交代”材料有比较详细的叙述。据雷震所言，考察团的编制一共是十人，除团长王子云外，其余人员是：

周思铭，浙江人，毕业于杭州国立艺专，是和王子云同时到团进行筹备的“元老”，任总务组长。1941年离团回重庆。

戚承先，浙江人，据说是陈立夫的远房外甥，在考察团担任社会风俗调查工作。1941年与周思铭一起回重庆。

何正璜，女，湖北人，毕业于武昌艺专，后往日本东京高等美术学校留学，在考察团担任文字工作。

张仁均，江西人，曾在南昌做中学美术教师，在考察团担任绘画工作。1941年因精神疾病离团，以后在四川璧山的社会教育学院工作。解放以后，还在四川省政府研究室工作过。

姚继勋，浙江人，国立艺专毕业，担任雕刻摄影。1942年离团，回重庆后协助刘开渠搞雕塑。解放后曾在上海中山公园文化馆当馆长。

1941年西北艺术文物考察团部分成员，左起：王子云、何正璜、姚继勋

陈典尧，四川人，武昌艺专毕业，在考察团担任翻制雕刻模型工作，1942年因病离团。

雷震，江西人，杭州国立艺专毕业，在考察团担任图案绘图和文字工作，并临时担任过总务组长和采集组长。解放后在江西省文化厅工作。

梁启杰，广东人，中山大学建筑系毕业，在考察团担任古建装饰和测绘工作，1942年离团。

李炳章，四川人，为考察团工友，以后成为技工。

这是雷震参加考察团工作期间，他所知道的成员情况。王子云的回忆则说考察团成员是十一人。在长达四年多的存在期内，团员有进有出，但似乎最多时没有超过十人。还有几位团员，雷震也提到，他们是:

卢善群，江西人，解放后在南京师范学院美术系任教。邹道龙，江苏人。马基光，河南人。他们都是杭州国立艺专毕业，都在考察团工作过，其中邹道龙参加了对敦煌的考察。

李松如，西安有名的拓制碑帖的艺人，也参加了考察团的部分工作。

郑祖良，在重庆50兵工厂做建筑设计工作，临出发退团，由梁启杰补。郑祖良与梁启杰以后都在广州市的建筑设计院做技术工作。。

雷震没有提到的考察团成员还有一位赵瑞琪，抗日战争时期从山东来西安，也参加了考察团在关中地区的工作。赵瑞琪解放以后在南京市工作，因为他在考察团期间与雷震一起参观过原杭州艺专教授李朴园任职的西安“劳动营”，此劳动营是抗日战争时期国民党当局关押、改造受共产党影响的青年的变相集中营，故赵瑞琪在交代自己的历史问题时写出了他参加考察团的一段经历。雷震在较为详细地介绍考察团成员情况时，却不提此人，可能也与这点政治原因有关系。

从考察团成员的结构来看，绝大部分是专业美术院校毕业，且多系杭州国立艺专出身的“江东子弟”。王子云本来是该校教师，又有留学巴黎多年、对西方美术考察的经历，此番组织艺术文物考察团，事业人望，师生联袂，在当时国家危亡、士心困沮之间，是难得的一派文化气象。

王子云一生，最显赫之事应该算艺术文物考察团期间，工作虽然艰苦，毕竟得以完成。以一个职业画家的经历而论，考察团的事业使王子云以后渐渐离开了创作而进入学术，而像傅抱石、黄宾虹这样的画家，都是先学术而渐渐专注于画艺，终得大名。比较之下，王子云却渐渐寂寞，这转折点就是西北艺术文物考察。但是，衡之王子云一生，考察团的一段还是充实而顺利的。中国当代的大画家很多，王子云本来也可以成为一个大画家。中国当代画家出身的学者却并不多，几乎没有什么画家愿意成名之后再去搞清苦寂寞的学术，而王子云则走了这样的道路。

4．何正璜

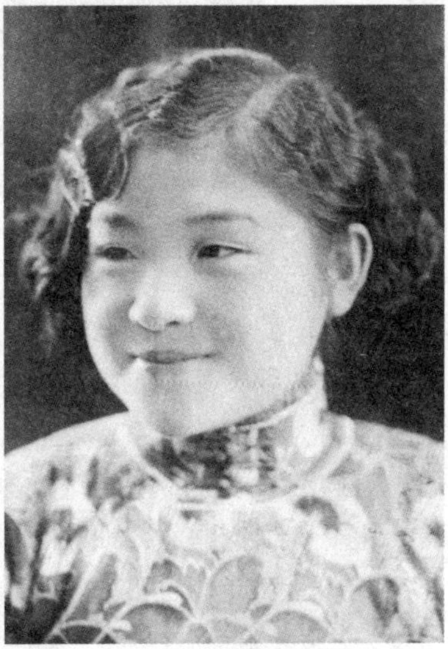
何正璜（1914—1994）

在西北艺术文物考察团的所有成员里，只有何正璜一个女性，而在以后的考察团事业里，对王子云帮助最大的也是这位女性。

何正璜 1914 年出生在一个富贵之家，原籍湖北汉川，父亲是在日本帝国大学学习的金融专业，何正璜就是出生在日本，以后，何正璜的父亲回国便长期在金融界服务。何正璜的母亲去世后，父亲续弦，她的处境发生变化，但还是到日本读完了高等美术学校。此前，她在武昌艺术专科学校学习时，和傅抱石夫人罗时慧、江西才子彭友善等是同班同学。何正璜学习的是美术，但是，她的文学才能显然更突出些。何正璜在武昌艺专毕业时，曾经给很多同学写过“赠言”，其中给彭友善写的是：“年少才高，励学敦品，兼性刚直狂傲，不羁之士也。但为学克勤，有艺谷风，且不思不勉，而从容中道，郑虔三绝，曳玉铿金，一时颂之。真大有手持艺柄，高视寰海，权衡低昂瞻我所在之慨矣！”当时何正璜只有二十岁，笔名“玉子”，对中国古典文学的浸沉使得她的文字练达而富内涵，这是一般只读读小说新诗的文学青年望尘莫及的。她给所有的同学都写了“赠言”，也没有忘记给自己写几句。她用杜甫的《破船》诗自况：“平生江海心，宿夕俱孤舟！岂帷清溪上，日傍柴门游。”当时同学各赋离离，而何正璜的处境显然比大多数人优越，她果然不甘清溪之濯、柴门之傍，乘桴越海，往日本东京高等美术学校留学，那首杜诗真正成了“自况”。直到何正璜去世之后，已经年届九旬的彭友善给何正璜的后人写信，倾诉了当年与何正璜同学时对她的追慕，此时两人已经天人永隔。老画家回首平生，一吐肺腑，让后辈读其文字如见泣泪滴血，也堪谓人间一段至情。但是，当时的何正璜，无所羁系，正在海阔天空进行她的艺术之旅。2003 年，作家出版社出版了胡辛所著《彭友善传》一书，其中谈到他和何正璜的恋情。何正璜自己，对这段生活没有留下什么文字。《彭友善传》写道：彭在晚年得知何正璜

1932年，何正璜在湖北家乡小船上采莲蓬

在西安，曾给她去信，何正璜的回信十分简略。彭想借办画展的由头来西安与她叙旧，何正璜也只是回答说西安的美术展览馆正在修建中，待修好了可以帮助联系，言语间只是一般老同学声口，无涉感情。现在两位老人都已经过世。彭友善是一位有成就的画家，其晚年家庭生活也颇幸福圆满。观《彭友善传》，其人一生充满传奇色彩，有关与何正璜的一段亦若其奇，毋庸议论，但作者写到有关何正璜和王子云的几处事实，却屡有不确。如该书129页说：“她的母亲却是个日本女人。”错。何正璜确实出生在日本，以后又曾在日本学习美术，她的母亲却没有日本血统。何母张楚，字佳牖，是大革命时期武汉妇女运动的活动家，可惜在何正璜七岁时就去世了。张家几姊妹都受她影响，其中何正璜的五姨张佳敏虽然一生为小学教员，却用自己微薄的薪水支持吴晗夫人袁震上了武汉大学，又在袁震的姐姐、陈郁夫人袁溥之被国民党当局逮捕时，冒险到监狱去看望。因为这样的关系，解放后，何正璜在西安碑林博物馆筹备石刻艺术陈列室，曾经通过五姨和袁震，希望历史学家吴晗题额。吴晗感觉自己的分量还不足以为古都西安的这个重要陈列室题额，便找了书法人望两相高的陈毅。现在，到碑林博物馆参观的人，都还能够见到陈毅的那块题匾。多亏是陈毅而非吴晗题匾，何正璜没有为此事陷于大狱，但在“文化大革命”中，何正璜为此事还是被批斗，要她交代和吴晗的关系，此是后话。《彭友善传》第388页说：“王子云先生……解放前曾任林风眠创建的北平美专的教务主任，后又出任国民政府驻欧洲美术代表，40年代初，王先生出任敦煌考察团秘书长，常书鸿先生任团长。”皆错。这里所云人事涉及王子云的履历和中国现代美术史的一些细节，当为澄清：北平美专非林风眠创建，其第一任校长是郑锦，林风眠1925年由法国归来，被北平美专师生以“一人一票”方式选举为校长。王子云不仅没有当过北平美专教务长，他也没有在这个学校毕业，前文已经叙及。王子云在该校读书和林风眠来校时期，北平美专教务长是大名鼎鼎的闻一多。在这里，《彭友善传》的作者将王子云拔高了。王子云到欧洲留学，曾经有西湖艺术院驻欧洲代表的名义，是林风眠院长想帮助他得到一点儿经费补助。国民政府从来没有过什么“驻欧洲美术代表”，任何一国政府也不会有驻外国的“美术代表”。这里，作者只图把事情人物往大里写，把王子云一介书生拔高到国家驻外代表的身份，美意可嘉，但若任“传奇”，清晰的历史就成为花里胡哨的游戏。关于“敦煌考察团”之名，也是作者想当然的产物。这里正叙及“西北艺术文物考察团”，这个考察团的重点目标确实是敦煌，显然因为敦煌的名气太大，一沾上它，便不免夸张

之词，常书鸿因敦煌而知名于世，于是，他便顺理成章是“考察团团长”，王子云往哪里摆？秘书长也不小，就是他吧！事实是：西北艺术文物考察团成立并且决定以敦煌为重要考察目标，在西北各地工作达四年之久，常书鸿从来不曾是这个团的成员。考察团总共十来个人，王子云独力支撑为团长，哪里有什么“秘书长”。作者乱封官，到得真正“序职”的时候，手里纱帽批发已尽，又将王子云降职。词费及此，因为所见为“传”，不能不讲究真实，已逝的传主不能任其咎，作者的生花妙笔却不能不引人发噱。

关于何正璜的感情生活，在她遗留的一部分日记里，倒是提到她在日本学习期间，和同学唐平铸十分相投。唐和何正璜都是在抗日战争爆发后，中断学业，从日本归来。那时候唐平铸曾经动员何正璜和他一起到延安去参加革命，何正璜没有响应。两人各自东西。以后，何正璜再看见唐平铸这个名字，他已经是《解放军报》副总编辑，是解放军最年轻的将军。唐平铸因为最先提倡在报纸最醒目的“报眼”处每天选发“毛主席语录”，成为“文化大革命”初期的热点人物，而这样的功劳，在以后林彪和“四人帮”垮台后的“清查清理”和“拨乱反正”时期，就又成为问题。政治风云的诡谲，戏弄多少世间英豪。在日本同学时期，不论是何正璜还是唐平铸，都不可能想到以后的人生怒海、世故惊涛对自己的作用。

1933 年，何正璜在武昌艺术专科学校作画

何正璜在日本时期的生活，应该说是十分快乐而优裕的，她发表于《旅行》杂志 1948 年 1 月号的《伊东拾零》，写到的尽是“少年不识愁滋味”的浪漫天真：“海阔天空，花巾飞扬，歌声飞扬，五个不知天高地厚的年轻人，就这样不假思索地将一只只应该在小湖中划行的小艇，送入了茫茫大海。没有目的，没有方向，只追着海鸥的踪迹，随之徜徉划去。也不知走了多远，忽然敏感的铸说：‘怎么船上下得比先厉害多了，是否起了浪？’大家都笑：‘海还能没有浪，太无勇气了。’他坚持着说：‘不对，你们都是向前坐着的，不觉得，我是向后躺着的，格外能感到些，不信你们看！’于是大家都不觉回头一望，可不是，不知什么时候，起了大浪了，一排排的直向小船汹涌打来。木赶紧用力将舵扳向了归途。一会儿工夫，小船简直就跌入浪心了，有时落入浪底，有时又立于浪尖上。这时大家不仅雅兴全失，而且是魂飞魄散了。太阳渐渐昏暗，海水显得极其

深沉，风紧浪高，四顾茫茫，我们相望无语，找不出一点儿办法，只望早点儿到岸，幸亏木还镇定，抿着嘴，沉着地把住舵，他是惟一和浪搏斗的人，因为这时桨已早失作用了。更未想到祸不单行，一阵机器声，一只大轮船轧轧地开了过来，这是进港的大渔轮，我们这轻轻的一片小叶，比着它的庞伟，真是渺小得可怜。它昂然的在我们侧面呜咽过去，一匹因它而激起的怒涛，直向小船侧面扑来，浪头比船要高得多，哗哗如雷响。铸惊呼一声，滚跌到舱里。我们三人也吓得面如土色，手足无措，这可亏了木了，只见他机警而勇敢地咬紧了牙关，将舵用千钧之力向右一转，迎向泼天大浪，直冲上去。小船如平地升天一般，被浪高高地举了起来，俯视海面，如瞰深谷。我当时吓得昏昏糊糊，不知过了多少时候，才发现我们的小船，已奇迹地落下海面，不但五人尚在人间，而且也能望见海岸了。回望各人，铸正在拭泪，木正在拭汗，石和着双手向天不知向谁祈祷，书则用我的披巾在兜水向外倒。”这里的“木”“石”“书”，都是何正璜在日本的同学，“木”的勇敢坚强是最突出的，没有他的力挽狂澜，这一船五人可能若聂耳一样葬身异国之波。但在这几人中间，最敏感地发现了问题的是“铸”，也可能这样的风浪洗礼锻炼了他的胆量，以后，他成为和何正璜等人命运完全不同的革命家，他以戎马书生，也指挥过很多激烈战斗。即是发现推行“毛主席语录”一事，也见出他的敏感，至于成败是非，在时代的颠簸里，人生遭际，亦如风口浪尖上的小船，时在涛头，时在谷底。何正璜青年时期的生活，也因为这样的同学和朋友，显示出时代的印痕。

1938 年，何正璜在日本海滨

何正璜回国以后，就经历战乱生活，所学的美术专业和对生活的浪漫憧憬都被残酷的现实抛入阴霾。她没有职业，在家庭里也得不到温暖，其间也曾经遇人不淑。她的银行家的父亲，长期的优裕生活也堕入尘埃，不得不带着家人从武昌一直逃难到鄂西山区的小城恩施，这里是武汉失守后的湖北省政府所在地。有一天，何正璜在江边洗衣服，见水边漂着一张《大公报》，上面有教育部成立西北艺术文物考察团的招聘启事，见到这个启事，她欣喜若狂，很快便乘船到重庆，求见已为考察团团长的王子云。

在何正璜的日记里，有她和王子云初见时的记录：

“阴晴不定的天气，欣戚不定的心情，是去呢，还是算了，老在我心中间争执。洗过脸，没敢搽胭脂，为了昨天不该穿了这件玫瑰色的衣服去见一个太陌生的人，太惹人注意当然是要不得的。但是借不着别的衣裳又有什么办法呢。想了想已经十点钟了，只有大着胆子喊车到两路口，一转弯就看见四川饭店了。踌躇了半天，才敢推门进去，一个不十

青年何正璜

分讨厌的人招呼我坐下。我感觉我当时的心跳动得厉害，尤其是谈了半天，简直找不到一点儿中心主题，我更是莫名其妙了。我有点儿失悔不该来的，但是那个人相当和蔼，才使我稍稍安定一点儿。可是我不敢看他，因为他的眼光似乎很摄人。我觉得脸有些红了，这是一个很奇怪的现象，我又不是藏在深闺中长大的，又不是初次和陌生人交谈的，为什么今天忽然这样窘迫羞涩？实在自解不得。幸而谈话一下也就结束了，我告辞出来，他送我到房门口，相当亲切地和我告别。我松弛了的心不由得又跳了起来，不敢回头看他，低着头就匆匆地下楼了。步行回‘指委会’，心中相当高兴，因为他许可我考虑。假若我真能和他们一块儿去，我该是几样的幸运和快乐啊！约在次日十时答复他。七爹要我过南岸斟酌一下，我便怀着极大的希望回到南岸。这第一次生疏客气仓促陌生的会晤，却使我从此都不安静起来，夜间睡在床上，想着那人的眼睛，北方的口音，搓着的双手，有轮廓的裤脚，一切我所不应当想到的事，我不敢往下想，好像有人在羞我……”

显然，第一次见面，何正璜的心弦就被这个不善言辞的“陌生人”拨动。这是 1940 年的 9 月 2 日，对事业和前途充满憧憬的何正璜，经历了不少青春年少的同龄人的追求，也经历着“国破山河在”的颠沛流离，爱情和事业都既魅人又迷蒙，“一个不十分讨厌的人”，对于敏感而多才的何正璜，乍见之下，已经非同平常。“北方人”王子云未必是她心中的白马王子，但是，作为一个著名美术家的神秘、考察团团长的威望，和他的某些局促而又令人难忘的举止，却对事业想望中的何正璜发生巨大的吸引。连何正璜自己也写明当天见面之后，她就想了很多，而这所想又大多是关于王子云的言谈举动。王子云回国已经整整三年，在奔波流徙中过着单身生活，他在萧县家乡的结发妻子实际上早在北京求学期间就长期分居，在西湖艺术院期间有志同道合的女朋友若吴佩璋，却有情无命。他在法国七年，和一个法兰西女子已经是同居关系，却没有像林风眠那样长期厮守，他回国时还准备再往巴黎，而一旦决定留在国内，便与法国女郎再无联系。以后，王子云在回忆旧事的时候，自己谈到这段情缘，也只是寥寥数语。显然他在法国待了七年，也还在可离可即之中。他的生活习惯和事业声望的归宿还是在中国。在组织艺术文物考察团时，也面临自己对生活伴侣的追求。以后，王子云和何正璜很快就相恋结婚，应该说是情投意合。何正璜的学识、才华证明，她对艺术文物考察团的事业是合适的人选，她以后写作和发表的大量文字，对艺术文物考察团的实践经历和文化影响绘声绘色，是当时十分杰出的学术散文。有位读者留心剪辑保存了何正璜的大量此类文章，在几十年后寄给她，使得这些已经鲜为人知的文章得以保存。陕西省艺术研究所的《艺术界》

1940 年，王子云和何正璜

杂志曾经发表过这些文章中的一部分，其文笔之流畅练达，观察之细致开阔，情感之真切深挚，历数十年依然有十分强烈的感染力。何正璜的文学才华还表现在她的日记和书信等“寻常文字”里，且看何正璜记述和王子云“抗战时期的爱情”是怎样的情形：

在月明之夜，乘白木船，横渡大江，其味其乐，不足为外人道。

出店门忽然警报大作，人马又一齐飞奔，我们赶快算了账，提了东西便跑向江边，包了一只小船买了许多水果，二人登舟解缆放流。一江秋水中，照得这样一双艳影，平添了自然界不少的美与生气，别船的人对我们投以羡妒的眼光，我们这一舟骄傲的情人，今天是开始做了第一次的甜侣于大众之前了。山的一半都在云中，只露出隐约的顶来，很有中国的淡墨画意，令人自觉亦染仙氛，可惜诗在辛酸中每每不作自出，而在甜蜜中却一点踪迹也寻不到……但是，黄绿色的江水拍着轻舟的边沿，舟人一篙一桨尽打出适当的节奏。

并到一心花园访林风眠先生，其处还有林先生之法籍女友及其他友人，我很局促地在他们之间坐了一会儿。他在友人面前的态度已足以告诉别人我们已到了什么程度了。

他也曾再三地说过，他一无所长，但能爱我一生绝无中变，这当然是我所最期盼的。我所以不婚富家子，不婚势贵人，也是因为怕受那种冤气。我宁肯裙布荆钗和他黄卷青灯地过一生。

今天是我们见面的三周月，他说在这一天举行我们的订婚比较有意思。好在一切亲长的同意都取得了，我们便从今天起开始有了一种正式的关系了。我个人因这很高兴，但同时却更害怕。

今日无电灯，市街黯淡，星星小火荧荧有如鬼市，然二人心境殊乐，且至一心饭店与林先生共餐。三人笑谈无间，兴极而归。

王子云和何正璜谈了三个月的恋爱，这三个月也是艺术文物考察团的筹备时期，当考察团整备完毕，踏上征途之时，他们的爱情也成熟了。

5．川陕道上

考察团是 1940 年 12 月 5 日从重庆出发，12 月 7 日到成都。旅途风光，有何正璜日记可观：

薄明上车，蜜月旅行之滋味，当无殊于此时。

经资中、简阳等县，皆为山地，及抵龙泉驿，豁然开朗，千里平原一望青绿。人谓已抵成都近郊。我自逃亡后皆为山地生活，每思一片平地而不得，终日被困山中，有如囚刑，今日忽见此大平原快乐至无可形容，几至欢呼。

团中同事皆居于附近之少城公园中市立图书馆楼上，地址甚佳，明日当去一晤。

全团八人：云、璜、姚、周、雷、陈、张、戚。

由于何正璜的日记，可以证实，西北艺术文物考察团成立之初，从重庆首途成都并往西安是八位成员，即王子云、何正璜、姚继勋、周思铭、雷震、陈典尧、张仁均、戚承先。到西安后，有部分团员因事离开，也有新团员陆续加入。

王子云和何正璜正式结婚的日子是 1940 年 12 月 12 日，何正璜日记说：

今日当特记，我俩在今日更成一法律上之关系即结婚也。本来人生不过数十年而已，

1940 年，西北艺术文物考察团成立全体团员合影。前排右起：姚继勋、邹导龙；后排右起：周思铭、雷震、王捷三、王子云、蒋鼎文、张仁钧、何正璜

1940年12月12日，王子云、何正璜结婚照

好坏均匆匆即逝，但为谋在此数十年中之幸福日月与夫精神上之寄托安慰互助，不得不依俗礼结婚。我们流亡千里，不及重彼形式，且国难期间自应一切从简也。报纸已于昨日登出，为成都中央日报。

这一天，雕塑家王子云为夫人何正璜在一把新购的雨伞上刻上名字和年月日以作纪念。因为旅途劳顿，天气乍寒，王子云在成都生病，发烧、腹泻。何正璜三日新妇，调羹复煎药，悉心照料。王子云卧床十余日，考察团成员不能久等，且川陕之间，汽车票极为紧张，团员则陆续赴陕，到12月27日，王子云和何正璜始得成行。且看西北艺术文物考察团团长和夫人之旅途生活：

诸人皆已先去矣，因是无座卡车，且行李甚多，也慌抢上车。车中人货杂置，令人极不快意，中国人之自私与无秩序，随处皆可见之，可叹！

艰难之中，情绪也随景物而变化：

天空为冬季最美之粉蓝色，霞光在西际天末成透明体之丽色，闪目欲眩。成都因气候暖和，故虽在仲冬而极目苍绿平沃千里，清溪湾湾，幽篁丛丛，处此大好后方，几不知前方正浴血作殊死战也。

车中有陕、豫、冀、鄂、苏、浙、川、晋各省人，各赞其省而噱他人，言谈中各有爱乡土之念，中国人家乡观念及宗法思想本极浓厚，此亦美德，若能发展而为民族思想则此民族将伟健于任何其他之民族矣。

车过山上时已暮色四合，仅西际晚霞艳光一片，照着九曲溪水闪闪作光，自山顶俯视，恰如一条蜿蜒之金龙也。车更疾行，景物一瞥即逝，人亦谈倦，空谷哑然无声，但暮霭沉沉荒郊茫茫车尘滚滚。

12月29日，在群峰间看蜀道之奇：

早起白雾成海，霜重似雪。车行霜上喳喳作响，雾中浑不见前路后车。转上山薄阳临照，已不复有雾，然底首下望一片白茫茫直如大海，令人疑心身在盘古未辟天地时之宇宙中，洵大观也。沿途仍有不断之古柏，间有较前更巨者。在剑阁早餐。日中颇暖，此后山已渐高，至剑门关山势排列如剑戟，雄伟险要，有一夫当关，万夫莫开之慨，为蜀旧栈道之起点，岩高而陡，削壁千丈，昔日秦蜀交通之艰为今人意料所难及。真所谓蜀道之难难于上青天也。关口有‘环云耸翠’四字为清代所书。在剑门与昭化之间，遍植桑树，想此处必盛产丝。因念剑门石岩俱为冲积岩层，想千万年前此处当为大海，而今之凹地却为桑田，沧桑之变能令人不为之感慨深深乎！

12 月 30 日，将离川境而入秦关，何正璜的心绪已脱却物质条件之艰难而入文化理想之境：

久闻人言广元有佳妙石刻之佛像，云因此极思一睹辨其风格，然车昨日抵站时，已四点，询问其地答以约三公里，六公里之来回，今夜实不可能，只得交臂失之。今日在车窗中一瞥而过，但见累累石佛或立或坐，均装于沿公路之削壁中，高约二三尺，面目衣物不及细辨，只得待诸归途，再行过访。车沿嘉陵江上游而行，云累低问忆及嘉陵江上否，我只低笑而不答。水最浅处仅可及踝，真所谓滥觞也。水急而流乱，冲石排沙，奋力前奔。此处虽非其最上游，然睹此勇毅奔流之状，不禁念及任何事物创始之艰。大言之，总理当日带领少数先烈肇创民国，几经阻扰，仍不屈前进，终成今日吾等自由民主之中华……小而言之，本团在现代中国所负之使命，如古代文化艺术之正式统计、调查、描绘、模型、分类、保存等，允为中国艺术界之开荒工作。因各民族之文明程度，每以其文化为其标准。中国古代之艺术，即足代表民族之优秀文明，而今世战乱频仍，每为外人所窃购，为炮火所毁坏，数千年古物古艺术流传于民间，为民族精神之骨液者今将逐渐不存。痛心可惜，孰此为甚，故我们不量才力，不畏风霜，不避艰辛，而做此劳苦工作，乃国民之本分，更为艺人之光荣也。

将来中国若能因此有一国家办立之美术馆或博物馆等成立，则本团虽已不存，而在此开始无人肯注意及此之时，即已尽力奠其基础，星星火粒燃起民族光荣巨焰，本团定亦在旁为之欣慰无已。惟在此创始时期，困难诸多，时为艰辛所迫而至气馁。今观此上游急水冲入石缝又受阻而旋于砂堆，窜于乱礁而被巨岩所挡回，然其百折不挠终于冲出乱围排去困阻而畅流东下，忆嘉陵江下游之浩瀚，不禁对此浅水感慨深深。

1943 年王子云、何正璜在唐乾陵翼马上留影

6．西安——一个陌生而亲切的城市

西北艺术文物考察团是1941年元月初到达西安的。当时的陕西省政府教育厅厅长王捷三是留法学生，王子云前往拜访，相叙甚欢。在王捷三的陪同下，王子云又拜访了省政府主席蒋鼎文。何正璜日记1941年1月31日记述了这次拜访，当时用语为“晋谒”。首先，由蒋主席对考察团全体致慰勉词，继由王团长致述词和颂词。这样的一个仪式似乎有当时的官场礼节规定，主人的“慰勉”代表地方当局对中央来的工作团体表示欢迎，当然也有对其工作意义的理解和称颂；客人的述词是自陈工作性质，颂词自不免对封疆大吏美言。礼敬已毕，王子云马上提出考察团需要进行的最主要工作，及希望省政府帮助者，是以前存于碑林的唐太宗“昭陵六骏”中的四骏（另外两骏已经在军阀陈树藩统治陕西时期，被盗卖到美国，藏于费城博物馆），需要做石膏翻版。当时，就获得蒋鼎文允诺。何正璜对当时会见的形容是“尽欢而散”。

第二天，西安各报以大字标题刊出蒋鼎文会见考察团全体成员的消息，王捷三趁热打铁，希望王子云向陕西省政府写一个建立古代艺术博物馆的计划。何正璜也赞成此事，如果王子云能够主持一个博物馆，发挥其对中外美术历史的知识见解，又可以有长期安定的研究生活，这应该是他们结合成家之后最理想的前途。当然，理想和现实之间距离甚远，当时的西安，确实因文化传统的丰厚而引起朝野之间的共同重视，国民政府成立了“西京建设筹备委员会”的机构，以党国元老张继为主任委员。但是，在战争环境下，“建设”几同海市蜃楼。西安碑林的大量文物不得不拆卸包扎，隐藏于地下。考察团当时要翻制一些文物的模型，也必须经过当局明白指示，才得以实现。对西安文物的重视，共识已具，而要想投资建构则难上加难。当时，除张溥泉有心于古迹保护，还有于右任和张钫，将自己多年收集的宝贵墓志碑刻运回西安，于右任的《鸳鸯七志斋》刻石和张钫的《千唐志斋》刻石以后都成为碑林的重要藏品，可见西安确实是古雕刻艺术最好的集藏之所。王子云在西安期间，曾经多次拜访张溥泉，得到他的教益，张氏对文物的热爱亦出至诚。

王子云和何正璜对以前未曾到过的古都西安，印象是美好的。这时候，全国大部分重要城市已经被日军占领，在硕果仅存的几座大城市里，作为西北第一大城市的西安，地位十分突出，而西安的古代文化遗存为全国首屈一指，在抗战形势下，更加为国人注重。

经历了几年的奔波流徙，王子云和何正璜在西安竟有回家之感。他们在西安受到的欢迎和重视也增强了这样的感觉。

在易俗社看秦腔《梅花岭》，考察团成员被招待于第三四排最中间的座位，舞台上有大书红字长幅“欢迎教育部艺术文物考察团”，座位前还摆放了茶点水果。何正璜虽然见过很多世面，自己作为贵宾，在一个陌生的城市，得到这样的隆重欢迎，还是平生首次。《梅花岭》是表现明末兵部尚书史可法在扬州抗击清兵的新编历史剧，当时的剧团，针对日军侵略，国难当头，多有新编历史剧，作为鼓舞军民抗战精神的武器。西安易俗社虽然是一地方剧社，却每有与新时代新文化共同进步的表现，鲁迅来陕西讲学时便对易俗社很有好感，除捐钱赞助外，还题写“古调新弹”匾额。秦腔是中国最古老的剧种，其声悲凉粗犷，甚合古秦中长铗壮气嘶吼于大野高秋之概，与这里的饮食习惯也颇相合。何正璜对这里请客吃饭的“羊肉涮锅”不太适应。秦地饮食，品种较江南西蜀要简单很多，如果要图盛馔精良、风光绮丽，现代西安并不是理想之地，而要考中国之“古”，西安则不独古意氤氲，甚至可以说古迹遍地。且看他们初到古城时之所见所闻：

军阀刘镇华统治陕西时期，在公馆内建房，挖出一古碑，工头献给刘，刘不以为意，碑石复埋于土。施工中再有碑刻之类发现，工头干脆不许挖出，怕出力不讨好耽误时间。以后，刘镇华离开陕西，有知道此事者报告新当局，经发掘，那不入“刘”眼的碑刻竟是唐大明宫内苑详图。以后西京建设委员会一位工作人员更在一户人家的台阶上发现唐太乙宫详图。这样的发现，轰动了国内考古界，于是有北京人士前来西安寻碑，居然在一家古董店里觅得方石头十八块，绘有唐代各宫之全图。现在人们知道唐长安城为现西安城墙内面积的八倍，并非臆断。考察团人员为这样的传闻而兴奋，他们自己在这里会有怎样的发现呢？

1941年的农历正月初一，他们在西安街头散步，过卧龙寺，见有五六家石刻店，多以旧碑石材为新碑用料，其中：“有一人临危，全家痛泣之浮雕，表情如生活，人身比例亦正，为不可多得之物，而今已砍为数块，数日或经石匠砍磨，更连此片断遗存亦不可见矣。又一家一长碑上全以线条刻成一宫中人物，山石宫殿台几等线条流利，布局大雅，神情如闻其声，我爱之至不忍行。此物若在任何他国，必为博物馆中之上等存列品。而在我国则弃于此地，抚之再三，泪为之盈眶。我等购之既无此费，请政府保留又不可能，又不忍任其湮灭，古国艺术佳作竟遭此命运，我个人为之心痛。又一家一堆小石中间，可有二鹿相逐，其肌肉骨骼腿有劲之象，一一表现卓然。我亦只有抚摩叹息而已。”

他们进入卧龙寺后殿，见一碑，记有此寺的来历，寺址竟为汉灵帝时所创，宋太祖未登基前曾经在此寺中寓宿，故改名“卧龙”。这个卧龙寺的所在，位于西安碑林博物馆东侧，仅一路之隔。以后，王子云和何正璜定居西安，就住在碑林之内。20世纪70年代，何正璜在博物馆分得一套小单元楼房，南观碑林，东瞰卧龙，但这时候不唯街头石刻店再难觅见昔年所见石碑，连卧龙寺也已再非昔时情形。

当时所见之八仙庵，在现代以慈禧太后逃八国联军之难为行宫而著名，但这里的一块碑刻写道："唐兴庆宫遗址，贞开之间，留学长安者逾八千人，而释、景、回教等，皆许在京师开坛，建寺宏敞，教宗尊老子为玄元皇帝，道家之传播尤广。"大唐盛世，是中国人的骄傲，到现代，成为深情回望。

西安西关外有隋代初建的崇仁寺，在唐代做过李世民的祭庙。明代西安为秦王府，在兴建中从崇仁寺地下挖出大量古玉佛像及钟、磬、刻碑等古物。清代乾隆年间，毕沅为陕西巡抚，重修崇仁寺，为西安当时最大寺庙。同治年间因回民战争，毁于大火。王子云在这里考察时，最关注的是《大秦景教流行中国碑》，此碑为唐德宗建中二年（781 年）所建，记述了东罗马帝国景教传入中国的历史，景教就是基督教的一支，为叙利亚人聂斯托尔所创，于唐太宗贞观九年（635 年）传入中国。当时，唐太宗命大臣房玄龄出长安西门迎接，以后，又建波斯寺为传教专所。当时的中国，信上帝与信皇帝并行不悖。景教在中国流行二百一十年之后，因为唐武宗毁禁一切外来宗教，此碑因寺毁而湮灭。在五代、宋、元各代，此碑再未见于任何记述。明天启三年（1623 年），碑在陕西周至县被发现，以后，移来崇盛寺。清末，欧洲考古家丹麦人何尔模等来西安，要求价购此碑运往欧洲，西安地方当局已经与其达成协议，但消息传到北京，被清廷制止。最后做法是允许何尔模翻制碑模，带回欧洲，原碑则移入碑林保管。当时虽然没有看见这块价值无二的古碑，王子云却在崇仁寺的后院荒草中，发现有几个无头佛像。以他的艺

1941 年，王子云、何正璜考察周文王陵

术鉴赏力，认为造型之精美，为中国佛身雕刻所仅见。当时王子云就考虑怎样收藏保护这些埋于乱草中的无头佛像，因为其体大等同真人，搬运是要费大力的，当时只能拍照记录。王子云的计划是要购买下来，运往首都，以后，这计划未能实现，而断首佛像终于还是被碑林保存，陈列于在碑林中专门设立的石刻艺术展览室。何正璜也不会想到，这次没有见到的《大秦景教流行中国碑》，在以后的很多年，当她担任碑林博物馆的陈列部主任时，成为对国内外参观者介绍中国古代外交的最重要内容。和此碑有相近价值的，还有《不空和尚碑》与一具石“经幢”，前者为唐代大书法家徐浩所书，历代记述不绝，后者则刻有尼泊尔文字。大平正芳任日本首相时，来碑林参观，何正璜接待解说，大平在《不空和尚碑》前流连很久，他是不空和尚弟子空海的老乡，对日中交往历史最为向往，能够在这里看见《不空和尚碑》，感慨太多。大平来碑林参观，已经是20世纪70年代，报纸发表，电视转播，知道的人很多，而1961年尼泊尔国王马亨德拉的参观，则少为人知。当时国王就由何正璜接待解说，看到一千二百年前的有尼泊尔文字的古物，他当然是十分高兴。当时陪同国王前来的是周恩来总理和陈毅副总理。何正璜在以后的日子里，是碑林博物馆出面接待重要客人最多的研究人员，这样的发展变化，在参加考察团最初，她是想不到的。

王子云率考察团来西安时，碑林的重要碑刻，已经全部打包藏入地下，因为《大秦景教流行中国碑》的重要文献价值，考察团也准备将其翻模。在当时技术条件下，翻制石膏模型是最先进和最真实的保存文物手段，再则为拓印、摄影、摩绘。考察团当时具备的也是这样的人才和技术手段。一个十来人的专业团体，在教育部的组织下进行这项工作，在当时的中国，真是一件前所未有的大事。考察团在西安受到官方和民间的普遍欢迎，也因为在此之前，中央政府还未曾对文物考察保护下过这样的力量。

西安的民间收藏，也让王子云等人感觉惊异。在西安著名收藏家阎甘园家里，一进门，王子云等便先观看了他收藏的赵伯驹所绘山水，何正璜当时便觉大开眼界，对千年古画表现的高超技法，颇以今天之画家为愧。阎先生当时已经七十七岁，然体健有如壮年，对他收藏的大量古代字画文物，也敞开让考察团人员鉴赏。在院子里，拂开雪层，便见一缩小的唐代屋宇石刻，莲花檐、斗拱、绿色琉璃瓦，都明丽如初，这应该是一件清代出土的唐墓殉葬建筑。院子里还有一通唐代四龙圆碑，高四尺，直径亦四尺，四条龙互相盘衔环绕成一圆柱。进入阎家客厅，满架琳琅，感觉就像是到了故宫的古屋陈列所。阎先生家后廊有一尊武则天时代的浮雕石刻，佛像造型艺术极精微，出过国的王子云和何正璜都认为与现代欧洲雕塑之写实风格有相同处。阎甘园以自己多见上古遗珍，发表意见：“周迄于汉，走兽雕刻不求真而带图案形式，至唐代力求真实，到武则天朝为极，安史之乱后明显衰退。”盛唐时代似乎是中国古代文化的一个分水岭，到此时期，一切都显出成熟而辉煌，以后便有江河日下之感。考察团成立之时，国人对中国古代美术价值意义的认识已经不同于清末民初，但审美标准也还多有“西学东渐”的影响，对中国上古雕刻与中古雕刻的评价，以“真实”“精细”的西方现代标准为高尚，其实也有些

"彼一时也"。时间又过去几十年，西方艺术大都摈弃真实而趋抽象。但真实不同细碎，抽象也非荒率，中国古雕刻，从周、汉时期所表现的浑厚大气到盛唐时期的辉煌精致，都表现出人类中此一民族的向上奋发精神。考察团在阎宅边看边谈，也如同开了一场艺术讨论会。清代是中国出土文物最多的时代，也是对民族文化传统糟践最烈的时代。以阎甘园家中所藏古物而论，老先生就说，实际上多为外人弃后之拾，那件武则天时代石雕，一同出土，还有多件更加精美的，被一个来西安教书的日本人早溪装了十多辆大车运回日本，当时没有什么人敢出面阻拦。自从斯坦因、伯希和在敦煌廉价弄走大量文物，外人莫不眼红心动手痒。到敦煌路途遥远，辛苦异常，但在西安搞文物，就轻松多了。这早溪的行为，当时无人敢挡，后来又有美国人效法而来，将礼泉唐太宗昭陵的"六骏"割卸装车，将过风陵渡而出陕西省，引起当地人士公愤，致使督军陈树藩不得不管，却又容忍美国人将"六骏"中的两骏运走。现在留存在碑林博物馆的四骏，也已经是被切割成数块拼凑而成的了。谈到这些，阎甘园感慨万分，对考察团的到来极为欢迎，也认为中央政府早该组织这样的机构，再不保护古物，恐怕就真正是万劫不复了。

王子云等人在阎甘园家中，曾几次参观，除待客的大厅外，他家还有专门的古物储藏室，比街上的古物商店大出好几倍。阎氏曾经在城外一村庄散步时见一马槽，隐约可见花纹，以极低价格购回，洗干净后发现是一块大型秦砖凿成，上面还有年代文字。考察团成员惊叹这样大而完整的秦砖，今天已经是高价也难得收到的珍贵文物。阎家还有汉代饭锅，何正璜觉得和她在东京所见日本人现代用锅完全同型。到西安不久，这样的发现便接踵而来，何正璜和几位团员便每日紧张工作，有些是抄录古器物上的文字，有些难以移动的器物，则描绘其花纹，并将收集和发现之物进行登记。当天在阎家所见之物，不好当面记录，回居处后在日记里追记了整整三页纸，计有：汉代石马，战国时玉簪，周代兵器，北周、隋、唐代石佛及木佛。其中的瓦当颇引起王子云注意，在华山上所得铸有"与华无极"和"与华相宜"，苻秦时铸有"大秦万岁"等。据阎甘园讲，这些东西，其实最不引人注意，现在也还可以收集到，甚至可以捡拾而得。

阎为旧学深厚之人，收集文物是其爱好，同时也做这方面的生意。考察团是纯粹的研究性质，又是"公家人"，不可能抢他生意，他也就对王子云讲了此中的一些"行情"，就是在他家放置的古物里，也是有真有假。和外国人做买卖，也有些人不懂其中深浅，而他也为有时候捉弄洋富翁而自得。西安城里还有一位姓高的古董商人在和王子云交谈时，却为自己将很多珍贵器物卖给外国人而惭愧。

中国文物的破坏，当然有"列强"的侵凌，但清末政府的无能，更不能脱其咎。王子云在法国时，已经接触到斯坦因的著作，在西安，何正璜又读其西域考古记，她写道："观其全书，为其勇气智力博知所钦佩，但阅至将全窟精华以数千捆计之稀世古画古经典窃运至伦敦帝国博物馆之情形，不禁令人仰天再三为之黯然无语。不过，玄奘有知也许以为如此方可酬其一生辛苦，因其译品若流散中土，势必渐渐化为乌有，反不如按卷顺章，有系统藏于一安全区域，使全世界人类共鉴其伟。而终不能释怀者，此种画、经，为中国无价之国宝，今本国万万方里之地，无一处可使其安存而必须托赖于外国或更以此为幸，则此中痛心之处，固令人难以坦然也。”

考察团进行的工作，使得这样的精神痛苦经常涌现于心头，唯其如此，也使得工作更显其意义。在当时条件下，王子云作为团长，以一画家之身，要带领大家完成这样被国人注意的事业，他的能力和品质都在接受考验。考察团到西安后，便不免有些因为工作意见不同而发生的矛盾。作为新婚妻子，何正璜为王子云帮了很多忙。几乎所有的内外公文，都被她包揽，包括考察团人员的工资报表、物资发放清册、经费请领报告。何正璜曾经抱怨，这些事情她并不愿意干。揆情度理，有艺术天分的青年，谁又愿意被烦琐公文缠身呢？但是，这样的事情又必须有人干，必须有负责任有能力的人干。现在可见的关于考察团的文字，基本上全出于何正璜之手。倘不是她的任劳任怨，这样一个在中国文化史上有着不可忘忽意义的考察团的活动，真正可能难以考寻。何正璜也在具体而微的工作里加深了对王子云的理解。有一次，考察团内因为对具体行动方案的意见不同，以至于给教育部的工作计划不能顺利寄出，王子云在与反对者辩论很久以后，决断说：教育部能否通过计划，应该由我团长负责，团员应该对自己负责的工作部分提出意见。王子云还要求团员对来陕西一个月的工作以民主投票方式选出优秀，当时在团者共七人，投票结果，雷震得五票。这样的方法，其实不论是军队还是团体，不论什么党派，都是可以施行的。考察团人员多为文艺青年，上进心、事业心都强，个性也强，要在几年时间里维持团结，完成任务，确实不是容易事。王子云虽然是考察团很多人的老师，也比他们大出十多岁乃至二十岁，毕竟也是文化人，并不懂笼络人心的政治计谋，他只是出于事业必须，也得想办法做思想工作。在评选雷震为优秀的当时，又决定每日聚餐一次，当时大家的情绪都很热烈。一个小小团体的负责人，也是这样难为。何正璜对他有一段话评价：“云为人虽有干材，然失于梗直，至使决无心腹，究其心中，实待人宽厚，而性急言直，人皆不喜。然有人格者，均有此病，令人为之叹息。”当时的何正璜只有二十七岁，对人生事业和人情性格有这样肯綮练达而又真诚朴实的认识，真正是王子云之幸。

西安当时的风土人情，也是南方城市不能得见的。元宵节的夜晚，西安街头漫天烟火，何正璜形容为“几疑幽王再博妃子笑矣”！人行道上，幼儿号啼，村妇呼唤；正街上左右龙灯、狮子灯、鱼灯、采莲船等络绎不绝；火棒火花火团火炮迄无间断，满街花火成林，噼啪之声不绝于耳；人则人行亦行，目不暇接，屋顶上，树梢上，店门上，人为占满，一行灯列所过，人群左右倾动如海浪，街头贮水之大水缸被挤碎者比比皆是，水流半街。这是抗日战争时期，西安虽然在“大后方”，却也经常有敌机来袭，人民生活也贫困有加，为什么过个元宵节如此狂欢？这里面显然就是“文化”原因在发挥作用。人只要还在生存，还在生活，文明事物和文化事物就不可能因为任何原因而完全分离，比如健康人吃饱穿暖，诸事如意，他要笑；而病人躺卧，也未必全不笑，并且躺卧既久的病人偶得起床出街，就笑得更加开心。这最经常见于一切人的“笑”，就是人最基本的娱乐、游戏和“文化”。

1942 年，王子云水彩速写《长安市上之元宵节》

中国在当时世界上的经济力量是贫弱的，所以遭蕞尔小国日本的欺负，但中国的文化传统，表现在一般人民行为里对生活的热爱，正是不可能被外力长久征服统治的底蕴。中国人当时的组织不够健全，以四亿人口在日军铁蹄下经常兵败如山倒，民溃如堤决，军队的抵抗虽然不乏英勇，毕竟败多胜少，而人民对自己生活中间隐藏的文化传统的珍惜，便成为日益显现的力量。考察团的得以建立，就是基于这样的舆论和知见。西安的“民气”，中国的“民气”，最重要的表现就是人们的生活情态。一次，王子云等人拜访当地收藏家出门，见街上人头攒动，人们扶老携幼，合流而行，原来，这天是药王庙庙会，有戏剧演出。王子云等汇入人流，不走而行，人们互相拥挤着就来到会场，这里的演剧不是“高台教化”，而是在一片低地上扎戏台，这样的做法，可以有更多观众。当时看戏者大约有两万人，从台边起，直到城墙上。考察团人都是知识分子，每天看报，一般社会文化消息，全靠读报得知，今天这样的两万人聚会，没有看见任何报纸提前预告，而这城乡四面之观众，竟能够不约而聚。传统的约定俗成，每年的节气是老祖宗定下的，到哪一天就有哪一天的节目。王子云和何正璜都在南方的上海、杭州和武汉以及北方的北京等大城市生活过，北京每年有地坛庙会，有郊外的庙峰山庙会，而像西安这样城乡不分、全城皆大欢喜的大庙会，他们都没有见过。当时还有些议论“封建”力量的顽固，但继而一想，考察团来西北的任务，就是为记录民族文化的传统，并设法保护发扬。器物表现之文化传统，容易成为“知识”，而民众生活表现，更是活传统、活文化。在这样的见识里，他们就不仅是考察，而且体会着人的文化，文化中的人。

王子云在法国留学时的一位学自然科学的朋友孟雨（字凌崖）曾经给王子云出证明说他不关心政治，不参加任何政治活动，但是，经常骂国民党。这可能是当时一般知识分子的普遍状态，中国的贫富对立、穷通之别，是社会常态，也是知识分子于其中挣扎奔碌的永久背景。王子云这时候作为教育部直属考察团团长，也进入社会名流之中，在西安，他们被蒋鼎文接去参加宴会的情形，何正璜也有过生动的记叙：“今日所宴者，乃陕省之参议院，三秦精华，荟于一堂。……中以长髯老者与青年军官最多，此两种人绝不混杂，老者之旁亦必老，皮冠缎袍，谦谦有礼，而军官等则绿呢衣，长革履，精神抖擞，隔几低语，刀鞘微动，颇似舶来电影中之镜头。两者对照，可为新旧中国之特写。……少坐，即邀入席，酒肴相当丰厚，如海参、虾米、鲤鱼、瑶柱等，皆为每盘即须二十元至四十元之贵货，既食鱼过半，役者来撤盘去，省府一副官急曰：‘且慢，盘中尚有鱼二十元容我再细品尝，不可浪费也。’满座皆笑。”这或者可以做“前方吃紧，后方紧吃”的写照。官场生活，和普通老百姓、一般知识分子的生活，距离太大了。当时，考察团在小餐馆搭伙，每人每月伙食费四十元，省府宴会一道菜所值就是一个艺术家全月的伙食。而每往稍远之处寻访古迹，自王子云团长以下，全是自己带一个大饼，在扬雄曾经校书的汉天禄阁旧址，他们得到一杯开水，两碟野菜，便大喜过望。还有生活更穷窘的朋友：

李朝杰是考察团到西安后接纳的一个新团员，他是西安拓碑技术最精良者，被朋友介绍来考察团帮助工作。何正璜见到李朝杰当天有记：“李君为西安惟一善拓雕刻品物之人，今日因夏君介绍独自来访，清寒可怜，念其虽有长技而世不识不用，致使其衣食不全，心中甚为不平。云拟托其拓片一月，先与其二十元购纸。若结果佳好，则继续工作，他可借得温饱而我们得丰富收获，两得其美。”当时考察团中人，从王子云、何正璜开始，都是有一技或多技之长，又有对祖国传统艺术的热爱珍惜之心，所谓为了一个共同的革命目标，走到一起来了，同时又都有一个特点，都在为生活出路而忧愁。何正璜虽然出身富家，这时候也要自食其力；王子云的教授工资不低，但如果不工作，马上就会失业；考察团其他人员，多为艺术学院毕业后的失业青年，没有一个人有铁饭碗。比较之下，他们在经过考试之后，毕竟成为在教育部注册的在编人员，考察团存在一天，便有一天工资可拿，而这位李朝杰，学得拓碑绝艺，在西安这个碑拓业务最多的古都，仍是清贫可怜。好在还有何正璜这样的善良人，懂得可怜人，也懂得可怜人的价值。以后，李朝杰在考察团的几年工作里，发挥了别人无法替代的作用，有些野外的大型石雕和造型复杂的青铜器，拓制之困难，外人难以想象，而李朝杰果然为巨匠之手，所拓作品，以后在展览中最受注重。当时，散置于野外的大型石雕和私人收藏家手里的青铜器之类，很少有人拓印，收藏家只要实物，文物贩子中有收购拓片以赢利所谓“黑老虎”者，注意的是名家书法，还不懂也更不屑理会器物之拓。一般研究者没有机会看到这些东西，甚至买不起纸，也找不到拓碑内行若李朝杰，器物拓制在中国艺术、文物界便几付阙如。王子云在考察期间，自己掏纸钱拓了一些拓片，以后的某个时期，有人认为他在考察团期间收集的全部文物都应该是公物，王子云也为此被折腾很久，最后以捐献出七大箱珍贵文物为了结。那时候，这些拓片还是因为“不值钱”，不在接受捐献之列。后来，文

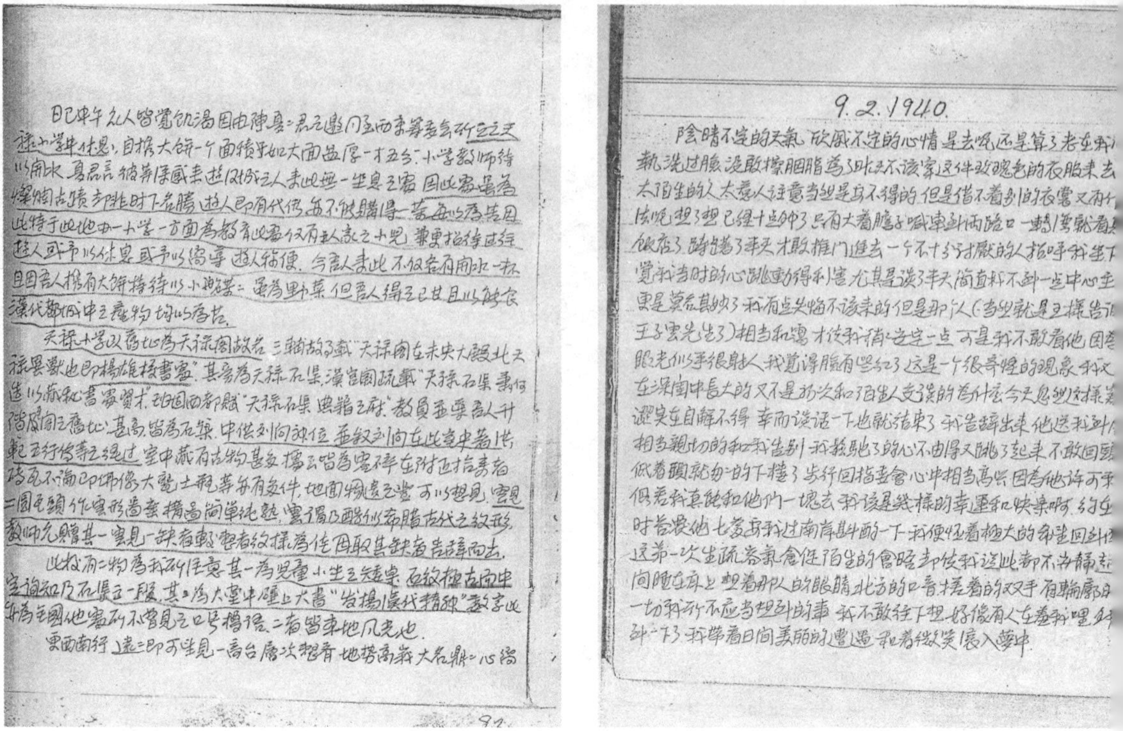

何正璜日记手稿

物学术的研究渐渐开拓深入，器物拓片因为其技术难度之高而渐成宝贵之品。而这时候的拓裱技术人员，像李朝杰那样的绝才，非但凤毛麟角，简直已经再难寻觅。如果不是王子云自己保存了那样一批拓片，这样的研究范本真正是无从再得。这只是考察团进行中的一个小插曲，也可见当时的任何留心留意，都会留下无限功德。

考察团初到西安的生活，丰富，紧张，也不免滋味复杂，其中最有理想精神并且富于文字表现的，还是何正璜。“登城顶土堆上，地势颇高，全城景物历历在目，黄土堆堆，尽为当年豪华盛地，恍惚中，如见张良、陈平、韩信等忙碌于开国繁务，张骞、苏武之由此门远国归来；霍去病、霍光之金甲银戟，董仲舒、刘向之锦袍厚履，甚至王莽、苻坚、姚苌、宇文泰等，亦一一见其形影。”“在此古城荒漠中，不觉一时高歌‘汉宫秋色’之调，大地寂寂无一丝回音，并流泉鸟声亦无。我从未经过如此绝无声音之地，感觉另有趣味，竟自一人伸臂独跃独跑于其上，念在我足下之空城，即历史上我民族所表演最精彩一幕之实际舞台，望视线所及处，皆关中平原大地，空间与时间之伟大宽阔令我更感觉一身之短促渺小。跳跃小止，徘徊下坡而去，空气清鲜冷肃，若非阳光明爽，几疑自身亦已化为一古代之精灵矣。”

7．进发西域前的预演

1942年，王子云水彩速写兰州西门外渥桥

在对敦煌石窟艺术进行考察之前，王子云带领考察团来到河南洛阳。这时候，洛阳实际上处于抗日战争的前线，考察团的工作计划本来没有将洛阳列入。到西安后，因为洛阳的局势相对平静，又因为洛阳龙门石窟的雕塑为世界著名，而战事的相对平静，不知道能够保持多久，前往考察，也有“抢救”的意义。

在龙门，王子云印象最深刻的是在奉先寺所见大佛像，有传说这尊佛像是根据武则天的形象刻成的。武则天为美女是无疑的，王子云在观察这尊佛像时，却想起自己少年时期家里的一个保姆。那保姆是河南人，性情温和而面相富态，这尊佛像似乎也有这样的特色。王子云在佛像前看了很久，他认为雕塑作为造型艺术中最讲究“实在”的品种，创作对生活真实的吸收和表现十分重要。他也想起法国印象派画家雷诺阿的很多少女画像，就像他在巴黎街头看见的那些美丽而活泼的少女，既真实又表现出艺术家的创造热情。洛阳奉先寺的雕塑，就有这样的艺术魅力。

考察团到兰州后，恰逢甘肃省政府祭奠成吉思汗陵寝，王子云和何正璜便受邀随甘肃省政府主席谷正伦、监察院甘宁青监察使高一涵等政府官员一同前往离兰州市五十公里的榆中县祭奠。成吉思汗墓本来在内蒙古，抗日战争开始后，国民政府唯恐其被敌伪

1942 年，王子云在河西走廊祁连山考察中所作水彩速写

利用破坏汉蒙民族感情，或者成立与中国政府为敌的“政府”若“满洲国”也未可知，于是派政府大员以庄严礼仪将成吉思汗骨匣奉安至榆中县兴隆山。在祭祀之时，何正璜看见殿内有一长戟，杆粗如手臂，凡人根本不可能握住，尖端有毛发一大捆，据云此戟乃成吉思汗征战时所用武器，他为纪念其武功，每杀一人即断其一发系于戟上，久之成此一捆。这样的故事，又有实物为渲染，不免令人毛骨悚然。但这是“我们的成吉思汗”，这纪念光荣征战功业的武器也成为祭祀对象，只是在当时日本侵略者的铁蹄之下，成吉思汗不能再生。在祭祀现场，有五大堆兽肉，为当天所杀五匹白马，每匹马只是剁成四五块，首足皆完整可见，更觉可怖。当祭祀完后，众人在前廊午餐，何正璜本来对大碗吃饭就不甚习惯，还在细嚼慢咽，同席的谷正伦提醒道：快快吃饭，若不快吃完，主人将以所煮马肉来献，若不食，则视为不敬，若强食，恐在座者都为难。众人闻此，将信将疑，却都赶快进食，起身离席。未及出门，果然见二老者抬马肉而进，见客人星散，不知如何是好。谷正伦即命随从以现金若干赏二老者，二人皆大欢喜，众人亦如释重负。王子云和何正璜是初到民族地区，发现处理关系还有这样多微妙讲究，也得了知识。

进入敦煌之前，还有一个“练兵”地，就是青海的塔尔寺。青海当时在马家军的统治下，与外界相当隔绝，代表团来到兰州以后，甘肃省教育厅长王艺圃表现十分热情，在他的帮助下，请甘肃省主席谷正伦给青海省主席马步芳写了亲笔信，所以，考察团来到西宁，受到出乎预料的热情接待。马步芳亲自设宴，王子云和何正璜等也是第一次吃到“手抓羊肉”“烤全羊”这些伊斯兰食品。

青海塔尔寺的壁画和雕塑，也是王子云第一次看到的藏传佛教美术。壁画的造型已经不同于龙门所见，具有幼稚的民间年画的情趣，色彩大红大绿，对比非常强烈。王子云在北京时见过雍和宫的雕塑，已经觉得比汉人生活区的寺庙雕塑有明显不同，但塔尔寺的雕塑，民族特色就更加明显。考察团被塔尔寺僧人邀请参观他们的雕塑工作室，一进门就看见正在塑造的“欢喜佛”，考察团里的艺术家有些看到过“春宫画”，那只是纸上的平面表现，而“欢喜佛”如真人一般，这让考察团人员都有些不敢正视。各民族的生活、风俗和伦理习惯不同。汉民族的“礼教”有“非礼勿视”之说，考察团大部分成员都是学雕塑的，雕塑又怎么能够离开对裸体的理解？在塔尔寺所见“欢喜佛”，虽然形象怪诞，但也让他们开了眼界。在塔尔寺，考察团只参观了一天，寺僧对考察团的专家们十分礼貌，也十分热情，分别时，在王子云要求下，他们还赠送了新画出的“唐卡”。

第四章　安西还向西

1942 年，王子云、何正璜与青海塔尔寺小活佛

1．到敦煌的路有多远

20 世纪 40 年代，到敦煌有多么困难，可以看一看王子云在《中外美术考古游记》里的记述：由兰州去敦煌，要坐汽车经河西走廊，即经武威、张掖、酒泉去安西，再由安西去敦煌。当时由兰州到酒泉有公路汽车可通，酒泉去安西需专雇骡车。酒泉到安西约二百八十公里，骡车要走三天，安西到敦煌一百八十公里，连骡车也难通行，只好改坐农家的木轮牛车。在这样一段行程里，有三个休息站，就是在沙窝里搭的小草棚。

到了敦煌县城，环境却突然有海市蜃楼之感。这里有沙漠里最宝贵的水，也就有了一片绿洲。和安西相比，真正有天渊之别。王子云在 1941 年到 1943 年之间，多次来往于敦煌和兰州之间，牛车沙路里的跋涉，是他那一时期经常要过的生活。因为这样的艰苦，到敦煌之后的粮食等供给，就更加困难。考察团初进敦煌，只去了三人，王子云到达的时候，张大千和他的学生已经在这里安营扎寨。敦煌没有任何现成的居处，那些佛窟中比较宽敞的，就成为来考察来寻宝来猎奇者的宿舍。

1942 年，王子云在嘉峪关水彩速写《出塞》

2．在他前后到敦煌的人们

清乾隆年间，安西观察副使常均考察敦煌，于1742年成书《敦煌杂抄》《敦煌随笔》。道光年间，徐松考察西北，著《西域水道记》。

1909年，罗振玉在北京伯希和处看见其所获敦煌文献，在抄写研究的同时，力促清政府进行保护，使得藏经洞剩余经卷得以为北京京师图书馆收藏。罗振玉和王国维两人将伯希和在敦煌等地发现的汉晋木简照片汇集为《流沙坠简》，这应该是中国现代敦煌学的开山之作。

1922年，驻敦煌的肃州巡防第四营统领周炳南命营部司书会同敦煌县署对莫高窟、榆林窟、东千佛洞等进行普查，并首次对石窟进行编号，此即“官厅编号”，成文《官厅调查表》，收录于陈万里《西行日记》。

1925年2月至7月，陈万里随美国华尔纳率敦煌考古队西行考察，成书《西行日记》，作为北京大学研究所国学门实地调查报告，1926年由北京朴社出版。

1930年，陈寅恪在为陈垣所作《敦煌劫余录》写的序言里说：“敦煌学者，今日世界学术的新潮流也。”首次提出“敦煌学”。

1931年，贺昌群发表《敦煌佛教艺术的系统》。

王重民原来是一个红色青年，因为组织北京市的共青团组织，受到曹锟威胁，后致力学术。于1934年在北京图书馆任编纂委员兼索引组长，受教育部委派到巴黎国家图书馆研究中国文献，1939年到美国国会图书馆整理中国善本古籍，1947年回国。

1937年10月至1938年5月，李丁陇第一个临摹敦煌壁画。他是河南新蔡县人，1905年出生，1937年毕业于上海美专，毕业当年来西安任职，也于当年即往敦煌临摹壁画。他绘制的多幅长卷在美术界很有影响，若《黄河写真图》《二万五千里长征》等，但他在敦煌的经历，像《中国近现代人物名号大辞典》这样对他有所介绍的工具书却一字未提。其实，他的美术生涯是从到敦煌临摹壁画开始的。在追寻王子云的艺术足迹的时候，可以发现，关于敦煌学，特别是敦煌艺术学的书籍文字里，有很多疏缺。在纪念藏经洞发现一百年的纪念活动和文字里面，连王子云这样一个作为政府考察团负责人对敦煌艺术的考察之功，都表现得视而不见，又何论李丁陇这样形单影只的画家？这样的无意遗漏和故意遗忘，对敦煌艺术研究，为一般读者留下了疑云。

1941 年秋，王子云乘骡车赴敦煌考察途中

1941 年至 1943 年，张大千率谢稚柳等在敦煌临摹壁画，并辑录成《大风堂临摹敦煌壁画》《张大千临摹敦煌壁画》《张大千先生敦煌壁画摹本》。

1943 年，敦煌艺术研究所筹备委员会成立。

1944 年，史岩等对莫高窟供养人题记进行调查，于 1947 年出版了《敦煌石窟画像题识》，同时，对石窟再次编号，此即“史岩编号”。

1946 年，李子青发表《莫高窟艺术志》。

1947 年以后，敦煌文物研究所再次普查洞窟并重新编号，为“敦煌文物研究所编号”。

1942 年中央研究院组织西北科学考察团，历史考古组由向达、夏鼐、阎文儒等学者组成，于 1942 年 9 月至 1943 年 7 月、1944 年两次考察河西走廊和敦煌，夏鼐撰《敦煌考古漫记》，阎文儒撰《河西考古杂记》，向达发表《论敦煌千佛洞的管理研究及其他连带的几个问题》，建议将莫高窟收归国有，并设立管理研究机构。

姜亮夫在《敦煌学概论》里说，他之研究敦煌，最早要从在清华国学研究院时期接受王国维先生的影响开始。20 世纪 30 年代，他自费到欧洲留学，看到敦煌的珍宝在欧洲展览，欧洲学者对这些东西如数家珍，民族自尊心受到刺激。他还接触过伯希和，当时对伯希和的学问和治学的严谨十分佩服，他看到伯希和聚精会神在敦煌佛窟里工作的照片，认定其是一个真正的学者。伯希和也对他讲，敦煌卷子里面最好的精华都被他带到法国来了，要研究敦煌，还是得到法国来。姜亮夫当时也还是个血气方刚的青年，做学问的同时有强烈的报国思想，于是接受王重民的建议，一起搞起敦煌研究来，连考博士学位的目的也放弃了，当时，就利用在欧洲拍摄的大量胶片进行研究。他和王重民、向达三人分工，他专门搞敦煌卷子的音韵学研究。回国以后，姜亮夫在位于四川三台的东北大学教书，以后，敦煌艺术研究所成立时，他也列名筹备委员，但他没有到敦煌去。向达从敦煌回来后给他谈起敦煌艺术的伟大魅力，他也对敦煌艺术发生浓厚兴趣，他对《木兰辞》里的"对镜贴花黄"一句，从伯希和的《敦煌图录》里找到印证，以后，又从温庭筠的大量词作里找出专门描写唐代妇女装饰的内容，与敦煌文物进行对照，也有很明显的收获。姜亮夫对敦煌的壁画和雕塑艺术也发表过不少看法，他认为北朝以前的壁画，还有涂染的痕迹，而唐以后，线描技法趋于成熟。前者是受印度画法影响，而后者是纯然中国特色。又认为中国寺庙里大量的释迦牟尼雕塑，其面容都像中国人而非印度人。这样的观察，在王子云对龙门石窟考察中的印象里也见同感。不同的是，王子云是一个造型艺术家，他看见的是实物，姜亮夫是纯粹的学者，主要依靠案头文字和图片资料进行研究。他们相同的地方，是都有对民间艺术的热爱之心。姜亮夫说："民间艺术是我们中国艺术的主体之一，但是，我们现在见到的很少，文献上也不大记载。不是我们老百姓的文化水平低、艺术不好，而是记载的工具掌握在统治阶级手里，他们把自己的作品记得非常完整，而讲到民间的东西则非常简略。"（姜亮夫：《敦煌学概论》，云南人民出版社 1999 年第 1 版，第 76 页）

姜亮夫以后又从关于"敦煌王"张氏和曹氏两家的传记资料研究出发，写了大量文章，均收集在上海古籍出版社出版的《敦煌学论文集》里（《敦煌学概论》，第 4 页）。

3．考察团在敦煌的基本收获

考察团第一次到敦煌是1941年秋，王子云、雷震、邹道龙三人前往，其时何正璜因为生孩子，暂时住在兰州。王子云等住中寺喇嘛庙，工作半年后回兰州。当时中央研究院的劳干、石璋如也在敦煌。据王子云在《中外美术考古游记》一书里的记述，他曾经在敦煌和兰州间多次往来，但显然，考察团在敦煌的工作时间主要集中在这半年里。

在敦煌考察期间，考察团完成了大量工作，除雷震、邹道龙两位团员的工作外，王子云用几乎一个月时间，绘制了一幅敦煌全图长卷。王子云去世后，这幅长卷由何正璜亲手赠送给敦煌研究院。

考察团在敦煌得到的收获有：

2004年，敦煌艺术研究院成立60周年介绍西北艺术文物考察团的展板

1943 年，考察团所摄敦煌莫高窟唐壁画供养人图

北朝大型壁画摹本 8 幅（其中有 6 米长卷五百强盗得眼图，8 米长卷伎乐飞舞图和 3 幅萨陲王子饲虎图连环画）

北朝佛故事和单身像摹本 20 幅

隋代佛故事和供养人画像摹本 14 幅

唐代大型经变图摹本 12 幅

唐代单身菩萨像摹本 8 幅

魏唐各代佛洞藻井图案摹本 30 幅

五代供养人像和出行图摹本 6 幅

宋代五台山图壁画摹本 1 幅

元代佛教故事人物摹本 3 幅

千佛洞泥塑像速写图 30 幅

千佛洞现状文字记录 1 册

千佛洞各洞拍摄照片 120 张

千佛洞各洞积沙中捡得残经碎片约 50 片

元代莫高窟题名碑拓片 5 份

考察团重要的收获还有以教育部艺术文物考察团名义发表于《说文月刊》1942 年第三卷第 6 期的《敦煌莫高窟现存佛窟概况之调查》。

在谈到佛窟编号问题时，该文说：“莫高窟现存之佛窟，可分为南北二段，总计不下五六百窟，惟北段各窟除一二魏窟及元代欢喜佛洞以外，余多空无所有，因此历来调查者多仅就南段佛窟编号。此编号之较早者为法人伯希和氏，因其所著之《敦煌图录》中刊有莫高窟佛窟全图，故迄今尚可据以查寻，其余虽有数次编号，但因窟门形式不一，每苦于无法书写。最近张大千氏居留该地已近两年，曾就特大之明显地位，就南段佛窟逐窟加以编号，计共编成三百零五窟，然其间仍有十余小窟或单独佛龛未加编入，且排列顺序亦待重加考虑。惟以既有张氏之明显窟号，他人自己不便再行编列，本团此行调查，因时间限制，故即以张氏所编之窟号暂为依据，更凭伯希和氏图谱，附注以伯氏窟号。”

这里有苦衷。考察团的经费问题，决定考察团在考察地进行工作的时间、考察内容和效果。敦煌佛龛的编号问题，历来是表示考察成绩的重要标志。伯希和的编号，捷足先登，是任何后人再进行敦煌考察不能不参考的“先例”。张大千虽然是一个职业画家，也在敦煌进行了佛龛编号的工作。考察团不论经费怎样困难，毕竟是政府派遣机构，在敦煌考察方面应该有权威性，在考察团的“调查”报告里，用了“暂为依据”这样的说法，显然认为这项工作是应该继续进行的，因为在张大千的编号里，就还有些小佛龛没有包括进去。但是，在这样的遗憾里，考察团还是实事求是地做了自己的工作。在这份“调查”报告里，对伯希和与张大千前后两种编号的对照说明，并且对每一窟的建筑范式、雕塑

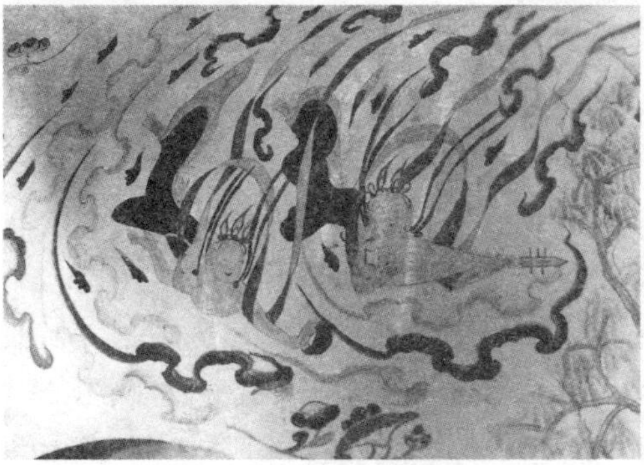

1942 年，考察团临摹的敦煌隋壁画飞天图

1942 年，考察团在敦煌临摹的北魏佛本生壁画

和壁画的面貌及艺术风格，均作记录评述，对重要洞窟还绘制了平面图和剖面图，其工作量实不下于直接编号。

报告中有“敦煌艺术之作风”一节，概括论述了敦煌雕塑、壁画的艺术面貌和不同时代作品的风格：

“敦煌莫高窟现存之雕塑、壁画，为时代背景之不同，其作风亦显然划分为魏、唐两个时期。魏为北方之鲜卑族，继晋末纷扰之世，人民感受痛苦，厌乱思静，故其绘画题材多描写释迦舍身等悲惨故事，用笔设色则雄健沉毅，其造型格式因直接间接受印度、波斯以及罗马、希腊之诸多影响，遂形成所谓‘犍陀罗’样式，此于魏塑像之体躯姿态及衣褶等尤为显著。至其整个艺术之作风趋向，则系以东方装饰之趣味，间以西方写实之技巧，而成为一种风格，此即为中国初期之佛教艺术。其内容与形式均足以代表东西方文化交流之特点。”

“唐代文化备极发达，对外来艺术影响，吸收融化，优越之民族形式，随处显露，此在敦煌现有之佛教艺术中，充分表现出莫高窟中之唐塑像，已不复如魏塑像之趋于西方化而呈现东方式之风格；壁画亦由浓厚之渲染变为流利之线描，色彩则富丽轻快，画面结构，复杂紧凑，随处呈现出歌舞升平之灿烂境界。题材方面，因当时东西僧俗往来频繁，经典翻译亦多，故多采取佛经变相故事，惟其作风终未失东方固有民族艺术之面目。”

“此后五代、宋、元各朝，莫高窟已失去以前的盛运，五代虽开凿有大窟，但仅是盛唐之余绪，宋为理学所蔽，思想沉静，元代享祚甚短，对佛教艺术更无何表现，故莫高窟现有之五代及宋、元各洞，其艺术形体结构，率多松懈空泛，而少有丰富之内容，色彩则消沉暗淡，缺少情趣，举凡魏代之雄健豪放，唐代之富丽细腻，均已不复可见。”（《中外美术考古游记》，第 61 页）

《敦煌莫高窟现存佛窟概况之调查》是艺术和学术结合的产物，也是王子云从单纯美术家往美术史家转变的开始。以后，王子云写《中国雕塑艺术史》，对中国古代雕塑遗存的实地考察，成为该书的最大特色。在敦煌，王子云还临摹了依照张大千编号为 250 号洞的大幅壁画，这是表现“天龙八部”之一的阿修罗的战阵内容。王子云最感兴

1942 年，在敦煌考察的王子云

趣的是其中的群兽，他以为是借神话题材表现现实生活的杰作，将其中群兽临摹后命名为《百兽图》。王子云认为，千佛洞壁画虽然表现的是西方天国乐土的享乐情景，但实质上反映了唐代盛世社会生活。这和北朝佛窟中的艺术表现给人的感觉有明显区别。北朝壁画也是琳琅满目，但给人感觉却是压抑沉闷和阴暗的。在 270 号佛窟，王子云见到两处唐贞观十六年的题记，此洞因为被宋人用泥封抹，到现代才被剥出，故色泽依然很新鲜，其所绘维摩诘像不同于顾恺之画中所表现的“清羸示病之容”，而是形神健壮具有大唐风采，王子云认为这是学习唐代绘画用笔设色的良好典范。在《敦煌莫高窟现存佛窟概况之调查》一文里，对敦煌莫高窟的雕塑、壁画遗存有很多具体的评述，若：

第三窟（133 窟，晚唐）

按此窟现存壁画，精致细腻，描线流丽，工整，尤以正窟内残余之经变佛像仍具极优美之体范，可与后来第三十六窟中之唐壁画媲美，疑出自一人之手笔。

第十八窟（伯氏 14 号）（155 窟，宋）

唐式大型窟。原为晚唐窟，经宋重修。窟内壁画满绘宋式菩萨，惟残缺，天花略见唐风。窟左小窟，内有唐绘小菩萨像多身，容貌姿态生动。窟右小窟较左者为大，有唐塑佛像残躯，四壁有唐绘金光明、妙法等经变八幅，尚称完整，技法细腻，为唐画中之较佳者。

第八十三窟（伯氏 120 m 号）（248 窟，隋）

魏式大型窟。内部壁画题材繁复，为千佛洞魏壁画中之较精优者，窟后壁有佛龛三，四周背光多满绘飞仙及菩萨像，左右二壁下端各有小窟，惟多已残毁。左壁上端绘有说法图七幅，其下供养人像均系北魏装束；右壁上半绘有释迦舍身故事图及其他巨幅故事画，全部结构紧凑，背景山树亦活泼生动。窟顶天花装饰为荷花图案，结构奇巧，四边则绘有天神恶魔怪物作跳舞状，图中央则绘有一佛塔？惟现已残缺。

王子云在写作出版《中外美术考古游记》时，收入《敦煌莫高窟现存佛窟概况之调查》一文，并为之作《后记》：

这份概况调查写于 1942 年，由于当时对敦煌莫高窟极少研究，以致仅以

1942 年，考察团所摄敦煌宋窟窟门

魏、唐两个时代区别内容，实际是很不正确的。对于窟内的内容记述也简略并难免有很大的错误。后来敦煌艺术研究所于 1944 年筹备成立，在此后几年中，逐渐地清理佛窟中的积沙，将埋入沙中的最下一排佛窟挖出，并重新编定全部窟号。

为了使这份最早的有关莫高窟的文献资料更具有参考价值，在 1985 年重新整理这份文字材料时，特参照莫高窟现有的佛窟编号和年代，逐一加括号附注在每一窟号之下，这样对于从事研究者当有很大的便利。

又 1982 年该所刊有《敦煌莫高窟内容总录》一书，对于佛窟的内容，曾作了详细的记载。这份最早的概括调查，仍不失其供为参考的价值。1988 年附记。

上面所录的三种敦煌莫高窟佛窟编号，前后次序是张大千、伯希和、敦煌艺术研究所。王子云在《后记》里坦率言明《敦煌莫高窟现存佛窟概况之调查》一文的局限和错误之处，同时也不讳言“仍不失其供为参考的价值”，“对于从事研究者当有很大的便利”。王子云的敦煌考察，是在担负西北艺术文物考察的全局任务之下进行的，他和考察团同人倾注心力，做出了最早的学术成果。《敦煌莫高窟现存佛窟概况之调查》发表在当时最有影响的学术刊物上，这时候，考察团在敦煌的工作还未完全结束，以后成立的敦煌艺术研究所也还在筹备之中，此文诚如王子云所说，为“最早的概括调查”。在几十年时间里，敦煌学渐成国际显学，而寻绎以雕塑、壁画为代表的敦煌艺术研究，王子云应该不愧为开山。王子云逝世后，何正璜将王子云在敦煌考察时亲手绘制的那幅莫高窟全图长卷赠送给敦煌研究院永久收藏。

4．王子云和张大千

张大千和王子云在敦煌期间，关系是友好的。张大千虽然是以个人名义前往敦煌，但他那时候的画已经很能卖钱。张大千性情本来豪爽，和社会上三教九流都能打交道，比较之下，王子云率领的考察团，虽然为中央派遣机构，一切公事公办，倒赶不上张大千的随心如意。张大千在会见马步芳的时候，就给他作画，经过武威、酒泉时，也给沿途官员作画，实际上取得的关照比王子云的考察团还要好。张大千到敦煌的目的，主要是临摹佛龛壁画，他聘请了五位藏族画师，第一次到敦煌，运到的粮、菜、肉等生活用品就有七十多辆驴车，且有专人在兰州和西宁采买，隔几日便送一车物品到敦煌。张大千一行十余人，开了汉回藏三个小灶，在生活方面的条件是王子云他们不能比的。张大千见王子云生活清苦，曾经请他到自己所居的上寺吃饭（李永翘：《张大千全传》，花城出版社 1998 年 4 月第 1 版）。王子云在《中外美术考古游记》里说："我在千佛洞与张大千常有往来，他还特意请我吃他做的四川菜，并且还为我画了一幅步月图的人物画。"

张大千（1899—1983）

关于王子云和张大千二人及所率随员到达敦煌的日期，李永翘对王子云一行的记述是 1941 年底，对张大千到达时间的记录是：1941 年 5 月下旬到达，6 月上旬或中旬开始在莫高窟为洞窟编号，到 11 月完成；本年在榆林窟临摹二十余天后返回西宁，至次年 3 月后再到敦煌。王子云的记述则说："考察团的首批人员于 1941 年 10 月到达千佛洞，在我们来千佛洞不久，

1943年，考察团分别在重庆、兰州、西安举办敦煌考察成果展

四川名画家张大千也带着几个助手来临摹壁画。”对二人的不同记述可以做这样的判断，王子云见到张大千是他第二次到敦煌。王子云在考察结束之后发表的调查报告也提到张大千先对佛窟编号的事实。王子云和张大千到敦煌的目的有区别，即以绘制壁画而言，考察团远没有张大千及其弟子画得多。以后，王子云的考察团回内地进行考察成果展览，都是综合性的艺术展览，而张大千则是纯粹临摹壁画展览。在临摹之前，他先对全部佛窟进行编号，这样，就有了一个工作计划，他进入莫高窟临摹的时间虽然比考察团晚，但已经有详细目录在手，张大千的精明，于兹可见。中国社会有“打仗亲兄弟，上阵父子兵”之说，何正璜在考察团成立不久后的日记里就写过，王子云为人耿直，并不善于处理人事关系。考察团初期的行动计划就在团内有不同意见，王子云当然要以团长身份进行决断，但团员们也要行使自己的民主权利。最不好办的是经费问题。张大千的队伍里，就有他的儿子，其余则都是大风堂弟子。而作为临摹主要人员的几位藏族画师，是明码标价，每月五十元大洋，这样的队伍结构，干起事情来可能比王子云的公家团体要效率高。王子云对张大千一行的前来，可能会有一些想法：作为一个政府派遣的团体，在工作便利方面却还不如一位私人画家。在王子云的考察团到达之前，于右任刚刚来过，于右任和张大千的关系若忘年之交，对张大千的鼓励和帮助也是其他人难以得到的。这样的想法王子云没有流露过，张大千的公关能力和对王子云的尊重与热情显然也会化解这些可能出现的龃龉。以后，张

大千因为在敦煌的一些做法引起各种舆论，王子云一直没有发表意见。但是，他对张大千和自己绘制壁画的不同方法和目的有一番意见："对于敦煌壁画的摹绘方法，我们与同住的张大千有所不同，我们的目的是为了保存现有面目，按照原画现有的色彩很忠实地把它摹绘下来。而张大千则不是保存现有面目，是'恢复'原有面目。他从青海塔尔寺雇来三位喇嘛画师，运用塔尔寺藏教壁画的画法和色彩，把千佛洞已因年久褪色的壁画，加以恢复原貌，但是否真是原貌，还要深入研究，只令人感到红红绿绿十分刺目，好像看到新修的寺庙那样，显得有些'匠气'。"（《中外美术考古游记》，第 43 页）

张大千的敦煌临摹，是这样进行的："先生将人分成三组，先生等五人为一组，昂吉等三人为一组，此两组负责临摹，凡人物、佛像面部，手脚等重要部分，全由先生负责勾线，次要部分及上色等则由其他人进行，最后由先生总成定稿。……先生临摹壁画的原则是：要一丝不苟地临下来，绝对不许参以己意；若稍有误，定换幅重来。因此常令一起临摹的门人子侄等叫苦不迭；壁画中有年代久远者，先生定要考出原色，再在摹品上涂上本色，以恢复壁画的本来面目（即所谓'复原临摹'），故先生的许多摹品，常显得比壁画原作更鲜艳、更漂亮。"（《张大千全传》，第 206 页）王子云的"批评"在事实上和《张大千全传》所述关于"复原临摹"是吻合的。他们的不同临摹方法，出于不同的目的，各有特点，也各有意义。张大千的临摹，"比原作更鲜艳、更漂亮"，表现出张大千敦煌临摹的基本特点，也符合张大千画作的基本特色。张大千是最讲究画面漂亮的，无论山水、花鸟、人物，张大千都喜欢在画面上满足观者的感官需求，他不像黄宾虹那样含蓄，也不像齐白石那样执着，他的聪明，加上他广泛的社会交往，几十年间雅俗共赏，在同时代画家里取得了最为引人注目的声名。

考察团完成在敦煌的工作后，先在兰州举办了成果展览，又于 1943 年元月在重庆举办第一次敦煌艺术展览。三天展览时间，给沉闷的山城文化界带去一股强劲的"西北风"。开始只有一间展室，被参观者挤得无法继续进行，教育部又决定在中央图书馆单独展览一星期，有三万人参观。1943 年夏，王子云回西安，住清凉寺，又在民众教育馆举办敦煌艺术展，参观者达万人。那时候社会文化生活十分贫乏，看电影是相当奢侈的事情，戏剧多为旧内容，比较之下，展览却是新颖而快捷的文化传播方式。敦煌艺术展览，在重庆三万人、西安一万人的参观纪录，让今天的艺术家都会羡慕。那时候的展览，门票收入也甚可观，一张门票最少要两角大洋，而那时候一幅齐白石的四尺对开画也不过十元。

关于展览的情况，《大公报》当时报道说："……观众自早至晚，拥挤异常，尤以六朝绘画陈列室内观者对我国古代艺术作风气魄之伟大无不惊奇。一部分观众对于该团所作之河西风景及风俗绘画，亦多发生浓厚兴趣，此足见国人对于西北之重视。"

《中央日报》的报道更为详细："教育部艺术文物考察团举办之敦煌艺术展览会，定今日起在中央图书馆开幕，该团团长王子云昨日招待新闻界预展，并做简短报告，谓艺文团组成于二十九年，三十年出发西北考察，团员共八人，工作为雕塑图画及照相，

1943年，考察团所摄敦煌莫高窟唐壁画《张仪潮出行图》

在西北两年，在敦煌工作两个月，西北古代艺术文物甚多，佛教艺术有敦煌石窟、万佛峡、龙门、巩县、渑池之石窟塑像壁画均极珍贵。陕西、河南之历代帝王陵，有名者如汉茂陵、唐乾陵之浮雕有极伟大者。此次展览为敦煌石窟之相片及摹绘约二百幅。其中有北魏之故事画，唐之经变、佛像，及各代之图案画。虽未尽得其全部真相，已有其梗概矣。继由团员雷震氏领导参观，详加解释。”

同年5月，张大千临摹敦煌壁画展览也在重庆中央图书馆展出，段文杰曾经回忆当时情形说：“张先生当年那次画展在重庆开得非常热闹，票虽然贵（五十元法币一张），但人更多。我第一天去看画展都没买到票，第二天专门起个早跑去买票才得以看成。有人说我是看了那次画展后才被吸引到敦煌来的，事情确实是这样。”（《张大千全传》，第249页）

段文杰发表于《国画家》1997年第1期的《临摹是一门学问》中说：“谈到临摹敦煌壁画，不能不想起四十年代初首先到敦煌考察和临摹的画家张大千和王子云。……1942年，留学法国攻西洋画的王子云教授率领西北考察团奔赴敦煌……开展了调查研究和临摹，摹写了一批各时代壁画代表作，完全按壁画现况忠实模型。1943年，曾在重庆沙坪坝（中央大学）举行展览，破天荒第一次用临摹品将敦煌艺术公之于世，并发表了第一份莫高窟内容总录，引起了文化教育界的重视。……两位先驱者的临摹方法各不相同，但无论是客观写生还是恢复原貌，都给我们后来者以启迪。”段文杰还具体谈到张大千的临摹办法是“画稿以透明纸从原壁画上印描，临本与原壁画同等大小，展现了壁画宏伟气概”。这样的操作办法，当然是高速度的，这其实是拷贝之法，在得到原大拓本之后，张大千再以鲜艳色彩完成其效果，如果将王子云的原貌临摹和张大千这样的拷贝加工比较，当然是张大千的效果鲜明，这是十分懂得观众心理的张大千和以考古研究为职志的王子云的不同。段文杰还写道：“敦煌壁画经千百年风日侵蚀，色彩多有褪变，北朝壁画因变色严重而形成古拙、清冷、狂怪的第二面貌。张大千则全部恢复原貌，金碧辉煌，鲜艳如新。……我就是看了两次敦煌画展，被敦煌艺术的魅力把我吸引到敦煌来的。”张大千的聪明确实非王子云所能及，王子云在回忆张大千的敦煌壁画临摹时，只是说：“大红大紫，有些俗。”以后有许多关于张大千破坏敦煌文物的说法，甚至还闹上甘肃省地方法院。王子云从来没有发表过什么意见。当时之集讼，在于张大千在考察时推倒了一段窑窟。以后此事在各方斡旋下没有继续追究。在当时条件下张大千以个人力量对敦煌艺术热情宣扬，其功已感动国人。张大千、王子云去敦煌之前，这里的窑窟经常住兵藏匪，走兔圈羊，中国艺术家的到来，总是在斩荆棘以拓荒，挽狂澜于既倒。对张大千之厚谴当然不必，但时间又过了半个多世纪，敦煌壁画的保护原非当时可比，掏巨额门票进窟参观也已经限制人数。回观张大千“以透明纸从原壁画上印描”，千年

1942 年，考察团所摄敦煌莫高窟宋壁画供养人图

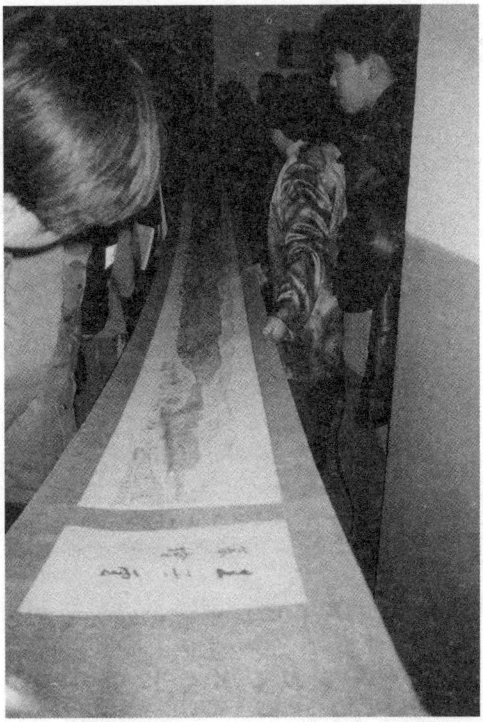

1997 年，在王子云诞辰一百周年纪念大会上，展示王子云手绘长卷《敦煌莫高窟全图》（此图已赠敦煌艺术研究院）

壁画的风化、皲裂已岌岌可危，贴臂运笔，怎能不触之碰之，即使不说是破坏文物，在急功近利之下也顾不得怎样珍惜文物，恐怕不能视为尖刻之论吧？谓予不然，可以问任何一位名画家，是否允许临摹者对自己的作品如是而为？再看王子云当时在怎样工作，何正璜写于王子云去世后一年的《深切的怀念》一文说："王子云去敦煌不止一次也不只是临摹壁画和安排任务，他还热衷于要制作一幅敦煌石窟全图，他仔细测量每个洞窟的位置、远近、大小、高低，并密密附上清晰的编号，蔚成一幅敦煌莫高窟的全景，他为此跑东跑西、跳上跳下，用他所长于的绘画手法，更用他所不长于的测量手法，费了九牛二虎之力，总算把全图绘成了，这是一幅极不寻常的长卷画，在当时是绝无可能用照相机摄下的，在今天虽有先进工具，但已非昔日原样了，因此，它是无可替代的历史资料。"（西安美术学院：《纪念王子云教授逝世一周年·特刊》，第 15 页）为完成此图，王子云工作了一个月时间，如果把这样的工夫用来"拷贝"敦煌壁画，那会是什么样的"收获"？王子云的学问能力，有很多地方赶不上张大千，但其"苦行僧"一般的自我刻苦，却又非一生左右逢源的大千先生能及，即以其在敦煌工作之泽被后人而多遭湮掩，思之难抑悲怀。

5．来了老朋友常书鸿

常书鸿（1904—1994）

关于敦煌艺术研究所的成立，据王子云的回忆，考察团在敦煌活动期间，曾经给教育部写过要求成立敦煌艺术研究机构的报告，并有具体的研究计划。报告书送上教育部以后，由艺术教育委员会处理，这时候的艺术教育委员会秘书是常书鸿，报告很快得到批准，由常书鸿任机构负责人，王子云为副。王子云认为常书鸿是个专业油画家，让他来主持敦煌研究不甚合理，于是不肯居常之下，没有参加敦煌研究所的工作。

成立敦煌研究所的建议，是谁最先提出来的，有不同说法。《张大千全传》说："1941年底，经于右任的宣传、建议，有关单位组织了一个西北文物考察团，由著名画家王子云担任团长，率领历史、考古、美术等方面专家十余人，由西安出发前往敦煌等地进行科学考察及临摹壁画。"这里的叙述，有些不确之处，考察团里没有专业的历史学家，成员是以国立杭州艺专毕业生为主的画家和个别学习建筑测量的技术人员，团名"西北艺术文物考察团"，职责规定十分清楚。考察团到敦煌的时间，王子云说是1941年10月，与《张大千全传》出入不大。但是，考察团的成立却在1940年秋天，比于右任前往敦煌考察早一年多。在当时政治条件下，实际上操作文化工作的是教育部长陈立夫，考察团的成立不论从政府工作程序，还是实际决策，都在陈立夫的掌握之中。只不过在以前几十年的政治话语里，忌讳谈此人而已。于右任向中央政府提出成立敦煌艺术学院的正式日期是 1942 年 2 月 15 日（李秀潭、朱凯：《于右任传》，陕西人民出版社 1989 年第 1 版，第 170 页）。王子云和于右任没有什么交往，当于右任 1941 年 10 月初和张大千在敦煌见面的时候（据《于右任传》于右任是 1941 年 9 月 18 日从重庆飞兰州，稍作停留后即转酒泉往敦煌），王子云也正在从西安往敦煌的途中。考察团成立之初，敦煌文物的考察就是重要的目标，这也是教育部在成立该团之初就决定了的。而进行了一年时间的内地考察，也等于是为敦煌考察练兵，到敦煌之后进一步提出成立研究机构的建议，也是考察团业务发展的题中应有之意。考察团初到西安之时，陕西省教育厅厅长王捷三还曾建议王子云向陕西省政府主席蒋鼎文打报告，成立艺术博物馆。很显然，当时作为国家教育部直接管理的全国唯一的艺术文物考察团体，进行此类工作是最为合适的。于右任作为中央大员，也作为西北大佬，对西北文化建设一直是关心的。在视察敦煌之后很快就向政府提出提案，速度很快。于右任作为党国元勋，给蒋介石提过很多建议，置多用少，就是想让他当个多谈文化少管政事的“清官”。以于右任的资望，在敦煌艺术学院和以后敦煌艺术研究所的成立和人选问题上应该是一言九鼎。他在敦煌和张大千告别的时候，就曾经对张说，要张来当即将成立的敦煌艺术学院的院长，张大千以“自由惯了”为词婉谢，但以后还是在定名为敦煌艺术研究所的“筹备委员会”里挂了委员之名。敦煌艺术研究所的筹备委员会成立于 1943 年 1 月 18 日，是国民政府行政院的决定，当时的筹备委员会主任也不是常书鸿，而是国民政府监察院甘青监察使高一涵。张大千、王子云、常书鸿都是委员，但由常书鸿来主持研究所的工作是明白的。1943 年 3 月中，敦煌艺术研究所筹备委员会举行第一次会议，3 月 27 日常书鸿就到了敦煌。而此时，王子云正在筹办兰州、重庆和西安的敦煌艺术考察成果展览。张大千也接着在重庆举办敦煌壁画临摹展览，张大千和王子云都没有参加研究所以后开展的活动。王子云对此事的评述：“我当时正在兰州，看到这个名单后很不同意，因为常一直是画西洋油画的专业者，来筹备这样的工作似乎是没有道理的。而国民党政府的一切，也多半就是这样，没有道理好说。我既不同意，当然置之不理。”（《中外美术考古游记》，第 44 页）如果再放开一点眼光来看，当时王子云及其考察团的工作还没有完成，他们的任务应该是西北艺术文物的宏观考察，其中当然包括敦煌，而常书鸿所膺之任是集中在敦煌一处。以后，常书鸿在敦煌的多年坚持之中，付出了一般人难以承受的代价。以当时王子云的具体情况而论，如果将考察团直接改制为艺术研究所，在雕塑业务方面当然是驾轻就熟，但考察团中人是否乐意在敦煌长期安营扎寨是一个问题，考察团对关中平原和豫西等地考察之收获如果转为敦煌艺术研究所的研究内容，其中关系也不好处理。再作设想，如果让王子云担任敦煌艺术研究所的实际负责人，对敦煌进行以壁画雕塑为特色的美术研究，应该有其优势，但以后的个人命运，依然难料。他能否像常书鸿那样在敦煌一直坚持到 1949 年也难以逆料。历史发展的复杂，在时间的疑云里往往将清晰变为迷蒙。王子云在以后的记述里，也曾经谈到于右任的号召对敦煌研究发生的影响，一个确定的事实，却是不会改变的，即于右任考察敦煌及提

于右人（1879—1964）

议建立敦煌学院，都是在教育部艺术文物考察团成立之后。这里还可以追溯的是于右任和蒋介石、陈立夫的关系。于右任与蒋介石的关系本来很密切，蒋经国少年时期，就被寄托给主持“上海大学”的于右任，蒋经国也是在这里接受了共产主义思想，前往苏联，并且与乃父为敌多年。1929年，国民党“三大”之前，于右任曾经以国民党中央常委的身份，拟定一份“中央委员”名单给蒋介石，可见二人关系。名单后被主持国民党党务的陈果夫、立夫兄弟否定，也是蒋介石演的双簧。于右任的秘书、当时国民党中央书记长王陆一因与汪精卫太过靠近，亦被“二陈”扳倒（《于右任传》，第166页）。以后，于右任在国民党中枢失去实权，但因其党国元老的资望，在文化事业方面，蒋介石也颇重其言。成立西北艺术文物考察团和组建敦煌艺术研究所这样的事情，全权在教育部，而这时候的教育部长，又是于右任的老对头陈立夫。其间幽微非王子云一介书生可悉。常书鸿离开国立艺专以后，就到教育部任职，在陈立夫领导下工作，与陈立夫接触非王子云可比，这应该是他被派敦煌的客观条件。王子云在就任考察团团长之初，因为陈立夫、陈礼江皮包里还没有比王子云合适的人选，就让他干成了一番事业，而当他们皮包里有了人选之后，王子云也就被放到一边去了。这也难怪他抱怨：“国民党政府的一切，多半也就是这样。”也可能王子云还没有忘记他自己得到过领导考察团的机会，笔下留情，还没有说“一切都是这样”。再看当时的著名美术家们的个人归宿，林风眠开创了西湖艺术院，但以后却无枝可栖，在上海美术家协会当一名职业画家，后半生受尽折磨；王子云在西北大学和西安美术学院的多年生活，则遭遇种种政治打击。也正是在这样的比较里，几十年坚持在敦煌边远之地的常书鸿，就要幸运许多。这些艺术家的前半生多在开拓事业和颠沛流离中，中年以后的积累，适成为晚年之福荫，而对往事故人的回首评论，又都在晚年。其实，在王子云当年，他的考察团的工作范围包括敦煌而不仅敦煌，也是他不一定前往敦煌安家立业的明显原因。以后考察团对关中汉唐陵墓的考察，也是有重要成果的工作，王子云以后出版的多部美术史著作和图册，关中汉唐陵墓的内容占很大分量。如果1943年就定居于敦煌，这些事情显然是做不成的。

鱼与熊掌不可兼得，彼一时事未能全以此一时眼光权衡。只是，当时的实际情况，敦煌艺术考察的开创之功，敦煌研究机构设立的过程，不当在历史的变异里湮没。

王子云没有就任敦煌研究所的副手，却得到一点精神抚慰。教育部在成立敦煌研究所的同时，还有另外的设想，就是建设国立中央美术馆，并且发布了筹备人员的名单：张道藩、陈树人、马衡、吕凤子、陈之佛、沈尹默、唐义精、林风眠、汪日章、蒋复璁、王子云。在这个名单里可以看出，除张道藩、陈树人为当时的党政大员（张时任国民党中央宣传部长，陈任国民政府秘书长），其他各位多具大学校长资格。其中林风眠、吕凤子、陈之佛、汪日章是杭州艺专的前后四任校长，沈尹默做过北京大学校长，唐义精做过武昌美专校长，马衡做过故宫博物院院长，蒋复璁做过中央图书馆馆长，几乎是中国艺术教育界和博物馆学界的一时之选。王子云之所以能列入这样一个名单，显然是因为他领导西北艺术文物考察团取得的成绩和社会影响。如果这个国立中央美术馆得以建立，王子云是很可能在其中担任副职的。但是，这样的设想，最终没有实现，王子云名列其中也只是一纸空文。中国现代的学术研究，以后能够逐渐和国际性研究相比较而更受重视，似乎只有敦煌研究有这样的连续性；半个多世纪里，能够跨越两个政权的更迭而继续存在并且日益发展，似乎也只有敦煌研究所可以前其列。谈及敦煌，与之有过关系的艺术家不能不深情回望。王子云作为第一个率团考察敦煌的艺术家，当然也不免以未能长期在这里进行研究为憾，特别是他以后因为手疾逐渐不能进行绘画和雕塑创作，成为一个完全靠研究写作为生的人，这样的遗憾就显得格外强烈。其实，以后的敦煌岁月，也并非完全是学术空气笼罩。高尔泰在其回忆文字里就曾经谈到，常书鸿以后在管理敦煌研究所时，既有赏拔才俊的功劳，也不免受当时政治空气熏染而致的霸权作风，以至于年轻人若高尔泰被打成右派，罹难多年，而作为老一辈知识分子的常书鸿却能够因缘际会（高尔泰：《常书鸿先生》，《读书》2002年第9期）。比较之下，王子云因为“历史问题”在六十之年被打成右派，恰成为残酷之对照。在这中间，又经历了多少幽微曲折，并非简单问题。以后，劫波历尽，大家都以事业学术为生命，为光荣，以前的一切又成为后世之珍惜，在这样的热烈里，王子云作为中国美术家中敦煌艺术文物考察的先行者，却长期被日益热烈的“敦煌话语”冷落，要他没有一句微词，是不近人情也不合逻辑的。

6．在甘肃和青海

结束敦煌的工作之后，王子云和考察团同人在归途中对位于河西走廊的几处佛窟艺术遗存也进行了考察。其中最著名者为酒泉文殊山佛窟群、张掖马蹄寺佛窟群，在张掖金塔寺所见穿插安排设置的菩萨像和大型飞天浮雕为敦煌和其他地方所未见。多年之后，王子云撰写《中国雕塑艺术史》，这些昔时考察所得的印象和资料为他的写作提供了丰富的比较内容。据王子云回忆，考察团在敦煌停留的时间跨三个年头，即1941年至1943年，考察团成员在敦煌最多是四人，其他人员有的在西安，有的在兰州。每到一地，考察产生的收获都不可能马上整理完结，大量资料需要寄存保管，因为经费和分工原因，也不能不因地制宜，各自为战。王子云在敦煌和兰州之间，便独自来往过多次。其中，曾经在1942年夏天往著名的喇嘛教圣地拉卜楞寺一行。

拉卜楞寺在兰州以南的夏河县，其佛寺建筑仅次于西藏的布达拉宫。王子云和甘肃省政府秘书长王艺圃结识以后，得到他不少帮助。王子云在兰州的时候，恰逢拉卜楞寺嘉木祥活佛的侄儿与邻近的蒙古族大牧主的女儿结婚。这在当时是一件大事，国民政府管理民族事务的机关蒙藏委员会和甘肃省政府都派要员前往祝贺。王艺圃觉得这是个了解少数民族生活风情的好机会，便邀请王子云和何正璜代表艺术文物考察团前往。到夏河去的交通工具是“驾窝子”，即前后两头骡子中间吊一顶可容一人坐卧的毡轿。因为所经都是小路，不能容两骡驾车并行，而一前一后之间所夹之轿，就不可能像内地所见的车轿那样宽，太长也不行，在山路上行走转弯时容易出问题。可以想象，在这样的毡轿里，人似乎是被两头骡子抬着。这也是当地人民因地制宜想出来的办法。王子云在这毡轿里，也静心观赏了夏河两岸美丽的风光。到达拉卜楞寺时，受到隆重礼待：全寺喇嘛列队欢迎；在第二天的婚礼上，接受主人赠送的黄缎挂帐和新郎新娘敬献的哈达。新娘佩戴的珠链有三四公斤重，而来客送的银币堆出有一米多近二米高。来客都是贵族，送礼也互相比赛，王子云是以文化名人的身份出席，他当然送不出什么值钱礼物。

王子云所见的拉卜楞寺十分热闹，当时的活佛下面有四大金座、八大堪布、十八昂迁、五百佛座、三千喇嘛。佛学院有印刷佛经的大作坊，经文全用木版印刷。王子云在这里为藏传佛教的规模很感惊奇。寺庙建筑的规模远胜于青海的塔尔寺，全为两层楼的石质建筑，十分壮观。王子云在一片歌乐声中为活佛和新郎新娘画了速写像，又拍摄了拉卜

1943 年，敦煌莫高窟外景

楞寺的照片，当时没有广角镜头，他就用连续拍摄、洗印粘贴的方法完成全景。没有想到，具有独特建筑美学价值的拉卜楞寺，以后竟在“文化大革命”中被烧毁大半，王子云所拍摄的照片就相当珍贵了。何正璜有一篇题为《东方的梵蒂冈——拉卜楞》的文章，发表在 1947 年 6 月号的《旅行》杂志上，谈到在拉卜楞寺的所见所感：拉卜楞寺主教嘉木祥五世，是藏传佛教中的一大首领，其兄黄正清为拉卜楞保安司令，这次结婚的是黄正清的儿子黄文源，藏名恭宝朗嘉，而女方则是成吉思汗的后裔。这个家族的势力范围是甘、川、青、康、藏边区及蒙古北平五台山等一百零八寺。蒋介石十分看重这样的宗教势力，委任刚刚成年的黄文源为军事委员会参议。何正璜记述婚礼之前当地藏族僧众给黄家送礼的情况：“一藏民自提名贵之皮毛一捆，后随一衣服破旧之藏人，背一桶状物，内满盛雪白之银圆，由接待者引至大厅中间，我们才看见这里面已堆满了皮毛及现洋。送礼人将礼物放下后，即由招待在院中为其置一碗羊肉，一碗酒，几根似油条之食物，……临行由招待拿出一只生羊腿，送礼人即藏入怀中，欣辞而去。……现洋既未点数，皮毛也未开视，送多送少，实无人得知，并且始终没有留下姓名，送与未送也无人查问。……他们自动的、陶醉于宗教感召的，将几十年甚至于一生的辛苦储蓄，默默地都倾倒在那大厅里。……抱了一只全世界最昂贵的羊腿，回到那破旧的帐篷中。”对民风民俗的考察，不可能离开对现实生活及历史原因的追寻，何正璜在藏区的气氛氤氲里，也思考起宗教问题：“他们喃喃一生究竟为了什么？他们又何尝不奇怪，我们碌碌终日，可又是为了什么？他们目前虽在空门，但是心情却有寄托，他们有以天堂为归宿的希望，这种美丽的希望，使存在于人间的这几十年生活，变得有目标，有意义，有价值，一切情感在希望的憧憬中得到了升华！他们生活虽空虚，心理上却不空虚，而我们则适与之相反。我是从红尘中来，也仍将返回红尘中去，偶染宗教上无形的洗礼，不觉对自己的生命存在方式起了疑问。"

僧俗之间的关系，在黄正清和国民政府之间，是借以维持其涵盖下的地区的平安稳定，阶级的差别和因此发生的人间真实悲苦是不可能真正得以重视和解决的。这，给艺术家多感的心灵留下深刻的困惑，而黄正清司令和嘉木祥活佛将王子云夫妇作为政府代表，极尽礼待，又将这困惑淹没在豪华的阵仗里。活佛请王子云为他画了一幅慢写头像，对画家表达的准确生动大感惊奇，还赠的礼品是题名照片、题字的黄缎子和一尊小金佛。黄正清的礼品是狐狸皮等饰品，黄正清送给与王子云同行的甘肃省政府一位处长的礼物则是兽皮饰品加三匹大马。何正璜正是在这样的气氛里感觉到平时生活中的所学所思真正是书生浪漫，权力影响下的生活，不论僧俗，和普遍的人间，真是迥若云泥。在这偏僻的西北边地，在蓝天白云和羊群山花的后面，权力，在争夺里丝毫没有变得温和文雅。他们在路经的临夏县，知道这里最被人称道的是在短短几十年里，这里产生过六位省主席：马骐、马麟、马鸿逵、马步芳、马步青、金树仁。这样多的政治巨头，却没有给地方带来安靖。就在王子云何正璜旅行的山路上，就经常有土匪出没，因山路险峻多弯，土匪可以在劫掠钱物后将受害人连同骡马推入险谷，在前后相距几十米之范围内连续打劫多人而不被发觉。王子云他们是省政府派出的代表，沿途受到武装保护，但听到传闻，亦不能不惊骇。

在兰州，王子云对街市上的一些有艺术价值的建筑物颇多留心，其中西门外的渥桥，以后在修公路时被拆掉，王子云所摄照片和记录就显得十分可贵。

甘肃省喇嘛教名寺——拉卜楞（摄于 1947 年），
现存拉卜楞是当时（照片上）六分之一

7．关中汉唐陵墓考察

1943年，王子云考察唐陵，在顺陵走狮前

2003年，当《王子云评传》已经开始写作之际，在王子云子女收藏的老人遗物里，发现了一册《关中唐陵考察记》。此册为毛笔书写于十行竖笺纸，字势疾速，删削甚多，有些地方可感墨尽笔干，显然为工作期间的日记。全册笔体与所见何正璜1941年日记相类，而“目录”与部分添加之内容为王子云手笔。其文字的洗练生动，也是何正璜风格。此前已经出版的《从长安到雅典——中外美术考古游记》对关中汉唐陵墓考察的内容都有记述，由此可以判断，在当年的考察过程里，也应该有《关中汉陵考察记》。据王蒨（王子云女儿）陈述，在纪念王子云一百周年诞辰的筹备期间，曾经有人拿出一个笔记本给当时还在西安美术学院工作的李凇看，问他：这笔记本是否有点儿价值？李凇一看，这正是王子云亲书《敦煌考察记》（何正璜在考察团前往敦煌期间留守兰州，不可能帮助做现场记录）。王蒨闻知后，立即向西安美术学院负责人报告，要求院方做工作，索取该册笔记，以用于研究。但当院方介入之后，当事人则再不承认有其事。王子云的大量绘画作品，已经在1966年的浩劫里化为灰烬，笔记文字散失亦难追寻，正因如此，这册《关中唐陵考察记》就显得十分珍贵。

《关中唐陵考察记》的“弁言”说：“唐代帝王除昭帝和陵在河南外，其余十八帝之陵寝皆在关中（武则天与高宗合葬坟未计），且均平列于渭水西北之北山之阳。西起乾县，经礼泉、泾阳、三原、富平、蒲城等县蜿蜒达三百余里。多处据山成势依峰为陵，其气魄之雄伟，使千载后之登凭者犹有君临天下之感觉，而对有唐一代之雍盛莫不深加叹羡焉。并且每一陵前之布置，今犹大体存在。陵前排立之石兽、翁仲等雕刻亦多完好。此等制作，固为唐代文化精髓之遗留，更亦我国罕见之国宝。经千余载之披风沐雨颇有毁蚀，但以其散于深山旷野，惟与樵牧为伍，不能受惠于冠盖时贤之注意。故年复一年，自然与人为之伤害日益加深，此海内珍遗目见即将全归毁失，因此本团自来陕考察得见此种情形后，即欲致力于对其清查保护等工作。然限于经费未克进行，每引为憾。三十二年春在渝复晤西京筹委会委员长张溥泉先生，张先生对西北古代文物之保存阐发向极热心，谈及清查唐陵工作之重要，知本团早欲从事此项工作，特嘱与本团合作共同进行。本团即草拟计划书并预算呈部，经核准后，即于同年秋季开始踏查工作。”

从这段记述可知，王子云和张继在重庆“复晤”，非第一次见面。此番见面，恰是在考察团完成敦煌考察后，在重庆举办成果展览之时。考察关中古迹，又正在张继为委员长的“西京筹备委员会”的工作范围里，以后的关中考察，实际上得到张继的支持，“西京筹备委员会”也派员参与了考察。

《关中唐陵考察记》对考察团的工作情况记述十分详细，按照每一处陵墓的考察经过，分别叙写，他年倘能单独出版，配以当时所摄图片，必可为文物考古专著。此处援录部分，其中对当年社会生活的细节记述，已为当代人不可再见，大量当时考察所见文物，在以后几十年遭遇不断地破坏，甚至永远湮灭。

《关中唐陵考察记》记载：

> 此次考察唐陵本定于八月初出发的，因测绘工具未能按期准备致延至十七日始得成行。在出发之晨，因住处离车站甚远，为搭七时早车，五时即赶至中正门。到站时，已达上车时间，因携带工作用品琐碎，进站后顿觉忙乱，又以乘客过多，不能登上客车。不得已，乃挤入货车，勉强得一立足地，考察行程由此开始。
>
> 车抵三桥镇，有难民一队挤入车厢，更觉气闷不堪。抵咸阳，又有某部军人自运军器十余箱上车，车上老百姓被赶下甚多，余等幸未被波及。惟困立货厢中，直如井底之蛙，不能复见窗外景色。车由咸阳转向北行三站即永乐镇，永乐镇过去一站即为三原。余等原来目的本即在三原下车，乃因临时探知三原所有之三唐陵均在平地，此值秋禾正熟，尚未收获，进行踏查测绘工作殊多不便，乃中途改变行程，决先赴富平。
>
> 三原为渭北沃壤，得泾惠渠之灌溉，农产甚为丰富，秋禾旺茂逾于他县，所产梨枣正在上市，因泾水之故，味特甘美。车过三原后，车厢稍觉空旷，惟忽又登上河南难民多人，汗秽逼人。时值正午，焦阳高照，气闷真如热锅上之蚂蚁，大有无可容身之苦。午后三时许，车抵富平。因唐陵均在县城西北三十里的庄里镇，附近该地亦为火车所经过，事前并已有人介绍该地富绅胡君可代寻住处。同人以所携什物既多，与其先富平县城下车，不如直赴该镇，以谋工作便利，遂决定在庄里镇下车。三十里之行程虽系慢车，半小时即达。到站为四时正，以时间尚早，即雇手推车二辆运行李直赴胡宅。不料其家人称胡君现已下乡，无人招待。惟余等来此人地生疏，非需协助不可。当即商议将行李暂

行安放，以便去街上小饭铺图谋一饱，并一吐车中闷气。因余等自晨五时出发，除在永乐镇吃乾州烧饼二枚外，迄今犹滴水未沾。

庄里镇为富平县富庶之区镇，甚大。街市商店齐备，颇似关中其他县城。饭铺三四家，均甚宽大，惟物价更较西安为高。余等七人各食素面一碗，馒头数枚，结果花去二百二十元，茶水犹在外。饭后再去胡家，先派人将行李搬至其开设之药铺中住宿，虽不见圆满，但总算有了着落。旅人之苦，此时最能体会出也。

八月十九日出发，领队系夏子欣，先去镇东七里之董家庄，访本地耆宿张扶万氏，因前曾闻知彼有关于唐陵考证之文字记载，拟借来一阅。至则彼正病危无从得见，深以为憾。返镇后，由乡公所代雇推车二辆运行李工具等，径赴简陵。出镇二里，过永昌堡，越火车道北行，见道旁有灰土层并绳纹陶器瓦片甚多，疑为史前遗物及居所遗址。再进即走上山坡，十里，抵陵怀堡，即简陵所在处。将行李安置于该堡新建之小学中，找到甲长商定住食办法，并请先为预备晚饭。陵怀堡属今之信正乡第八保，内仅居民五六家，皆胡姓。乃陕西已故军人胡景翼氏之故乡。简陵即在堡外东北二里之山坡上。

1943 年，考察团在昭陵拓印唐碑

八月二十日起拟开始简陵踏查测绘之工作了。天未明，即风雨交加，致已经计划之工作日程不得不告停顿。且大雨整日不止，幸事前借得富平县志，聊可消磨时间。

今日（二十四日），完成简陵工作，拟即转往离此七里之代宗元陵，惟因在该地之住所尚未接洽，因此仍须折返至庄里镇，请乡长派人导往。时风雨交加，冒雨出发，由陵怀堡南行约五里，雨稍停，中途忽见两巨冢并列，趋前端视，由子午线测定，始发现此乃简陵最外之阙门遗址。两门基较陵前所有者为高大，底基四周每边约二十一公尺（公尺系米之旧称——编者注），呈钝圆堆形，二基相距一百七十五公尺。附近唐代砖瓦残片特多，拾得纹样不同之残砖四种，并于此处速写简陵远景一幅。由此门基遥望简陵，颇觉形势雄伟，因感前人心胸气魄之宏大，实为今人所难及。门基之北有窑居乡民数家，地名三家庄。晚住庄里镇。因乡长梁君他往，无人招待，不得已在该镇仅有之骡马店中觅得小房一间以暂住。

八月二十五日由庄里镇出发，赴元陵所在之张马窑。事前请乡公所代雇脚力未果，适该村甲长马某来镇赶场，即着其引导前往。出镇东北行，渐登上山坡，乃中途又值小雨，幸行程甚短，十数里之路途，一小时即达。地在赵家窑北约半里，居民仅有数家。到后即由甲长安排住于村外小学中，行装甫卸，雨亦暂停，即利用时间登元陵所在之檀山。先至陵之西门，再转北门。西门在西山坡下，两门基之间现已被山洪冲成深沟。石狮已无踪影，门基址亦为农人耕去其半，行见数十年后，必将尽行没灭而绝无踪迹可寻。

傍晚赶返小学，晚饭已由甲长备妥，为红豆煮面条，因饥肠辘辘，倍觉甘美可口。饭后即就小学教室安排就睡。教员崔君甚年轻，只口不离旱烟管且时以吹笛作消遣。

一路风雨交加，又系东南迎头风，行走至为吃力，且因气候骤冷，致同人多手躯冻僵而失去知觉。七里处有座宫里桥，桥甚长，系天然土桥，下临十余丈之深沟，陡险可畏。过桥，见一大冢外有墙垣，知为北周文帝成陵所在。宫里桥有居民十余家，且有小铺数家。余等过此因气候过寒，不得已在小茶店中喝开水取暖，惟一小壶竟索价十二元。

定陵所见石兽，形似鹿而牛尾马蹄有肉角，当汉代之符拔神兽麒麟演化而来，以其胸前有翅，更可断定为西域传来之动物，此与鸵鸟、翁仲及御马卫士服饰均系西域所有。由此知唐代文物崇尚奇异，以吸收异族役使西番为无上光荣，此则于唐陵雕刻装饰物中明显见之。定陵独角兽头部连底座石之上层高三公尺，身高二点一零公尺，腿高一公尺，头长一公尺。兽之座石分三层，上层系连兽一齐雕成，工程极大，座厚三公寸，中层座厚六公寸，下层座厚八公寸。在他陵石刻行列中均有鸵鸟一对位于石兽之次，但定陵则无此物，且就其地位距离亦无此物建立之位置，此为与他陵不同者，应留待将来考证。在定陵石刻中更有特异者即无字碑之建立，此在唐陵中惟高宗乾陵前有此物，长安史迹著“乾陵门前右为有于阗国献奉之无字碑，高约二丈，碑侧刻雄大之云龙纹，其螭首雕刻与普通唐碑无异，惟两面无一字，殊难悬测，一般即呼之曰“无字碑”。今定陵所见者与乾陵无字碑绝相一致，惟不同者，乾陵无字碑系立陵右侧，其相对之左侧方有述圣碑，而定陵此碑则立于左侧，其相对之右侧已无他碑存在，仅较远处之土堤下遗有残毁之番酋像体躯三段。此在乾陵则无字碑与述圣碑前各立有番王像二十躯，以示盛唐之尊大。想定陵最初亦必有此类造像，惟今已为农耕湮没耳。

凡艺术作品之仅存者其价值必益见高贵。此丰陵仅有之华表已陷入地中三分之二，现仅有二公尺留于地面，如此八棱柱上所雕刻之线纹装饰竟特别清晰。除在前数陵华表柱面所见之大蔓草纹样外，尚有飞仙及狮虎可见，此弥足珍贵

1943 年，王子云在唐建陵翼马前

之资料不容轻易放过，乃即觅得附近村庄甲长专门雇民夫二人为发掘华表之陷入地下部分。一面施工、拓印，如此经过六小时之工作，直至午后四时，始得完成二份。此丰陵仅有之成绩收获必当高出其他唐陵甚多也。

归途过曹村镇西门外关帝庙，四观其前后，殿壁画塑像均系清初作品，尤以壁画所画为郎世宁式之风景，建筑结构优异，殊有保存价值。现该庙前殿已塌毁一角，后殿住有乞丐，如此数年后，恐即为炊烟熏毁，此极宜注意禁止者。

上午十时，到达美原镇，镇甚大，镇垣南门有五个之多，其大可知。入镇于抱有极度之兴奋热望中往访乡公所，请为引导游观全镇一周，时适逢场，全街市人烟拥挤，不利观览，旋至民教馆。馆址系旧日寺宇，内现有佛塔一，高五层，砖砌斗拱，尚古朴，惟系清初重修。该馆藏有唐十六楞经幢残段一，长仅尺许，但字体遒劲，颇类柳书。又六朝石刻承座为一螭龙盘旋图案，此与西安图书馆所存者相类似。因该馆馆长外出，其他不克细审。继中心学校有唐碑一，传为王羲之书，但字迹模糊不可辨，询及县志所载之碑刻，则鲜有知者，且以限于时间，不能久留，故无法探其究竟。

桥陵石刻远较他陵为优异且多完整存在……桥陵两石兽雕刻特异，与定陵所存者颇相类似。以其造型则相近于麒麟，而不类天禄，胸前两飞翅呈圆形云纹，与古代亚述飞兽雕刻更相接近，且头部作怒吼状之表情，此为他陵所未经见者。

彭国公李思训墓在郭墓之东偏北约半里，墓甚低，墓前约一百公尺处有神道碑一，即著名之云麾将军碑，碑立于开元八年，唐书家李邕撰文，字体雄劲、飘洒，为唐碑中有数之杰作。据闻明清以来，日事拓摹，尤以清末官吏每往瞻仰，即须役使当地人民并残毁田禾，因此碑之下段已全被砍损，今虽建有碑楼，但仍难免有全被毁坏之危险。按李思训乃唐宗室，开元初封彭国公，善画金碧山水，风格遒劲，为北宗之祖，今其墓碑亦为名书家李北海所撰书，人杰物灵，可谓相得益彰矣。李思训墓前有石羊一对，其头部已残毁，但因系盛唐作品，故姿态自然有生气。惟下部已埋入土中，无从得窥其全部形体为憾。在云麾将军碑楼附近之田垄中发现残石二块，上刻细致凤鸟线纹，姿态生动，绝似六朝物，

何正璜与王子云骑毛驴在咸阳古塬上踏勘

惜石不盈尺余，无从断定为何种残石，仅暂埋于附近，留待将来考证。

九月十八日起继续在光陵进行拓印石马工作并踏查陵山四周。见东西门及北门之址均被农耕毁去过半，石狮仅有西门可见，其他鲜有可见者。午饭仍托由小学代烧，每人仅吃荞麦面条一碗，勉强充饥。饭后即起程往十五里外之泰陵，拟归来由泰陵再折返蒲城县城，则时间必可经济不少。惟仅知方向不识道路，所幸唐陵所在之山丘均相互连接，知沿山脚东行必可到达。如此行约二十里，到金粟村。因泰陵所在山名金粟山，且远望山丘高处之形势，必为泰陵之无疑。路过泰陵小学，遂借宿焉。金粟村属蒲城人和乡，在蒲城东北约三十里，附近数村均以金粟名。小学原系国民学校，教员王君颇知保存古物，特呈县改为今名，意在保护泰陵，乡村中有此类人才，殊为难得。晚饭在一村中人家吃荞麦面及黑面馍，别有风味。晚间大风起，气温骤变。同人此来均着夹衣，颇感难以御寒。据云此地常年多风，尤以秋冬为厉，且山瘠民贫，食粮多系购运他处者。

自昨晚来泰陵小学校后，整夜大风怒号，今晨（十九日）仍未稍止，气候骤寒，水已结冰，山野中飞沙扑面，无法出外工作。且吃饭亦大成问题，因乡间无处购买，结果由保公所为向乡农派饭。昨晚今晨均如此，尤以今晨更感困难，由乡农两家冒风送来面馍若干，硬冷如铁，不易下咽，然余等总觉于心不安，如此殊为难之至。

九月二十四日，本拟再赴陵前作拓印飞马工作，乃昨夜狂风又作，今晨不止，又以小学房屋甚少，余等四人堆挤于半间厨房中。因感留此食住均成问题，且以大风中不易进行拓印工作，为节省时间，遂决定即日离此转往蒲城。

午后四时到蒲城。为节省时间，即住客栈中。往访县长不遇，见教育科长张君，探访县中文物保存情形，甚为淡然。旋到民教馆参观，得见著名关中之苏孝慈墓志原石……晚间借来县志摘录有关资料，因小客栈中气候酷寒，购燃木炭以取暖。

九月二十六日离蒲城去富平。事先托县府代雇车辆，结果为派县城内第四保官差车一辆，车资官价仅百元，据调查如雇商车去富平约须千元之多。今此费虽可省，但徒增民众担负，于心实有未安。

早九时，离城出西门，乘朝日晴明，绘蒲城五唐陵所在之群山全景，约一小时而完成，旋继续西行。因蒲城离富平九十华里，恐一日难以到达，一路加鞭赶程，终以冬日天短，仅赶至七十里之王僚镇，日已西没，不得已即留宿于此，四人合睡一床，房有热炕，整日风寒，得此亦不计其洁污矣。

今（二十七日）可抵富平，本拟在富平停宿一二日，借便考证有关资料。惟已气候苦寒，余等均穿单衣，冷不可挡，因此遂决定即日赶往三原，俾早日完成三原境内唐陵之踏查。因今日须赶早八时由富平开往三原之火车，乃于夜间三时许乘月色登程，时夜寒不可挡，本携有毛毯一，披裹取暖，始得度过此关。抵富平车站，天犹未大明，时距火车到达尚有三小时，不得已，乃暂避风寒于小菜店中，以候火车之来矣。

出（三原）县府转往城隍庙参观该庙内殿之明代塑像，见寝殿中东西两廊乐女侍女之塑造殊精优。计每组乐女十二人，侍女十二人，各持乐器及御物，姿态各异，造型绝美，不仅在雕刻艺术上具有价值，即所持乐器，亦足供音乐界之考证，此等塑像可称为关中珍品之一，极应设法加以保护者，又该庙殿宇大半为明代所建，有不少足资收集之资料。……九月二十八日晨，再去县府见教育科长张君谈及城隍庙塑像应特别保存事。据云该庙因有保庙会之组织故，迄今未驻军队，致少毁坏，惟将来抗战胜利后，地方人民对之必有一番创新工作，届时料难免重加粉饰，此应注意补救者。

九月二十九日晨五时起，早饭后即去献陵。……唐代帝陵多系依山为冢，其于平地起陵者，在关中十八帝陵中仅有高祖献陵、敬宗庄陵、武宗端陵及太祖永康陵等四陵而已。献陵……石刻亦异于其他唐陵……石虎一对系行动状，雕极精优卓绝，全体比例及全身筋肉表现均极尽自然生动之能事，且富有早唐艺术造形简约之特点，可谓为我国陵墓雕刻中最优之作品。同时，可与法国大雕刻家彭彭氏之名作白熊比美。虎身长约三公尺，高二公尺，其石座之高矮与虎之比较亦极相称。

在考察位于三原县唐崇陵时，王子云、何正璜对当地风俗民情，乃至于“官民关系”的记录亦详细生动：“由乡公所派乡丁一人导往过浊水河，再登高原约八里到崇陵下。该处因山地荒僻，仅有一小学之窑洞可借住，地名麻惠村，因陕人读音惠喜不分，故通呼麻喜村。村有农民七八家，均窑居。今日由陵前乡来此，一路所见小村亦多有完全窟居者，在村外稍远处则绝无房屋形迹，仅偶有小树数株可见，至者始知为掘入地下之窑洞。其挖掘方法颇巧妙，庭院、房屋及出路、大门均有一定之方式，整齐清洁，阳光亦充足，且此等窑洞冬暖夏凉，坚固实用，固极适宜于陕省之地质及气候环境也。麻惠村小学仅有窑洞一间，余等入住，学生即须停课，但在此环境中又为仅有之住所，故亦无法计及。且住此以后，吃饭又大成问题，甲长恐系官差，避不见面，有村民马某出面斡旋，代为觅定吃饭处，讲定每餐百元，由村民之较富者轮为置备，此严重问题得圆满解决。”

中国封建社会最辉煌的时代是汉与唐，而这两个王朝都是以长安、洛阳为西都和东都，并且也都是大部分帝王陵寝在长安，小部分在洛阳。考察团对汉、唐陵墓的考察，在工作状态和生活环境方面应该是大同小异，故得观《关中唐陵考察记》，对考察团在关中的野外工作情形不啻亲见亲闻。考察团自从离开四川，已经把西安作为根据地。在重庆举办了敦煌考察成果展览会并且取得热烈评价之后，王子云与何正璜等并没有离开西安转回当时各方面条件都较为优越的陪都。可以说，关中地区极为丰富的古代文物遗存及其在中华民族全部发展历史中不可替代的地位与价值，正是西北艺术文物考察团成立的使命所系。以后，随着抗日战争的结束，考察团解散，大部分团员回到南方，王子云和何正璜却留在西安，将艺术文物研究作为终生事业。

通过对汉、唐两代陵墓雕刻艺术的考察，王子云这时候已经把自己的艺术研究重心放在雕塑方面。在中国雕塑艺术家里，他是第一个对汉、唐陵墓雕刻进行了几乎全部实地考察的人。在对汉代陵墓的考察里，王子云最有兴趣的是汉武帝刘彻茂陵附近的名将霍去病墓石刻。其实，还在清末，几乎和敦煌文物被世界重视的同时，霍去病墓石刻的艺术价值也已经在欧洲被传扬。王子云在法国就看见过有关的图书，他到达霍去病墓，既兴奋，也为中国艺术家的姗姗来迟有惭愧之感，现在能够做的工作就是亡羊补牢。考察团对这里的跃马、卧马、“马踏匈奴”等最有代表性的石刻都做了石膏模制。为了完成这些工作，考察团部分人员在茂陵住了半年时间。茂陵，确实是关中汉陵雕刻艺术的代表。比较而言，王子云认为唐代陵墓石刻比汉代更加精彩，因为唐代十八陵前全有石人雕刻，特别是乾陵前的石人雕刻达二十尊之多，更有外国使节人像雕刻达六十一尊之多，列队于陵前，绵延数里，其规模气势确实表现出大唐时代的超迈前代且“万国来朝”的国威。以乾陵和昭陵为中心，唐代十八陵又构成一个空前绝后的大野高天下的雕塑艺术博物馆（关中唐代十八陵是：高祖李渊献陵、太宗李世民昭陵、高宗李治与武则天乾陵、中宗李显定陵、睿宗李旦桥陵，玄宗李隆基泰陵、肃宗李亨建陵、代宗李豫元陵、德宗李适崇陵、顺宗李诵丰陵、宪宗李纯景陵、穆宗李恒光陵、敬宗李湛庄陵、文宗李昂章陵、武宗李炎端陵、宣宗李忱贞陵、懿宗李漼简陵、僖宗李儇靖陵）。

考察团在关中平原的工作完成后，王子云对取得资料有过一个清册，属于综合记录有：

周秦汉唐陵墓分布地图 2 幅
西汉京城长安与唐京城长安平面分布图 2 幅
关中考古游记 1 册

其中关于西汉部分的记录资料有：

西汉十一帝陵全部石雕刻摄影各 1 份
西汉十一帝陵全部石雕刻文字记录 1 份
西汉十一帝陵全景写生图画长卷 1 幅

霍去病墓中西汉部分艺术品的翻制和拓片有：

马踏匈奴雕像石膏翻制品 1 件
卧马雕刻石膏翻制品 1 件
伏虎雕刻石膏翻制品 1 件
猛兽吞羊全拓片 2 张
人与熊全拓片 2 张

对唐陵考察的收获更加丰厚，记录资料有：

唐十八陵全景写生图长卷 1 幅
唐高宗乾陵、睿宗桥陵、玄宗泰陵、文宗章陵测绘图各 2 份
高祖献陵、太宗昭陵、高宗乾陵、中宗定陵、玄宗泰陵实景写生画各 1 幅
唐十八陵石雕刻摄影各 1 份
唐十八陵文字记录各 1 份

唐代部分艺术品的翻制和拓片有：

太宗昭陵：
“四骏”浮雕翻制品各 1 件
“四骏”浮雕拓片各 2 份
陪冢将相公主墓写生图 1 幅

1943 年，王子云与拓工在唐陵前拓印鞍马

高宗乾陵：
飞马雕刻石膏翻制品 1 件
坐狮雕刻石膏翻制品 1 件
武后母顺陵：
立狮雕刻石膏翻制品 1 件
睿宗桥陵：
鸵鸟浮雕翻制品 1 件
玄宗泰陵：
飞马雕刻拓片 2 份
懿宗简陵：
飞马雕刻拓片 2 份
顺宗丰陵：
华表拓片 2 份

唐代陵墓雕刻的丰富性最为明显，王子云记得，在桥陵东面的一对蹲狮中，竟有一狮转首遥望，其神态刻画之自然，被王子云认为是所有唐陵雕刻中的独创。王子云认为唐代陵墓雕塑和唐朝廷的盛衰关系十分密切，自玄宗开始，国运走下坡路，在陵墓修建方面也表现出来，到末代皇帝僖宗的靖陵，不仅低矮的土塬不能和前朝的山岭比气概，连陵前仪卫雕刻也只是一米高的小石人。

在唐代皇帝的“十八陵”之外，还有并非皇帝而墓前石雕更加宏伟而精致的两处，这就是武则天为自己母亲和儿子造的两处坟墓。武则天登基后，在咸阳塬上为其母杨氏建“顺陵”。王子云在遍勘唐十八陵后得到比较：“顺陵”前的石狮和天禄比任何一座唐陵前的都要硕大而威猛。武则天自己的坟前有“无字碑”，留给后人很多臆想，虽然可能是她自己为历史留的悬念，但毕竟是她身后之事，是否真正代表她的意志，或有疑问。为自己母亲所立大墓，则明白地表现了她的女权主义。作为女皇，她的威势要盖过男性，她的湮没于风尘的母亲也要压倒历代前皇。要实现这样的意愿，只有获得最高国家权力，这样的一条道路是无比艰难的，却被这个心计无比和毅力空前的女性走通。这道路上最大的障碍是她最心爱的儿子，她的心力和心计消灭了心爱，她杀亲子而登皇位，又为儿子造墓为“恭陵”。一“顺”一“恭”，使她心满意足，在以男权为中心的封建轮回里演出一场越“位”而并不出“格”的奇剧。有人以为她可以为中国的社会改革提供参考价值，最终还是绕不出早被设定的圈子，倒是她的良苦用心在艺术上给后人留下惊叹。王子云在 1937 年旅游河南的时候，就看过恭陵，此番经过对全部唐陵的观察比较，知道最伟大的纪念性艺术并不一定出于对最伟大人物的纪念，倒是最严重的精神病态可以借人力完成最伟大的艺术。多年之后，他得见秦始皇陵兵马俑，这样的事实更加鲜明地呈现于世人，也让艺术家沉入关于艺术和人生、艺术和政治的思考。作为艺术家，雕塑家，在那些比真人高出一头的兵马俑前惊叹，他惊叹的是艺术的伟大，能够在湮灭的帝王盛迹飞灰里表现人类心灵智慧的光彩。而这样的光彩往往又埋藏在历史的扑朔迷离里面，如果不是亲临把摩，终于不能有贴切之感。也正是在这样的亲历把摩里，他仿佛听到历史的回声。在那回声里，时常感觉着心灵被震撼。

8．历史遗珍——《教育部艺术文物考察团西北摄影选》

《文博》杂志1992年第5期发表过东平的一篇文章《历史遗珍——〈教育部艺术文物考察团西北摄影选〉的发现》。王子云在去世前的几个月，曾经对东平谈到这本已经编辑完成的摄影集："由于条件所限，此书没能出版，现在已过去了半个世纪，许多史迹不存在了，许多文物损坏了，若能找到此书，对于研究西北地区的艺术文物，尤其是研究文物的保护和修复是很有意义的。"显然，自从王子云将这套资料交给西北大学以后，不仅没有得到研究或出版的机会，甚至连它存放在什么地方也鲜为人知，而需要"找"。东平就是根据"王先生提供的线索，在西北大学文博学院资料室找到该书"。这部"书"共十辑，每辑一册，每册约五十页，每页上半部贴照片，下半部附书说明，限于当时的条件，这些照片都是用135照相机标准镜头拍摄的，且放大尺幅有限，但装

西北大学藏《西北艺术文物考察团考察成果图册》十辑

1945 年，王子云在西安

订十分精美，十册均为线装，说明为毛笔小楷书，除第一辑外，其余九辑在开首都写有总论，既是每册内容的说明和提示，也可以看出王子云当时的学术观点。因为西北艺术文物考察团的现存资料十分稀少，这部摄影集自从编辑完成之后，也就尘封再无人能够得见，根据东平所见，略加介绍：

第一辑和第二辑为“史迹名胜集”，其中有陕西岐山周原全景，据云选景角度及照片质量极佳。当时周原附近，没有什么建筑物，而如今地表状态变化得已经很难再拍摄到全景。此集中的“咸阳古渡”，自古以来为长安有名风景，现在也全非当年蒹葭苍苍的旧貌；在河南南阳卧龙岗照片的说明里，还特为点出“鄂襄阳亦有卧龙岗……特并志之以待考”。这并非以自己的工作成果而排斥其余，而是表现出求实态度。在第二辑的唐太宗祠说明里，有“后殿有十八学士壁画，极名贵，传为唐代遗作，民初某外人曾出价二十万欲购此壁，未果，惜近年改为伤兵医院，已全部涂去，将来仍然能剥出得复旧观”。这短短的几行说明文字，真正是浓缩了一段中国壁画的遭际史。王子云在敦煌等地的考察里，早已经有过对唐代壁画雕刻艺术的评价，认为是中国古代艺术的高峰，而唐太宗时期所绘当朝学士，文采风流，让人神往。伤兵医院当然是首先要讲卫生消毒，用白石灰将壁画覆盖，还算是文明手段，可惜的是，经过覆盖的珍贵壁画，以后再没有能够恢复。

第三辑是“汉唐陵墓雕刻集”，第四集是“佛窟雕刻集”，这些内容保存下来的较为完整，石头毕竟比泥土结实得多，但也有一些雕刻在王子云等人考察以后的年代被毁坏，这些照片也就是唯一能够让后人感知的载体了。王子云作为雕塑家，对这部分考察成果的学术利用是比较充分的，以后，他出版的多部关于中国古代雕塑的著作，当时所摄照片成为重要内容，王朝闻的有关著作，也使用了考察团的某些成果。遗惠于后人，本来是当时踏荒万里的初衷。

第五辑为豫、陕、甘等省雕刻，是佛窟及帝王陵墓等集中雕刻以外分散各处的收集。说明中谈到甘肃和青海，因为地处沙漠，石质缺乏，故雕刻遗存远少于陕、豫内地。在零星收集拍摄的私人雕刻藏品照片里，有王子云在西安某收藏家的家里看见的陶犬，其鉴赏说明文字，也在以后被王子云写进了他的著作《中国雕塑艺术史》。

第六辑是建筑艺术摄影。王子云对各省建筑物在遍观细察之后做出比较：“就现存建筑物其保留最古而具有艺术价值者，在佛塔中，以河南嵩山下之魏塔为最；在寺宇殿堂中，以麦积山之六朝佛窟及敦煌千佛洞之宋代外廊为最；而在都城建筑中，其规模最大者，以长安所有之明代城垣城楼为最，他如佛教中心之塔尔寺、拉卜楞，亦均有大规模之近代寺宇建筑，惟其体式已流于西方或印度所有，而非我国固有文化上之制作。”东平认为：“王先生早期的这些论断，就现在来看，无愧为远见卓识。”信然。这些言简意赅的“说明”，其实正是实地考察后对中国古代建筑精华的总论。其中的分判，也见出清晰的学术逻辑。梁思成和林徽因夫妇，作为中国现代最杰出的建筑学家，也对很多地方的古代建筑进行过实地考察，其撰著在学术界广被认可。王子云作为一个美术家，在考察中能够对建筑下这样的功夫，得出这样肯綮的述论，足见其明心慧眼，深趣通识。

第七辑、第八辑为“敦煌千佛洞壁画集”。东平在看到此集时，有些感慨系之：“当时的考察团成员，以杭州美专的师生居多，他们的审美观念，艺术造诣均为上乘，所以他们的摄影取材是无可非议的，仅因为条件所限，其中少数作品的质量较为一般。笔者近年曾到过千佛洞，也翻阅过一些千佛洞之摄影介绍，现在面对王先生给我们所留下的八十三张照片，惊叹远远超出了感激，且不讲其他，单半个世纪的时光流逝，就足以使这八十三张照片成为历史瑰宝，他们的价值是无法估量的，因作者的水平有限，在此难以详尽地述及这些照片，只希望研究敦煌学、美术史、文物保护学的专家学者都能看到这两本资料。”谁说学术是冷冰冰最没有情感的东西？那些留有考察团人员手泽的照片，可能已经在变色发黄，六十年前的王子云们，在拍摄下这些照片的同时，也留下他们心灵的闪光。何正璜在和王子云一起翻越秦岭时，在旅舍油灯下写下的那些激情喷发的日记，也和这些照片一样，定格成为文化心灵的模印。触之非唯让人手烫，而且心热。但是，还没有人敢说他们的心血已经变成学术的碧树繁花。这样珍贵的考察结晶，在学府的资料柜里静静地躺着，年年复年年。“敦煌热”，热了多少年了？西部开发热，也热了多少年了？如今出版物的丰盈已经近于泛滥，学术著作的出版也成为热闹的风景，可是，这样被有心人看得心热血沸的学术遗存（它们也已经成为遗存了），却被封存着。在王子云曾经抛洒心血的地方，在“敦煌热”和“西部热”热得最热，被不少学术骗子混得了偌大声名的地方，王子云和他的考察事业只是在纪念会和申报会上才被拿出来炫耀一番，而在这样的炫耀里，在被鼓起“大师”“巨擘”之类的气泡之后，又被漠然封存。学术成了祭品，成了冷猪头，也正是在这样的情形里，真正的学术被气泡氤氲。弄虚作假的人，本来并不相信人间有真学术，真精神，在利用学术大博私利之后，以明知自己之假窃度一切是假，王子云的贡献也因此而在对他的虚假颂扬最热烈的地方遭遇最残酷的冷漠。东平在介绍“敦煌千佛洞壁画集”的时候，忍不住发几句议论，也引起议论。真正希望理解王子云和他的贡献，确实不必喊什么“大师”的高调，让他给后人留下的“遗存”进入学术，进入真实的文化记忆，才是该做的事情。

第九辑是“工艺图案及其他”，其中也有“说明”：“陕西法门寺乱砖堆中所遗之唐代碑头，中刻宝塔，旁饰以飞仙蔓草等混合图案，刻工之精致洗练，构图之复杂优美，均为唐碑中之仅见者，且石质白细，尤为难得。”

第十辑为“社会风俗集”，有说明文字：“西北民族复杂，语言文字不同，风俗习惯亦易异，欲使民族融合、团结，应先熟悉其方言习俗，同时欲考察各地之艺术文物，亦应了然于各民族之历史背景及地理系教之背景，方能理解一切作品产生之价值及所代表之精神气质，固有此两种关系，民俗之被重视，实非偶然。本团遍历豫、陕、甘、青四省对蒙族、藏族、回族及哈萨等诸族之生活方式曾尽力调查收获，所得资料甚多。”在这一辑里，西安当时城乡人民生活的留影不少，其中有旧历元宵节之花灯，有街头之小吃摊，有终南山烧炭夫，有市郊之窟洞。从这样的“遗存”，也可以看出当时美术家趣味和知识视野的开阔。王子云在关中的勘察收获，有些已经成为再难得见的“绝版”，如三原城隍庙里的明代十二尊伎乐彩塑，虽然几百年来在小县城里不被外界知晓，但在王子云一见之下，便认为其美术价值可以与太原晋祠里的侍女彩塑媲美。王子云当时就对这些民间美术遗珍逐一拍照并摹绘，时过不到十年，这些彩塑就在“土改”时悉数被毁。王子云和考察团同人在进发西北之初的宗旨，对日益凋零残缺的民族艺术遗产的“抢救”之功，在勤谨的工作态度里得到了最大限度的实现。从一个著名画家，渐次发展到对民间美术情有独钟，王子云走过了一条不能用世俗名利观念衡量的道路。王子云早年在孔德学校教书时，就和北京大学的诸多教授共事，北京大学的基本学术精神，就是蔡元培的“思想自由、兼容并包”精神，他作为西湖艺术院的开创者之一，也是蔡元培以美术代宗教的实行者，蔡元培的“美术”，是包含广阔的大美术。王子云和西北艺术文物考察团的用心用力，正是国民精神建设中的所需所要。

第五章　西风路正长

1945 年，王子云、何正璜在西北大学居所门前

1．西北大学

王子云来到西北大学，其中最得力的帮助者是刘季洪。他在一些材料里写到的介绍人萧一山虽然这时候是西北大学文学院院长兼历史系教授，但真正熟悉王子云的应该是刘季洪，这时候他是西北大学校长。还有当年徐州师范的同学徐朗秋，也跟随刘季洪从教育部到西北大学来担任了总务长。按照以前意识形态斗争的观念，刘季洪是一个国民党的骨干分子。刘季洪以后到台湾，官做得很大：一是考试院院长，这是蒋介石的拜把子兄弟、党国元老戴季陶做过的官；二是总统府资政，这是蒋介石的另一位拜把子兄弟、也是党国元老张群做过的官。仅此二职，可以见出刘季洪在国民党的地位。刘季洪能够把官做到这么大，因为他是陈立夫手下的干员。陈立夫到晚年热衷于中国古代的孔孟思想，对国家统一颇见殷切，其实，在他的大半生岁月里，是和共产党作对最烈的人，刘季洪受他的栽培，也是一个坚决的反共人物。就是在西北大学校长任上，他对付学生运动，也很见辣手，他不是训谕一番就完事，而是把发动闹事的学生送到法院去过堂审判。在西北大学历任校长里，有这样记录的唯刘季洪一人，他在西安学界的名声当然不会好。王子云在谈到进入西北大学之事，就回避谈刘季洪，显然是“心有余悸”。不过，刘季洪也应该算得上一位教育家，近年来对他的记述评价，因为淡漠了意识形态，就可以看出他作为教育家的一面了。1994 年出版的《西北大学学人录》记刘季洪：“他到校之初，提出三项具体措施：‘一为在物质困难中，先谋生活之维持；二为在战局沉闷中，尽力鼓励精神之振奋；三为在设备缺乏中，仍求教学研究工作之推进。’为此，他积极筹款，尽量提前购置米粮、烧柴，及照明之土蜡、汽油，并将校长专用黄包车改为食堂生活用车。他提倡学生一律参加早操，加强课外活动，增加师生生活兴趣，并将汉中军用全套戏箱商洽转让学校，使西大的京剧演出更为精彩。他还尽力策划鼓励教学研究，在其任内，支持中文系研究西北方言及民歌；支持历史系成立考古室（后改为西北文物研究室），并促成将教育部所属之西北艺术文物考察团历年所集资料，拨归本校；支持教育系与陕西教育厅合作，利用各中等学校投考试卷，做国语、英语、数学三科教材教法研究；亦支持生物系开展秦岭植物调查，地理系开展汉中盆地研究，经济系做西北经济调查等。他还积极为学校在京、沪及国外购置图书仪器，并在美援物资中争得大批理科仪器与医疗器械、病床。”

刘季洪（1903—1989）

《西北大学学人录》还记有：“1945年8月，抗日战争胜利后，刘季洪作为学校迁建委员会主任，支持将学校由城固迁回西安，并与各方交涉，争取到国库拨款十亿余元和教育部拨款两亿元用于复员迁校修建费（1946年西大全年经费仅八千余万元）。他除争得将城外东北大学旧址拨用外，又促成城内私立西北药学专科学校校舍和冯钦哉将军私产（与药专毗邻的空地数十亩）的转让，从而奠定了学校的永久基础。”

关于他作为国民党官员的行动，《西北大学学人录》也不惮实录：“他秉承当局旨意，加强校内国民党务、三青团务和训导会议，认为过去学校亦曾有自治会的组织，但因职权不清，易生流弊，故不准成立教授会、职工会，学生不准成立学生自治会。1946年初，他配合当局，组织了反苏游行签名活动，分别发出‘致国民政府主席电’‘致斯大林电’‘致杜鲁门、艾德礼、斯大林’等反苏急电。1946年4月15日，因不准成立学自会，被夺枪夺印并出走。随后返校成立‘护校团’，配合军警、法院，与学生形成严重对立，搜捕了四五十名学生，并逮捕其中的二十名学生，在陕西省高等法院汉中分院以‘暴动行凶，触犯刑律’起诉审讯。之后，以‘鼓动风潮，参加暴动’，开除卫佐臣等四十一名学生，对赵鼎中等二十七名学生勒令退学，对吴维琪等九名学生记过两次。此举在全校乃至全国引起轩然大波，《新华日报》《解放日报》《晋察冀日报》《人民日报》《文汇报》《时代日报》等报发出消息，声援学生。在舆论压力下，学生获释。”

西北大学文科的主要师资来自原东北大学和北平师范大学，刘季洪掌西北大学之后，原籍江苏铜山的萧一山被聘为文学院长。早在刘季洪任河南大学校长时，萧一山就是该校文学院长兼河南历史研究所所长，那时候，范文澜也在河南大学教历史。刘季洪、萧一山、王子云都是以徐州为家乡的人，以后，王子云谈到自己进入西北大学，不提刘季洪，而只提萧一山，可能因为萧一山是学者，而刘季洪是官员。王子云一生中的几次职业变换，都和刘季洪有关系，这里有巧合，也有中国社会凡事先讲关系再谈其他的内在原因。显然，王子云并不愿意把自己的经历和政治人物扯得太近。三个徐州老乡（还有徐朗秋更是牵线人物）聚会西北大学，多少有些需要避嫌。其实，论其实质，刘季洪是为西北大学做好事。萧一山在中国现代历史学界，是一个不可多得的大才，他在北京大学读书期间，就开始写《清代通史》，二十多岁就做了清华大学历史系教授，三十岁出头做河南大学文学院院长。田家英到延安之前，最佩服的学者就是萧一山。刘季洪掌西北大学，想大干一番。1946年，西北大学的预算经费本来只有八千万元，经过刘季洪奔走努力，争取到国库拨款十亿元和迁校修建费两亿元。老西北大学原来在西安的校舍分布散乱，现在西安西门南侧的校舍，是张学良驻西安后为东北大学买下的，抗日战争胜利后，东北大学复员沈阳，这大片校舍就被刘季洪用所筹经费及时买下，成为以后西北大学的永久校舍。物质建设如此，在人才网罗方面，刘季洪也下了功夫。有萧一山这样勤于著述的历史学家，而淹贯中外美术历史又有实地考察经验的王子云，也正是学校需要的人才。当时西北大学的历史系主任是黄文弼，是中国现代考古学界的先驱人物，1927年至1930年期间，他参加瑞典学者斯文赫定发起的瑞典、中国科学联合考察团，对以新疆为重点的中国西北古迹文物进行考察。王子云到历史系主持文物研究室，和黄文弼可谓珠联璧合。可惜黄文弼1947年就离开了西北大学。萧一山则离开得更早，抗日战争胜利后，孙连仲担任国民政府主席北平行辕主任，不久便请萧一山去做了秘书长。

王子云到西北大学历史系之后，即将西北艺术文物考察团的有关资料移交给西北大学。考察团作为临时机构，在几年考察中收集的文物资料，到底应该怎样保存，领导考察团的教育部并无一定之规。在四年时间里，考察团人员也逐渐减少，从考察团成立第三年即1942年开始，因为王子云等少数成员的主要活动地点在敦煌，其余人员无事可做，不能干拿人头费，只得离开。考察团以前在陕西、河南等省收集的文物资料就只能寄存在西安的朋友家里，考察团既无固定住址，也无运输工具，不可能将不急之物随时携带，因为经费紧张，也没有专门的看守人员。抗日战争胜利以后，所有在战争期间成立的临时机构，都存在是否保留的问题，西北艺术文物考察团的成立，本来是基于全国战争环境下对尚未沦陷地区文物资料的抢救性举措，而当战争结束，文物考察保管工作恢复到平时状态，考察团当然也就不可能再存在下去。王子云到西北大学之前，实际上已经是处于半失业状态，他到西北大学任教，也是为考察团的文物资料找到一个就近保存的地方。

西北大学的发展，倒是要感谢抗日战争。1937年9月，国民政府教育部决定清华大学、北京大学和南开大学合组为西南联合大学，同时决定北平大学、北平师范大学、北平研究院和北洋工学院组成西安临时大学，第二年改名西北临时大学。到1938年，教育部又改令西北临时大学为国立西北大学。组成西南联合大学的几家名校，不可能聚而为一，故西南联大一直延续到抗日战争胜利之后的“复员”，而西北联合大学的牌子只挂了不到一年时间，这其中的原因是：自1927年到1937年，原来的西北大学已经停办整整十年，如果不是因为抗日战争的原因，西安这座历史古都、西北最大城市没有一座综合性大学的状况还不知道要延续到何时。因为十年的断裂，西北大学以前的一些名教授若罗常培、胡小石、吴芳吉等早已风流云散。当时的教育当局，在组织“敌占区”的学校撤退时，也考虑到了“以退为进”，为西北地区的高等教育打下基础。当时，由教育部长王世杰

1945年，王子云在西北大学创建文物研究室

亲自担任西安临时大学的筹备委员会主席。以后，西北大学的师资力量几乎全部来自抗日战争以后组织西北联合大学时的各家学校，而当抗日战争结束以后，又有很多教授回到北平、上海、南京等原来教育条件就比较优越的地方。但是，不论走的人有多少，毕竟也有一些教授因为各种各样的原因留在西北大学，终于使得这个从成立以来就办办停停的大学得到远较以前雄厚的师资。

王子云到西北大学的时候，学校还在陕西南部的城固县，城固的气候较西安温和，农产品也丰富，有类于昆明附近的呈贡。西南联大的大部分校舍建在呈贡，既可避敌机轰炸，得郊野清静，而呈贡离昆明也不过百里之遥，且还有铁路相通，在吴宓、沈从文等人的回忆里，可以看到他们经常来往于昆明和呈贡之间的身影。而城固离西安有几百里，中间还隔着秦岭，有些外地来的教授，“处处无家处处家”，也就把家安在城固。而像王子云，本来是已经在西安生活了一段时间，他和何正璜已经有两个孩子在西安出生，拖家带口往陕南跑，有很多不便，王子云便一个人到了城固。何正璜在西安无亲无故，只有当年在武汉上中学时的一个同学雷锦章经常来往。雷锦章中学毕业以后，上了警官学校，为此，何正璜曾经大为不解。但是人各有志，张治中先生最初也是立志当警察，他的字“文白”二字就是从“警魄”二字里拆来的。雷锦章愿意当警察，也是“谁说女子不如男”的志气。雷锦章的丈夫张光祖，是留学法国的教育学博士。他在法国的时候和王子云没有什么交往，回国以后，他抱书生从戎之志，到国民党中央军事学校（该校成立于广州黄埔，以后多不称其本名而称“黄埔军校”，故张光祖晚年即享“黄埔军校”

校友资格）担任少将处长。到抗日战争结束，张先生来到西北大学当教授。谈及这样的经历，他说：“一回国就碰上抗日战争，当然是要到军队里为国家效劳，抗日战争胜利了，我也该搞自己的学问了。”（2002 年 2 月 5 日与作者的谈话）张光祖最后也没有搞成学问，他到西北大学之后，因为在国民党军政界的身份，政治色彩相当浓厚，当 1949 年解放军即将进入西安之际，他受国民党当局的指派，担任了西北大学“迁校”委员会的负责人，带领少数师生跑到成都去，刚到成都，成都又被解放军攻取，张光祖锒铛入狱，坐了二十几年大牢。因为他一家和王子云一家的关系，王子云也受到他的牵连，以后王子云被打成右派，其祸或肇于此。在抗日战争期间，张光祖和雷锦章夫妻对王子云一家的帮助可谓不小。何正璜带着两个孩子王蔷和王芃，在西安没有地方住，经常寄居在张家，不久后，何正璜生第三个孩子王蒨，就是在张家坐的月子。

王子云到西北大学之时，抗日战争已经接近尾声，西北大学迁回西安已经指日可待。他在城固没有待多久，西北大学就迁回西安。这时候，学校给王子云分配了教授宿舍。在几年的文物考察工作里，王子云的兴趣已经在向学术方面转移，他本来学的是油画和雕塑，雕塑不是在个人家中可以随便进行的，油画也需要铺开摊子，每一进行，颜料画笔香蕉水立德粉之类一大堆，远非传统中国书画可以逸笔草草，随时即兴写意。王子云在西北大学，为建设文物研究室费了不少心力，艺术文物考察团的全部资料都移交给了西北大学，但这一移交之后，就真正是长期束之高阁。或许任何文化遗存，必得要经过时间的淘漉，才能够逐渐显现其价值意义，西北艺术文物考察团的工作成绩，在经过了西安和重庆的展览以后，在经过了展览当时的轰动之后，并没有能够得到充分的利用，甚至连一本介绍考察团成果的图册都未能出版。时间过了半个多世纪，这些历史资料究竟可否得到世人的重新认识，还在幽微之中。

2. 古都处处能考古

王子云到西北大学之后，工作不多，名义上是历史系的文物研究室主任，其实西北大学的文物收藏也就主要是他的考察团那点儿底子。西北大学从陕南迁回西安后，何正璜也被安排在王子云的研究室里做助理员。这时候，他们已经有了三个孩子，一大家人，也就定居西安。王子云和何正璜对西安的文物古迹从最初的欣喜若狂，渐至于寝馈幽深，成为以后西安文物界几十年间受到普遍尊仰的权威。

何正璜在 1992 年 12 月 12 日的日记里写道："今天是我和子云结婚五十一周年纪念日。西安事变时，我正在东京，买到号外，才知道发生了大事，当时也不知西安在何处，第一次从日本号外上见到西安西门照片，万不料自己会在西安度过一生。"王子云第一次对西安的印象也是来自于日本，他和林风眠、潘天寿在日本京都参观，见到那里的建筑是移植于中国古长安。他们在西北度过一生中的大半，缘于古都的辉煌艺术，也缘于中华民族的现代苦难。辉煌和苦难，也伴随着他们以后的生活。王子云自从到达西安，对此地的辉煌艺术遗存就心领神会，除在关中平原的大规模考察活动外，历年的零星考察亦多发见。陕西省文物局罗宏才先生有《王子云先生与陕西文物考古事业》一文，对王子云在 20 世纪 40 年代的行迹贡献有比较详细的叙述。

王子云到西安后，有教育部考察团的身份，这当然是他进行事业的条件，但他的诚悫和识见，也得到当时西安人物的敬重，并且影响了当时的西安文物界。罗文谈道：西安碑林的诸多重要碑刻，在考察团到西安时，已经因为防备日本侵略者的轰炸而埋入地下，为配合考察团工作，陕西省政府专令启封某些文物，当时碑林管理委员会主任曹仲谦回忆过初识王子云的情况："记得教育部艺术文物考察团到碑林的时间大约在民国三十年麦收之前。团长是曾留法归来的'洋博士'王子云先生。王先生……那时正值风华正茂之时，人虽威严庄重，却一点儿也不拿腔作调。他每日随我在碑林观碑，忙碌时辄亲试牛刀，勾画临摹，总是至日暮方罢。期间我曾自报家门，谓某碑出于某名家之手，某碑书艺如何开张……言至极盛时王先生总是一边笑着，一边说：'碑之书法优劣如何，固然是论碑之关键，但古往今来，恐怕很少有人注意到碑侧边栏中的雕刻图案。忽视这一点，犹如一树红花无有绿叶，大约多少有点儿美中不足。'王先生的话，使我颇为震惊！我由是明白以往自视清高的论碑学子，学识中原来也有'空、虚'之处。""碑学"是乾、嘉“朴学”的彪炳，而“朴学”以“尚实”为骛，成为“汉学”之代表，有别于“宋学”之“务虚”。王子云的艺术美学，作用于“碑学”，使得可称关中硕儒的曹先生有醍醐灌顶之感，因为彼此都有“不拿腔作调”的尚实之心。

前面在何正璜日记里有过对秦中碑拓名手李松如的介绍，罗文还有详细叙述：“李松如既有此盛名，因自命清高，初王先生指以椎拓碑石边栏图案，皆不屑一顾。王不为所恼，仍循循善诱，导以利害，终使李认识到椎拓这些资料的重要性。就椎拓所得资料的整理，王先生又多次指点李松如按碑分类，按上、下、左、右依次编号，不容混杂，至椎拓技巧，则教以不唯全面，另求逼真，用力有度，力图拓出立体效果。李松如获先生指点，技艺更精。此后碑林及陕西文物考古界拓工技艺，多系李松如一线旃变，究其源，更与王子云先生有密切关系。”

就是在西安街头巷尾的寻觅里，王子云在大湘子庙于铺路石板里发现了具有重要研究价值的唐代韦氏夫妇合葬石椁，还发现了被誉为“中国的维纳斯”的唐代女性断臂石雕。他还对周原文物的发掘做过预测，以后，随着文物事业的进展，他的预测多得到证实。

王子云以后曾经回忆，他在西北大学的几年没有什么事情可做，那是和艺术文物考察团时期紧张的奔波相比，其实，就是在“投闲置散”里，他也在默默耕耘。他注意到，西安城里城外，几乎随处可以见到秦砖汉瓦，这些东西有时候可以在田间地头发现，在文物摊档也可以廉价买得。王子云以为，瓦当这种极普通极廉价的古物，倒最能够显示古代文化艺术的趣味，和价格昂贵的夏彝商鼎不同。几年间，他在自己的办公兼居住合用的居室里堆满了瓦当。在他之前，西安就已经有两位和石头打交道的著名收藏家：一位是于右任，他是早在民国初年领导西北靖国军时期，就开始留意北朝墓志碑刻，以后远宦南京，将自己收藏的大量碑刻原石名为“鸳鸯七志斋”，在抗日战争前运回西安；另外一位是在靖国军给于右任当过副总司令的张钫（字伯英），他的斋名为“千唐志斋”。

1945 年前后，王子云在西安金胜寺发掘出隋菩萨石雕群

于右任戮力于魏碑，张伯英不与争锋，便在唐碑上下功夫。他们都是军政界的要人，有力量下那样的功夫。于右任为将其藏石运往西安，曾经专门要其老部下杨虎城动用军事专列，张伯英当时也有此力量。王子云为一介书生，不可能像他们那样大肆张罗，但他也很欣赏两位先生的雅兴和对艺术文物的保存之心。眼看自己的瓦当越收越多，他也给自己取了个斋名“百瓦斋”。瓦当在文物里虽然价廉，但要以个人力量集藏，也得节衣缩食。王子云在西安的生活，当时有几位在南院门做碑拓生意的人最有印象。其中有位回忆，他经常见到王子云先生在南院门寻找瓦当等旧物，也注意到先生经常在十分简陋的小饭铺里，和一班做苦力的工人挤着吃大碗面，有时候饭铺座满，子云先生就端着大碗蹲在地上吃面条。在王子云自己，他并不以为意，西安的大碗面条，在他看来，是很实惠也很爽口的东西，倘在野外考察，这热面条一碗是最想而难得的美味。在这些普通市民眼里，王子云是一个大学教授，是一个名人，名人怎么能够蹲在地上和引车卖浆者流一起吞大碗面？因为好奇，才看得真切，记得清楚，也给后人留下王子云在当时的一帧生活影记。

王子云作为当时西安的文物专家、社会名流，也有他的社会活动。有些，是他愿意参加的，有些，是他被动参加的。张光祖夫妇所住的地方在西安火车站到大雁塔通衢大道边的东一道巷，地方十分宽敞，张家夫妇都喜欢跳舞，每到周末，张家门口马路上就停满了吉普车，院子里真正是衣香鬓影，笑语喧哗。何正璜本来和雷锦章是少年同学，不分彼此，在困难时期长期住在张家，感情很深，她本来是性情活泼快乐的人，唱歌跳舞都是一学就会。在战争时期，人们心情都高度紧张，闲中找乐，苦中找乐，没有其他消遣，很多机关团体便大办周末舞会，这不仅在国民党地区成为风尚，连黄土高原上的延安，抗日战争期间的舞会也是很有名的。王子云因为何正璜的关系认识了雷锦章和张光祖，再谈起在法国的留学生活，便成为经常往来的朋友。王子云性情好静，你要他到穷荒偏僻之地去悄没声地考察文物，或者待在小房子里画画或者看书，他都不会难受，但是，在灯光闪烁、音乐喧响的地方和人说闲话，他就有些受不了。在张光祖家里的这些客人，多为军政界的中上级官员，偶尔还会有胡宗南这样的首长大僚来凑趣，以表示和下级的融洽。这些人是断不会像王子云那样在小饭铺吃大碗面，而王子云在冠盖云集的地方也经常感到心里不舒坦。他带领考察团在西北地区考察，见多了老百姓的贫苦，就是考察团这些知识分子，在野外生活时也经常吃不饱饭，喝不上水。考察团本来还可以做很多事情，他设想过，要把考察成果分为多项专题进行系统研究，考察团交给西北大学的那十大册图片和说明，本身就是可以展开的学术提纲。考察团举办展览时轰动了西安和重庆，被舆论界认为是在国难当中鼓舞民心世情的文化盛举。怎么，抗日战争胜利了，这些东西反而不再有价值？在这样的疑问里，他就产生了很多不满，他看不惯这么多美式吉普车为舞会服务，如果有一辆车为考察团服务，那会使考察增加多少成果？他看不惯这些大官小官的衣饰光鲜，肩章铮亮，八年抗战，他们大都没有上过前线，连张光祖一介书生也是少将军衔？王子云不能不应酬，但他内心却是和官场的诸多现象格

1942 年清明节，王子云所摄黄帝陵

格不入。以后，何正璜曾经回忆她和王子云的生活态度和政治态度，她认为，王子云是比她更加倾向反对国民党，更加接近下层的。他甚至产生过到延安去的念头，杭州艺专的学生王朝闻和艾青都到延安去了，王朝闻当了鲁迅文学艺术学院的美术系主任。如果是放在几年前，依王子云的性情，是说走就走，而如今，与何正璜结婚之后，五年之间，有了三个孩子，要走也只能一起走，这就不是容易事情了。一个人在具体的社会环境里生活，既有厌烦，却不能完全脱离，这就生出苦恼。比较之下，倒是何正璜还能够随遇而安。她在考察团期间，虽然因为是女性而受到一些生活上的照顾，但她的能力，特别是她的文笔，为考察团做出的贡献又非其他人可比，她在当时甚有影响的《说文》和《旅行》等杂志上发表了大量有关考察生活的艺术散文，她对西安城市的古朴和文化积淀也十分喜爱。如果说，在西北大学等学者云集之所，像黄文弼这样的历史文物学家还很有几位，而像何正璜那样文笔优美练达的业内人士更不可多得。当时，何正璜发表的很多文章，她自己没有完整保存，倒是有一位热心的读者，将当时能够见到的何正璜的每一篇文章都保存了下来，时隔五十多年，如今得读这些文章，依然让人感觉到作者笔下事物感情的生动鲜活，也可以看出王子云和何正璜在考察团期间及以后一段时间的生活。

发表于《旅行》杂志 1945 年 2 月号的《茂陵夜话》写道：“我们从清晨来此，一整天的游览，使我们疲倦；而这可爱的历史环境，又使我们不忍早睡，各自寻个孤僻的角落，来温习这一天的见闻，并欣赏这些汉代古冢沉睡的夜景。”作者在孤僻的角落里想到了什么？“在这咫尺方围中，有英武的帝王，有忠勇的大将，有能干的重臣，也有

1942 年，王子云在华山西峰

倾国的美人，他们都安静地躺在这里，一生的功罪，都交给了历史，一生的悲欢都还给了时间，只各在安息的黄土内，悄悄地变为同样的白骨，纵然胡笳再动，鼙鼓再鸣，他们也都永远再不理会，只让野兔与野花，常常用跳跃和芳香来侵扰这一座那一座的黄土，组成一片如此幽深、如此温馨、如此令人难忘的茂陵之夜。”在对历史的回望和思考里得到的不唯是知识和视野，而且还有美。如果没有这样的生发，西北的黄土地就失去了魅力，这样的旅行散文，记录的不仅是原野里产生的激情，也可以在半个世纪之后接续文学和旅行结合的流脉。这里，没有“苦旅”的况味，它让人领会的是“如此幽深，如此温馨”。

在《唐太宗昭陵》（《旅行》1945 年 7 月号）一文里，何正璜谈到了“昭陵六骏”：“一直到民国初年，欧美的游人发现了这荒山上的宝物，和当时某督军的老太爷讲价，老太爷不曾想到石块可以换银子，连夜派人上山，将这六块一千多年来的国宝，将大锤敲碎成二十余块，分装十几辆大车，向海口出发。消息一时传出，哗然满县，有见识的绅士们提议去追，一直追到潼关，截下了一大半，而最精好的两匹（飒露紫和拳毛騧）则已过关渡洋而去，余下四匹，运到长安，抗战后深埋在省立图书馆的地窖里。本团曾于民国三十年以石膏在原物上将其模铸，翻制成与原物完全相同之制品，使国人能普遍认识与鉴赏。现此石膏副品已运赴重庆。”

“一个强国的成分，是多方面的，斯巴达之不存在于今日，便是一个证明。如仅属抗战，自当别论。但如更须建国，则须先民所遗留的文物，这些寓寄时代文化的作品，实在不应使其再有毁灭的命运。”

中国文化，在 21 世纪，越来越受到全世界的关注，中国社会，特别是文化界，日益为中国文化而自豪，而王子云、何正璜，在他们生命最饱满的年华，贡献于中国文化传统的发掘，“文化”和“建国”的关系，在他们的思想里是这样清晰。他们的所作所为，确实堪为今天知识分子的前驱和先觉。

“坐在这废台空垣前，仰望秋空一碧，太宗的埋骨处高耸云际，俯视汉墓环列，群山莽莽，一切皆包容在极其严肃的沉静中！”这样的感喟，真若浩瀚秋空里的雁啸风翔，超越半个世纪，在读者心头引起无限思怀。

何正璜与王子云一起参加了 1942 年的祭奠黄帝陵仪式，何正璜的记述，可见当时这一活动的有关细节：“四月三日清晨，省府送来通知，祭陵人员同定于今日午后五时，在长安车站集合，请届时携零星各物，共乘专车出发。

“因为是专车，故站上别无闲员，颇为清静，卧车上已预先贴好姓名，不劳选觅，并且一切设备较为阔绰整洁，所以虽然疲倦，却还安适。

“七时车开，窗外景物皆入溟蒙，但闻呼呼风声，掠车而过。少刻，抵咸阳，乐队排列站上吹奏，乃欢迎主祭的王议长及祝主席的。

“耀县为我们重来之地，颇似一晤故人。……民团特以武装姿态出现，装束颇为特异，束腰紧袖，首披长巾，各执枪矛刀戟，极似武侠影片中之侠客，亦似当年义和团的打扮，更有人妙喻为单刀牌香烟之广告，此种全副武装的雄姿，在科学已进化到原子时代的今日，若令外人看见，倒也吓一大跳。”

何正璜在黄帝陵见到参天古柏，发感慨云：“黄帝手植柏，究竟是否黄帝手植，因未敢轻信，但以此树之外表论之，纵非黄帝亲手栽下，也应是那个远古的时代所植立的。我们今日既无权力将柏锯下以察其年龄，又复为其巨大外表所惊倒，也只好不敢胡思乱想了。……想起每年都有植树节，每到节日，大员们率多亲手植树，但植至如今，毫无分晓。此柏或可刺激今后大小人员，悬想到千百年后，我一锄之劳，也能蔚成巨木，铮铮不朽，而都乐于真心植树，一人一株，中国之绿化当可不远。……历来中国每当朝代变换之际，前朝文物，必遭破坏，古代建筑体制，仅能于文字中得见，列祖列宗们，于开国时的杀人放火，使五千年文物古国，一物无存。”何正璜的旅游文字，每不忘其文物考察的职志，也多于字里行间渗透对世态舆情的议论。凭吊古迹，最终还是陶冶了自己的思想：“在陵前再度抚碑小立，因念路途多艰，今生恐不易再来凭吊，是以恋恋不忍骤去。再细审墓土，实无异处。可是我真羡慕这抔黄土覆盖时的那个时代，那种新兴蓬勃之气象，朴素原始的人情，真是可爱，当此土覆盖时，中国的社会制度、人民生活，都已稍具规模，试比并世诸邦，尚在何处？除埃及已建国外，巴比伦尚未奠基，印度亦未定型，千年后才有希腊与亚述，及至西方圣人摩西出世，已是一千三百多年以后的事情了。更无论犹太罗马与波斯了，这是我们的可骄傲处，却也正是我们应惭愧处，我怀着这两种矛盾的心情，抚摩墓土再三……”五十 多年前，何正璜与王子云对中华古代文明的复杂性的思考，也一直延续及于今天的国人。比较古代中华，现实是使人惭愧而焦虑，处于时代变换中的他们，这焦虑，又和自己的命运一起，成为久长的忧思。

在西安的古朴生活里，他们似乎也只是在对古迹的踏勘里才找得到真正的乐趣，他们一起到城外灞桥周围访古，交通工具是小毛驴。除了尽观汉文帝墓，吟咏“故将军饮马夜归来不得其门而入”的故事，也品味秦中平民生活：“灞桥镇是一个古代的小集市，秦地旧式的小食店，在这里还能找到典型，我们牵过小驴，系在店门首，自己则也来打一个临时的‘尖’，叫了两碗‘拉面’，两盘‘锅块’，选个靠窗的外桌，临窗食来。”如果不能在这样的简朴生活里得到乐趣，也就不可能了解古长安的妙处。这是1946年，因为抗日战争而从北平、天津及东南各地流亡西北西南的知识分子，多已经“复员”，而王子云和何正璜则已经在这样“吟鞭指灞桥”的生活里涵泳日深。“白日放歌须纵酒，青春作伴好还乡”，是当时最被人传扬吟诵的诗句，而他们，并非“且把杭州作汴州”，反是长安胜临安。

王子云和何正璜在西安的生活，被何正璜的富于感情和观察的文笔，表现出画意诗情。她在《终南山寻梦》（发表于《旅行》杂志 1948 年 3 月号）一文里写道：“终南山作我窗前的远屏，已有五年之久，在这五年中间，朝朝暮暮，它无时无刻不陪伴着我，成为我寄寓生活的密友。阴晴雨雪，终南山以各种美妙的光与色来炫耀我们，有时山峦为晴云所洗，娟然如拭；有时横云半绕，山裙若截；有时浓妆素裹，如矫然悬空之白龙；而这一切皆为我所喜爱，不任在春朝初起，梳洗未罢；不任在秋夜酒醒，沐月小立；我都是要挪出一点时间，推开南窗，向它作一个相当长久的凝眸。”

西安在他们的心里，就有这样的可爱。何正璜在另外一篇文章《春风长安颂》（《旅行》杂志 1948 年 5 月号）里写过他们爱长安的理由：“也许这是我的偏好，我一向偏爱说得出故事来历的东西，而长安这片土地，无处不是故事的出典，我于是迷惑于它了。而最大的原因，更是因为这些逝去的光辉，足以抚慰我目前的忧闷。朋友，没有自尊心，将更要彷徨空虚，海上固是今日红尘，却并无令人自慰或自勉的因素，长安在今日虽是‘多少蓬莱旧事，空回首，烟霭纷纷’的边省僻城，他却可以给我不少的慰藉和陶醉。”“我不是不爱江南的杏花春雨，其奈不能遽舍‘太液芙蓉未央柳’何！”艺术家的感觉和心情有异于常人，他们可以在自己创造的幻想世界里优游，而美术考古学家，本来是要在缥缈的历史陈迹里发现旧时辉煌。王子云在欧洲的游历已经养成了这样的兴趣，何正璜与他在西北几年的考察，也将自己的浪漫性情融入厚土高天。20 世纪 40 年代后期的中国，战云弥漫，知识分子在痛苦地寻找精神出路，有人也还沉迷在红灯绿酒之间。王子云和何正璜，没有回南方去，而眷眷于西北黄土地，正是因为他们的艺术趣味和质朴精神所致。

何正璜这时候和王子云一样，回国已经十年，他们的事业，在于对祖国文化古迹的发掘研究，这项事业在以后的几十年里，渐渐成为更多艺术家的职业，而在抗日战争时期投身于这一事业的人，毕竟是在民族感情最为激荡的环境里的选择。何正璜在 1949 年 1 月号的《旅行》杂志发表了一篇回忆性质的散文《含泪返国门》。她是在 1937 年卢沟桥事变之后决定回国的，当时，日本的妇女已经被动员起来缝制“千人针”，内容是“武运长久”，在日本人的心目里，这些中国留学生爱日本会超过爱中国。何正璜写道：“我笑了一下，拒绝地走开了，这使得那几个女孩惊讶地将眼睛睁得极大。”

这样的环境，使得寄居在一户日本人家里的何正璜连一天也不愿意再在日本多待。同学唐平铸告诉她，中国大使馆正在安排学生撤离，只要再等几日就可以办手续，但何正璜归心似箭，她变卖了母亲的遗物——一只金戒指和书籍杂物，兼程回奔。海船离开横滨码头时的情形，使她永远难忘：

船慢慢离岸了，我感到说不出的愉快和说不出的惆怅。正在这种矛盾的心情中迷惘，忽然几个穿军服的人在岸上掩面哭了，他们都剃的是光头，哭得很伤心，最后竟高喊起‘中国万岁’来。旁边一个学生告诉我，才知道他们是日本陆军士官学校的学生，由国内保送来的，别人可以自由归国，而他们却不能，就是大使下旗归国，而他们恐因是军校学生也仍会被禁止返国的，所以现在他们眼见船载着我们走向祖国时，不觉就非常伤心了。

晚间……许多人参加大厅中的晚会，结果通电拥护‘七七抗战’，拥护政府对日的国策，每人都捐一块钱，连茶房厨师伙夫都知道加入了，情绪热烈得不可形容。正在讨论议案，播音机中忽然放出上海中国军队已于今日正式开火的消息，一时全体学生简直沸腾了，我们所盼望的一天，终于在今天实现了，有笑的，有哭的，全舱像是一所疯人院。

隐隐的有一条黑线，在天与海之间，逐渐明显起来。大家不知什么时候已不约而同地靠向了这船边，全神汇聚地对那条黑线行着不瞬目的注目礼。一个头发花白的华侨，低头向他侨生的孩子说道：“孩子！你看！那边有一条黑线，那就是大陆，那就是中国！”话未说完，老泪已经滴在孩子的发上。

这样的文章，任何时候读来都不能不激动。人生在世，不论有多少纷扰矛盾，不论精神经历怎样的轨迹变化，对于父母和国家的情感，总是不能消解的。何正璜和王子云都是在这样的历史环境里进行其一生事业的人，他们的感情，也打上了时代的印记。这样的情感，在一个艺术文物学者的记忆里，永远是鲜活的，何正璜在发表这篇文章的1949年，似乎没有去多想，即使是抗日战争这样中华民族一致对外的历史，在某些时期，也会因为意识形态而发生各自不同的解说。在1949年这样的时期，推翻一个风雨飘摇中的政府已经成为中国大地上的行动主导，而何正璜竟然还在表现对这个政府统治时期的“祖国”的感情，这与当时汹涌澎湃的时代潮流确实是大异其趣。她当然也不会想到，她和王子云在以后不久的日子里，将要为他们这样的只知道有祖国不知道有政治的行为状态付出巨大的代价。

终南山是王子云夫妇不止一次游览过的地方。作为西安门户和当地名胜，军政要员和文化名人，也少不得要前往踏青览胜。美术文物专家王子云和旅行文学家何正璜当然也就是这西安城里最得宜的游伴。1948年春天，国民党在西安的头号人物胡宗南，要前往终南山踏青，同行者有他的副手裴昌会，有西北农学院院长辛树帜，还有王子云和何正璜。这时候，西安外围已经是战云密布，胡宗南自从1947年春天进入延安以后，在半年时间里连吃败仗，到1947年11月，他的主力部队第二十九军在宜君县瓦子街被全歼，军长刘戡战死。刘戡的尸体被解放军送还回来，胡宗南将其安葬在西安城南的翠华山。在当时“国统区”的宣传里，刘戡是一位“英雄”。当时参加过瓦子街战役的国民党第一军第九十师参谋长曾文思的《瓦子街战役》谈到刘戡之死：“刘戡在乙庄寨子里要自杀，被刘振世夺了手枪，后来逃出寨子，跳下土坎，刘振世在前，刘戡在后拾了一颗手榴弹自炸毙命。”（《解放战争中的西北战场》，中国文史出版社1986年版，第260页）在国民党的军长里，像他这样的死法，确实还不多见，所以，虽然刘戡将兵无能，覆没全军，成为西北战场国民党江河日下转折点上的败将，其毕死之行，也使得胡宗南不能不祭他。王子云和何正璜，是当时西安地区的文物专家，又和胡宗南麾下的重要幕僚张光祖、张砚田熟悉，在当时被拉去游山，要看什么地方，不能由他们决定，胡宗南要走什么地方，要看什么地方，他们只能“客随主便”。胡宗南到了翠华山，要祭奠刘戡，随行者也都只能跟着。在当时的情况下，也不可能有任何异议。以后，因为曾经参与祭奠刘戡，王子云和何正璜受到追究，王子云认为这不算什么事，而何正璜则颇为紧张，其原因应该是他们二人当时的心理颇有不同。王子云从来不曾对刘戡这样的国民党将领有什么好感，而何正璜因为自己的母亲参加过大革命，对国民党及其政府的历史还不像王子云那样厌恶。尽管祭奠刘戡之事，他们都不是主角，但二人的感受应有不同。这样的细微，只有他们自己才能够体察，而一旦过眼烟云般的旧事被看作政治历史问题，二人的反应也不同。在何正璜的未曾发表过的大量日记里，可以发现，她出于一个感情十分丰富的文艺青年，不仅对古代英雄心向往之，在抗日战争时期，凡见到中国军人，便心生敬意，由于她一直生活在“国统区”，被她当作中国军人代表的当然也只有“国军”。抗日战争结束，国内政治斗争的性质发生根本性转变，但他们并没有发现，国民党政权的败亡已经不远。在当时，刘戡之死，既被宣传为“为国尽忠”，敬爱历史英雄而难得一见现实英雄的何正璜，也真若辛弃疾所写过的：倩谁人唤取，红巾翠袖，揾英雄泪。只是，历史变迁的天地玄黄，宇宙洪荒，很快她就发现，自己的文人心绪，真正禁不起时代巨手的搓揉。

3．这次流徙意味不同

西安是1949年5月20日被解放军攻占的，就在此前几天，王子云和何正璜一家也离开西安，前往成都。这样的一个行动，该怎样解释？这时候，北平天津，乃至于江南大部分地区都已经是共产党的天下，王子云作为一个从来不过问政治，对国民党也谈不上感情的艺术家，怎么会做出这样的决定？事实是，因为何正璜和张光祖、张砚田两家的关系，导致了成都之行。

王子云在西北大学四年时间，实际上也没有发挥他希望发挥的作用，成立起一个文物研究室，他自己却无课可上。几年来，对于关中地区的文物虽然也有些零星的发现，但西北大学对他，只是出于安置，连薪水也是拿的教授最低一级，这比起当年回杭州艺专，一去就得到一级教授之聘，真不可同日而语。何况，萧一山早就走了，黄文弼也走了，连刘季洪也离任而去，学校是由文学院长马师儒在代理。按照王子云的想法，就在西安待着，这么多知识分子都可以在这里待着，他为什么不能待？但是，何正璜想走，王子云在西安其实没有什么朋友，因为何正璜的关系才有些社会交往。女人总是家庭生活里的主角，张光祖夫人雷锦章、张砚田夫人吴光伟和何正璜，是经常往来的朋友，这时候，一旦分手，便天各一方，她们是互相舍不得分手的。张砚田作为胡宗南的政工处长，可说是胡幕里的核心人物，张光祖这时候作为西北大学迁校委员会的一员，不仅自己要走，而且早在成都市为西北大学看好了房子。他还有一个想法，即西北大学如果迁到成都，他就可能当校长。这时候国民党在大陆连半壁江山都已经没有了，唯剩西南一角，但也还有人若张光祖愿意与其支撑。在雷锦章和吴光伟的动员下，何正璜在犹豫不决多日后，突然决定到成都去，并且说走就走。这时候的西北大学，已经被张光祖等人的“迁校委员会”带走几百人，学校处于瘫痪状态。在此之前，王子云并未接受张光祖的动员，参加“迁校”活动。他倒是考虑过今后前途，与西安距离较近的成都市有一所艺术专科学校，校长黄怀英，早在北京艺专时期就是王子云的老师，表示欢迎王子云前去任教。西北大学本来不能发挥王子云的作用，如今又成瘫痪状态，再兼何正璜的迁徙态度明确，王子云也就听了夫人的话，急忙收拾随身物品，带着三个孩子出发。当时的具体环境是同意迁校的西北大学师生必须自己想办法到成都去，学生多只能步行，教师得自己去买汽车票，当时川陕公路几乎被胡宗南的败兵塞满，就是这样的交通条件，也使得拖家带口者

1951年，王子云、何正璜在成都小西天寓所

望之却步。张砚田当时还兼任胡宗南军事系统的《黎明日报》社长，有四辆汽车可以支配使用，这一物质条件的存在，也促成了王子云一家随张砚田一家一起走。

到四川之后，王子云一家住进了成都艺专的宿舍，而并未与张光祖、张砚田在一起。2004年2月5日下午，张光祖谈到这些情况：

“王子云住的成都艺专和西北大学来蓉人员的临时住址当时都在华西坝。我当时还对西北大学在成都复校有些信心，以为胡宗南应该守得住四川。我为西北大学的新校舍四处奔走，当时关麟征是中央军校教务长，住在新都的宝光寺，他们准备撤离，四川省主席王陵基同意把军校校舍给西北大学用，关麟征也把军校的大量新课桌椅很便宜地让给我。

“王子云到成都，因为有艺专聘他，就和西北大学实际上脱离了关系，到台湾的想法他是没有的。我因为和胡宗南多年的关系，本来可以到台湾去，而没有去，是我当时感到即使跑到台湾去，那么一个小岛，怎么守得住？我又看见解放军的布告，对于旧人员，

解放初期，王子云、何正璜及子女王蔷（后）、王芃（前中）、王蒨（前右）

只要不抵抗，自动报到，一律不咎既往，还可以量才录用，我就去报了到。

“至于张砚田一家，张因为是胡宗南的政工处长，胡走哪儿，他必须走哪儿。胡安排他到台湾去后，吴光伟还没有走，她这时候也是觉得跑到台湾也是没有用的。我爱人雷锦章倒是劝过她，要她和张砚田一起。他们夫妻的情况很有些故事，张砚田和吴光伟在上大学时期就结婚了，张砚田北京大学毕业后到日本去读研究生，而吴光伟从北京师范大学毕业后到了延安，并且很快当上毛泽东的英文秘书，史沫特莱到延安，就是吴光伟当翻译，以后因为吴光伟的才学风度出众受到毛泽东身边一些人的嫉妒，惹出是非，在延安待不住，又来西安。张砚田他们这一对夫妻，实际是同床异梦。张砚田到台湾后，胡宗南也准备从成都撤离，他见到吴光伟，问她为什么还不走，吴说她没有钱买飞机票，这其实是一句说词，但胡马上给了她十两黄金，这下她不得不走了。”

王子云和何正璜没有走。他们作为艺术家，因为朋友关系而使自己的命运发生难以预料的变化，但是，他们没有想过和政治捆在一起。当然，王子云和何正璜也不会想到，他们从西安到成都的这一段“迁徙”，在当时有多么难以洗刷的政治色彩，在此后的若干年里，他们将要为此付出多么沉重的代价。

第六章　进入新时代

1957 年，王子云在西安家中

1．解放初期的工作

王子云自从1937年回国，就希望做一个专业的雕塑家，因为在重庆建设抗日战争无名烈士纪念碑的工作受阻，才转而进行西北艺术文物考察团工作，以后更因此离开了美术界而转为西北大学历史系教授。在西北大学，他为建设考古研究室付出很大热情，但在这里的工作并不理想，考察团的全部资料移交给西北大学，便被束之高阁。刘季洪本来是想有一番作为，但在国民党和共产党的政治斗争里，他又必须把维护国民党的统治放在第一位，在抗日战争时期，举国一致保种救亡，民族传统文化受到国人宝重，而在阶级斗争的大搏杀里，这些悠远之事，就不能不退居隐末。西北大学的文物研究室虽然建立起来，却也不能得到多少发展。王子云本来是一个艺术家，因为艺术而接触学术，他的口才一般，写作才能也不突出，在纯粹讲学问功底、讲书面和口头表达能力的学府里，他的才能并不能得到发挥。1949年，他从西安到成都去，为他以后多年的政治形象和境遇带来了麻烦，因为他是和张砚田一家同乘国民党军队的汽车前往成都，而张砚田又是胡宗南集团的骨干。当时的进步知识分子，都在积极和解放军联系，迎接解放，一般不问政治的教授，也多在等待解放。即以西北大学而论，当时跑到成都去的教授

1948年，王子云全家在西北大学寓所门前

1978年，王子云（中）、张光祖（右）在西安碑林博物馆

也鲜有其人，以后，凡参加“迁校委员会”的教授都受到政治追究。王子云当然也必然被“划入另册”。在解放后的“肃反”“审干”直到以后的“反右派”运动里，王子云曾经受到多次盘查，一个最直接的判断就是他反对共产党。事情过去了五十多年，王子云已经成为古人，作为一个艺术家，即使他当时有不合于时的政治倾向，在今天的观察和表述里都没有什么禁忌，甚至还可以发现人物的复杂色彩。考量王子云的实际情况和心理，他到西安多年，与张光祖为友，跑往成都，和张砚田同行，但动机大不相同。张光祖是从法国留学归来的教育学博士，长期在胡宗南部队担任军职，曾经有少将军衔，他到西北大学之后，是作为国民党的政治工作干部发挥作用的。在西安解放前夕，他出面担任西北大学迁校的负责人，对于共产党来说，是负隅顽抗，作为一个国民党官员，也可以说他是临危受命。王子云夫人何正璜和张光祖夫人雷锦章是早年同学，王子云在西安落脚，得到张光祖夫妇的许多帮助，连何正璜生孩子，也是借居张家的房子生产的，这样的关系，在山河板荡之际，不可能没有商量。王子云在西北大学并不得志，如果能够有机会重新搞他的美术，他应该是乐意为之的。他到成都和张光祖还有一点最大的不同，张纯粹是执行党国命令，除此之外，没有自己的事情可做，所以，解放军一拿下成都，张光祖立即被逮捕。王子云则是得到当时成都艺术专科学校校长黄怀英的邀聘，往成都去重新开始他的美术教育事业。这时候的王子云，应该也知道全国的大部分地区都已经成为共产党的天下，而成都是国民党在大陆困守的最后据点，但，他似乎并未感觉自己的成都之行有什么政治色彩。他从来没有对政治发生过兴趣，虽然在西安期间，由于他对美术和文物方面的知识和声望，也和胡宗南这样的国民党高官有过接触，但也就在那样的“礼尚往来”里，他也没有感到过什么愉快，而是表现过对官场套路的不满。也正是因为这样的经历和心理，王子云从西安到成都之行，被他看作只是一次带些复杂意味的搬迁，而最终他是为了谋职。这时候，他离开杭州美专已经多年，远在西北，几年里几乎和南方的朋友没有什么联系，如果这时候有朋友从其他的什么地方向他发出邀请，王子云也可能会接受。现在的读者还应该注意到，在20世纪中叶的马乱兵荒里，搬家也是很让人头疼的事情。王子云想离开西北大学，而恰好

1951 年，何正璜及子女在四川成都薛涛井前

张砚田有车，这样的可遇而不可求，能够使人在半天时间里就决定平时久谋而难决的行动方向，而这瞬间之决也就可能改变了人的半生命运。假设，王子云这时候不是受到黄怀英的邀请去了成都，而是受到刘开渠的邀请去了杭州，或者受到徐悲鸿、李可染的邀请去了北平，他以后的命运会怎么样？已经超越的命运没有办法重新假设，王子云那时候就是带着一家大小去了成都。当张光祖被解放军抓走的时候，他已经在成都美专教起了书，而且，在那一段时间里，他的教书生活过得还不错，他得到黄怀英校长的信任，也受到学生的欢迎。

解放军进成都之后，王子云一边教书，一边也希望对新政权有所贡献，他主动塑了两件纪念解放胜利的纪念碑石膏模型小样，并且请驻校军代表转给成都市军管会，表示自己愿意为解放军从事雕塑艺术方面的服务。他的表示得到了回应。1950 年秋天，解放军西南军区要做一件解放临汾的地道攻城模型，送北京参加军事胜利展览会。这个任务下达到成都艺专，要求在一月内完成。王子云接受了任务，他对雕塑造像是有把握的，但做这样的城市剖面模型，还没有经验。在塑造完成后，他感觉模型中的人物太小，为表现解放军攻城时的真实情况，还单独塑制了一个战士背着门板冲锋行进的形象，军区领导看后，觉得这件雕塑很形象，便用飞机将其运往北京，这时候，这件石膏模型还没有干透。为表彰王子云在短时间里完成了紧急任务，军区向他发了慰问信并奖励四十万元现金（相当于币制改革后的四十元）。

由于这次任务完成得让部队满意，王子云很快又得到一个从事雕塑创作的机会。解放军某部队要在驻地建设一座烈士陵园，计划在陵园纪念堂中间雕塑一尊无名英雄像。部队的工作因为军事性质总是时间紧迫，王子云接受任务，又被要求在一月内完成。王子云在两天之内赶做了一个大转盘，一个塑像架，并且将雕塑需要的铁支柱、铅丝、红泥等全部办齐。解放军无名英雄像高二米五，因为时间关系，来不及按照惯常方式先塑

1950年，王子云在成都雕塑解放川西无名英雄像

小样再放大。王子云便对着部队挑选的一个持冲锋枪的战士做模特直接塑像。在日夜不停的加班工作下，这件作品也如期完成。让王子云感到高兴的是，成都市有很熟练的翻模技工，和他配合得十分愉快。这件雕塑作品虽然只是一个部队的普通战士雕像，却给王子云带来欣悦，他在巴黎学的是雕塑，也希望回国来一显身手，但回国已经十几年了，却一直没有从事雕塑的机会。这件石膏雕塑完成后，被涂上金粉，望之若一尊铜像。王子云在自己的作品前，感慨良多，他希望有更多的雕塑艺术工作可做。部队的一个师级单位都有这样的需要，那么，刚刚取得胜利的军队和政府，还将有多少这样的需要？王子云对新政权没有任何反感和成见，和那时候知识分子的普遍心态趋同，他们都是希望在新社会里发挥自己的所长。

在送雕塑制品往名山县部队驻地安装时，王子云得到部队领导的热情款待，政治部主任洪流参加过淮海战役，在王子云的家乡萧县驻扎过，这一谈就有了亲切感，这位解放军政工干部是江苏镇江人，对老画家吕凤子很熟悉。吕先生曾经在中央大学民众教育馆和王子云同事，这已经是将近三十年前的事情了。王子云和部队军官相处甚惬，并得到派车前往雅安参观东汉高颐墓石兽雕刻。因为交通不便，王子云在乘坐部队派车一段后，便步行过大渡河上的铁索桥，自己找到一家小旅馆住下，准备对高颐墓来一番较仔细的考察。林风眠说王子云“喜欢考古”，确实，只要有机会，他就要对美术历史遗存，特别是雕塑壁画艺术进行考察。这时候的王子云，是在成都美专教绘画，但他也没有忘记考古。兴趣在人的生活里成为习惯，就超越了一般的职业需要而成为生活的主动，王子云之于美术考古，就超越了职业而成为自己的生活需要。这样的需要和兴趣，在他以后的生活里会越来越频繁地表现。

在高颐墓，王子云对墓前石兽的雕刻艺术大感兴趣，这辟邪兽非狮非虎又兼具其态，肩生双翅，张口吐舌，行姿威猛，肌肉壮健，颇具汉代石雕的壮阔气象，且形体完整，为汉雕中的珍品。王子云看过之后，觉得这样的艺术杰作，应该拓印以为研究资料。返回县城之后第二天一大早就购买纸张拓具，再往墓地。到达铁索桥时，又碰见桥梁正在修理,他便在桥边画起速写。画家被风景所迷,就忘记了时间,他一口气画到下午1点多钟，又赶往高墓，展纸欲拓，却遇风雨突来，他一人在兹，手忙脚乱，纸张方展，便被风刮雨淋，不得已，只好在风雨中画得速写两张。再冒雨赶回县城，已经全身透湿，到旅馆后自己独酌烧酒一两驱寒暖胃。这时候的王子云，略有酩酊之态，他一家人在前途难辨之间跑到成都来，没有想到，重新开始了自己的专业，为解放军雕塑作品，还能够借机考察野外雕塑，自从西北艺术文物考察团解散以来，这样栉风沐雨的生活已经久违，从古长安来到剑门关外,有旧业可操,有旧好可为,还有这川酒可饮,王子云虽然不善作诗,但这时候他的心里是氤氲着诗意的,最恰切的韵味,当是陆放翁的那首《剑门道上》:“雨后征衣杂酒痕，远游无处不销魂。此身合是诗人未，细雨骑驴出剑门。”

在雅安比邻的芦山县，王子云还遭遇一件他的美术考古生涯中堪记一笔的事件。他在县城蹀躞，转到广福寺，进得寺门，便见里边有多人在打砸泥菩萨。原来这是些当地青年，响应破除迷信的号召，在利用星期天进行活动。他们的行为，出于无私，也无人拦阻，打砸得十分起劲。王子云近前细看，见遭到破坏的是明代的泥塑，他不顾一切，大喊出声，并且找到这群青年人的为首者向其陈词，自报家门是成都艺专的教授，此行是从解放军领导部门前来，作为艺术家，自有保护历史艺术遗存之责任。这些青年人还听劝，立刻便停手，但为时已晚。全殿雕塑已经被砸得只剩下东南一角唯一的坐雕。这些青年还告诉王子云，他们已经将县城外飞仙阁大庙中的菩萨像全部砸完，还计划到县里其他几处寺庙进行此项工作。他们的行为，也不是个人决定，是在有关上级同意支持下做的。王子云也能够感觉来,这些青年人牺牲星期天的休息时间,必然是有组织的行动,他决定，自己必须往县政府去谈这个问题。

第二天，王子云果然到了县政府，找县长不在，便对县教育科长李同志谈，李科长也同意王子云的看法，排除迷信不是破除文物。但群众运动式的行为，一搞起来就雷动风行，待发现问题，挽救已经来不及了。在那一时期，全国不知道有多少历代雕塑，在破除迷信运动里化为烟尘。

2．和西北大学的文物纠纷

王子云在成都艺专，颇得学校欢迎。虽然是在战争环境里，他还是对教学十分认真。成都是国民党政权在大陆最后的据点。谁也不会想到，国民党残余军队最后撤离大陆的地点不是临海的广州、上海等地，而是处于西南盆地的成都。成都被解放军夺取之时，中华人民共和国已经成立，连南面的云南、贵州都已经解放，重庆也已经易手，解放军部队是从四面八方进入成都的。王子云本来是一个不愿意和政治多打交道的艺术家，却因为种种原因，和胡宗南的重要幕僚张砚田、张光祖一起，从即将解放的西安跑到国民党的最后据点成都，在当时山河易手、政治空气十分炽热的形势里，他的处境是可想而知的。在那一时期，除了以前和共产党有联系的知识分子在积极迎接解放，参加共产党地下组织控制的“护校队”“临委会”，以前政治倾向不明显的“中间派”，这时候也都多有积极表现。只有胡适、傅斯年、萧一山、梁实秋等少数著名知识分子到了台湾。陈寅恪和胡适乘同一架飞机到了广州，却不进不退，以后当有人想把陈寅恪作为共产党的对立面斗争的时候，中共中央中南局第一书记陶铸就说：“陈寅恪不到台湾，就是爱国表现。”而王子云的到成都，是西安解放前几日，这样一个举动，不能不让人对他的“政治态度”发生多样的联想，也必然使得他在解放初期的政治环境里日子特别难过。

麻烦果然旋踵而至。西北大学新校长侯外庐上任不久，便根据历史系有关人员的汇报，认定王子云往成都时携去的文物是盗窃西北大学历史系考古研究室的公物，由侯外庐署名，向西北军政委员会文化部具函，要求知会西南军政委员会文教部，追回文物。

现在还可以见到当时西北军政委员会文化部的一些文件，既有西北大学的指控，也有王子云的答辩，这些带有当时特定政治色彩和时代色彩的材料，如果仔细把读，很可以分辨出当时的事情真相，这里，将这些难得的历史资料尽可能原样引述。

西北大学的“王子云盗窃西北大学文物研究室文物材料”

一、王子云的为人

王子云，安徽萧县人（萧县原属江苏，现划为安徽），现年五十三岁，曾任小学、中学、艺术专科学校教员，一九四零年战犯陈立夫任伪教育部部长时，

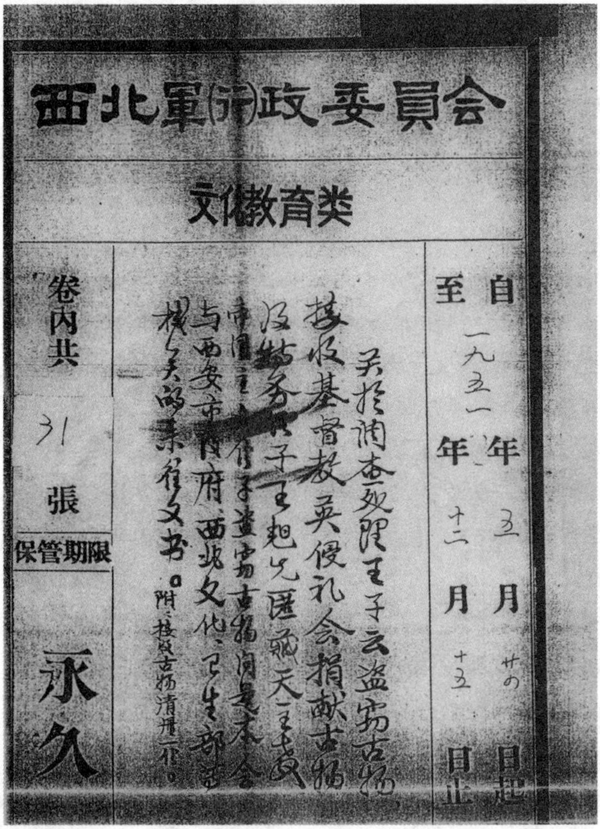

西北軍(行)政委員会

文化教育类

卷内共 31 張

保管期限 永久

自一九五一年五月廿四日起

至一九五一年十二月十五日止

关于调查处理王子云盗窃古物，接收基督教英侵礼会捐献古物，没收特务分子王翘先匪藏天主教帝国主义份子遗留古物问题本会与西安市政府、西北文化部等机关的来往文书。附：接收古物清册一件。

相关档案

派为西北文物考察团团长，来西北各省搜集古代文物资料，至一九四五年，该团工作结束，将所有文物资料全部移交西北大学，同时王子云亦受当时西北大学校长刘季洪（CC主要分子，任西大校长时，极力压制学生运动，开除进步学生）之聘，担任该校文物研究室主任。在职期间，与胡匪宗南派赴西大的反动分子萧洛轩、张光祖、张砚田（均系政治系教授，张砚田兼胡匪政训处处长，张光祖系国民党陕西省党部委员，西安解放之前，三人均逃往四川）等关系很是密切，并受胡匪军部之邀请，做大会讲演，散布荒诞言论。一九四九年三月又陪同胡匪政训处处长张砚田等人公祭反革命匪首刘戡。西安解放前十日坐了张砚田的专车，逃往四川。到了四川以后，初任华西协合大学教授，后改任成都艺术专科学校教授。

二、盗走西北大学文物情况

西北大学的文物研究室是在该校大礼堂的楼上，初则只有王子云独自一人，后来（四七年三月）增添了他的爱人为助理员，所有该室请款、购买、报销、登记等一切事项，统由王子云夫妇二人包揽。买进了古物，任随他们处置，从来没有给学校报送过清册。到了西安快要解放的时候，王子云自知他的社会关系与社会活动向来与人民对立，又与胡宗南匪帮素有来往。极为恐慌，便把文物室所藏的文物加以检选，凡属珍贵器品，都尽可能的装箱运走（箱子是大木箱，捆扎很紧，西大助教王昭洲曾亲眼看到）逃往四川，临行时，不但不向学校造具清册办理移交手续，还把他自己手写的两个很潦草的底册扔在废纸堆中，并把古物上原有的标签及说明一齐撕掉。学校要他留个证据，他才不得已写了一个条子作为担保，随即带上钉扎很结实的几个大木箱于五月十一日坐了胡宗南政训处处长的专车逃往四川去了。

解放以后，学校派定专人负责清理文物研究室所藏器物，经多日查究，才在废纸堆中找得王子云手写的两本文物册子，一名“瓦当及其他古物购进记录”，一名“本校选购古物临时登记底册”，前册自一九四七年六月十八日起购，至同年十一月十五日止，后册自一九四七年十二月二十日起购，至四八年十二月十四日止，两册登记购买文物的时间完全衔接。根据这两个册子清点所藏文物，计短少一百一十件，前册短少九十三件，后册短少十七件。兹将其名称和数目列下：

（甲）“瓦当及其他古物购进记录”所缺文物名称数目：

常生无及一（中号）。正篆长生未央一（中号）。上林半瓦一。上林带回文一。长乐未央长体篆文一。秦朱雀（龙形）残半一。北周花纹砖块二。汉弩机一。清龙瓦一。千秋万岁（无边）一。延年益寿（瘦文）一。维天降灵一。无极一。永受嘉福一。长陵西神一。都司空瓦一。冢上大当一。秦朱雀一。秦朱雀残半一。秦权残半一。汉镜一。鼎胡延寿宫瓦一。甲骨文字二。古钱十个。又古钱（唐开元）七个。上林瓦一。青龙瓦一。上林农宫（边缺）一。百万石仓一。与华无极一。冢上一。右将（伪）一。卫字瓦一。延年益寿（上边缺）一。关字瓦一。唐三彩马一（残）。汉乳铃一（残）。虎头（饕餮）一。汉鼎（绘花）一。宋瓷狗一。唐瓷鹅一。上林农官一。鼎胡延寿宫一。秦鼎盖（铸花）一。唐开元钱及铜骨残片三十件。延年半瓦一。汉狗一。

（乙）“本校选购古物临时登记底册”所缺文物名称数目：

汉陶奁一。汉瓦盘一。汉扑满壶一。羽阳千岁瓦一。汉镜一。汉雷公铲一。汉武梁祠画像一套。汉松石章一。汉弩机一。周五行布二。唐开元钱四。鎏金佛像一。汉虎符一。

学校发现古物短少的情况后，即于五零年八月间致函成都军管会及川西文教厅请代为向王子云追查，经军管会及川西文教厅协助催促，王子云才于本年八月迫不得已来到西安，在未来西安前，王子云曾函中央文化部表示愿捐献古物及研究资料两千余件，以掩饰他盗窃公物的罪行。中央文化部以西北的古物，应归西北收藏，将捐献册子转发西大查照。

王子云到了西安后，不但不交还他所窃走的西大文物，反而向西大提出他要索取的文物单子，名叫“寄存学校的第一组文物”，并且对现在文物研究室负责人陈直说：“这是我要收回的我的东西第一部分，我要收回的东西有五十多件呢，以后再开单子。”这个单子上所开的文物名称及件数如下：

长形方纹大汉砖二件。彩陶罐一件。木刻道装像一件。唐陶俑武士人一件。唐石刻武士残躯一件。六朝石刻坐佛残躯一件。汉陶壶（带狩猎纹）一件。北周花纹砖（葡萄、狮子）三片。汉飞马花纹小砖（残段）一片。（以上共十二件。）

他对于学校从破纸堆中找到的两个册子上所列的东西，只承认带有“本校”二字的后一底册所记的为学校所有，没有“本校”字样的前一册子，他坚持是他本人私物。他的“理由”是前一册子上的古物，学校会计室无账可查。而学校则认为两册所列文物全系学校公有，理由是：（1）两册所记文物购进年月完全衔接；（2）王子云手拓瓦当四册内夹有说明：“本室（文物研究室）收集瓦当甚多”，证明第一册“瓦当及其他古物购进记录”中的东西为文物室所收集；（3）会计室账目虽无购瓦记载，但王子云在四七年内先后动用经费伪法币二百五十五万元(那时一个专任教授月薪才不过二三十万)，始终未曾报销，又于同年支领购书款三百零二万九千三百零五元，而实际购书用款只有五十余万元，其余二百四十六万余元均以贬值法币还交，这在伪法币逐日贬值时代，是不合会计手续的。

第二个册子上遗失的十七件文物，其中汉弩机，王子云承认是“误带”至四川去的。汉陶奁乃是其逃往四川因汽车装载行李过多，无法携带，与其沙发椅子二张、瓷瓶一个，一并临时寄存在西大英文系教授金家桢家中的，而王子云却说是四七年除夕，金先生借去“烧香”用的（实则金家桢是回族，并不烧香的），另有汉瓦盘一件，现已在文物室查得，其他羽阳千岁瓦、汉镜、汉武梁祠画像拓本、北周五行布、唐开元钱、鎏金佛像、汉虎符等件，王子云均承认“赔偿”，其所赔偿的与学校所失遗完全相同。因之，所谓“误带”“烧香借用”“赔偿”等词，全系狡辩。

关于王子云要向学校索取的所谓“寄存学校的第一组文物”内第二项彩陶罐，原是学校由城固迁校时带来的，在马师儒、杨锺健两校长交接清册中有明确的记载。第四项唐陶俑武士人，是学校用敦煌古物展览会门票余款购买的，有西安南院门古秀轩商号给西北大学开的发票及王子云自己亲笔致马前校长请购古物签呈为据。第七项汉陶壶，亦为学校的底册中所列物品。以上这些证据经学校指出后，王子云则说：“记错了，不要了！”

此外，学校尚短少碑帖拓本数种，其中最精贵的是欧阳通所书泉男生墓志，经提出后，王子云已承认“赔偿”。又在马、杨移交底册中明器类第十六页有瓦牛一件、磨一件，其他类第十七页有写经残卷二，现均无存，在王子云捐献的清单中则列有写经长卷二。学校四八年账目中有放大纸胶卷之付款（一一九零零零元）当系放大古迹照片之用，现文物室并无放大照片，而在王子云拟捐献的单子中却列有放大照片多幅。（王子云捐献单子由中央文化部转到西大，现存学校）一九四八年二月间，西大曾在西安（现群众日报地址）举办敦煌古物展览会。对这个展览会，王子云初说是他自己办的，继又说是他与学校合办的，实则既不是他自己办的，也不是他与学校合办的，而是由学校交涉地方，由学校出钱布置，由学校派人主办的，连王子云自己在四八年六月二十三日给西大马前校长请购古物签呈中也曾写：“本校文物研究室前于二月间举行展览会，售得门票余款八百二十万。”后学校即用此项门票余款购买了瓷马及唐陶俑武士人（即王子云开单所要唐陶俑武士人）。

三、本部派员调查经过

此案最初由西北大学报告于西北文化部，王子云亦向文化部提出申诉，文化部以西大是由教育部直接领导，即将双方原件转送本部，同时，西大与王子云均各以呈送文化部的报告（申诉）抄呈本部，经派高等教育处尚崇训、买树秦等同志根据双方所送材料进行研究，并先后到西大调查了解五次，与王子云面谈一次，本案内情已趋明确。兹将调查过程叙述如下：

九月七日，由本部尚崇训同志赴西大做第一次了解，该校由教务长岳颉恒接谈，岳首先说明解放前王子云要逃往四川时，只将室内文物用手指口说的方式谈了一下，并未正式向学校办理移交任何文物清册。继说明解放后在废纸堆中发现两个文物册子的情况，并坚持这两个册子上所登记的文物全是用学校的经费购买的，应属于学校，王子云私自窃走的一切文物，必须全部追回。关于四八年二月间举办的敦煌文物展览会，岳说："那是学校花钱办的，学校并派人到会工作，展览会门票的收入及用这项收入所购进的东西，都应为学校所有。"说到这里，岳即请现在西大文物研究室负责人陈直将与本案有关的一些凭证取出查看，计有王子云手写的两个文物册子、瓦当拓本说明、王子云请用展览会门票余款购买文物签呈及西安南院门古秀轩商号发售唐陶武士人票据等。关于瓦当拓本说明，岳、陈两人解释说："这上面明确地说明了拓本上所印的图是本室所存的文物图，作为印图用的文物，就包含着两个购进册的文物。"陈直并说明购买唐武士人情况，原来王子云申请购买之时，曾说要"取据报销"，但他既未报销，且将申请书（签呈）及发票一并弃置废纸堆中，企图灭迹，已认定学校无从查考唐武士人即可据为私有，因之，一到西安，即强索该物。

十月十八日由尚崇训、买树秦两同志与西大侯校长就本案做第二次了解，侯校长说他在发表西大校长职后，在北京中央文物局遇见前西大历史系教授姚鉴，姚说他在解放后曾参加西大文物室清理工作，发现王子云侵占学校文物，非常不满，曾报告中央文化部，侯校长到校就职后，即叫文物室的工作人员详细检查，查出短少文物甚多。最后，侯校长坚决表示："西大的文物，西大是要拿回来的。"

第三次的调查，是由尚崇训同志与陈直交谈，重心是王子云到西安后开单向学校索要文物之事。陈直即将王子云手写的单子取出，上写"寄存学校的第一组文物"，陈并把学校老册子（马、杨交接底册）拿出查封王子云单子上所开的彩陶罐、汉陶壶等都列在老册子内。继又就王子云临走时留存学校的字迹进行研究，该字据中称："……文物我已封存，学校已有清册，以后如有短少，本人负责……"此字据中所谓"学校已有清册"，在他走时并未给学校造报任何文物清册，那么，这所谓清册，当系指学校老册而言，从老册子内只能看出

20 世纪 50 年代的王子云

一九四八年以前的文物，绝不能查出四八年以后由王子云经手购进的文物。他把老册子指出，又把购进文物的新册置于废纸堆中，企图灭迹，这说明他的侵占学校文物是有预定计划的。

第四次、第五次的调查工作，仍由尚崇训同志担任，除与西大主要负责人交谈外，并与本案有关人员王昭洲（经管文物室门上钥匙及封门，亲自看到王子云走时情况）进行谈话，他认为王子云经管文物研究室期间，夫妇二人私自购存，报销手续不清，解放之前，打算浑水摸鱼，带走学校文物，占为已有。

关于学校第二失单中的汉陶奁，尚同志又去西大教授金家访问，金的爱人证明，汉陶奁确是王子云临走时寄存在他家的，并曾嘱咐要好好替他保存，但是并没有说那是学校的东西，将来要交还学校的话。

尚崇训同志等除向西大方面调查研究外，并于十月十三日约王子云来部谈话，尚同志曾问王子云为什么要把他的文物放在文物研究室和学校的东西混在一起，王子云答复："因为我住的房子少而且很小，我买的古物无处存放，所以与学校的放在一块。"后经调查，王子云当时所住的房子，是西大南排三七号，所有南排的房子在西大教员住宅中是最好的房子。王子云的住房计有大房三间，小房一间，厨房一间，王子云夫妇二人住了这样多的房间，屋内足有空处陈放古物的。因之，所谓住房狭小，不过是伪词借口罢了。他的东西与学校的东西混在一起，如何辨清哪一件是公有，哪一件是私有，他说唯有查账，此外再无他法。关于他的走，他认为是请假，不是辞职，因此无须点交。四八年二月举办的展览会，初说是他自己主办，向学校借钱印门票，后又说是他与学校合办的。寄藏在金家中的汉陶奁，王子云在这次谈话中改为四八年年底他因为要插香，由文物室带到他的住宅去的，离校时，才寄存到金先生家中的。

处理意见

本案经根据西北大学与王子云所送材料研究及多次的实际调查，证明王子云确系混淆公物，监守自盗，我们认为西大应将本案有关证据送交西安市人民法院，由法院依法审讯惩办。

王子云在看到这份指控后，写出了“请求处理私存文物的声明”（附自我检讨）：

私存文物的动机和事实：

我是一个学美术的，由于多方面的接触，对于祖国古美术文物发生了特别的兴趣。远在巴黎苦学期间，曾读到郭沫若先生翻译的《美术考古发现史》，于是节衣缩食，跑去希腊罗马遍看那些西方古美术的废墟，从那时起，就有心想做一个东方古美术的探险者。一九三五年在伦敦参观了规模盛大的中国艺术展览会，更增加了我的心愿，但在反动政府下，这种理想是不易实现的，一直到对日抗战期间，在保护祖国文物不使破坏损毁的理由下，才发动组织了一个西北艺术文物考察团，由伪教育部给以极少的经费，于一九四一年一月出发来陕，当时的工作任务是：调查西北各地主要文物的存在情况，建议各地方主管注意保存，同时并应用照相、拓印、绘画及石膏模铸等方式，以采集文物资料。

在考察团的四年长期工作中，更增加了我对于祖国文物爱护的热情，由于这种热情的鼓舞，进一步想使祖国的历史文物发扬光大，遂计划编著中国美术文物专集和图录，不过，那时所能收得的资料，仅限于照片、拓片、摹绘的壁画及古雕刻的石膏模型。一九四五年到西北大学工作，收集中的一部分，移交于西大，但比较特殊的资料，仍由我私人保存，留作编著文物专集插图的需要。

在西大工作期中，为了逐步实现我的编著计划，在参考研究方面，需要很多的实物，学校既无此经费，自己私人又有一点积蓄，所以就开始购买自己需要的文物，如铜镜、古钱、瓦当、俑像小品、雕刻物以及若干种重要拓片。所有这些东西完全是为了配合我编著中国艺术文物专集和图录而作为基本插图材料的。

私存文物的经费来源：

我所存的全部文物可分为三部分：1. 为考察团时期的工作成绩，它的材料用费大部分是公款，只有一小部分是自己用了生活节余的款做成的。2. 为考察团时期在各地购集的拓片及自放的照片，其中大部分用的是我夫妇两人薪资节余款，只有很少数是用公款购置的（因考察团无款购置）。3. 为在西大时期陆续购集的文物，其费用来源：一小部分是我夫妇两人的生活节余（因始终是两人做事），而大部分是我们的原有储蓄——因我在一九三六至一九三九年任教杭州艺专，我一人生活，月入三百五十元，至多用去三四十元。我于一九四零年结婚后尚有存款近三千元。我妻也有金饰储蓄。但是，这和我们的生活节余款一样，全是我们工作薪资的收入，其来源当然是由公家发给的，是劳动人民的血汗供给的公款，而绝不能说是私有财产。

不过，似乎应该稍加分别的，即关于考察团时期所收集得的文物资料的全部，其中虽然有我们是薪资生活节余，但现在已不可能划分清楚，所以，这一批文物，应该说是我替人民收集保存的公有财产，现在应还给人民。但我在西北大学期间陆续购集的文物，确实全数是用的我们的薪资节余及原有储蓄款，在这种情形下，虽然仍是人民供给的公款，但是，经过我们的劳力而取得的报酬，现在拿这种钱购进的一批文物，是否可以由我们以捐献的名义献给人民，我个人并无任何成见，仍听由人民政府处理。

私存文物的一部分与西北大学发生纠纷的真相：

我与西北大学的公私文物纠纷，从去年八月一直到现在，所争执的问题，始终只限于一个购物登记底册的主权问题。这一个底册是我在一九四七年六至十一月私人购入瓦当的登记册。西北大学在解放半年多以后从破纸堆中找出，册上既无西大的校名，更无公章。正相反，在封面上盖有我自己的“百瓦斋藏瓦”的红图章（这图章我仍保存），而西大经手人不加详察，竟硬说这是学校的购物登记册，因此凡是册上的东西都应该是公物。这样的混说，当然我要和他争执到底！

我去年八月刚到西大时，即开始查会计室的支出账册，因为这是学校用公款购公物的唯一凭证。经查后无着，因即与岳颉恒冲突，我被他当面侮辱。从此以后，他就专门找出一些推测的嫌疑来拖延这一问题甚至告到人民法院。但始终不愿从真凭实据的真理来求解决。在岳等的胡扯中，又说这批瓦当虽然是我自己买进的，但可能有利用文物室购物公款的事。而这一疑问也清查过了。文物室有购置费，是从四七年十二月份起，而我这一批瓦当的购入在十一月中旬即行截止，如何能有利用公款的可能呢？所以对于这个争执了半年多的纠纷，假使西大如不愿从事实和真理来解决问题，怎样也不会得到正确的结论的。现在我自然认为这一批瓦当的主权是属于我的，因为确确实实是我用私人的钱买进的。而且确实也没有利用公款的机会。因此在我精神上，我觉得与西北大学并无纠葛，我仍然有权将这一批瓦当随同其他文物一齐献给人民（瓦当总数百余件，我自己带走一半，另一半留存西大未带）假使西大在我捐献给人民以后，对此主权仍愿继续争持，我绝对负此求得“水落石出”真相的责任。

此外关于西北军委会文化部所说的另外两点兹姑作简复如左：

A．该部在未经查明确实情况以前，即断定我“以盗窃之实，行捐献之名并借以求派工作”。此点我绝不接受，其理由有五：1. 事实真相终有水落石出之一日，我以铁的事实来证明此被认作“盗窃之行”的绝大错误。2. 在新社会中，人尽其才，如有考古专长，不捐一物政府自会争取以为人民服务，如无专长即再捐多些亦无用。3. 政府并不强迫捐出文物，我捐献完全是自愿自动，政府也绝未规定须捐多少，才给某职，而我为此必须“盗窃”西大文物来凑数。4. 我捐的私物中间，很多真是珍贵的，大不必以金钱价值远低且廉的瓦器加入捐献而来“盗窃”。5. 我并非失业，不必藉捐献求派工作，且我只请求政府给予编写专集的方便环境工作，而并未要作任何行政上或高的重要的工作。我请求政府给编写工作的方便，也是想以自己的经验、专长、心得，贡献给祖国文化遗产方面，而为下一代人民培植民族自信心与自尊心这是正当的，也并无可卑鄙之处，该部在未完全了解情况以前硬性的下此断语，希望能客观的自行检讨。

B. 该部谓我在“伪——任内曾以考察团名义收集各地出土文物并碑碣图片甚多，亦有追缴之必要。”现请该部答复：1. 我以考察团名义收集各地出土文物有何证据？2. 考察团摩碣图片是否已移交西大？在考察团工作期间，以公余之暇，以薪金所得购白纸自拓碑碣，以薪金加洗照片一张，试问这样情形收来的图片是否可以私有？

最后我仍声明我留存西大的私有文物及参考图书，尚有甚多，请西大当局代为妥存，俾于此误会纠纷了结后再捐献国家。

敬礼

王子云一九五一年三月十日

从以上所录两方面的原始材料对照分析，可以看出，王子云遗留在西北大学文物研究室的两本清册，为匆忙离校时无意所为。如果真要私吞公物，何不销毁文字凭据，反而自遗证据、授人以柄？两本清册的第一本，王子云讲得很清楚，既无公章，也非公用笺，只是个人的购物收藏记录，其物绝大部分为价值较廉的瓦当。王子云自从带领考察团来西北，在西安生活近十年，自名为“百瓦斋”，他在前往成都时，未能尽带藏品，被指控为盗窃之后，便向西北大学有关人员索要自己的东西，可见其昂藏之气。对“捐献文物以换取工作”的一段反驳，讲得义正词严，并没有因为对方是西北的最高文化领导机关而扭曲自我，“想以自己的经验、专长、心得，贡献给祖国文化遗产方面，而为下一代人民培植民族自信心与自尊心这是正当的，也并无可卑鄙之处，该部在未完全了解情况以前硬性的下此断语，希望能客观的自行检讨”。这样的言语，可以见出，在解放初期，王子云并不认为自己比别人低一头，即使面对高级领导机关，他也有平等对话的勇气，这不能不说是在长期的文化生活里养成的自由、平等的精神状态。联想王子云在抗日战争初期，毅然放弃回巴黎的机会，也并没有什么人对他进行爱国主义思想动员，一切皆出于良知和性情。而如今，他得要为自己的清白申辩，面对的是新生的政权，这处境，对于希望事业上有所建树、愿意为新政权服务的王子云来说，是十分尴尬的，但他在这尴尬里表现的据理力争，在一个强调“大势”而忽视“幽微”、强调“集权”而无视“私权”的大时代里，当时看来是那样不合时宜，而当历史经过了半个世纪的跌宕，实事求是成为社会人群的向往，建设“公民社会”成为新世纪中华民族的任务，再来看王子云当年之所云，就不能不承认，他是在坚持自己的基本权利，在维护自己作为知识分子的基本尊严。这样的人生内容，和他漫长一生里许多文化建树和艰苦努力一样，都是真实心灵的闪光。而为这心灵的真实，他将要付出多少代价？这也正是王子云的崎岖一生，值得后人研究的幽微所在。关于那桩“文物案件”，还有一些材料，可以帮助了解“王子云的为人”。

罗宏才在《王子云先生与陕西文物考古事业》(《西北美术》1998年第4期)一文中，叙及王子云在西安购买瓦当的情况，他引述当年西安回民古玩商人刘汉基、李凤祥的回忆：“民国三十一年以后，常见一位操着外地口音的人来北院门买瓦当。此位购瓦当者与别人不同，挑选时总是兴致勃勃地将相类者摆放在一起反复摩挲观赏。某品花纹奇异，某品文字布局得当，常如数家珍。最奇者是这位先生看重云纹瓦当，并说此类瓦当千变万化，穷极经营，最可叫绝！记得一次在北院门的一间铺子里，光云纹瓦当就买了十几个。事后经向人打听，知道这位先生姓王，是中央政府派来的大学问家。”再看当年他在西安吃大碗面的生活，也不免让人感叹：既然工资收入也终有一天要遭清算，当初就是吃光花尽，也强似积存一堆残砖古瓦，还要那样辛苦地运去运来。

王子云当时虽然也做了很多违心的“检讨”，但他内心并不服气，在致西北文化部的一封信里，他又以“平等”的口气讲起道理来。

西北文化部公鉴：

查西北大学于一年多以前，曾向你部及中央文化部并西南文教部告发我窃取该校大批古物，并开具失单两种，第一失单计一百八十余件（内有九十余件注明尚存该校）。第二失单计十七件。我于本年初接到该项失单以后，曾致函该校剖白谓：“第一失单所开，完全为我私人购进古物的记录，并非你校所有，请你校向会计室查账作证明。至第二失单所开十七件，确系你校公物，如真系遗失，当由我负赔偿责任……”乃该校不肯接受意见，竟一再致函西南军政当局，向我追缴全部失物，并要我携带私有文物来校核对。我迫不得已，于最近由成都来西安，会同该校人员及你部派来的监证人，当面向该校会计室查账，结果确无第一失单所开之古物购进账目，至此，该校始肯承认错误。又关于第二失单所开之十七件，因该校古物大部堆积于储藏室中，无法清查，我即自认赔偿。乃我于进入储藏室寻找账册之际，即无意中发现其所开十七件中之一件，仍存该室。由此足证即该校所开之第一失单，是否真正遗失，亦不确实。我个人在过去一年半中，因该校告发我窃取公有古物，所受名誉及精神上的损失极大，已无法补偿，现在我由川来陕，完全是由于该校之追缴全部失物所迫。今既已证明是该校错误，应由该校赔偿我此次往返的旅费计人民币一百二十万元。特此函请你部主持公正，予以鉴核并责成该校照付旅费为幸！

此致

敬礼

王子云五一、八、十八

再我个人私有文物约计百余件（即第一失单中存校的九十余件及其他约三十余件），均存放于该校。此次亦经该校承认，现该校要我将上项私有文物全部给予该校，由该校补助我的旅费，兹为此特请由该校额外补助款八十万元，作为文物及图书代偿，连同前项旅费，合计二百万元。请该校一次给予为盼。

王子云附启

王子云被西北文化部叫回西安，但他在成都艺专的教职一时间还无人代替。成都艺专方面来了个公事公办，致函西北军政委员会文化部云：

西北军政委员会：

我校教授王子云先生利用暑假，请假四十日，赴西安办理西北大学文物室清交手续，至今两月有余，尚未返川，我校本期已开课三周，同学盼望王先生归来甚切。不知王先生是否因手续尚未办清，以致滞留西北大学，兹特函你部，敬请代为查明赐复为荷！

此致

校　长　黄怀英
副校长　王颂咸

在这样的函件来往里，最后，是西北文化部副部长赵望云出面做了调停，希望王子云夫妇“从大局出发”，将自己所藏文物全部捐献给国家，而陕西历史博物馆则接收何正璜为研究人员。这样的结果王子云和何正璜也是同意的。但已经打起来的官司怎样收场呢，还是在赵望云的劝说下，由王子云给西安市人民法院写了一份“要求撤诉”的信，官司便告终结。这其实也是法律史上的大例外，从来的“撤诉”，都是由原告做出，王子云作为被告，居然可以要求“撤诉”并且照准，其实也是给当时的西北大学方面下台阶。新中国成立初期担任西北军区司令员、西安市军管会主任的贺龙，曾经在一次会议上批评西北大学的领导干部，把管理部队的一套用来对待知识分子（《贺龙年谱》人民出版社 2002 年版，第 378 页）。对待王子云的态度，可以证明贺龙批评是有的放矢。

这场“文物案件”，给王子云一家人带来沉重打击，何正璜在压力下曾经想轻生，以后，虽有赵望云的调停，她也得以进入碑林博物馆（即当时陕西历史博物馆）工作，但阴影对他们家庭的笼罩持续近三十年。直到“文化大革命”结束，才算天日得见，但是，不唯他们夫妇被浪费掉无尽岁月，下一代人也在屈辱中人近中年了。何正璜在碑林工作，这里陈列的一些文物，就是她和王子云的捐献。她注意到，在当时的展览标签上，也标明了“王子云何正璜捐献”，但是，一直没有按照国家规定给他们发捐献证明书。她为之不快日久，在“反右派”之前的“大鸣大放”时也想一吐积愫。多亏她没有来得及“放”，运动就开始转向。否则，夫妇二人双双右派，这家庭就不堪设想了。

以后，王子云的历史继续接受追查，直到1955年，文物问题还在组织的调查之中，这也可以说明为什么西北文化部一边承认王子云何正璜夫妇捐献文物的事实，却又不发给捐献证书。以后的进一步调查，不能得到王子云的文物属于“公物”的证明。

徐朗秋写于1955年8月7日的材料说及王子云进入西北大学和有关文物的问题：“1944年底，伪教育部部长是朱家骅，他下令把所有在外流动工作的社教工作队和艺术文物考察团等一律取消。每人发给三个月的薪资遣散，并指定王子云将考察团的全部文物就近移交给西北大学保管。王子云和团员们都不免有被迫失业的苦闷。西大校长刘季洪对王子云也是同乡同学的关系，也和我谈及王子云的职业问题，我也以为把他几年辛苦，冒大风雪、过大沙漠弄得的一点成绩收过来，一脚踢开，太不应该了。三个月的遣散费吃完了又怎么办呢？最后由刘季洪决定，接收后，由西北大学聘为教授，支教授最低级薪（因无课可开）。”以后，王子云谈及自己的收入，只说在国立艺专时月薪三百五十元，而不提西大的工资。他对刘季洪不愿意多提，一方面刘季洪是国民党高官，有政治忌讳。显然王子云对西北大学也没有什么好感。他到西北大学，与当年回杭州艺专的情形不可同日而论，他在此期间没有发挥什么作用。一个画家出身的学者，在一个纯粹的学术环境里，未必能够相处融洽。也如同一个不画画的学者，在以绘画为主要衡定成就标准的美术学院也未必好过。西北大学的历史学科，在国内大学中应该是十分突出的，且不说萧一山这样的史学大家为当时翘楚，就是以后接王子云之任，担任历史系文物研究室主任的陈直，虽然不是科班出身，其《汉书》研究也是首屈一指。陈直在王子云和西北大学的文物纠纷里，是校方委派出面打官司的当事人，从最初的发现、报告到以后的具文往来，都是陈直任其事。新中国成立初期，知识分子急于立功，“惺惺不相惜”，以至西北大学方面对王子云煎逼过甚，其指控的漏洞被王子云不断指出，十分明显。陈直作为学术中辩难释疑毫不含糊的学者，在当时却未能实事求是，也应该是不堪回首之事（前文所列西北文化部关于几次派员往西北大学调查取证甚至对质的材料，陈直在乱纸堆里拣出王子云要求报销的报告，以说明该项文物应为公物，恰反证该项文物不是公物）。而王子云直到最后，既不愿意回西北大学工作，也不肯将身边文物捐给西北大学，显然也是和他在西北大学的不愉快有关系的。

徐朗秋继续谈王子云：“派在历史系继续研究古代文物。西大迁西安后，又曾一度填空式的任图书馆主任。半年后成立文物研究室，他又得到一个正式的固定的工作岗位。也正是这时，把他的爱人何正璜介绍来任文物研究室干事。据我当时了解，他们工作上是从兴趣出发而认真工作的，这在研究工作上，是分不清公私的。他有些私藏的古物，也是拿出来一齐研究的，事实上也不易分哪是私人研究，哪是公物研究。他那时候拓制的汉瓦集，是他私人出钱拓制的。”

徐朗秋在西北大学时是总务长、教授，是刘季洪的左膀右臂。刘季洪离开西北大学后，去了台湾，徐朗秋没有跟去，20世纪50年代初期在上海复旦大学的工农速成中学教书。

在 1955 年的环境里，他为王子云做这样的证明，真是难能可贵。以后，徐朗秋没有能够逃过“反右派”这一劫，他在围攻苦斗的煎逼里含愤自杀，求死未遂，又以“反革命”罪名被关进监狱，不久后死于狱中。比较之下，王子云的命运比他的这位老同学要好多了。他的损失，是在和有关人员据理力争的时候，拍伤了手部神经。从那时候起，王子云作为画家的技艺功能就被破坏并逐渐丧失。一个在中国现代油画史上有过辉煌表现的画家，再不能执笔，他心中眼下的万千气象，只能靠叙说来表述，他以后的大量写作，便出于一只颤抖的手写下的“九曲羊毛”体。

在王子云因为文物问题被纠缠的时候，他作为西北地区少有的美术家的资望，也还是没有被完全忘记。就在打官司的同时，1951 年 10 月至 1952 年 4 月，王子云为西北军政委员会文化部塑制了延安全部革命圣地模型，并绘制写生画二十余幅，其中油画四幅，存西安西北历史博物馆。官司草草收场后，他没有回西北大学，而是重操旧业，由西北军政大学艺术学院院长亚马介绍，到西安美术专科学校任教授。

3．落脚于西安美专

王子云的工作在西安美术专科学校安定下来之后，第一次得到出外进行美术考古的机会是 1953 年的天水之行。早在十多年前他率领艺术文物考察团工作期间，就有过考察麦积山的计划，以后因为把主要精力投注在关中平原和敦煌，处于陕西和甘肃两省大道上的天水麦积山居然望而未即。那时候的艺术文物考察团，最感拮据的是活动经费，在敦煌工作期间，作为国家工作团体的考察团，在经费开支上就没办法和私人张大千相比，很多良好的计划最后都只有付之阙如。新中国成立以来，随着经济建设高潮的到来，也必然会有文化建设高潮的到来。所谓文化艺术考察，作为国家行为，和人口普查、田地普查、生产资料普查一样，首先是要搞清楚家底，文化遗存是相对固定的社会财富，不像一般生产资料的存在经常发生变化，也不像人口的数量经常在增减，翻览史书，历代《食货志》对经济生活的记录相当详细，而《艺文志》则多论而少述，可见历代对物质经济的重视都高于比较“务虚”的文化建设。1953 年，西北行政区文化部在百废待理的情况下便着手进行古代雕塑遗存的调查，是当时文化建设气象的体现。王子云因为“文物案件”，在经过了一段时间的折腾之后，终于可以进入自己喜爱的美术考古工作，他的心情是兴奋而充实的。

王子云在 20 世纪 50 年代初在延安绘斯大林、毛泽东油画像

1954 年，王子云在西安美术专科学校任教期间于樊川桃树下留影

1955 年，王子云（右一）与西安美专同人考察乾陵

20 世纪 50 年代的西北建设和西北交通，像一个突然成长的孩子，将旧衣服撑得就要鼓破，但这样的情形，恰也表现出孩子的健康，衣服虽然不合身，却并不让人沮丧。王子云从西安坐火车先到宝鸡，城外还可以看见汉长安城开阔的遗址，咸阳塬上的汉唐陵墓，也历历在目，悠久的历史文化遗存，在新时代正等待着新的发掘和认识。当时的陇海铁路，西安还不能直通天水，在宝鸡转车，宝鸡到天水的不足二百公里铁路，也独立而称“宝天铁路”。王子云在火车上所见多为从南方来西北从事建设的人，车上虽然拥挤不堪，却是一派热腾腾的气氛，这和古人“西出阳关无故人”的凄清完全不同，和王子云在十多年前带考察团西行时的荒凉也大有不同。在宝鸡的短暂停留，王子云的心绪却为周原一带古文物魅力所萦，他在四十年以后出版的《中外美术考古游记》，引用了当时的日记：“周原一带，常出土珍贵的青铜器。先秦雍城，为秦穆公时代的首府。以上这些遗址，都离宝鸡不远，而渭

水沿岸，乃中国最早的民族文化发祥地，遗址颇多，如西安周围，由于河流交错，原始时代的居民点约有七八处之多，宝鸡此类遗址也不少，有待于今后考古发掘。”（《中外美术考古游记》，第99页）在王子云记下这样的认识之时，西安东郊半坡遗址正在准备发掘，三年后，半坡遗址博物馆建成开放。而对周原一带古遗址的发掘，在20世纪90年代以后频繁进行，除了大规模的墓葬发掘如秦穆公墓，成为文物考古界的大事，民间的偶然发现也有轰动国内外的新闻。2003年，陕西眉县的几位农民，在挖地时发现大批商周时期的青铜器。2004年，更在周原发掘到周王室墓葬，被考古界认为可能是20世纪以来中国考古事业最重要的成就。王子云从20世纪40年代开始，将自己的大好年华留在这片土地上并且做出那样的预测，中国考古事业的不断发展，不断证实着他的预测。王子云倘地下有知，亦当浮白而快。

第七章　疆野看心雄

1953 年，王子云与专家组考察新疆昭苏小红海石人雕像

1．兰州

在经过对天水麦积山石窟考察之后，1953 年 6 月，西北文化部又组织了一个由西北各省的美术和历史、文物专家组成的小组，对新疆各地雕塑遗存进行考察。这个小组的组长是当时陕西历史博物馆馆长武伯纶，成员除王子云外，还有敦煌艺术研究所所长常书鸿，西北大学历史系教师刘士莪和陕西历史博物馆研究人员范文藻。这个组合在当时真正是集中了西北大区的学术权威。

王子云是和武伯纶等在西安的专家一起乘火车出发的，这一年他是五十六岁，但身体健康，精力也十分旺盛。以前他带领国民党政府教育部的考察团往西域考察时，天下战乱纷扰，西北一派荒凉，他身为团长，天天都要为赶车住店这些事情费心，考察团成员大都是他的学生，每一件工作他都要仔细谋划，工作是有意义的，他则是疲惫无虚日。而如今，他就是一个专门从事业务的专家，一个普通组员，一切日程、经费、对外联络等事务，都不需要他操心，所谓“无官一身轻”。身轻也心轻，上火车后不久，到了午饭时间，在餐车就餐，王子云就想喝点儿啤酒。他实在是多年没有这样的好心情了。他想起了 1936 年在德国的慕尼黑，那里是世界著名的啤酒之乡，城中的啤酒店可容千人轰饮，此犹不足，连厅外的树下也散放着大酒桶，很多饮者就喜欢坐在那大酒桶上“一杯一杯复一杯”地喝。那时候，王子云觉得这些狂饮之徒太浪漫，他们喝醉了就在酒桶边横倒竖卧。王子云也喝，他只能喝那么三两杯，在欧洲人看来，那不是喝啤酒，是吃药。王子云则记得中国的饮者，举杯也不忘邀明月，那是“品味”。如今王子云就想品味一番，可是，餐车里没有啤酒供应，这让他大失所望。他想起在欧洲期间，有些国家的政府，为刺激旅游，增加服务内容，降低消费费用，他参加的那个旅行团，每至一处，都有啤酒供应且多为免费。他不禁纳闷，乘客想掏钱买酒喝，一瓶啤酒不比一碗面条赚钱多吗？有生意为什么不做呢？出过国的人，在外国特别是欧美资本主义世界生活过的人，不免拿那里的社会生活情况和国内作比。在 1953 年的中国，物资还处于十分短缺状态。王子云春天到天水的一趟旅行，已经体会过车厢里人满为患的情况，这时候的火车上，能够有饭食供应，已经很好。王子云不是爱多言的人，他把这点小小遗憾嘀咕了几句也就放到一边，转而为车外的景色所吸引。以后的若干年，中国也开始发展旅游经济，如果坐火车旅行，卖啤酒饮料的在你眼前穿梭不绝甚至让人厌烦，可惜这样的日子王子云没有看到。他看见的是几年之后，有些人因为对“没有豆腐”而发牢骚被打成右派。当然，这时候他还没有想过，“不满”，在特定的政治历史环境下是要招祸遭殃的。

此行则还在快乐兴奋之中。到兰州，在城隍庙，他就发现庙里的碑石上有双龙图案，刻法熟练，线纹流利，回想十二年前来兰州，竟没有注意到城隍庙里的这点特色，便想将这龙纹拓印，旅中工具未备，又留几声嗟叹。在寻访兰州西关外著名的明代建筑“渥桥”时，王子云才知道，这座桥连同附近的名寺金天观都已经在去年因为修公路而拆毁。渥桥是一座木桥，桥下跨度很大，全用横木叠起，工艺巧妙，是兰州的古名胜，桥上还建有过亭栏杆，可供行人休息，于是，也有人叫此桥为“卧桥”。对这座桥的拆毁，王子云的感叹就不同于“饮无啤”，他认为这是对文物的破坏，是犯罪。公路当然应该修，公路要取直而节省费用，也是建设者的道理，但是，公路从没有到有，从窄到宽，一直在发展变化，眼前这条公路说不定过几年还得重修呢，但是，那渥桥，已经存在了几百年，不仅因为它是一座可以供行人走踏坐卧的桥，更因为它是艺术品，是几百年前先民智慧的体现，这样的智慧体现，并不是随时可以得到。那可能是一个天才的心灵闪光，那可能是一个时代的慧根突现，今天的人，可能聪明才智不亚于古人，技术条件肯定更过于昔时，但是，那样的渥桥，能够再建一座么？王子云可能不知道，他为兰州渥桥的消失痛心疾首的时候，梁思成也正在北京为那看去大而无用、占道又碍眼的古城墙而痛苦挣扎。王子云甚至会想，如果他们这个考察组早一年到兰州来，他肯定会对有关方面提出他的意见，尽管他的意见没有多少被采纳的可能，但是，他一定会讲，就像他在四川的雅安经历过的那样。而如今，连讲一声的必要也没有了。王子云唯一可以庆幸的是：十二年前，他欣喜于“渥桥”的巧夺天工，曾经用照相机拍摄下它的形态，那时候也只当是考察中的例行动作，甚至还有在欧洲旅行时养成的爱照相的习惯，但也就是那快门轻轻一按，竟留下了永远不得再现的历史。

也就是在这样的对比里，王子云对文物考古的兴趣更加浓厚，他在旅馆就给何正璜写去一信，和她商量，是不是此行结束之后，争取到北京的故宫博物院专门学习考古。他在此前和故宫的唐兰先生有过接触，他曾经想把自己收藏的全部古物捐献给故宫。如同他在油画已经成名之后改学雕塑，在雕塑已经学成之后又学文物考察，不论他怎么改，中国美术界都知道画家王子云，他在中国美术界的资历和影响是客观存在。但王子云似乎从来没有感觉自己还有那么一笔可以坐等其升值的资本，他总是在生活的变化里希望接受新的东西，希望进入新的生活，他甚至忘记了作为艺术家，作为从事任何事业的人，宽阔的事业领域可能是成功的条件，也可能是不甚成功的原因。开拓新领域多出发于兴趣，而深入老行当则更容易完成事功，两者有时候相辅相成，有时候也不免互成对立。中国社会，特别是文化社会，事功和资格有时候不分彼此，重老尊贤的舆论比个人兴趣的遨游对人的成就地位的作用要大出许多。即以油画界而论，如果王子云坚持画下去，也无须画很多，到了一定的年代，自然有人记得他从“红叶画会”到巴黎“春季沙龙”的辉煌，而王子云到年近六十还准备像一个大学生般去北京学习考古，在中国的文化社会，则有自弃资格的意味。可能王子云直到生命结束都没有想过这些关系，他真正是一个只顾耕耘而不会计算收获的人。

在兰州，还有快乐，就是见到几位老朋友，何乐夫是当年考察西北时就结识的朋友，那时候他在西安的一间冰冷的房子里做学问，而如今，他在甘肃省的文物管理委员会专门做考古工作。在西北师范学院艺术系，王子云拜访了画家吕斯百和韩天眷。吕斯百是在巴黎留学时的朋友，而韩天眷是 1927 年在南京中央大学民教馆组织画展时结识。谈及往事，已经是快半个世纪的回忆，经历了天地巨变，所幸都还在自己喜欢的艺术事业里工作，互致祝福。“天行健，君子以自强不息”，就不是一句空话，而似乎是先贤专门为他们题词。

王子云在兰州还想见当地文物考古专家冯国瑞。冯先生是清华大学国学研究院毕业，曾经师从王国维、吴宓等先生，多年服务于甘肃文化教育部门，对乡邦文物的考发做过很多工作。冯先生的弟弟国麟先生，在南京中央大学毕业以后，追随于右任先生，到晚年始得还乡。冯国瑞先生所撰《麦积山石窟记》也由乃弟帮助在台湾出版，由同为甘肃天水同乡的霍松林先生作序，这是“文化大革命”结束以后的事情。王子云当时想见冯国瑞，也是想谈点儿文物考古方面的话题，可是，在行色匆匆里，居然因为当天是干部学习日，竟不能得一谈。否则，王子云讲起他当年春天的天水之行，两人当有多少兴致触发？

2．往新疆的路上

王子云在当年春天往天水考察时，火车还只修到天水。夏天，火车修到了兰州，而离开兰州往新疆，则是乘长途公共汽车。西域大道的甘肃境内，都是王子云当年带领西北艺术文物考察团行走过的，此番再行，是旧地重游。如同他出发西安时的快乐心情，一上火车就想喝啤酒以快行色，坐长途汽车当然更不可能有啤酒，但王子云的心情更加愉快，将近花甲之年，而能够旧地重游，对任何人都会是愉快的，何况又是来考察这浩瀚西北大地上遗存的艺术之美。

在永登停车吃饭，王子云向同行介绍这里的寺庙里有“欢喜佛”，那是表现神灵性交的题材。所行几位学者对雕塑艺术的认识多还在书本之内，王子云是走到哪里都要先寻找雕塑遗存的，在这方面，大家都无法和他的广见博识相比。永登的寺庙为明代所建，其中的“欢喜佛”比起北京雍和宫里的同类雕塑，其资格要早出几百岁。王子云认为，永登虽然地处偏僻，其雕塑却自有艺术特色。漫漫黄沙里的长途旅行，被有心人做了学术讲座。车到永昌，有清泉红柳，让行人目明心爽。王子云当年来这里，听过些悲惨故事，这永昌县在清朝同治年间还是有二十万人口的大县，因为回民起义，杀戮得只剩三万人口。进入民国，贫穷益甚，当时有土匪劫掠民女，做父母的只要求将女子的衣裤留下，他们不幸失去孩子，仍因极度的贫困舍不得一身衣裤。

河西走廊的山丹县，是祁连山、焉支山交会之处，这里既有残存的古代城墙，也有大漠之侧十分宝贵的河谷田畴。这里是历史上汉族政权和少数民族争战的大战场。王子云在西安已经居住了十几年，他熟悉茂陵霍去病墓前的石雕，那是最能体现大汉气度的作品，而霍去病的征战功劳，就是在这一片土地上取得。王子云喜欢茂陵雕刻的浑朴大气，在长期的对民间艺术的寻觅考察里，他也觉得，那样大气浑朴的风格，应该是吸收了西北少数民族的精神营养，所谓“汉唐雄风”，都定格在大西北的古都长安。在“万国来朝”的威仪里，首先是融合了汉族和西北少数民族的性格精神。王子云在十几年前来河西走廊时，就在这里画了不少写生画，他是真正喜欢这里的阔野高天和山湖草原，喜欢广阔宁静的大自然里单纯而绚丽的色彩。这次过河西走廊，因为乘坐长途汽车，都有座位，比考察团时期坐大卡车和驴车条件好多了。汽车过山丹时没有停车，从城外疾驶而过，王子云看见那座七层高阁，那阁楼里保护着一座高二十米的佛像，比敦煌千佛

1953年，王子云在新疆考察时拍摄的古城堡遗址

洞的九层佛阁略小，但也应该是很难得的古物。路过而不能一见，就让王子云遗憾，现代交通工具的便利固然为人盼望，但对于“踏勘”作业，有时又成为不利了。张掖是大站，停车过夜。这里也是王子云来过的地方，他以为这里的城楼巍峨，可以和北京、西安媲美。张掖城内的宏仁寺，是西夏朝的旧迹，其正殿所存佛雕，长达二十多米。与宏仁寺毗邻的是另一名寺木塔寺，城市西门外又有王母宫。小小一座边城，就有这样多的名寺大庙，而这还是经过了多年战乱兵灾之后的遗存。六百年前，马可·波罗曾经来此，他的最直观的游感就是张掖的“佛多于人”。晋代的江南名士张翰耐不住苦寒，秋风起便思念家乡的茭白鲈鱼。当然也有另外一种文人，喜欢“大漠孤烟直，长河落日圆”的壮美，像王子云，到西北考察，本来是客居，一住下来就成为定居。他每次西出阳关，都有兴奋之感，虽然上火车时思啤酒不得略有怅怅，但那也正是向往大漠豪情而欲借酒陶醉，比起张季鸾的贪恋盘中小菜自是况味不同。

过黑水河，见到河边有垒垒荒冢，那都是汉代古墓。王子云记得，他初次过此地，公路刚刚修建，工人就地取材，利用古墓砖修了十多公里的路基。当时王子云坐在大卡车上，可以清楚地看见汽车轮子从一块块汉砖上碾过。时隔十几年，当时所见的汉砖路面已经埋在黄沙之下，河西走廊最不缺的就是风狂沙暴。王子云感叹：仅仅十几年，又是旧物全非。不知道这沙漠的肆虐，会不会逐渐吞噬河西走廊上若珍珠般宝贵的一点绿洲。

车到酒泉，觉小城荒凉如昔，王子云他们这次是代表西北大区文化部进行文物考察，以为出门一切都会顺利，在酒泉，却因为没有带介绍信而住不进政府招待所，只能在县城里一家土炕小店投宿。就是在这里，王子云和常书鸿见面会合。常书鸿作为这个考察小组的成员，是直接从自己的工作地点敦煌前来报到。他们已经多年没有见面。1943 年，常书鸿就任敦煌艺术研究所所长前来敦煌时，王子云刚刚离开敦煌。那时候，他对教育部任命常书鸿为研究所负责人是不满的。王子云认为，不论从所学专业、从事的工作，从对敦煌艺术研究的热情，还是对发起呼吁成立敦煌研究所的先后，他对敦煌的艺术文物研究都应该是国内最合适的人选。他和常书鸿在法国留学时就熟悉，两人全无芥蒂，留法学习美术的同学们集体往英国参观，还是他去打的前站，常书鸿也参加了那次活动。这些年来，王子云从西安到成都，又回西安，而常书鸿则坚持在敦煌没有挪过窝。在这一点上，王子云也是要佩服老同学的。在他离开敦煌以后这十二年，实际上也是在敦煌工作的常书鸿经历了千难万苦的十二年。20 世纪 40 年代后期，国家完全陷于战乱，谁还有精力和兴趣顾及远在荒漠之中的小小敦煌。这时期国内的情况，还不像抗日战争时期，在外敌侵略面前，知识分子都有爱惜自己民族文化之心，也正是在那样的精神氛围里，王子云一提出成立西北艺术文物考察团，教育部就批了；于右任一具文要求成立敦煌艺术研究机关，行政院就准了；王子云在重庆开西北文物展览会，居然开而难罢，一开再开。而在以后的若干年，不唯他的考察团解散，他自己为职业东西奔走，衡观全国，又有哪一位艺术家的展览真正能够引起全社会的关注？常书鸿在敦煌的这些年，在艰困之中也很难有所作为，但也是在这西北偏僻一角，他躲开了政治斗争的大旋涡。拿常书鸿和王子云两人比较，常书鸿以前还是多少沾染一点儿政治的，他在教育部的艺术教育委员会当秘书，就不能不和政治打交道，王子云则对政治一窍不通。以后的发展，常书鸿以静处乱，以他对敦煌阵地的坚持而博得巨大社会声誉。王子云动中不能避乱，他不喜欢和胡宗南这些达官贵人打交道，却不由分说被某些有色眼镜看成“胡宗南的亲信”；他自己连一天国民党的组织生活也没有体会过，却被发现在“敌伪档案”里有参加国民党的记录。这时候，他的真正政治劫难还没有到来，却已经在一场似是而非的“文物盗窃”官司里被折腾了将近三年。他不会想到有一天还会和常书鸿在一起搞文物考察，他也没有想到，他们会在这个出入敦煌的必经之地相会。这不是命运的安排，这是制度的安排。当年，他不满于教育部的安排，拒不参加敦煌研究所筹备委员会的会议；他离开了美术界，居然也在西北大学谋得教职。那时候，他相信一句话：“此处不饶人，还有饶人处。”那是一种自由，那样的自由使得王子云恣纵自己的性情，以至于他在被指控“盗窃文物”的时候，还想自己选择“捐献对象”，那是面子，那是性情。这面子和性情是人之常情，更是读书人知识分子的常情，这“常情”又往往使得沉溺其中的人昧于“世情”，自受其害。现在的时代变了，一个萝卜一个坑，国家、组织、单位，一切都给你安排好了。比如王子云，他在兰州给夫人何正璜写信，想到北京去学习考古，这要放在过去，只要他自己能放下架子，说去就可以去，而要组织同意，那考虑的问题就多了。而一旦组织决定的事情，不曾设想的事情也会突然变成现实。比如，他和常书鸿的见面。这其实也是计划经济社会里对文化力量进行强有力的行政调度的典型例证。这种调度的力量在当时可以产生立竿见影的效果。当年，王子云不满于派常书鸿主事敦煌，“当然置之不理”。而如今，派他们参加这个考察小组，甚至用不着征求什么意见。而参加者也根本想不到会提出什么意见，时代的变化，决定人的思想和行为的变化。

时间可以冲刷掉人生经历中的多少恩怨，要看当事人重新相遇的环境。如果不是西北大区文化部的组织活动，王子云不可能千里迢迢跑到酒泉来看常书鸿。这些年，常书鸿经常来往于敦煌和北京之间，西安是必经之路，他也没有去看过王子云。如今，在长途逆旅之中，过去恩怨早成云烟。王子云先到常书鸿在酒泉的住地找他，这时候，他们都回忆起在巴黎同学的生活，在杭州国立艺专同事的生活，他们为艺专迁校昆明一起拜访龙云的生活。在当时的中国美术家里面，王子云和常书鸿都是属于比较有办事能力的人，他们才可能一个当了艺专的大专部主任，一个当了中专部主任。以后，王子云组织西北艺术文物考察团，在杭州艺专诸多同人里首先走出一条社会化服务的路子；以后，常书鸿长期坚守敦煌，使得中国的美术文物遗存得到艺术家的心灵呵护。他们两人其实有太多的共同语言，俗话说“一山不容二虎”，但倘若猛虎各有高山大泽可供驱驰，再各个展露于大自然之雄阔原野，其壮慨又当如何？这时候的王子云和常书鸿，都不在艺术人生的峰端，常书鸿的敦煌研究所虽然名声已经不小，但在当时，还远没有引起社会的足够重视。如果在抗日战争时期，在敦煌工作有民族精神产生的自豪，解放战争时期在西北偏僻也可以避祸，而在解放后百废待兴的热烈日子里，敦煌就显得太偏远而寂寞。那时候的敦煌远不是今天这样中外艺术家和旅游者都向往而可以到达的地方，远不是可以和国际文化艺术界频繁接触的窗口。王子云到酒泉寻找常书鸿的当天，他感觉这小城的破败荒凉和十二年前没有什么两样。而敦煌呢，是“行到安西还向西”。常书鸿和他的敦煌研究所真正得到发展，还要在三十年甚至四十年之后。在当时的情形里，王子云和常书鸿见面，他还不可能对老同学产生羡慕或者嫉妒之心。从基本生活条件来讲，当时的王子云甚至还会引起常书鸿的羡慕。

在酒泉的短暂停留，王子云和常书鸿一起逛了当地的新华书店和百货公司，王子云留心到当时饭店里的一盘荤菜要一万元（相当新币一元）。这样的物价是惊人的，当年王子云在孔德学校当教师，每月生活所费只占工资收入的十分之一，当时他是单身一人过日子，每天都要下饭馆，而按照目前的物价计算，王子云每月工资不足二百万，如果在外面吃饭，光伙食费就要花去一半。人之常情，像王子云和常书鸿睽违多年，相会小城，“草草杯盘共笑语，昏昏灯火话平生”，应该离不开酒，何况这里还是“葡萄美酒夜光杯”的产地，但他们似乎都没有开怀畅饮的豪兴。王子云在百货公司买了一只热水瓶，这玩意儿带在路上该有多么累赘？但长途行车中没有水喝的煎熬比起抱一只热水瓶上车下车的辛苦又算不上什么了。王子云是一个留洋多年的大教授，他在酒泉买一只热水瓶的动作显然有些“老土”气息。其实，这正是在生活磨砺中间锻炼出来的细致。老同学兼老同事常书鸿知道，他和王子云都是经常要操心吃喝拉撒之类小事的人。在艺术家里，画家是最接近劳动者的，而雕塑家则几乎就是劳动者，进行田野考察工作的美术家就应该是事无巨细都必须面面俱到的劳动者兼劳动组织者。

在酒泉，王子云还为同行的刘士莪和范文藻当导游。他记得这小城虽然贫穷，人们却多有爱美之心，街市中有很多木牌楼，居民店铺门面也多有雕刻装饰，从这些东西，也可以看出地方在长久生活积累里的文化趣味。遗憾的是，酒泉还没有进行大规模的建设，仅仅是改建了城市中的主要马路，那些在王子云脑海里有深刻印象的雕刻纹饰已经不复存在。酒泉本来就是“一条街，两座楼”的小城，它的城市文化特色也集中在一条小街上，而这一街之变，没有能够保存历史遗留的艺术，这小城的一点儿独特风味，也永远湮灭了。中国是一个延续了几千年的农业社会，农业社会在20世纪的意识环境里是落后的代名词，是必欲改造甚至消灭的对象。但是，农业社会的单独作业性质，表现在艺术方面便是千形百态，就拿遍布中国各地的佛教寺庙里的泥菩萨来说，这其实是“一个模子造出来”，是最没有个性特色的艺术品，但在王子云这样的雕塑家眼里，菩萨和菩萨各有不同。更不用说，各地民间的建筑、雕刻等和人的审美趣味及社会生活沿革息息相关的遗存，各个表现出不同。在20世纪的全球化工业运动里，全世界的工厂，乃至全世界的城市，都趋于“一个模子造出来”。就拿城市道路建设来讲，酒泉这样的小城，以前的道路多由石头铺筑而成，石块和木牌楼的结合，正是农耕社会里最和谐的图腾。而当小街要变成汽车路，具体而微的小单元存在的石块变成了大型搅拌机里喷流出来的水泥，那古色古香的木牌楼先已经“不伦不类”，它已经成为挡路的障碍。疼惜之则暂时移往别处，而这“移”的费用甚至要超过本来的建设费用。中国农业社会里的建筑美术本来多为实用器物，失去了实用性，也就失去了普遍的存在价值。王子云这样的美术文物考古专家，本来以发现社会遗存里的艺术现象为职业生命，在那样一个以消灭农业社会遗存为主调的社会发展时期，就不能不每时每刻都在发现痛苦。酒泉的牌坊已矣，但毕竟建起来新的道路，到酒泉城外，却看见棺椁暴露于野的汉墓，这就让王子云和同行的文物学者们感叹不休。他们在这感叹里，在前进中的社会不以为然里，也就明白了自己的职业特点，原来就是在这些必然要遭受破坏、必然要渐渐消亡的遗存里做一点儿记录性的工作。破坏和消亡进行越快，他们的工作也就应该越抓紧，他们的工作不是像那些豪情万丈的建设者，抢在时间前面，描绘崭新的画图，他们似乎是要追回到已经被超越的时间后面，去定格那些老画图。他们不能不感到自己职业的可笑，也正在这样的可笑里发现些堂·吉诃德式的悲壮。

从安西开始，王子云走上他从来没有走过的进疆之途。当年的西北艺术文物考察团，只走到敦煌，这小城安西，就是从关内往新疆和往敦煌的三岔口。唐代文人多有建功立

1953 年，王子云等人考察新疆时在哈萨克牧民毡房前

业的壮志，而戍疆拓边又为实现志向的通常路径，因此而产生了风格壮阔的“边塞诗”，“行到安西还向西”之句，是当时文人更向大漠西域进发的形象写照。王子云当年带领他的考察团，无力再往西行，而在今日，他以年近六十之身，远赴新疆，倏然有豪情在抱。在红柳园，停车饮水，王子云等看见一个在荒漠上开垦土地的汉子，和他攀谈，听出是四川口音，王子云以他的经验判断这是一个从内地逃亡来此的“不法之徒”。当时，因为内地农村进行土地改革，一些地主富农逃亡到西北边远之地。王子云不想和那汉子多打听什么，但他能够感觉到在社会大变革时期，个体生命的有序和无序的运动。车到星星峡，这里是新疆和内地的分界处，有部队对过往旅客进行严格检查，王子云等人因为有西北大区的介绍证明，得免检查，而同车旅客则被翻箱倒笼，甚至搜遍全身。这时候的新疆，还有反对新政权的武装袭扰，当局采取严格戒备措施也不奇怪。沿途过哈密，王子云等人参观了解放军第六军第十六师的解放新疆纪念碑，雕塑家的职业本能使他对这座记述着该部队功勋的纪念碑觉得美中不足：没有雕像装饰。他在四川时已经为当地驻军搞过纪念碑的雕塑，他对解放军各部队的战功和历史也有些了解，他意识到全国解放以后的这个时期，为解放军部队和革命烈士纪念碑进行雕塑创作，是雕塑家大显身手的好机会。如果是在北京，著名雕塑家就有机会参加最重要的人民英雄纪念碑的创作。

王子云也希望参加这样的创作。回想十几年前，在组织艺术文物考察团之前，他就参与了在陪都重庆为抗日战争无名英雄纪念碑雕塑的任务，那也是十分重要的纪念碑，因为日本飞机的狂轰滥炸而没有搞成。现在，强大的新政权建立了，国家级的英雄纪念碑也一定会兴建，他如果在北京，也一定有参加创作的机会。而他现在在西北，他也不放过贡献自己艺术才能的机会，为延安的革命纪念地制作立体沙盘，就是他的贡献。也正是因为他有这样的才能和贡献，在“文物官司”闹得不可开交而不了了之之际，他被安排在西安美术专科学校当教授，这说明新政权对艺术专门人才的需要。也正是出于这样的需要，王子云才有机会在年近六十而西出阳关。在几十年的艺术生涯里，王子云总是想有事做，现在，他确实是想多做事。想做事而有事做，就是人生幸福。

汽车经过哈密、吐鲁番之后，最后一个大站是达坂城，所谓达坂城，就是山坡下的一个小集镇。直到 20 世纪 80 年代，这里也还是只有几排平房，50 年代的情况，当然要更加简陋，能够有几家小饭铺、小客栈供旅人打尖歇息就是。因为这里是内地通乌鲁木齐的必经之路，形之于旅行家、艺术家笔下，成为新疆的一个美好象征。王子云是美术家，对美的观察须臾不停，他就注意到新疆人形象特别俊丽，性情也豪放开朗。而这样的人群表现形态，缘于新疆地区多民族聚居通婚。在将近达坂城的时候，因为公路沿山临水，行车有危险，全车乘客一致要求停车，就地露宿。司机也同意乘客要求，于是，大家纷纷取下所带行李，在山坡上开地铺。这时候是 6 月下旬，天气炎热，在野地露宿比在小旅馆里几个人挤一盘土炕还要舒服些。这夜，王子云仰观天宇澄澈，耳边有流水之声，自觉是人生旅途上的无穷享受。

3．北疆考察

到乌鲁木齐之后，新疆维吾尔自治区副主席赛福鼎接见了考察组全体成员。新疆维吾尔自治区政府文化处处长亚生和一名翻译也加入考察组，决定先往北疆伊犁专区考察，然后再考察南疆喀什专区。到达伊犁后，考察组进行分工，王子云的任务是古文物写生和地形测绘。画写生是他作为美术家的老行当，而地形测绘却是在领导西北艺术文物考察团时期向团内的年轻人学习得到的本事。王子云和其他同时代画家的明显区别，就是他太喜欢“到处走走”。在新中国刚刚建立的时期，大量的美术家还得不到为国家建设事业出力的机会，更谈不上由公家组织的大规模旅行考察。王子云则得到了这样的机会，他当然很为有这样的机会而兴奋。如果放在别人，夜宿公路边餐风饮露，可能是很辛苦很沮丧的事情，他却觉得其美无比。如果不是因为他有考察文物的经验和进行实际工作的能力，也就得不到这样的机会。

在伊犁的工作，主要是向当地有文物收藏的人士宣传国家刚刚颁布的有关文物的政策法令。王子云等人在当地文化部门工作人员的介绍下，走访了当地一些有文物收藏的名流，他们并不是要收缴个人收藏的文物，而是对文物进行登记摸底，但是，被拜访和应邀参加座谈会的当地人士没有一个拿出自己的收藏请他们鉴定。王子云作为一个将自己收藏的全部文物都已经捐献给国家的人，来宣传文物政策，应该是有说服力的。但是，他的个人表现，对少数民族地区人士的行为没有产生什么影响。在伊犁，给王子云印象甚深的是当地的关帝庙很多，对关羽的崇拜是清朝统治者极力宣扬的结果。庙宇建设，虽然主要依靠的是民间力量，但统治者的意识形态却得到充分彰显。王子云更加关心的是关帝庙里的雕塑，多年来对各地庙宇雕塑的考察研究，已经使他得到一种总结性的认识：清王朝的雕塑艺术无法和唐、宋王朝相比，即使是清王朝全盛时期的康熙、乾隆时代，也依然表现出封建社会末期的颓残迹象。

伊犁专区的很多地名，都表现出清王朝时期汉族统治的痕迹，像伊宁原来叫“宁远”，霍城原来叫“拱宸”，还有“惠远”“绥定”及已经撤邑的“惠宁”“熙春”“广仁”“瞻德”等城；亦若当时处于南方边境的“镇南关”“宁海”“靖海”等地名，都有军事前沿的含义。新中国成立以后，这些地名大都改变成为有友谊和平含义的新名。王子云等人在伊犁专区的考察，不仅有整理历史传统遗迹文物的任务，对现代革命历史进行中的一些“新遗迹”“新文物”也加以留意。惠宁城遗址，就成为一个革命历史的遗迹：清朝末年，孙中山领导的革命也影响到这里，一个叫沙第的革命青年挖地道潜入惠宁城，炸死守城清军头目，成为当时新疆的革命偶像。这惠宁城，也成为有革命纪念意义的遗迹。在当时，孙中山领导的革命以“驱除鞑虏”为第一目标，可以借用国外力量，也支持各地的“独立”。历史过去了一个世纪，中华民族的主流话语已经有了全新的内容，王子云等人在新疆考察的时期，恰在这百年历史变幻的中间点上，他们当时对“新文物”“新古迹”的注意，主要还基于革命话语。

在昭苏县城外六公里处的小红海，有一尊石人雕像，引起了王子云的注意。此雕像下半部陷入地下，面部为维族老人形象，脑后却有长发，类似维族妇女的长辫，难以确定其性别。石人下躯接近地面处有两行类似古维文的题记，考察组无人能够辨识。王子云将此石雕像画了写生。一周后，又专门携带拓印工具，以将近一天的时间将这尊石雕像拓印完成。在阿克苏附近，王子云等也见到两尊造型类似石柱的单身人雕像，雕刻技术远不及昭苏小红海石人，王子云注意到这里的石雕和昭苏石雕均是面向东方，可能有当地历史的偶像崇拜原因。

在夏台，因为没有招待所可住，王子云等被安排在一位叫克里木的牧民家。夜间捻灯叙话，王子云也得到这地方近年的一些社会生活情况：解放初期，当地参照内地“土改”经验，规定凡有牲畜五百头者划为牧主，牲畜要由政府没收，此令一出，所有牧家凡养牲畜超过四百头者即纷纷杀畜以“降低成分”，一时间造成当地牲畜大减，经济损失巨大。幸当局在调查了解后很快停止了这样的政策，当地经济才得以恢复。王子云在当时的艺术文物考察中，对这夜所谈做了笔记，而且，在几十年以后，出版《中外美术考古游记》时，也将这段记录写入书中。从这里，也可以看出王子云虽然不热衷政治，但对社会的关心也贯穿在他的艺术生活里。这样的文化状态，使得他的《中外美术考古游记》显得内容驳杂，不够系统精微，不够“学术”，但也可以看出王子云的艺术兴趣实际上还是一种人生兴趣。他在自己生命和事业的进行里，不能说没有事功的计划考量，但每每也因性情而流淌，因环境而改变。他的兴趣和能力是他生命的基点，由这基点出发辐射，往往又因为外界不可预计的变化而产生新的目标，在这目标的诱惑或带领下，他的人生履历经常发生未曾预料的改变。他也不去做更加精细的算计，有些“行行复行行”的一任所之。当他成为历史人物之后，后人为他的成就盘点，发现他本来可以在几个方面成为标志性的人物，却因为他的“到处走走”的习惯性情，使得他身上的“标志性”又形于模糊。王子云在晚年写《中外美术考古游记》的时候，显然也知道“专业”“成就”这些因素对一个人事业的界定，但他又把这些因素抛之脑后，还是“一任所之”地写开去，或许正是因为这样的原因，他也给后世的读者留下驳杂而颇多个性特征的艺术记录和人生记录。这样，后人在整理他的遗存时，也不妨放开“成就”“标志”这样一些观念，去体会一个“一任所之”的艺术家的心路履痕。

在昭苏，本来他们是想看到纪念当年乾隆皇帝平息准噶尔部叛乱的“格登山碑”，这是刻有汉、满、蒙、藏四族文字的名碑。因为交通条件的限制，考察组未能到达位于中苏边境的格登山，使王子云望之怅然。由于是集体考察，王子云有时不能尽兴尽意，要待到二十年之后，他在大劫之后的独自出行，才以七十开外的高龄，迈步疾行于风雨之中，那就是一般艺术家不可能达到的另外一种状态和境界了。

在返回昭苏途中，王子云等人在一户哈萨克牧民家吃饭，这家的毡房内外都有考究的装饰花纹，所用家具也都有装饰趣味。在这里，王子云还了解毡房的建筑构成，其中的围毡部分有各种图案，色彩以红白黑为主，对比鲜明，纹样由原始几何形构成，富于变化。毡房内的睡床两头翘起，类似秦汉时期大厅里的几案，床架处也有纹饰。这样偏僻的地方，游牧民族的家庭，简单的用具却表现出浓郁的艺术气息。王子云在这样的环境里，一边喝着女主人招待的奶茶，一边思绪升腾，他觉得中国少数民族的生活情趣要高于汉族。他忆及以前在云南也曾经看到过少数民族家居的装饰。少数民族的生活，一般认为比较原始，但也在这样比较原始的状态里，却保留着比较醇厚的生活味道。他们的性格，他们的语言，他们的歌舞，他们的家居，都充溢出和生活本身血脉相连的冲动热情。

当王子云完成了小红海石雕的拓印工作后，伊犁专区的教育科长请他吃了一回手抓羊肉。这时候，他感觉到，在新疆，吃饭有时候也是一种仪式。吃抓羊肉的程序很讲究，先喝茶吃烤馕，次喝马奶酒，再吃炒羊肉，后吃大块手抓羊肉，最后再饮奶茶。吃抓羊肉时，主人要把羊头羊蹄敬献席中的老人和贵宾，再把羊尾分给每一位客人。吃饭时大家都席坐于地毯上。这样的吃饭，不能倚靠，不能东歪西倒，是强健的马背民族独有的聚餐方式。王子云也想起当年在青海短期停留时，当时的青海省长马步芳也请他吃过手抓羊肉，进食程序也是一样的，不同处是省长的宴席不像这样席地而坐。王子云以为，这样的吃法才是原汁原味。早年离开故乡和家庭的旅行生活，使得王子云的性格习惯的成长颇不同于一般书斋型的知识分子。他在法国生活七年，习惯了那里的生活，回国后，也多是在四方奔走中度过。少数民族的生活，对他似乎毫无障碍。也可能正是这样一种随遇而安、随遇得趣的心理性格，使得他能够经受生活的风雨磨砺，使得他的生命健康而长久。

在返回伊宁途中，有一处地方有历史遗留的石刻画，要去必须骑马涉水，王子云不会骑马，放弃了这个活动，但他又被安排去参观被没收的各族地主的衣饰器皿等物，并且被告知可以挑选一些带走。这样的事情，当然是50年代初期的特色。在一间小屋子里，堆放着数不清的被抄家来的衣饰器皿。这些东西，显然不会允许当地的工作人员随意拿取，是不是有人利用职权乘机拿取，谁也说不来。因为考察组的工作性质，被特许可以挑选作为研究或纪念。王子云没有拒绝这样的“特许”，可能因为他本来就十分喜欢新疆少数民族的工艺美术品，眼看着那些东西堆放在那里，不知最后流落何处，还不如供他做艺术研究。他即使对这样的“优待”有看法，也不能公开讲。他自己的所有收藏都已经捐献给了公家。他在百思不得其解的时候，最后从“阶级立场”的角度想通了问题：“既然我的教授工资是来自于人民，我用工资换取的文物收藏也该全部属于人民。”如今，他已经不是被勒逼的旧知识分子，而是为人民来考察文物的专家，在人民的特许和邀请下拿几件地主阶级被人民没收的艺术品供研究之用，是再合理不过的事情。他“随手拿出几件小花帽和披肩等，以作此行纪念”（《中外美术考古游记》，第117页）。在结束伊犁专区的文物考察之时，王子云总结了此行的收获，他将“收集少数民族服饰35件”写进了总结，此行的重要收获是：

1. 调查古城（包括伊犁九城中的废城）11座；
2. 调查古遗址（包括瞭墩）5处；
3. 调查古石雕刻（包括石人石刻画）5处；
4. 调查古建筑（包括汉回寺庙）6处；
5. 收集古城陶瓷器及砖瓦片120件；
6. 收集少数民族服饰35件。

王子云在来新疆之前，对调查中发现的石雕未有所闻，但在得见小红海等处的石雕之后，有很多收获，他在乌鲁木齐等待往南疆考察的时间，写下了一段关于北疆所见石雕的体会：

新疆早在汉唐时代，就是东西交通要道。西汉初年，即公元前2 世纪初，中国第一个沟通中西交通的使者张骞，就曾经出使新疆及其以西各国。此后，中西交通日趋频繁，尤以自东汉后，印度佛教传来中国，中西文化交流更为密切，因而在新疆地区保存的古文化遗址，包括佛教千佛洞艺术，非常丰富。就现在能见到的，以佛教壁画和回教礼拜寺以及汉唐古城遗址为多。古代石雕刻却也有少数制作遗留，而且是内地不多见的。如北疆伊犁专区的昭苏、霍城一带，即有不少石人像和石刻画遗存。从它们的造型风格上看，只有内地的汉代石雕刻才与之类似。在雕刻手法和形象上，都是较为接近的。如昭苏草原的小红海、阿克苏和阿克牙孜山区以及霍城“秋禾台”附近山野中多能见到，有的雕出形象，有的仅在石柱式的头端雕出脸部轮廓，以直立的形式，颇类内地陵墓寺庙前的翁仲侍卫，如河南登封中岳庙和山东曲阜鲁王墓都有这种石人雕像，而新疆石人则突出地表现了中亚民族特有的面貌，并且男女性别体形多有不同。如霍城特勒克的石人，胸前雕出两个很明显的乳房，体躯也丰满而富有肌肉感，说明这是妇女形象。很特别的一点是这些石人都面向东立，这很可能与日出的方向有些关系，也可能是牧区的牧民们礼拜的偶像。记得在来新疆之前，为了解研究外国西北地区的古文物，曾在一刊物上看到引证《苏联大百科全书·考古学》中谈道，苏联考古学家在中亚细亚考古时，曾发现不少的被一般人称作土坟的小土丘，断定它是古建筑遗址，也说到了上述地区多见的石像雕刻。这样，苏联考古学家所说中亚细亚一带的土丘和石人像，不正是伊犁地区多见的所谓"瞭墩"的土丘和不知出处的石人雕像么？

按伊犁地区的地位说，它位于新疆西北边沿，与苏联哈萨克共和国毗邻，是中亚细亚与西伯利亚的交叉点，因此，伊犁地区多见的土丘与石像有可能与上述考古学中所说的是同一时期的东西。因为我们这次仅调查了昭苏、霍城的一部分地区，想来其他邻近地区也有不少遗存。在上述考古学当中，曾经认为是属于突厥游牧民族的遗迹，但对其年代未加肯定。我们根据历史，结合西汉时代中国与西域匈奴族的接触的情况，特别是与当时游牧于伊犁河流域的匈奴别支乌孙国的关系，对于考证这批石雕像的时代是有很大帮助的。

《前汉书·西域传》：'元封（公元前110—125年）中，乌孙以马匹骋，武帝遣汉王建女细君为公主以妻焉。赐乘舆服饰，为备官属、宦官、侍御数百人，增设甚盛。……公主至其国，自治宫室。……公主死，汉复以楚王戊之女解忧为公主妻岑陬……' '时乌孙公主遣女来至京师，学鼓琴……'像这样密切的往来，就很有可能把中原风习传到乌孙，包括建立石人像以资纪念或作侍卫的事。又据《史记·匈奴列传》：'单于朝出营，拜日之始生……'这些石像所以面向东方，或与草原部落的迷信神祇和生活习俗都有关系。至于土丘问题，因为它们多是三五成行，并且用石块圈起，而且有的周围挖有壕沟，这显然是游牧民族建立毡幕残留的遗迹，与苏联考古家所考证的应为居址的看法是一致的。

王子云自从在法国接触到温克尔曼的田野考察学说，影响到他的艺术道路。近代以来，以王国维为代表的新考据学，注重"二重证据"，即历史书籍的文字记录和考古发现的实物证明，实际上也是温克尔曼学说。王子云作为一个画家出身的学者，其书本知识的积累远不能和罗振玉、王国维等人相比，罗、王之学，是坐拥书城，充分利用史籍和不断出现的考古资料，而王子云则是在实地考察和发现里得到自己的学术认识。和向达这样的同辈甚至略晚辈的学者相比，王子云的书本知识也远不如，但他的实地考察功夫又过之。如果在美术界来比较，王子云就不仅是艺术文物考察的先驱，即在实地考察和史籍的印证结合方面，他也应该是做得较好的一位。和他同时代的美术家，像刘海粟、徐悲鸿、林风眠，都已经大名贯世，艺术风格、人生功业在20世纪50年代之前都已经确立，比王子云只大两岁的徐悲鸿在1953年就去世了。刘海粟、林风眠都以画家终其生，而王子云，则在将近六十之年兴致勃勃地进行艺术考古事业，如果不要单纯以世俗功名成败论人，则可以说，在同时代人里，王子云保持了最蓬勃的艺术活力和最长久的艺术生命。一个只管耕耘不问收获的人，在他，可以是当之无愧的。新疆艺术文物考察，是新中国成立以后最早实行的重要文化举措，因为有武伯纶、常书鸿这两位西北乃至全国艺术文物研究领域的重要人物参加，在新中国的文物考察历史上是有其记录意义的，而王子云作为其中的雕塑艺术专家，他在这次考察里发挥的作用和他得到的收获，也正表现出他自从带领西北艺术文物考察团考察西北艺术文物以后，经过在西北大学时期和在成都艺专时期的不断努力，已经成为美术界最有经验的文物考古专家。也正是在这样的考察生活里，王子云的学术事业日渐得到收获，也在美术界，特别是雕塑艺术界，发生着日益明显的影响。新疆考古，实在是王子云学术道路上的重要一程。

4．库车千佛洞

1953 年，王子云所拍新疆克孜尔喀千佛洞外景图

新疆之行的重点还在南疆。佛教传入中国，新疆地区的佛像雕刻曾经遍布全疆。以后，由于宗教纷争，大量的佛窟雕像受到破坏，但残存的部分依然十分可观。考察组对著名的玛札伯哈千佛洞和克孜尔喀千佛洞都进行了考察登记。王子云在考察组里担任绘制平面图的任务。要在坡面颓圮、行动艰难的洞窟里攀上爬下，仔细分辨记录，是十分吃力的事情，王子云的好身体和对于艺术文物考察的热情，使得他愉快胜任。在《中外美术考古游记》里，他详细记述了对库车千佛洞的考察成果，其间的生活经历也多有趣味。在玛札伯哈千佛洞的工作完成之时，他们被当地乡政府安排在一户维吾尔族农家食宿。王子云见这家的少妇形象奇美，一举一动，都有异国情调。王子云回想起当年出国时在埃及的亚历山大、开罗等地，见到那里的妇女，面部轮廓线条鲜明，眼睛大而深黑，说话如同歌唱，行走即若舞蹈。在简陋的土屋里，这美少妇为王子云一行人做了煮面片。虽然言语不能尽通，王子云却为这少妇的热情和美丽而心情十分愉悦。作为一个画家，他就想为这少妇画张速写。但土屋内只有一盏小油灯，微光摇曳，作画不成，徒唤奈何。夜里，王子云等人睡在主人居室前的屋檐下，因为是秋初天气，不觉得冷，但院子里就

有一座牛圈，牛粪尿臭气熏天。一边是撩人心魄的美，一边是环境的恶浊，艺术家就在这样的环境里任自己的思绪驰骋，怅恍而入睡。

爱美之心，人皆有之，不仅是王子云，考察组的几位，多是艺术家，虽然也大都上了年纪，但新疆少数民族妇女的风情姿态都让他们觉得如饮醇醪。在一个赶“巴扎”的日子，他们全体决定，停止工作半天，集体去赶“巴扎”。当地传统生活没有什么改变，“巴扎”的热闹一如往昔，满街的水果、农产品和民族工艺品琳琅满目。但王子云他们主要是来看维吾尔族姑娘。当地谣言“库车的鹦哥儿一朵花”，既有颜色的形容，也有声音的表现。王子云他们几个已近老境的艺术家，在熙熙攘攘的人流里，充分满足自己的眼睛。可惜他们多已经年过半百，在新疆只能“走马观花”，在他们年渐枯槁的生活里捕捉一点亮色。那时候，就有年轻一辈的艺术家像梁黄胄，就是在这样大不同于内地汉民族的生活色彩的魅惑下，将自己的艺术生命融入这里的斑斓色彩，成为今后若干年中国现代人物画发展里的一片辉光。

上午在“巴扎”观美，下午就到了一处新的考察地点——库木图拉千佛洞。这里濒临渭干河，风景优美，但没有可以居住的地方，王子云等人跑了很多路，只是借到一间看守河坝人的小草房做食宿之地。这里的佛洞分为两部分，相距三公里，担任平面图绘制任务的王子云在河边的山坡上来回奔跑，十分尽责地完成自己的任务。这样的生活，他觉得十分美好。累得筋疲力尽，躺在河坝上，看流荧在天，闻河水潺潺，心灵十分熨帖。又一日，将吃晚饭，有风自西北来，卷起漫天黄沙，诸人齐躲进那间小屋，饭碗里已经被沙尘改变了颜色。不想吃，其奈腹中革命何。这样的夜晚，唯一可为者，蒙头大睡，蒙头人不管外面风狂沙暴，只当“铁马冰河入梦来”。梦非梦，只觉得身上有越来越重的压力。掀被破梦，发现诸人皆已被沙土掩埋。小屋且摇摇欲坠。这次第，想躲无处躲，想逃无处逃。这小屋像风雨里将沉的破船，但只要还有几片可以抓持的木片，船上人就不能离开。诸人身上的那床棉被，就像是已经断纽开豁的甲胄，只要它还没有纷纷坠地，裹甲人就只能把它裹得更紧。王子云等人就这样裹着自己的被子硬抗到风停沙偃。天亮的时候，渭干河又恢复了往昔晴明，几个在暴乱一般的狂夜里挣扎了一夜的艺术家，看看天上依然和煦的太阳，抖落自己棉被上的黄沙，相对苦笑。这时候，是 1954 年 9 月 21 日，老先生们可能会记录下一页日记“老人和沙”。这一年，20 世纪最重要的小说家之一海明威，正因为其小说《老人与海》而获得了诺贝尔文学奖。在这部小说里，海明威写一个老渔翁，在海上经过惊心动魄的搏斗，将捕获的一条巨大的马林鱼捆在船舷上运到岸边，这巨大的马林鱼被鲨鱼追噬，最后只剩一躯骨架。这小说隐喻人生最后是一场徒劳，而只有那进行的过程可以驰纵一个男子汉的精血。或者，王子云他们也是这样的老人。他、武伯纶、常书鸿，他们聚集在这被沙土摧颓的小屋，是命运的安排，而他们在相对苦笑之后的仰天大笑，就是他们对命运的态度。没有人记录下他们当时的苦笑和仰天大笑，但，确切地，生活记得。几位老人卷起自己的行囊，又前往新的考察地。

五天之后，王子云等人来到克孜尔喀千佛洞，借宿于乡村小学的校舍。这夜，明月穿牖，好风如水，和前几天经历的风沙狂暴恰成另一世界。但远远可闻戈壁滩上有野狼嗥叫。这夜，王子云倒是感觉到了“异乡的惆怅”（《中外美术考古游记》，第 137 页）。

进入拜城克孜尔喀千佛洞的考察，王子云居然忘记了艰苦，也忘记了“异乡的惆怅”。他每天早上 6 点起床，工作到晚上 6 点钟，一点儿也不感到疲倦。测绘洞窟平面图的任务花了一周时间，但仔细观览洞中壁画并临摹，花去了两周时间。每天在小河边盥洗，吃食极简陋，且再没有在玛札伯哈千佛洞工作时寄居农家那样的美丽主妇给人欣赏之快乐。而王子云在结束此间工作时的第一感受，竟是不愿意离开。他以为，在这里的工作要进行到半年以上才好。在这里，他记述过自己的认识和心情：“拜城克孜尔喀千佛洞是新疆佛教艺术的重点，早在清末民初，帝国主义分子乘中国变革社会混乱之际，大摇大摆地自由出入新疆探宝搜奇。克孜尔喀千佛洞由于佛洞数量多，壁画保存也比别处完好，所以他们便蜂拥而至大肆劫掠，仅德国的勒库克就剥走壁画二十余洞，在柏林的民俗博物馆中开辟了二十多个专室，把剥去的壁画依原样镶嵌在墙壁里，名曰‘东土耳其斯坦’的佛教艺术。其中最惹人注意的壁画有《国王双裸女舞蹈图》，就是从克孜尔喀剥去的。这是我 1936 年在德国柏林亲自看到的我国古代美术遗迹之一。”（《中外美术考古游记》，第 137 页）

在考察克孜尔喀千佛洞等处艺术文物遗迹时，王子云还对这里古代艺术家的艰苦劳动颇有感慨，他写道：“从库车一带佛画画家的籍历说，在早期阶段，很可能有来自中亚的僧人画家，或者还可能有中原一带的民间画师，但基本上应以本地区的画师为主。这就说明新疆的人民自古以来就具有杰出的聪明才智，能创造性地结合生活现实，画出众多动人的壁画杰作，而且这类佛画，有的是画在高高的券顶上，有的要爬上脚手架，仰着身子往上画，仿佛意大利文艺复兴时期艺术家米开朗基罗在罗马教皇宫画西斯廷教堂天顶画《创世纪》那样的困难。米开朗基罗仰卧在脚手架上画了足足四年之久，后来竟变成了个驼背的人，那么像库车一带这样几百个佛洞的天井画，又有多少画工变成了驼背呢？”（《中外美术考古游记》，第 143 页）

王子云在克孜尔喀千佛洞的工作像是生命能量的喷发。作为一个 20 世纪的知识分子，驱动他人生轨迹的因素有很多，但不能不承认，国家民族的观念，人民的观念，劳动的观念，在他的精神里是确实的存在，而且，这些因素往往要大过其他的很多因素。他的命运，他的幸与不幸，都在冥冥中受着这些因素的影响和驱动。他与时代的关系，与政治的关系，有时显得隔膜而遥远，有时又显得亲切而贴近。只有当其人渐行渐远，后人才能够看清楚。这就是时代对艺术家的影响，同时，无数这样的个体生命的艰难演进，也在影响着时代。

在新疆，考察组还往喀什、和田等地工作，最后到吐鲁番地区的高昌、交河古城参观过后，由自治区文化局的卡车将一行人送到甘肃酒泉，结束了此次历时整整半年的工作。作为西北大区文化部的政府行为，这次考察对新疆的古代艺术文物遗存是大规模的摸底，为以后的保存和利用研究做了最基本的准备工作。而作为雕塑家的王子云，收获又大过其他人：对新疆地区佛教美术的考察，深化了他的中国雕塑艺术研究，并且和他已经考察过的敦煌、云冈、龙门等地佛教美术遗存形成参照比较，使得他的艺术视野更加开阔和深入，也使得他的以实证为特征的学术生涯平添壮慨。在王子云以后的生活里，还有漫漫长途，将有不测风浪，但新疆的半年考察，在他年近花甲的时候，使他已经形成的为艺术而献身的人生理想再也没有什么力量能够改变。花甲之年，对于有些艺术家，已经有志得意满之状，而王子云，则在准备着新的开始。

第八章　花甲蒙华盖

20 世纪 70 年代，王子云伏案写作

1．不知老将至

王子云1952年回到西安，在西安美术专科学校的美术系先教外国美术史和油画，到1955年，又兼任中国美术史教学。出于学校教学需要，也出于他主动的兴趣和要求，从新疆回来后不到一年，他又有了一次远途艺术文物考察。这时候，学院对他这位老专家是比较重视的，专门派了摄影师郑鸣玉和一位照顾生活的后勤人员同行。这次是从西安出发，以两月时间，考察了河南、河北、山西、山东、陕西五省的重要古代美术遗迹，其主要内容为：

1. 河南渑池鸿庆寺石窟
2. 河南巩县石窟寺石窟
3. 河南登封中岳名胜
4. 河南南阳汉画像石馆
5. 河南安阳灵泉寺石窟
6. 河北邯郸响堂山石窟
7. 河北正定龙兴寺及其他古迹
8. 山西太原晋祠宋代泥塑
9. 山西太原天龙山石窟及近郊名迹
10. 山西大同云冈石窟
11. 山西大同华严寺塑像
12. 山东济南千佛山及其他石窟
13. 山东历城千佛崖及神通寺龙虎塔
14. 山东益都云门山、驼山石窟
15. 山东长清灵岩寺
16. 陕西绥德汉墓画像石雕刻
17. 陕西北部各县宋代雕刻。

这次考察虽然只有两个月时间，但因为多在中原交通便捷之地，故而费时少而收获大。比起新疆之行，没有那样艰苦，但美术家的出行，多往山野偏僻之处，不能依靠旅馆，王子云等人都是自己带的铺盖卷。好在学院体谅他，派了后勤人员，这样，王子云的行动就轻松许多。此行的收获，王子云也有详细记叙，除多具专业价值外，其中也可以看出他随时随地对社会生活的留意。在从济南往青岛的途中，他回忆起 1937 年，他就是在这样的旅途上，知道了卢沟桥事变，从而决定留在国内，也从此改变了他的命运。在青岛，他为犒劳自己独自买了一瓶啤酒、一只烧鸡，他记下了这样“大吃一顿”的花费是 1.60 元人民币。去年他到新疆去的时候，一上火车就想喝啤酒而不得，此番在青岛喝青岛啤酒，自觉是人生之享受。在云冈，他仔细画了一幅石窟群全图，他认为：“在外观规模上，云冈与敦煌千佛洞相比显得疏落，而实际窟室中的雕像工程则远远胜过敦煌，而且这里是一凿一斧的雕刻，与壁画的性质根本不同。画窟可以在窟室开成以后从容设计，然后在壁室施工，石雕刻则不如此简单了，尤其是塔柱窟，在开凿中就须开窟、雕像同时进行，对于离开壁面的雕像，就更要边开窟边雕像了。如此，作为一位石窟雕刻家，既要胆大心细，又要注意着窟形和龛形，更要预先设想好雕像的类别、姿势以至神态表情。在北朝时代的石雕像是没有任何传统的模型可作依据，而是全凭匠师敏锐的想象力和丰富的生活观察边想边雕出来的。这种既是强体力劳动又是缜密的脑力劳动相结合的艺术创造，不禁使我这个一千六百年后站在这些雕刻前的观赏者，产生出极其敬佩的心情，因为我自己也有从事石雕像的实践体会的。”这是真正的“惺惺相惜”。在王子云的艺术生命里，很难见到投机取巧，而多见吃苦耐劳，在他身上很难见到传统士大夫的名士气，而多见劳动者的朴实淳厚。其实，就是他的这样一篇议论，如果加以发挥点染，其实也是一篇颇有价值的学术论文，在他的考察笔记里，有很多处这样表现出真知灼见的地方。

在陕西绥德延家岔，王子云看见一具门楣石，他记述：“石上雕有仙人出行景象。车队过来了，多么奇异的车队！所有的驾车动物和御手都是鱼、龙、鸟、兽，奔驰而过，真是光怪陆离的车队！因为人们从来没有想象过鱼和鸟竟能成为驾车的动力，所以当它们呼啸而过时，童话、神话、幻想小说的趣味一齐引发了出来，让人感到愉快。在东晋顾恺之的笔下，曾画出过一幅《洛神赋图》，是为描写三国时代曹植的文学名著《洛神赋》而作的，那种仙境和此石所刻颇有类似之处。可是那画却较此画像石晚了二百年。那么，雕工是依据什么雕的呢？可能他是受了《山海经》的影响吧？”（《中外美术考古游记》第 191 页）这又是一个具有重要学术价值的题材，王子云在这样的考察行程里到处得到心灵的震荡，也到处展开学术思考。他是这些埋藏在民间的艺术瑰宝的真正知音。拓印这些石雕，他找不到帮手，只能一力独任。当地只有土产麻纸，拓印效果远不如宣纸，这也罢了，在那堆放得难以挪腾的文化馆库房里，这位五十八岁的老教授的挥汗劳作感动了馆长李仲煊，他守护这些汉画像石有年，还没有见到一位画家对它们这样情有独钟。

李仲煊叫来了自己的孩子们，要他们帮王伯伯搬动那些沉重的石块。这些粗犷沉重的石块的缝纹里，有着先民深沉的智慧和飞扬的激情，王子云则为自己能够得到这样的理解和帮助感激良深。这样的考察生活，真正是他的精神盛宴。在河南的方城，他发现此地的城砖花纹极富变化，竟在三个小时里不歇气地拓印了一百多张，待劳作完成，他的腰已经直不起来了。

在西安美专的几年里，王子云完成了从美术创作到学术的转型。1955 年，他在北京朝花美术出版社出版了《唐代雕塑选集》。这部图录的内容，大部分是王子云在领导西北艺术文物考察团期间收集所得，为国内外首次出版，其中的大多数照片，也是王子云自己拍摄。虽然是黑白胶片，却又因为不掉颜色，对比强烈，时过半个世纪，图版依然十分清晰好看。这里有乾陵和桥陵的坐狮，顺陵的立狮，皆威猛睥睨；被誉为“东方维纳斯”的菩萨残躯，断臂无首，但从修美的躯干就可以想象出唐代美人的仪态万方。

一个新的政权对于自己民族文化传统的发扬，和国家精神的建立，作用之巨，其理豁然。出版社在该书前言中说：“唐代雕塑艺术继承了北魏和隋代的优良传统，吸收了外来艺术的优点，融合成一种新的民族形式，开创了唐代特有的风格，使我国的雕塑艺术获得了巨大的进展。这种风格的具体特点，是气魄非常雄伟，造型丰满瑰丽，显示了雄强奋发的时代精神。而这些伟大的作品，完全出自无名的匠师之手，是无数劳动人民共同创作的成果，是他们勤劳智慧的结晶。”这些观点，就是新中国美术的主流观点，和王子云多年艺术探索中的认识是一致的。作为中国现代美术家中第一个长期致力于民间美术考察的先驱，毋宁说是王子云的慧心独识和辛勤劳动证实和支撑了这样的观点。前言最后说：“在学习雕塑艺术的民族形式、接受和发扬我国艺术传统的意义上，这些作品都是异常宝贵的材料。本书由王子云同志就个人过去收集的材料编选而成。介绍我国古代的雕塑艺术，本书仅只是一个开始，更进一步地研究和介绍，还有待于美术工作者和雕塑界今后的努力。”

中国古代雕塑研究的开山之功，王子云当之无愧。他这开山，不是完全在书本里讨生活，是自己一步一滴汗水浇灌而出。乾嘉学派重考据，王国维进一步，要二重证据，他们的进步，使中国学术的实证价值大为提高，但不论是钱大昕，还是王国维，他们的“证明”之学，还都是利用他人的成果。王子云对中国雕塑艺术“人民创造”的证明，却多是他自己的考察。他在美术学科的这一门类的深入和发明，是前无古人的。

在学术成果得到初步发扬之后，王子云以其“开始”之身，又“进一步地研究和介绍”，于 1957 年 7 月在北京中国古典艺术出版社出版了《中国古代石刻画选集》（此书早就完成结稿并且付印，到 1957 年得以正式面世，倘晚一步则必毁于“阳谋”之兴。王子云还有更加重要的著作即遭厄运而万劫不复）。王子云的自述说：“这种线刻技法，就现已发现的材料来说，最初是始自汉代，并且是由墓室画像石逐步应用到各种石材制作上；尤其是到了南北朝以后，在棺椁、碑志、门楣、柱础以至佛教的造像台座上面，几乎都刻有内容丰富的装饰画。这说明了我国古代劳动人民对于生活的热爱以及对于艺术创作的卓越才能，更说明了在我国各种优秀的艺术遗产中，石刻画是一种值得重视的资料。此外，还因为我国汉、晋、南北朝、隋、唐时代的绘画作品，除去敦煌千佛洞和新疆各地的石窟壁画以外，现在能够保存下来的为数很少，而这些石刻画，虽然是用‘刀笔’刻成的，但在我国民族传统的绘画艺术上，一方面表现出它独具的风格和特点，一方面更补充了那一时代绘画资料的不足。”

这两部著作的出版，说明新中国成立初期文化建设的气象。王子云在解放前的几年里，也编写完成了《汉唐陵墓艺术》《中国古代装饰艺术》和《秦汉瓦当图录》等，但都没有得到出版，就连编辑得十分细致完整的《教育部艺术文物考察团西北摄影选集》也静静地躺在纸堆里，无人问津。而新中国成立后这几年，就得到连续的出书机会，使得王子云的学术热情大感振奋。在当时出版的这些著作里，可以看出，王子云对自己工作的方向和意义有着学术的自觉。在刚刚结束了长达三年的“文物纠纷”之后，在最初进入西安美专进行美术史论研究的日子，他就以自己的文物考察所得资料，在全国美术界做出开创性的工作，这不仅对于王子云的一生是难得的一段学术生涯，对于西安美术学院（1960 年西安美术专科学校改名西安美术学院）的学术建设，也应该是一个宝贵的契机。西安美术学院作为西北唯一的一所美术学院，对于开掘西北的美术历史资源，本来有得天独厚的条件，又因为王子云多年对西北艺术遗存的考察整理，为国内第一人，他又是有着参与中国新美术运动，创办国立西湖艺术院和欧洲留学多年这样独特的经历，堪谓国宝的人物。以他多年教育和影响过的学生，多为新中国艺术界重要人物的关系，西安美术学院的学术研究，完全可以在全国美术界得长袖善舞之便。但是，当时的西安美术学院，被极“左”思想统治，领导者念念不忘的是“西安和延安”的阶级斗争，延安就是绝对的革命，西安就是绝对的反革命。他们不明白也不想明白，在中华民族的全部历史里，在中华民族的全部美术历史里，并不能完全用革命或者反革命来判分优劣。历史的瞬间往往被具体的政治话语笼罩，而着眼于历史全时空的艺术和学术便不免被践踏和牺牲。王子云的以劳动人民在艺术创造中的表现为核心的考察和研究，本来和无产阶级革命的方向并不相悖，但他在历史大动荡里的个人经历，却被权力话语与他的具体贡献硬性剥离，使得他在以后不久到来的政治风暴里毫无挣扎地陷于苦难。20 世纪 50 年代前期，王子云以中国古代雕塑为主的研究，在当时居于美术界前列，而他自己，也决心像一个胼手胝足的劳动者一般进入拼搏之时，却突然被迫停顿下来，承受着对他来说最为宝贵的时间的虚耗。他将怎样在屈辱和忍受里穿越这一段时间的隧道，他将怎样依靠自己在劳动里得到的强健身躯，依靠自己在生活变幻里形成的豁达心态，去争取自己人生长途里最后的跋涉快乐？而眼前，这一段对于 20 世纪生逢其时的知识分子痛心疾首的年华残废，这时间隧道里的爬行和穿越，望之只有“不堪回首”。

2. 君之瓮

何正璜于1957年10月5日写给西安美专党支部的信，叙述了她所了解的王子云被打成右派前后的情况：

解放后，王子云只在开始兴奋积极了一阵，也向我说了一些赞美共产党的话，可是到西安以后，我便感到他不像以前那样了，口气之间总感到是党对他不重视、不重用，对许多人被重视很不服气（如刘开渠、常书鸿等），尤其是他想参加人民英雄纪念碑未参加上，想到北京故宫雕刻馆工作未成功，认为他的所学在新社会也仍是不得所用，精神上总是沉郁不乐。我曾劝过他说我们对革命未流一滴血、一滴汗，相反的还为反动派帮了闲，今天烈士们换来的胜利果实，我们也能有份，这就很惭愧了，应满足了。他当时也同意我说的道理，说："话是对的，但和别人一比，就不免发闷（指刘开渠等）。"有时甚至和党员也比开了，如有一次他和汪占非主任同去北京，汪坐的软席，他却坐的硬席，回来就很发牢骚，认为是轻视了他；也正是为了想出名，想党能重视他，近年便埋头编书，他说过："等我做出成绩来，党自然会重视我。"

当肃反前，他就想参加民盟，和我商量想请武伯纶馆长介绍，后因民盟停止发展，肃反运动又开始，便暂作罢（是由我探知不发展盟员，便把此事不提了），后来，当周总理发表'关于知识分子问题报告'后，他便决定参加民盟，他说民盟是高级知识分子的组织，一个人没有组织关系很不好，参加共产党他自忖是不可能批准的，只好参加民盟，他还向我说参加民主党派也是靠拢党的表现，又说他的老友萨空了就是老盟员，萨是人民美术出版社社长，他认为加入民盟，出版东西也易于接受。

大鸣大放中，他在学校情况，我不得而知，回来的时间很短，除了商谈一些家务闲事及研究编书中的问题外，他向我谈及很少，有时间答一二句，深恐我追问。有一天，他忽然回来了，问之才知是《光明日报》记者来组织座谈，我当时也不明白是怎么回事，只觉这么远还派人来座谈，真想不到，我问："能去么？"他说："当然能去，你看各级机关、各报社都邀请座谈，党说了，每件事都要在谈了以后有着落，有解决。我对文物捐献的事，心中总感到遗憾，赵望云不能解决，趁此机会谈出，党会对此矛盾给予解决。"果然，他就去谈了，回来后，我又问他，今天你们都谈些什么？他说："有各大专院校的教职员，大约是民盟告诉他们（《光明日报》记者）我是艺专的盟员，才被邀请。他们发言踊跃，我最后才得发言，我以为艺专问题多，原来别的学校问题更多，我们平时不与人来往，因此一点不知，除交大是迁校问题外，其他学校多半是党群关系问题。”

后来，我得知他要去北京，我很为他去的目的不安，他却说新来一位夏校长为人好得很，他去北京是通过学校领导的，并有两位党员参加。我劝他不去，他说人员都已定了，不去别人也不愿意，又说他回校要辞去校务委员会的什么职称，以后只教课和编书，不要做什么负责的事，说这话时心情似很沉重，我想他是开始理解他是犯了很重大的错误了。

最近，在国庆节他回来了两天，这两天中我们谈得较多，我问他在校的情况，他前后谈了一些，现记录于下：“这是思想改造，我认识过去是错了，并愿接受改造就对了。”“横竖每个单位总要找一二人做对象，以便教育别人，这样，对我对人都有好处，也就这样吧。”“你知不知道国民党员中是否还有甲或其他等级之分？”“你帮助我一下，我难道有篡夺领导权的意思吗？我又不是党员，做领导是知道根本不可能的呀？我思想上最通不过的是说我想旧社会复辟，我连想都没想过，真复辟了我的雕刻史就出不了版了。”“这次教训太大了，我原来以为鸣一鸣就会引起党的重视，不料得到这种结果。”“你不必难过，我相信终于还是会像肃反运动一样调查明白的，何况自己原也是有错，这也是一个改造机会。”“假若能在我说错了话，过火地批评了领导，使党受了损失的基础上来改造我多好哩，为什么一定要我承认是想旧社会复辟呢？我从没想过要再过旧社会那种生活，本来是思想改造，却要违心去承认，令我思想上硬想不通。”“早不入盟，晚不入盟，偏偏遇见章罗反了党，真倒霉。”

何正璜的这封信，表明了王子云因为对自己个人名利待遇的不满而终于被打成右派。在当时的精神状态下，她不是替王子云辩解，而是站在党的立场上说话，但作为夫妻，她也客观地在表述中流露出对将王子云硬说成“想复辟”的不能苟同。知识分子多具有个人奋斗思想，也多希望在奋斗中得到社会评价和社会地位，而“评价”和“地位”无一不是通过“比较”而体现的。“无贵贱不悲，无富贫亦足。”（杜甫《书怀》）王子云在和美术界同行的比较里，最绕不过去的就是刘开渠和常书鸿。他的比较没有脱离开书生之囿，刘开渠在美术界人士里，是最先得到新政权重用的。解放后不久，刘开渠便当了杭州市副市长，这应该是美术界人士在当时得到的最高地位。王子云还不知道，刘开渠在重庆的时候，就和中共高层有联系，在一份回忆录里有这样的记述：“皖南事变”之后，周恩来曾经当面将一部分机密文件托刘开渠代为保管。这是怎样的关系，这是怎样的功劳？而王子云在解放前夕跑到国民党在大陆的最后一个据点成都，即使是不懂政治，但政治不能不考量你。还有常书鸿，他是在敦煌那样一个偏僻地方坚守着迎接共产党的，这样的形象和王子云大相径庭。固然何正璜心知肚明，在解放前的那段生活，毕竟是为国民党当局做了“帮闲”，这样的历史烙印，是需要长期的时间冲刷才可能逐渐消淡的。而王子云从来都认为自己和国民党没有什么关系，即使他被组织上从“敌伪档案”里查出是国民党员，而且是“甲级党员”，他还是不承认自己参加过国民党，也根本不知道什么是“甲级党员”。这事情，可能一直到他离开人世，他都没有真正弄清楚。直到写作这部传记之时，所幸当年“介绍”王子云参加国民党的张光祖还在，九十二岁的张先生在2004年2月5日和采访者有一段对话：

问：“王子云一直不承认他参加过国民党，而他的档案材料里有你在监狱里写的交代材料揭发了他？”

答：“国民党里有甲级党员，要由国民党省级以上干部介绍，我当时是陕西省党部的常务委员，有这个介绍资格，就可以不像一般党员那样履行仪式。”

问：“王子云到成都去，他是迁校委员会的成员吗？”

答：“他不是。当时西北大学、西北农学院、西北工学院三家，每家出三个人，没有王子云。”

西北大学参加迁校委员会的是张光祖、萧洛轩和赵进义，其中萧洛轩是当时政治系教授，赵进义是理学院院长，在西北大学出版社1997年版的《西北大学学人谱》里，有此二人的介绍，也有王子云，却没有张光祖。1949年以后，赵进义似乎没有受到什么追究，到北京先后在华北大学、北京工业学院为教授，并任北京市科联副主任等职。萧洛轩和张光祖被逮捕，萧洛轩瘐死狱中，张光祖被判刑二十二年，刑满后不得释放，又在监狱里待满二十五年，直到1975年释放全部国民党在押县团级以上人员，他才得出狱。比较之下，王子云的命运还不算很坏，他到成都去，有成都美专校长黄怀英的聘书，而且他确实一到成都就进入该校上课。尽管当时政权易手，每一个人都有态度表现，但没有哪一条规定，学校教授不能转校就聘。在刚刚解放的时期，旧政权的大量军政人员需要处理，对一般知识分子还顾不过来，要待政权稳固后，进一步的思想改造运动开始，像王子云这样的情况才被严厉对待。

王子云在落居西安以后，因为何正璜与张光祖的妻子雷锦章的关系而与张认识，何正璜以后又认识了张砚田夫妇。在那几年里，王子云忙于考察团的善后工作，以后到西北大学又来回奔波于西安和城固之间，他在西北大学没有任何党派政治活动，西北大学也没有他参与国民党活动的记录和反映。徐朗秋是西北大学总务长，是跟随校长刘季洪从教育部来的官员，连他也不知道王子云是国民党员，这说明什么问题？难道王子云这个“甲级党员”的神秘性和重要性超过了徐朗秋可以知道的范围？实际上，王子云对国民党的事情是一无所知，他也没有为国民党在西北大学或者别的什么地方发挥过任何作用，他跑到成都去，还想的是自己的业务发展，一到成都，就到成都艺术专科学校上课去了。张光祖很快被解放军逮捕，而王子云却没有任何事情。如果要说他对加入国民党一事连一点儿都不知道，这似乎也不合理，因为那时候国民党还在台上，即使王子云不想靠它达到什么目的，起码也不会预料入党给自己带来什么麻烦。比较合理的解释是：张光祖依靠自己的地位给王子云夫妇办了“甲级党员”的入党手续，他以为是给他们办了件好事情，起码不必像一般党员那样参加基层的日常活动。这也可以看出国民党的组织构成的松散，它绝不是像共产党那样有严格的组织纪律和组织生活。王子云既没有为其服务，也不觉得对国民党有什么组织上或政治上的责任。成都解放之后，他对当时共产党的政策还多有兴奋之感，以后，组织上调查加入国民党一事，他因为自己没有填写过任何表格，也没有参加过任何组织活动，不承认自己是国民党员，但国民党陕西省党部有过张光祖交呈的一纸名单，在政权更替时被解放军接收。这“白纸黑字”，早在组织的掌握之中，只是王子云自己不知道罢了。他越是回避其事，就越是受到组织上的怀疑。实际上，早在“反右派”运动之前，王子云和何正璜就已经是西安美术专科学校和陕西历史博物馆党组织的重点监视对象，从“肃反”“镇反”开始，虽然没有失去人身自由，但也遭受抄家及监控。有段时间，历史博物馆还派了一位女党员“进驻”何正璜家中，实行直接监控。王子云在西安美术专科学校也一度不许回家，要他交代问题。王蒨记得，有一次她牛病发烧，母亲带她到医院看病，却发现有个博物馆的工作人员一直如影随形地跟着她们。可能医院那样的环境颇有些“接头”的色彩吧。在严酷的政治斗争旋涡里，个体生命往往被符号化，符号的作用，有时候竟会让人啼笑皆非。国民党的著名特务沈醉，受戴笠、毛人凤等人栽培多年，手上沾有无数共产党人的鲜血，他是在成都附近被解放军俘虏的，以后，在战犯管理所服刑多年。但是，几十年后，在当时一批国民党将领的起义名单里有沈醉二字，据沈醉自己回忆，他当时的任务就是阻止起义，但在枪口逼迫下也不得不签名，但也就是这样一个并非情愿的签名，使他晚年得到“起义将领”的待遇。王子云根本没有为国民党效命尽忠的思想，却为一纸连自己都不知情的名单付出代价。这样的命运，都有“符号”作为基础。个性，个人行为的具体性、复杂性、可变性，在“符号”的规定性面前是那样难以言说。

关于王子云夫妇“祭刘戡”以及和胡宗南的关系，陕西历史博物馆曾经在1955年对何正璜进行过调查，何正璜的“交代”说：“一次是闲游的时间，到了刘戡陵前祭了一次，由张砚田带去的；另一次由张砚田专门把我们请去，说是胡先生今天要接见文化要人三名，请你们参加，结果去了便是辛树帜、陶峙岳和郭寄峤三人，一同去祭了刘戡，又参加了宴会。会上，胡问我：‘你是哪里人？’我答：‘我是湖北人。’胡说：‘我刚从汉口来，是一个好地方，可惜要丢。如果多给我几个师，我连河南都收复。真可惜。’张砚田对我与胡的谈话感到很满意。回来时，在汽车上，王子云说：‘此行无聊。’张砚田说：‘胡先生不是很看重你们吗？’王说：‘算了吧，我不愿意他看重我。’”此后，有人称王子云为“木头人”，称何正璜为“海外遗珍”。从这段“交代“材料也可以看出，王子云对国民党及其高官不感兴趣，甚至有“敬酒不吃”之慨。

王子云在西安解放前夕，前往成都艺专一事，是他在1949年以后诸事不顺的由头，而前往成都的决定，主要也是由何正璜做出的。何正璜亦在一份材料里说：“他因出身关系，平时比我进步多了，爱画贫苦人的形象，为这事我常与他争吵。他又不肯去四川，但因我坚持去，不得已才同意去。在初解放，我到张（光祖）家去听过一次美国之音，他大为反对，在这次肃反运动中，他对党的认识也比我强得多，总说：‘绝不是安慰你，而是共产党确是实事求是的，这点，你必须不作丝毫怀疑，靠了党没有错。’从这些方面看，他是比我好得多的。”

何正璜对组织的多次“交代”，都可以见出知识分子的“求真”态度，她以前对共产党的认识还不如王子云，但是，在经过几年学习之后，她的进步就超过了王子云，她希望帮助王子云一起进步，对以前发生过的一切也取得进步态度。在这样的原始材料里，可以看出他们夫妇在那一时期的精神状态。何正璜是一个富于热情而又颇具理智的人，她出身富裕家庭，从小接受传统文化教育，又在青年时期无忧无虑到日本读书，熟读历史，热爱祖国，在当时条件下比较容易接受保守主义的社会政治观念，这，从她当时发表的大量旅行散文可以得窥。比较之下，王子云倒是对当局有更多不满。关于这一点，何正璜也在同一份材料里有所分析：“因他生性孤僻，不爱讲话，很少人和他来往，他所有的友人，不过徐朗秋、萨空了、孟凌崖等二三人，其他的人都是由我认识的。他也有很浓厚的想往上爬的心理，无奈不会说，不会交际，很难办到，在旧社会满腹牢骚，但在新社会仍是不会说话，也仍感到‘屈才’的痛苦。”何正璜能够在1955年的环境里这样分析王子云，确实可谓“知夫莫如妻”。这位妻子，在阅读思考方面又胜过其夫，她总是能够在生活里寻找到自己的适应点，投注自己的知识和热情。在1949年以前的那些日子，何正璜的文笔虽然能够使得她的文章被报刊大量发表，被读者长久记忆，但她自己的社会地位却并未提高。王子云到西北大学当教授，她被照顾，安排为文物研究室的助理员，到陕西历史博物馆之后，她开始独当一面，并且逐渐得到提拔，当了博物馆的陈列部主任。在博物馆里，她的文才口才都出类拔萃，从50年代到80年代，她写作发表了大量介绍博物馆文物和宣传西安历史的文章，成为陕西省文博系统的著名人物。特别是她接待过大批国内外重要来宾，其中在1973年接待周恩来总理参观时，向周恩来反映“陕西博物馆地方太小，除碑刻以外的历史文物陈列应该另辟专馆”。她不是博物馆的领导，却对陕西的文博事业有长久的参与经验和感情，因为她所处位置的特殊性，她也发挥了特殊的作用。当时，周恩来总理就考虑陕西省应该有一所在全国领先的现代化大型历史博物馆。以后，这所博物馆终于在80年代建成。从50年代到80年代，何正璜的工作成绩和社会地位一直是在上升轨迹里，而王子云因为“反右”运动被戴上帽子，虽然在1962年就被“甄别”，但一直到70年代末，一直受影响，在相当一段时期里，王子云因为自己的问题，感到对不起儿女，在家里也是很压抑的。

当时西安美术专科学校被打成右派的还有老画家邱石溟和青年教师徐人伯、陈天、樊文江、梁善俗。其中徐人伯和陈天都是雕塑系教师，他们到西安美术专科学校的时候，王子云并不教雕塑，但是，他多年考察雕塑遗存的经历，在中国雕塑界是无人不知的，故而徐人伯、陈天对他都很尊重。陈天是徐州人，在中央美术学院雕塑系毕业以后，就曾经往新疆考察，以后来西安美术专科学校工作，其经历线索，也颇有些“王子云第二”的味道。陈天在“反右”运动里的态度，表现出强烈的个性，他根本不同意以组织名义给他加上的“反党”罪名，结果他的遭遇最悲惨，先是劳教三年，期满之后，恰又碰上全国性的自然灾害，大量城市工职人员被裁减“下放”。陈天的徐州老家已经没有什么人，本不是“下放”对象，但西安美术专科学校为完成“下放”指标，吃柿子先捏软的，把刚刚有了两个孩子的陈天“下放”到某农场，又干了几年苦力，后来在咸阳的工艺美术企业就业。直到1979年的大平反，陈天才重见天日，回到西安美术专科学校，又成为王子云的女儿王蒨学习雕塑的老师。他工作没有几年，便因为多年忧愤成疾，在六十二岁便撒手人寰。其他几位打成右派的教师，也都是往事不堪回首。撰写此书时，笔者和几位先生联系采访，最后都因“不想再谈那些痛苦事”而作罢。据王子云的二女儿王蒨回忆：父亲在世时极不愿意谈这段往事。有一年，学校一位唐姓的党委书记到家里向父亲宣布，在甄别工作中组织上决定摘掉他的右派帽子。王蒨当时正为客人倒水，看见父亲流泪说：“我就是对不起自己的孩子，把他们害苦了。”这也是王蒨一生中见到父亲唯一的一次落泪。王子云自幼养成的性情，不是爱讲话的人，对这段一生中最想不开的事情很少对人谈起。他以后的硕士研究生、1989年以后定居美国的孙淼在2004年夏天第一次回国探亲时对传记作者回忆，王子云有一次与他谈起往事，将头埋在双臂间很久，泪流满面地说：“‘引蛇出洞’这一招，把我的时间害惨了，要不然，我要多写多少东西呀！把我孩子的青春也害惨了。本来我是根本不想提什么意见的，硬是动员我讲，说不讲就是对党不交心。我讲的那些话，就是希望党员干部在业务上带头。”

西安美术专科学校的情况，在中国美术界、文化界，只是一个缩影。以中国美术界而论，在整个事件里，具有颇多戏剧性。中央美术学院院长江丰，本来是带头在报刊上发表文章，要和右派分子坚决斗争的人，但以后却不仅被划为右派，还被定为“反党集团的首领。在南京的华东艺专校长刘海粟，中央工艺美术学院副院长庞薰琹，均在劫难逃。以前西湖艺术院的老人林风眠和吴大雨也在上海罹殃，其中吴大雨早在1951年就被浙江美专解聘，实际上就是让这位中国现代油画的先驱失了业。吴大雨到上海后靠画连环画为生。林风眠1952年也离开了他亲手创办的学校，到上海当职业画家。在西安，连赵望云这位一直表现进步的老画家，刚解放时就担任了西北大区文化部副部长的老人，也划入右派之列。他的美术家协会主席的头衔一直戴到去世。但是，一个入了另册的人，怎样去发挥他的权威，怎样去维持自己的尊严？这，又是另外一道心路历程了。

3．西安的儿女们

王子云被打成右派之后，还是继续在西安美术学院史论系教书，他已经写成并且已经被人民美术出版社决定出版的《中国古代雕塑艺术史》却在马上发排的时候被撤下。《中国古代石刻画选集》因为在1957年夏天的风暴到来之前，已经印刷完成，并且发行于世，算是逃过一劫。从此以后，一直到80年代，王子云再没有任何著作出版。他被打成右派那年刚好是六十岁，平反之日，是八十二岁。这二十年，对于享寿九十四岁的王子云来说，其实是学术思想最为成熟、精力最为饱满的二十年，但却在歧视里苦熬而过，这其中，只有1973年到1974年的短暂时间，因为社会上有过对知识分子重新改造使用的“落实政策”，王子云也得以出行考察，为他重新写作《中国雕塑艺术史》争取到最后的实地研究机会。在漫长的二十年里，王子云的子女们，也因为父亲的“问题”，遭遇诸多不幸。

王子云和何正璜结婚以后，1942年有女儿王蔷，1944年有儿子王芃，1945年有女儿王蒨，1953年有儿子王蒙，1956年有女儿王艾。这些孩子的生活经历，多有可记叙之处。

王蔷高中毕业以后，于1962年考上延安大学中文系，毕业以后分配在绥德县一个乡镇中学教书，以后调回西安还是教书，一直到退休，没有离开过教师岗位。

1962年，王子云全家合影，前排左起：王艾、何正璜、王子云、王蒙，后排左起：王蒨、王蔷、王芃

王芃的命运就要崎岖很多，他在西安高中读书时喜爱文学，和几位同学一起组织了一个文学社，本来就是在学校经常出出墙报，并且给《西安晚报》等报刊投稿，如果现在找出他们当年的作品，基本上都是和当时文学青年的热情讴

1986 年，王子云与家人在一起

歌社会主义、讴歌共产党、学习雷锋一类题材大同小异。辅导他们的语文老师，在当时应该是一个有些个人思考的人，也给这些文学青年谈过些独立思考、反对个人迷信之类的“异端”。当时的社会形式，是“狠抓阶级斗争”，抓得确实狠，1964 年，居然把这位中学教师当反革命抓起来，并且判了死刑。这阵仗，把何正璜吓坏了，如果继续抓下去，性情豪放、敢说敢写的王芃难免受牵连。她很快就要王芃报名到周至县的农村当了农民，以后，王芃又当乡村小学教师，当中学教师，大量知识青年回城的时候，王芃已经在农村有了家庭和孩子，他没有回城，一直生活在周至县农村。

王蒨 1964 年高中毕业，她也喜欢文学艺术，但是，在 1964 年的高考里，她却因为家庭问题的影响，明明知道自己考得不错，却还是名落孙山。和她同班的一个女生，学习成绩好得让老师都吃惊，数学老师有时碰见难题还要问她，在高考后，她自己装订了几个大笔记本，说是准备“上清华用”。没有人认为她是胡说八道，知道她的人认为她的成绩上清华北大应该是探囊取物。但是，发榜的时候，这位同学连大专都没有考上，因为她的父亲也是一个“右派”。看见这位同学的结果，王蒨什么也不再多想，在那样一个时期，像她这样的家庭，因为自己的父母是知识分子，自己的父亲是被划入另册的知识分子，她就只有远离继续获取知识的大道。以后，又经过许多磨难，王蒨被安排在碑林博物馆工作，她在雕塑、图案创作和美术理论研究方面有许多建树，曾经获得过比利时国际发明博览会的金奖。

王蒙中学毕业之时，恰碰上三线建设，在安康修襄渝线铁路，他去当了一名学兵。得父母艺术天分的遗传，更因为自己的努力，王蒙以后成为陕西省的一位著名书法家，还任陕西省人大代表、陕西省书协常务副主席。

王子云和何正璜的小女儿王艾，上小学时就碰上“文化大革命”，但她却在动乱年代大量读书，文学、艺术、哲学、历史无所不涉及。“四人帮”下台，恢复高考，她考上北京师范大学中文系，以后又在这所大学读研究生。王艾写作过不少中短篇小说，发表在《延河》等文学刊物上。以后，王艾定居美国。

4．转机

何正璜自从到陕西省历史博物馆工作之后，才能逐渐得到发挥，根据她的部分日记，得见她历年出差和参加社会活动的情况：

1954 年，何正璜第一次被博物馆公派往北京出差。

1956 年，到济南参观，转北京，参加江丰、刘开渠召开的美术座谈会，听唐兰讲课，产生加入中国共产党的愿望。

1957 年，往陕西永乐宫考察壁画，遇见画家刘力上和美术史论家邓白。

1958 年，与陕西省历史博物馆书法家段绍嘉往兰州办展览。

1959 年，受派往武汉、南京、苏州、杭州、上海等地出差，在杭州楼外楼就餐，想起这里是王子云昔年常来之地，不仅思怀：此时子云若在一起该有多好！当时市场供应已经十分紧张，在上海，住和平饭店，得优待购买一辆永久牌轻便自行车，又在锦江饭店受市文化局招待，在青浦、嘉定等县受招待，得食西安多年不见之螃蟹、大虾等物，离开上海时感叹："告别了，和平饭店，告别了，这里梦幻似的生活。"

1963 年，参加延安革命博物馆筹备工作，并往北京学习博物馆学。

1964 年以后，社会主义教育运动接连"文化大革命"运动，博物馆的正常业务基本停顿，1969 年，在接受改造劳动的时候，听到工宣队一个师傅讲"历史问题也有社会背景"，便感动得热泪盈眶；看见报纸上发表的一幅印度儿童挨饿的照片，想：只有毛主席思想才能救他们，只有强大的中国才是他们翻身的希望。为跟上时代要求，彻底改造自己，每天提前一小时到单位扫地，有赎罪感、幸福感。

1970 年 6 月到 9 月，被派往旬邑县办地主庄园陈列馆。

1973 年，到北京，参加全国文物工作座谈会，拜访吴作人、黄胄、李苦禅，得到各人赠画。拜访王朝闻，见其正在写《论凤姐》。王也托何正璜请石鲁写鲁迅语录。在北京期间，学习的主题是展览如何为阶级斗争服务。当时有各路专家提供了很多新发现，如唐代诗人杜审言的《旅寓安南》、贾岛的《送安南惟鉴法师》，可以说明那时期的边疆形势，为正在发生的"西沙之战"服务；新疆新出土的"坎曼尔诗笺"有《诉豺狼》等篇，可以说明唐代农民受压迫（"文化大革命"结束以后，有学者证实所谓"坎曼尔诗笺"，"笺"为真，"诗"实假，是利用出土残纸新写的"现代古诗"）。

1956 年，何正璜参观沈阳清北陵

1975 年 3 月，到北京出席各省、市文博工作会议，住国务院第一招待所。这次会议上，文物局长王冶秋做《文博工作如何为无产阶级专政服务》的报告，学习张春桥的《论破除资产阶级法权》文章。离开时又生感慨："在这豪华舒适的房间里，只能住这一夜了。多么值得珍惜的回忆呀！""平生第一次坐飞机，不是这个机会，怎么能公费坐飞机呢？这里的房费是 18.9 元，飞机票是 57 元，真可算豪华了。"

从何正璜的这些记录着自己真实生活和感受的日记里，可以看出，作为一个知识分子，如果没有"公家""单位"的使用，就没有活动天地。在普遍贫困的社会生活里，只有和"公家"结合，才可以得到一些普通老百姓一辈子都不可接触的生活。而这样的"结合"，在"以阶级斗争为纲"的几十年里，其实是知识分子真正价值的全面沦陷。以何正璜的个人命运为例，她的处境地位是在不断提高，也经常能够和上层文化圈子接触，但，她的那一支充满情感、细腻而幽微的词笔呢？在几十年的时间里，她到过很多名山大川、通都大邑，但是，我们再看不见她以前那样的文章，即使是表达"爱国主义"之情，她当年的"含泪返国门"多么荡人心魄；即使是旅途倥偬，她当年在秦岭山里一灯如豆之下所写见闻多么令人神往。而如今，她能写什么？她的日记，只能记下一些流水账。但也正是这样的流水账，也可以让我们看出社会精神的实际。和何正璜相比，王子云这时候已经被强迫退休，他已经没有任何"出差"机会，再不可能因为"公家"而得到任何风光。也正是在这样的情况下，王子云俗念尽息，开始在家里闭门重写他的《中国雕塑艺术史》。回顾往昔，当时能够被“公家用”、也“用公家”的文艺家，写出来的基本是废品。曹禺不世奇才，在几十年时间里逢会多坐显席，出国如出家门，到晚年发现自己浪费了一生中最宝贵的时光，别人或者谅解他，他自己不能谅解，自骂：“我简直是一个混蛋！”当时的沈从文对曹禺、丁玲、巴金既羡慕又不服气，但他在被热闹的文场几乎忘记的环境里写出了一大批文物考古方面的著作，所谓“置之死地而后生”。这时候的王子云也是被美术界遗忘的，但他也在进行着自己一生中最重要的著述。命运就是这样捉弄人，你不想过的生活，却不得不过，而在这样不得不过的生活里却成就了最有价值的事业。“自在不成人，成人不自在”，这句老辈子教育小孩的话，却被无数名家大家的现代遭遇做了最生动的诠释。

何正璜所记录的那一时期的艺术家的卑微心路还在进行，且看：

何正璜1975年到上海，去拜访林风眠，这时候林风眠因为自己多年前娶法国妻子的事情，被怀疑为“法国特务”，被关押多年，刚刚出狱。何正璜去见他，是通过派出所打听到他在南昌路53号的地址。此时，何正璜在上海出差的旅中，收到陕西省宣传部门一位领导的信，希望她在见到林风眠的时候一定要为他求一张画。在那个时期，能够知道林风眠的画，应该说是颇有见识了。这位领导是个艺术爱好者，早在“文化大革命”之前，他就因为工作关系，得到过在陕西的画家赵望云、石鲁等人的大量画作。那时候，作为一个宣传文化部门的领导干部，能够向哪位画家要作品，一般都被看作是对画家的尊重，而画家也多乐于“求正”。可是，这次，何正璜收到他的信，却颇为难：林风眠是几十年没有见到的老师、老朋友，谁知道他现在是个什么情况，是什么心情？何正璜在1975年10月26日的日记里写道：“林不认识我了，我说是王子云要我来看你。谈到要画的事情，他一口拒绝，一小片也不给。我略显告辞之意，他马上送客，只是在出门时说了一句：‘问王子云好。’”想起当年和王子云订婚的时候，与林风眠先生一起在重庆的咖啡店里秉烛而谈，那是多么温馨的气氛，而如今，大劫归来，人皆不堪，自己这样跑上门来，并且开口为别人要画，真正有难言尴尬。过了三天，何正璜日记里又写道：“某某今天又来信，不但要他女婿来取林风眠的画，而且在信上开了许多人名，要我去帮他要画。真是不知今夕是何年，和一不熟的人出此难题，自己也未免太不识相了。净是些没办法的事，可恼。”当时，林风眠还是一个“反革命”，这位宣传部门的领导能够不厌其烦地通过何正璜要他的画，可见他的艺术眼光。但也正是碰上何正璜这样有个性的艺术家，表面上不能拒绝，却在自己日记里留下当时的感受和评价，“太不识相”，可谓厚谴，读书人若当面闻之，必自容无地。林风眠、何正璜、那位宣传部门的领导，现在均成古人，但中国的书画市场却已经空前热闹起来。林风眠的一本册页，拍卖成交价是一百六十万人民币。而傅抱石的一本册页，拍卖成交价是两千六百万人民币。有位美术评论家撰文，认为这些收藏画家作品的宣传部门领导实际上早就在进行“权力寻租”。因为时移世易，今天名画家的作品的“天价”和当年的“不值钱”之间的差距太大了，当年收藏画家作品的人恐怕很难接受，何况，当年的一些文化宣传部门的领导和画家之间本来是朋友，他们中间也有人自己就是艺术家，与画家之间的关系不能简单以“权力寻租”论，如蔡若虹与林风眠，郭沫若与傅抱石，但像何正璜日记里所录这位“太不识相”的干部，则分明是利用别人的弱势处境，“拾到篮子里就是菜”。如果仔细寻绎画家们在各个历史时期和文化宣传部门领导的关系，也应该是中国现代美术史中最能显现幽微的内容。

何正璜1976年1月到北京出差，恰遇周总理逝世，她马上和同行的博物馆同事给治丧委员会发一电报，请求不要火化遗体，又要求参加中国历史博物馆举行的追悼会，被拒绝。1月11日，何正璜路过天安门，对着正在举行周总理祭奠仪式的劳动人民文化宫“望门流泪。传来一阵阵的哀乐声，全城在悲痛中，纪念碑的台阶上，一个老妇哭得哀痛欲绝。这是一次最大规模最真实具体最明确的民意测验。这种自发的、禁止不住的悲痛之感和行动，在中国是史无前例的”。

她在北京，买了很多猪肉猪油之类当时的紧缺物品，也写了这样一段日记：“在北京见供应这样好，觉得不公平，说什么地方都一样工作，是欺骗人。进京的感受居然如此。”

也可能意识到自己的日记里有不少不合于时的议论，当1976年清明节北京群众因为悼念周总理遭到残酷镇压之后，何正璜感到又一场大规模的恐怖可能到来，她便在日记里也写了些“表态性”的文字：“坚决镇压反革命，拥护中央英明决策。”

第九章　聊发少年狂

1973 年，王子云考察四川广元千佛洞时留影

1．“文革”中有段小阳春

从1957年开始，王子云在西安美术学院就抬不起头了，所幸何正璜还没有被“双打”，得以在陕西省历史博物馆继续进行自己的工作，也让这家庭不受扫庭犁穴之毁。从此，王子云便十分刻苦地改造自己。何正璜记得，1964年，王子云被学院派去陕北洛川县搞“四清”运动，临去时，何正璜给他买了一件新棉袄，这是王子云多年来难得添置的新衣服，但是，“四清”回来的时候，王子云的新棉袄却留在了他居住的老乡家里，他说：“农民老乡太可怜了，一家人只有一床破棉被，全家没有一件像样的棉衣。”王子云不仅把新棉衣送给了老乡，连自己身边的一点儿零用钱也留给了老乡。何正璜说：你送给他们那么好的新棉袄，他们又怎么穿得出去呢？为什么不拣件旧点儿的衣服送呢？问过这话，她又失悔，王子云又哪里来两件棉衣呢？他把自己的新棉袄送了老乡，就只有把其余的毛衣线衣褂子全穿起来御寒，像湖北家乡话说的跟“裹砣粽”一样，给他买这件新棉袄就是怜惜他年纪大了，快七十的人，穿件轻松点儿的新棉衣也算是一点享受吧，可是他没有这个命！何正璜不好多说什么，说多了王子云要批评她的资产阶级思想。他们看过《青春之歌》这部电影，夫妻俩议论起来，说何正璜一点儿不像林道静，王子云也不像

1973年，王子云在四川考察

余永泽。如果要说哪个对农民更了解，更同情，那么，王子云倒有些像林道静。何正璜当然也不想学余永泽，抗日战争时期她没有和同学唐平铸一起奔赴延安干革命，但是，解放以后这些年，她是跑着步要跟随时代。本来，在这个家庭里，何正璜以为是自己的社会关系比较"复杂"，张光祖、张砚田这些国民党官员都先是她的关系，然后才和王子云有关系，如果要追究起来，应该是她何正璜问题大，她也向组织上坦白地谈过这样的认识。但是，组织上在政治历史的审查上也有些"重男轻女"。王子云明明比她思想进步，却偏偏被打成右派。王子云虽然在政治上入了另册，每碰上什么事，还是比何正璜更加"林道静"。这，也让何正璜又尊敬又有些埋怨。最后，何正璜还是免不了提醒老伴："你衣服送了是好事，不要惹出坏事来。"王子云不解，何正璜又说："你说什么农民太可怜了，这个话千万不要到外面去说。这不是污蔑社会主义吗？这不是污蔑农民兄弟吗？"王子云听了只能叹一口气，古人云"富贵不归故里，若锦衣夜行"，他解衣推食，帮助农民，分明做了好事，却不敢享受心灵的快乐，还得悄悄地"夹起尾巴做人"。

1973年以后，"文化大革命"虽然仍在进行中，但大规模的群众运动已渐平息。"落实知识分子政策"被提上日程，在这样的形势下，王子云也觉得自己的平生所学应该对这社会还有点儿用。他通过西安美术学院，又向省革命委员会文化局书面要求，为写作《中国雕塑艺术史》，需要到全国各地参观考察。这申请居然得到批准，同意他到全国各地考察，地点自己决定，报销一人之费用，陪同者旅费自负。

2．首途天府乐看山

王子云选定四川为此次考察第一站，于1973年10月11日出发。本来，先到成都，通过省级文化机关向下面介绍，可以得到食宿和参观方面的一些方便，但为节省旅费和时间，他决定顺路先考察广元地区的著名石窟，陪同他的是大女儿王蕾的丈夫任之恭。王子云已经十多年没有离开西安，乘火车过秦岭，想象中亦生壮慨，可惜路过秦岭是在半夜，老人激动难眠，趴在车窗上凝望外面，一片漆黑，三十一年前带领西北艺术文物考察团翻越秦岭的情景恍若在目。如今，虽然早过古稀之年，还能够再越秦岭，心头颇有廉颇未老的激情。

次日清晨到广元，王子云连早饭也没有吃，提着行李便往离车站不远的皇泽寺参观。1949年，王子云在成都艺专短期任教，曾经来此参观过。当时心情促迫，前途未知，未能仔细，此番来到，心情自是欣悦，便也看得周详。广元是武则天故里，传说皇泽寺是因她而建，其实，早在武则天之前，此间石窟已见规模。广元为川北重镇，佛教从西域入川，必经此处，故广元的寺庙和石窟雕刻亦可显佛教从南北朝开始到宋代的发展轨迹。这一回王子云时间自由，心态从容，一天之内便两次看皇泽寺，次日又往看千佛崖。王子云认为，此地佛窟，可以与敦煌、云冈、龙门媲美，规模亦不下之。由于地势原因，此间洞窟不作横向排列，而呈高层重叠，恰又成为特色。以前，王子云和何正璜乘汽车经过这里，在何正璜笔下有所叙述。30年代，修川陕公路时，没有文物保护观念，公路径直过窟下，并炸毁一段最宝贵的崖壁，原有窟龛造像一万七千多尊，仅存不足一半。王子云1949年从西安往成都时，在汽车上见

1950年，王子云（中）在四川考察石窟

1973 年秋，王子云赴四川考察，老友郑鸣玉在成都汽车站迎接

到被破坏的佛头残躯满地皆是，曾为之不快多日。王子云认为：这里的窟龛造像多为中晚唐时期作品，可以与洛阳龙门多见初唐特色前后衔接，为研究唐代雕塑提供了对比资料。“巴中四龛”也是著名的造像遗存。所谓“四龛”，是分布在县城外东南西北的四处佛龛，王子云冒雨看了南、西二龛，因为龛窟所在地道路崎岖难行，在泥泞土路上走得满脚黄泥，疲惫不堪，但是，他兴致十分。在巴中县招待所食宿，恰逢县上开干部大会，伙食很好又便宜，这使得长期居处西安家中的王子云十分快乐。东、北二龛虽然因为下雨而不能前看，他在川北的考察亦算心情愉快。

到成都后，他们被文化局介绍到四川省博物馆住宿，得到副馆长冯汉骥热情接待，参观了正在举办的出土文物展览，并选择该馆所有的多幅文物照片请馆方帮忙洗印，得到满足。这应该说是四川省博物馆对王子云的特别友好。中国的博物馆行业，互相之间的合作关系，因人因时而异。沈从文作为博物馆系统的专家，在前往上海博物馆公干时，就受过冷遇，他初时不解，后复悟之，原来上海方面人员到北京时可能也吃过闭门羹，此为报复之行。王子云不是博物馆工作人员，没有恩怨在其间，四川博物馆对他的热情，完全出于对一个老专家的尊重。中国社会的人情关系，一般来讲，当然是有熟人、有关系好办事，但也有例外。王子云对在外旅行之所遇，是感觉细微的，他不仅记下专业考察的收获，也不遗食宿接待的细节。如果有何正璜的生花之笔，那真是有趣的旅游妙文。在成都，王子云看了王建墓。以前，王建墓长期被认为是诸葛亮的抚琴台，王子云亦记得他自己以前也相信此说，曾经来此登高释怀。王建墓是新中国成立之后发掘的，以后墓室开放供参观。王子云在观察其墓道侍臣雕像后，认为其仪态颇类似陕西关中唐陵前石像，应该可以证明唐以后五代十国的礼仪制度皆沿袭唐制。

参观之后，饥肠辘辘，王子云直奔春熙路的小吃店，他知道那里的“担担面”和“赖汤圆”价廉物美。从青年时期四面奔波养成的习惯，王子云最喜欢街头小吃。他可能想起杜甫写过“酒债寻常行处有，人生七十古来稀”的句子。王子云已经过了古稀之年，还能有此雅兴，而诗人没有活到六十岁就在贫病中撒手人寰，这不能不感谢造物主对他的厚待。这次，他有机会“出差”，首选成都，除了要考察四川各地的大量雕塑遗存，其中还有一个不便明说的原因，就是天府之国吃饭便宜且好。70年代的中国人，对毛主席语录背诵如流，其中最熟悉的是："世界上什么问题最大，吃饭问题最大。"王子云概莫能外，尤其在他的家里，他和何正璜都不是过日子的能手，平时生活，多是凑凑合合。自从被打成右派，工资降了好几级，家里孩子们一个个长大，却不能在经济上得到宽舒，像当年在孔德学校那样和马二先生一起经常进"东来顺""全聚德"的日子，是想也不敢想。在四川的生活，小吃丰富，价格便宜，真是让他感觉到"幸福啊"！

出成都，王子云还到了乐山，在乌尤寺考察时，看到正在这里举办的乐山地区出土文物展览，他了解到乐山郊区麻浩湾出土了东汉阳嘉三年邓景达冢的墓道门额雕刻，有释迦牟尼趺坐像，认为这是全国范围内汉墓中仅见之一例，可以为佛教自东汉传入中国之确证。过峨眉山，王子云不怕老迈，想一往而登，但是，上下需三四天时间，他想起自己这次出行，是公家出旅费的，游山玩水只能捎带，不可过分，遂只在山下报国寺望彤云而知返。

在夹江县看千佛崖造像时，他遗憾的是，这里的造像已经在兴修水利时被破坏不少。他自己计算，按照原有的编号，应该有佛龛二百二十多，但中间部分已不可见。他认为此处佛龛雕刻手法细致工巧，内容体裁也见特殊，有四川地区佛像雕刻的独特风格。与巴中所见相比，得到认识是：出资造像者多为一般信众，规模不大，但亦因此而雕制出多式多样不同类型的作品。

在仁寿县，也有"千佛崖"，王子云所见雕刻，认为虽然规模比夹江"千佛崖"小很多，但有的龛像把佛教故事雕在龛沿上，十分别致，为他处少见。在"望峨台"，见到有九尊像将供养人也雕在左右，成为十一尊，这也是别处少见。这些发现，可以见出作为雕塑艺术家的王子云观察之细致，一个七十六岁老人，在攀高下低的考察里得到这些非亲历不能得到的收获，也可以见出这时候他对自己专业的执着。不唯如此，他所行之处，还随时和地方文物部门的朋友聊天，其所闻又并非纯粹的艺术可概。在荣县，他在参观当地"千佛崖"时见大部分雕像已经剥蚀，十分可惜，从县文化馆朋友处得知，他们已经多次报告请款维修，而此时正在乐山举行的全省文物工作会议，却未得参加通知，这样，维修之事便无从谈起。王子云闻知，觉得文物部门也还多在搞阶级斗争、路线教育，而实际工作被放在一边。他在陕西和西安也没有什么发言权，何况现在是旅中客位，也难再多讲。

离荣县，目的地是安岳，顺路过自贡。本来想去参观盐井生产情况，因在四川出土的汉代墓砖浮雕上看见过表现盐井取卤煮盐题材，兴趣甚大，但因为时间不裕，遂放弃，就近在市区参观了于"陕西会馆"故地设办的"盐都历史博物馆"。在这里，所见陈列全是旧社会工人受剥削的内容，而王子云想看的盐井生产情况却全无表现。工人受剥削当然是历史真实，但未必是全部历史和最主要的情况，以"自流井"的发展而论，王子云在以前的教科书上看到的是其历史的悠久，说明中华大地的丰富物产和中华民族的智慧勤劳，而现在的陈列，只宣传阶级斗争，而把民族文化中科学技术及工业的发展面貌全部笼罩，也不能让人看到更多开启知识的内容，这不能不让他怅然又憾然。但这样的纳闷是不能对人讲的，只是让一段旅途沉闷起来。

在资中停留半天，王子云也往城北重龙山看了千佛崖。这里的佛龛雕塑比荣县保存情况要好，虽然是走马观花，王子云也观察到此地雕塑的特色是供养人的衣饰华美。沱江两岸风光秀丽，田野肥沃，物产丰富，经济条件对艺术的滋养在这里表现得很清晰。比较之下，离资中不远的安岳县更具这样的特点，仅县城附近就有二三十处造像群。在安岳虽然只待了两天，王子云却不仅到野外寻看佛窟雕像，还借来县志，查阅历代佛窟建构情况。他还冒雨走到三公里外的千佛寨，沿山路而上，观察了此地的佛窟特色：山的最高处为一平台，四面或前后两面形成垂直崖壁，佛龛即建于崖间。到山顶，可见不少丘陵起伏的山头上，多有类似的崖顶，四川中部丘陵地带的佛窟建筑，大都取此种地形的便利。

离开安岳，下一个目标是大足，应该是此行四川考察佛窟雕塑的主要目标，但沿途还有不甚著名的华严洞和毗卢洞，王子云也不甘心放过。为看华严洞，投宿于一乡镇旅店，在雨后泥泞中步行十公里，回到旅店，自觉精疲力竭。次晨又于6时起来，步行五里往毗卢洞，在这里看到雕像人物与真人同大，形象真实生动，为入川以来仅见。在此流连

1973年，王子云在四川考察

不舍，但为赶乘过洞外的班车，不得不离开。

到大足，当天便往北山即龙岗山看佛窟雕像。王子云注意到此处雕像，如“数珠观音”，少女面目美媚，具有四川女子的明显特色，可见当时民间艺术家雕像时亦多以真实人物形象为依据。龛高仅三米多、宽仅两米多的“观无量寿佛经变相”龛，雕像大如拳，小如指，人物达三百八十多个。还有十六座歇山，悬山古建筑形式丰富，树木、鸟雀、飞天等均精致入微，在中国佛窟雕塑中表现出别无二致的四川特色。这样的参观，全身心投入，王子云还不停记录，完全忘记自己已经是七十六岁的老人，只为能够这样自由自在地和他喜爱的雕塑佳作在一起而欣悦。中午回招待所匆匆吃午饭，不做片刻休息，便又走往城南的玉皇观看道教造像。这里的道教造像显然受佛窟造像影响，也以龛像为多，这在道教造像中不多见，王子云对这样的特点，都做了记录。他很觉收获，如果不能亲自前来，怎么能够弄清楚这样的一些细微。

到世界闻名的宝顶山，王子云冒雨走了二十公里，中间经过一水库，坐渡船，他权当歇脚，而且心情极好地欣赏起周围的山水风光。有记曰：“青山绿水，明净无波，岸边间有红叶映照，雨中更显艳丽。”王子云的为人为文，本来是朴实无华的，当此美境却引发诗情，他是经历了多年的挨整生活，有劫后余生的庆幸。“世路如今已惯，此心处处悠然。”最难得是还有如此身板腰脚。雨中跋涉，四野无人，偶尔向路边蓬门小店问路，被问者一面夸老人精神好，也不免觉得在这样的雨天里跋山涉水，是“遭孽”，陪同的女婿也感到老人为艺术而这样吃苦受累，希望他留心身体，不要太过苛苦自己。他却觉得到老而能放步原野，正是自己的幸福，是金钱地位都换不来的人生至福。

到山顶已经中午，寻一鸡毛小店安置，饭后就赶往大佛湾。宝顶山石刻共有五千七百多尊，在山谷中开凿成三面平直崖壁，历二百多年陆续雕琢而成。此处佛像的创造，先有比较全面的计划，将佛家故事，按题材分门别类安排，并使之互相连接，将佛教经义形象化并且世俗化，成为历代僧俗参拜顶礼的“宝顶”。以后，大足石刻列入世界文化遗产名录，也成为四川的一处重要旅游热点，交通住宿娱乐等设施鳞次栉比，早非昔年模样。而王子云则在人迹稀少的时候来这里仔细观览，真是他雕塑生涯中的幸事。此行的收获，他还证实了自己以前的一个揣测：当《收租院》泥塑的图片发表之初，王子云就从其故事安排和人物造型等方面联想到，是不是受大足石刻的影响？以前他曾经在重庆西南美术学院看到一些用石膏翻制的大足佛像，这次仔细观览，实证所想非妄。当然，身处四川的雕塑家，怎么能放过身边的艺术资源不加利用呢？

返程的路途依然是二十公里，依然是步行，雨下得比来时更大，王子云心里却充满收获的快乐。在这次四川各地的踏勘里，他有三次是冒雨步行数十里，头顶一块塑料布，脚下是稀泥乱石。这情形，也使人想起沈从文描绘过的生活：他在北京的中国历史博物馆当研究员，早上捧一块烤红苕充饥兼暖手，下雨天披一张麻袋片。这时候的沈从文是五十多岁，在这样的时刻，他想起以前的老朋友如丁玲、茅盾、曹禺、巴金等人经常飞机来去，旅行出国，心里泛起无限苍凉。而这时候的王子云，已经是七十六岁的老人，他的心里却并不苍凉。他的学生辈如刘开渠，在刚刚解放时便当了杭州市副市长，以后又是中国美术馆馆长，又如王朝闻，也早是美术界的领导。那时候他却因为“文物案件”被搞得一塌糊涂，紧接着又被扫出人民队伍，那心境，就不是“苍凉“二字可以形容。而如今，经过了“文化大革命”这样一场运动，不论是被长期凌辱的，还是曾经飞黄腾达的，几乎都殊途同归，都看清了命运原来不在自己手里。现在，大家都陆续浮出水面，世态炎凉都品味过了，而他，王子云，还能够这样壮阔地行走，这样壮健甚至壮烈地行走，他确实是只有欣悦而没有悲凉。何况，在他这一次的行程里，本来就安排得有条不紊，有吃力也有轻松，有山路也有水程。下来的三峡之行，在他的预算里，就是吃苦受累之后的休歇。

3．江间波浪兼天涌

重庆，是王子云和夫人何正璜相识的地方，也是西北艺术文物考察团成立的地方，当年，这里的桨声灯影，都曾经是王子云心中的梦幻。他曾经短期任教的成都艺专，以后也改名四川美术学院，迁来重庆。在这里，有他的同事，也有他的学生。在重庆，他见到在四川美术学院任教的沈福文、罗方荣、毕晋吉等，也见到在重庆工学院任教的赵人林、顾汝成。王子云想起杜甫的诗《赠卫八处士》：“少壮能几时，鬓发各已苍。焉知二十载，重上君子堂。”而他和这些朋友阔别又岂止二十年。这些年来，他们都不敢互相联系，王子云是害怕自己的“问题”影响别人，经过了“文化大革命”的天地玄黄，现在似乎有些淡化这样的问题了。大家把酒忆往，放怀谈天，这是他们难得的快乐日子。

长江旅次，前半段使王子云得到“老专家”的享受。因为在重庆时间从容，又多熟人，他买到了二等舱船票，沿途听江间巨浪，望山头流云，过三峡自觉心中豪情奔涌，不减少壮之年；洞庭湖中，江水如九曲回肠，王子云久倚船栏，任江风拂面，遐思奔流，久久不愿意回到舱中。他自从定居于西安，已经习惯了大西北的生活，也很少有机会再到南方。这次出行，心情就像被捆缚很久的鸟儿被放开了翅膀，虽然已经不能振翼高飞，伸展身体、放豁眼目，毕竟是他最向往的生活。对于一个文化人来说，严酷的北方最适宜于闭门做学问，而滋润的南方，四时的明媚却总是吸引人进入大自然。这样的变化如果能够自己自由支配，动静相合，燥润互得，当然是最理想的。可是，王子云在西安的斗室里被禁锢得太久了，在南方的旅行生活，被他当作节日一般，仔细地品味，充分地享受。他旅行了长江，还想上庐山。在武汉到九江的行程，他只买到五等舱，只能在过道上席地而坐。这样的滋味和昨天的二等舱简直判若霄壤。这是一个人的身份无法准确分判的时期，像王子云，昨天是受人尊敬的老专家，前天却是入另册的“反动权威”；老专家的味道刚刚享受了一点儿，今天又因为人地生疏，若流浪者一般在船舱过道上栖身。也因为这是一个人的身份没有明确判定的时期，王子云也感觉到大家表面上的平等：五等舱和二等舱，用餐都一样，都到大餐厅去买票排队。这使王子云想起他 1937 年从法国回上海的旅途，因为他坐的是五等舱，就连吃饭也只是高等旅客吃剩下的东西。那是金钱可以旋踵决定身份的社会，而今天，有钱不一定有用。比如他现在，买二等舱可以报销，买到，就可以睡在房间里，买不到，就坐在地上。他的实际身份一点儿也没有改变。在这样的比较里他也很坦然。他和那些一样没有舱位的旅客随便拉话，觉得很快活。开饭的时候，他为补偿没有舱位的不顺，特别多买了几个好菜，吃得盘光碗净的时候，轮船已经在九江码头靠岸。庐山的风光当然是让王子云陶醉的，他此来已是深秋，避暑的意味已全然没有，倒是看见满山红叶，表现出大自然经历过春之勃发和夏之灿烂后的浓烈。晴空下的红叶，像是热烈而不甘凋谢的生命。作为一个老艺术家，在这样的情境里不能不生出无限的感慨。王子云最不能自已的，就是想干的事情太多，而所剩的时间却难以预料。他觉得自己的生命就像那秋空下的红叶，还可以贡献给这世界以美，而红叶再美，也将很快飘零。也像这红叶一样，给世界奉献美，却不会占据这世界什么，王子云更加希望自己在有生之年赶快做事。在庐山，王子云看了博物馆收藏的清初人物画家许从龙所作的巨幅罗汉图。画界传说庐山博物馆藏有许氏所作罗汉为五百幅，王子云慕名来观，才得知现存实际只有一百来幅。这也很难得了。王子云所见，画幅与真人同大，笔墨生动，线条遒劲豪放，是古代人物画中难得的妙作。

4．研艺能不下江南

沿江而行，到了南京。王子云记得，以前来南京，从下关进城，坐黄包车，要近一个小时。而如今，坐公共汽车则只要二十来分钟。他感到社会的巨大变化和发展，当然，那时候的他，不可能想象再过二十年，有点儿名气的书画家用上私家小汽车也会成为普遍现实。

在参观江苏省博物馆的出土文物展览时，他注意到南朝墓砖线雕人物“画”，认为是其他各地所罕见。他还到甘家巷一带看南梁朝诸王墓石雕，又登栖霞山看佛窟雕刻。他对梁安成王萧秀墓前的辟邪、麒麟等石兽大觉欣赏，见其形体巨大，气势凶猛，显然是继承了东汉墓雕的风格，并成为唐代及以后各代帝王墓前石兽雕刻的先导。最为王子云欣喜的，是在栖霞山一座被改为小工厂的南齐寺院里，看见一尊真人大小的石工立像，举锤持凿的姿态，活现出民间雕塑家的真实劳动。王子云认为这在全国石雕中为仅见，可惜的是没有得到很好保护，石工面目已经模糊。

这时候的栖霞山，也正是满山红叶。栖霞秋红，为南京名胜，王子云 1928 年曾经来这里欣赏红叶。那时候，他对雕塑还没有发生兴趣，而此来，因为寻观雕塑遗存却再无暇观赏红叶。在这里，有造像达千尊，号称江南之最的“千佛崖”。民国年间，有当权者指使栖霞山和尚用水泥重塑，破坏了文物。王子云认为这是中国文物史上的一次浩劫。这时候虽然“文攻武卫”已趋平息，但“文化大革命”的“功绩”却不许怀疑。王子云对文物保护情有独钟，见到文物被破坏便难抑心头之火，但这时候他还不能明言，甚至也还不敢想：还未落幕的“文化大革命”对中国历史文物的破坏，远远超过了历史上的那些破坏者。

在南京，也有王子云以前的同学和学生。南京师范学院美术系的负责人秦某，曾经是王子云在巴黎留学时的同学，过从应该不少，但王子云兴冲冲来访，他却不认识了。这使得王子云颇为奇怪。到南京艺术学院，曾经在“文革”前当过院长的纵翰民，倒是热情地邀王老师到家里吃饭。纵翰民和刘开渠，都是王子云在萧县小学教美术时的学生。王子云没有想到，在那小县城里，经他点化，居然有两个学生以后当了著名艺术院校的院长。这时候的纵翰民，因为“文革”被打倒，还没有官复原职，也有时间和老师叙旧，王子云脑海里的他，老是那个坐在教室最前排、活泼喜人的小孩子，而眼前，他也已经

1974年，王子云在西湖畔

满头白发了。

往无锡，最想看的目标是“惠山泥人”，到得泥人雕塑厂却吃了闭门羹。王子云此行一路都是和文化文物部门联系，却不知道工艺美术的生产部门却都归轻工业局领导。他不能进门，经反复要求，得批准在各车间门外远远观看。这样的参观，有如“望屠门而兴嚼”，对于兴趣极浓的王子云，不免近于撩拨。因为门户之隔，只能徒唤奈何。走到街上，却从商店的售品陈列中看到不少泥人。这也应了那句老话：踏破铁靴无觅处，得来全不费工夫。泥人厂不远是锡惠公园，进园后匆匆忙忙爬上一座山，以为这里就是著名的有“天下第二泉”的地方，经过询问，才知道，这里是锡山，中间隔着一个“映山湖”，对面才是惠山。因为时间促迫，终于没有能够到湖那边去饮一口惠泉沏茶。王子云以后回忆自己这样的旅行，出于对雕塑艺术考察的心情，“钻牛角尖”的时候多，而著名风景区倒往往不能有专门时间从容游览。

到苏州，主要目标是两处罗汉塑像，为太湖东山紫金庵与距市区四十公里的保圣寺。保圣寺罗汉像曾经引起日本美术史家大村西崖的兴趣，他在其著作里认为保圣寺罗汉像为唐代最著名雕塑家杨惠之所造。王子云认为此处罗汉像，出于对紫金庵的仿作，紫金庵不会超过宋代，此处也只能更晚些。这样的考辨，王子云在他的《中国雕塑史》里有详细的学术论述。对古代艺术遗存的认识，中国人应该比外国人更有感情，但也不是一味标榜其“古老”，还得从具体的艺术内容加以考察分析，才能得出科学结论。

在苏州期间，王子云也无暇尽兴游览，就连最著名的景点如虎丘、狮子林、拙政园、留园、怡园等处，也只是用一下午时间，以市区公共汽车的便利，走马观花地看了一看。

在上海，被市文化局介绍到锦江饭店居住，这也说明当时的“人物身份难以确定”。这锦江饭店是当时上海最高级的宾馆，连国家领导人到上海也多住在这里。当时，上海的营业性宾馆极少，被公家部门接待之人，也只有少数地方可以安置。这样的情况，也就形成王子云以不变之身，一时住鸡毛店，一时又住国宾馆。

上海古雕塑多出于清末，和这个中国最大城市的发展趋于同步，豫园为其集中表现之所。王子云在1916年进上海张聿光、刘海粟主持的图画美术学校学习过半年，那时候，感兴趣的是“大世界”一类的“新东西”。他以后学习西画，往法国留学，也都是循着“求新”的路径。这几十年的道路，他虽然经历曲折，但都出于自己的选择，结果由油画而雕塑，最终回到对中国传统雕塑的研究。这样的一条艺术道路，对他自己，真正是九曲回澜。如果从个人名位的角度看，他如果一直画画，及老而门生遍天下，自己也必为画坛元老，他的待遇财产肯定要高厚许多，也正是因为他走了一条现代中国美术名人们很少见的道路，自见其曲折，也自见其幽微。如果谈影响之煊赫，王子云是不能与他的一些学生比的，也唯其如此，他的崎岖道路，可以供人研究中国现代美术历史发展的曲折，也可见一个秉持心性的艺术家人生道路之曲折。

王子云在上海期间，还忘忽了一件本来应该处理的私事。他1937年从法国回来后，托人将自己的七箱字画运到上海，交朋友梁晋华保管。1951年，曾经到上海取回一部分带到西安，当时，因为与西北大学的文物纠纷，这七箱字画的大部分没有能够带去西安，仍存梁家。“文化大革命”中，梁晋华不幸去世，王子云自己也在挨斗，待形势稍微松弛，王子云曾与梁氏后人联系，被回答所存字画在运动初期被抄家掠走。现在已经是“运动后期”，连王子云家里被抄走的一些字画也都已经发还，上海情况怎样？王子云来上海之前，曾经想到此事，准备找梁家后人问一问，结果，到上海后，三天时间，全用来寻访古雕塑，竟然将自己的事情“公而忘私”撂在脑后。可以想见，王子云前往巴黎和回来的时期，他是中国画坛名家，所结交者全为一时俊彦，能够被他带出国、运回国的字画作品必为世间珍物。当1973年之时，中国社会还处于政治笼罩一切，被改造的知识分子虽然生活穷困，却还没有经济盘算，多想尽自己的力量为社会做贡献，人的价值还没有进入以经济地位为衡量的“数目字”社会。王子云虽然没有忘记自己那些收藏，也没有特别看重。比较之下，何正璜两年后到上海，陕西省文化宣传部门的那位领导干部便接连信函催促要她求林风眠的画，就应该是见先机有心计之举。

杭州是王子云熟悉的地方，他是国立西湖艺术院开创时期的教师，从法国回来，又在这里任教，直到林风眠因为滕固来校而离开，他也为组织西北艺术文物考察团而离开。1937年他回杭州的时候，曾经专门到上海附近的松江小城祭奠女画家吴佩璋。据王子云回忆，吴佩璋是他在赴法前最亲密的女友，当时，王子云万里去国，吴佩璋曾经为他饯行，而当王子云回国的时候，她已经因为肺病不治而长眠于故土。那一次，王子云到松江，正是江南草长、杂花生树之时，在绿柳岚烟之间，王子云触动悲怀，在吴佩璋的墓地周围久久不肯离去。1951年，他往上海梁晋华家取自己的一些用品，匆匆往东南一行，也曾经来杭州，那一次最深的印象是原来建于平湖秋月的艺术院改名为浙江美术学院，迁往南山路去了。人上了年纪，对过去的一切都容易留恋，王子云当然对平湖秋月之侧的艺术院颇多怀恋，那时候的艺术院，还有音乐科，学生一共不到百人。而以后，浙江美术学院改名中国美术学院，逐渐发展到将近万名学生，连南山路的校区也远远不能满足需要，扩展成为几处，远到萧山也有其校区。这当然是王子云不及见的。

1973年的杭州之行，王子云没有忘记到美术学院看看，可是，让他大失所望：在重庆那样一个地方，他还见到几个当年艺术院的老人，而在浙江美术学院，他居然没有找见一个当年熟人。这也难怪，当年的老院长林风眠，自从离开国立艺专，再也没有回来；潘天寿已经死于1971年；而他最熟悉的学生刘开渠，早已经从浙江美术学院院长任上调往北京，当了中国美术馆馆长，“文化大革命”一来，也打倒了，现在，也还不知道情况。王子云这次出门，是多年来的头一回，他想多见见老朋友，但又不能提前联系，见到见不到，就只能随缘了。

杭州的雕刻艺术倒是有可看之处。著名的灵隐寺，就有飞来峰石雕造像，为数达三百八十多尊，为五代到宋、元时期所制，而以元代为多。元代因信奉喇嘛教，表现在石雕上多为密宗造像，所有的佛、菩萨及护法天王等，都与一般佛像不同，其形象多怪异，颇不合于中国人普遍的审美习惯。王子云在灵隐寺看雕像时，因此而思想到中国之大，各民族的审美习惯不同，表现在雕塑里也可以寻绎。王子云当年在杭州，灵隐寺为常去之地，此番重来，雕塑家的职业眼光让他处处发现“雕塑”，那飞来峰的岩石凹凸变化，也仿佛是被雕凿而出。所谓大自然的巧夺天工，于兹可见。

为更多了解杭州的雕刻遗存，王子云又访问了浙江美术学院美术史论教师史岩。史岩曾经于 1944 年前往敦煌，对石窟再次进行编号，被学术界称为“史岩编号”，并且于 1947 年出版了《敦煌石窟画像题识》，是当代著名美术史家。有他做向导，又往石屋洞与烟霞洞寻看雕像。王子云以前来过这些地方，依稀记得石屋洞前有石雕，这次却怎么也找不到，他以为是河山面貌一新，自己失途难辨，结果走到“龙井”，喝了一壶清茶，重辨方位，又得野人指点，原来自己并没有迷路。未料者，是石屋洞前的雕刻在“文化大革命”中已经被作为“四旧”清除了。再找烟霞洞，其门前观音和大势至菩萨雕像，倒还存在，而洞内造像也与石屋洞命运一般，被毁弃很久了。王子云曾经看到过 1956 年发行的《文物参考资料》第一期刊有《杭州南山区雕刻史迹初步调查》一文记载：直到 1956 年，烟霞洞还完整地保存有五代十国时期的雕刻造像，其中有罗汉坐像十六尊、三世佛坐像三尊，宋代雕像有释迦牟尼坐像和布袋弥勒坐像等，清代作品则有苏东坡坐像等。而现在基本上是破坏得干干净净，还把洞内四壁铲得精光，并且用石灰水粉刷，这就不是一般“小将”即兴乱来之状态，而是有组织的行动所致。杭州南山被破坏的雕像，本来在中国雕塑史上是有独特地位的，尤其是曾经存在于石屋洞的五百罗汉和“水月观音”像，应该是全国范围内最早的此类雕塑，可惜到王子云前来之时，已经荡然无存。

王子云此番出门，已经四十六天。他原来的报告，是所请经费只能在年内有效，这样，在 1973 年最后一个月，他准备往山东、河北考察雕塑遗存。这时候得到西安家中来信，说上面同意所请经费可以在明年继续使用。这样，王子云就想扩大考察范围，再多看些地方，而广州的清代牙雕和木雕也是他希望研究的。此时北方已经天寒地冻，能够往广州一行，是最理想的，而且，他的族侄王肇民是广州美术学院教授，在那边可以帮些忙。这样一想，当即决断，离开杭州，马上就乘坐上海到广州的客车前往。过钱塘江大桥时，王子云想起当年随艺专撤退，因钱塘江大桥为抵抗日军而毁，老百姓过江时必须乘小木船，由于日军侵略杭州速度很快，市民争先恐后逃命，钱塘江上一片混乱。王子云这时候从法国归来未久，七年留洋生活，虽然还是穷艺术家，但“资产阶级”生活方式已然形成习惯，他在逃难初期还带着一只油漆闪光的红木马桶。当时还不知道“逃难”会有多么艰苦，他的回国，本来就有些欧洲文化中的骑士气概。到了金华，他不得不丢掉那马桶。以后，到大西南、大西北，他和中国的土地和文化越走越近，离“资产阶级”生活方式越来越远。发展到今天，有痛苦有曲折，但七十六岁还能够坐硬座列车长途旅行，每到一地都随遇而安，却也要感谢这些年的锻炼。那丢掉的红木马桶，他几十年也没有再想过重新添置。

5．南国青葱写意浓

到广州，王肇民已经带着子女在车站迎候。因为王肇民的关系，没有介绍信也顺利住进广州美术学院招待所。广州为王子云第一次来，一切都新鲜，他兴致勃勃地游览了越秀山、海珠桥等名胜，也参观了广东省和广州市的博物馆。省博物馆的木雕收藏丰富，满足了王子云的考察欲望。市博物馆设于广州的标志性建筑“五层楼”，这名字对于外地人的熟悉程度超过了它的本名“镇海楼”，因为《羊城晚报》有个栏目《五层楼下》，在很多年里十分有名。王子云在镇海楼上极目远眺，看万里海天，心绪为之而开阔。下来之后，又到黄花岗参观七十二烈士陵园。

“吃在广州”之说，被王子云体会了一番。虽然还在“斗私批修”时期，但岭南的丰富物产是无法限制其生长的，这里的大小酒楼，虽然一贯是“资产阶级”享受之所，此时期有所萎缩，但蛇肉狗肉一类东西还是满街有卖。自从搞上雕塑和文物研究，王子云本来节俭的生活就更加“抠门”，他可以花每月工资的大部分去买文物，却再也舍不得进稍微好些的饭馆。在广州，不能不品尝风味，便花五元钱叫了个炒蛇丝和蛇羹，这在当时的物价下，也算是王子云的一次奢侈。使王子云印象甚深的是：广州不唯饭馆多，茶馆也多，街头的小茶馆，花钱不多，可以饮茶闲聊，也有面点可以充饥。进去的消费者更多的是普通老百姓，这就和西安地区的生活大为不同。西安人没有坐茶馆的习惯，也没有茶馆可进，市民生活简单质朴，市场供应、饮食花色也显单调。在广州，王子云经常感觉是在享受，这样的生活当然很好，他却想起一句古语：“梁园虽好，不是久恋之乡。”他想干的事情还有很多，以前这些年，被无端浪费掉的时间也是太多了，他得抓紧时间，坐茶馆的享受，他是只能偶一为之。

他参观了位于广州大新街的牙雕厂，据传广州的牙雕早在一千多年前的晋代就有了。宋、元以后流传海外，是中国古代工艺品的代表，及于现代，1915 年的巴拿马国际博览会和 1923 年的伦敦国际商品展览会，广州牙雕都引起过轰动。当王子云参观之时，工厂的牙雕生产已经使用电器工具，而当有外宾参观时，则还是以手工操作表演。一项古老的艺术，虽然其繁重的劳动可以被机械化取代，但人们看重的还是其原始性。艺术和工艺的区别，很大成分就在这里。王子云本来是一个纯粹的艺术家，因为进入雕塑，也接触工艺，这使得他的文人色彩和劳动色彩融合起来。而他的倾心于学术，又使得他每到一处，除了艺术家的感情色彩表现以外，又多了学术的探究。除了著名的牙雕，他还想看和牙雕相近的竹雕和橄榄雕刻。

从广州到佛山，除王肇民陪同外，还有广州美术学院雕塑系教师赵蕴修和曹崇恩同行。赵蕴修也和王肇民一样，是以前西湖艺术院毕业，和王子云有师生之谊。这一行得到照顾，话旧语今，也有难得的热闹。

1973 年，王子云赴广州考察时在镇海楼前与王肇民合影

佛山之得名，因为东晋时期，有印度僧人来此地传法，筑寺于山侧。到近、现代，佛山的陶瓷名闻天下。陶瓷工艺是一门独特的学问，王子云参观陶瓷工厂，也颇觉兴奋，但他的主要目标还在古代雕塑遗存。在佛山“祖庙”，王子云看到大戏楼屋檐下的砖雕非常精彩，但位置太高，普通参观者很难看清，也不可能仔细欣赏，而王子云他们是有备而来，借助望远镜得以仔细观察。王子云认为，这样的艺术品虽然精彩，但不能为更多人观看欣赏，毕竟是遗憾。

在“祖庙”大殿木门上，王子云还看见有表现近代故事的木雕，是两个穿戴西装的“洋人”被中国武士打翻在地。广东为中国和西洋联系最早也最频繁的地区，中外关系的矛盾表现也最突出，这样的雕塑，是一段历史的记录，似乎也因为其民族情绪的强烈，在“文化大革命”中不仅未受破坏，还成了阶级斗争的教材。文化艺术的复杂性也于兹可见。佛山“祖庙”保存的脱胎漆像，也引起王子云的注意，漆像是用于敬神赛会时，被人们抬着游行的“行像”，必须用较轻的质材雕制，漆像因而流行；但其保存也更加困难，故佛山漆像在全国佛雕艺术中是很珍贵的品种。王子云参观之后，认为佛山“祖庙”是一处民间雕刻艺术的集聚点。

王子云到桂林，因为人生地不熟，便又一次感受旅行之别一番滋味。提着行李下火车，连找了七八家小旅馆，都被以“客满”拒之门外。无可奈何，往市革命委员会求助，毕竟高级机关还是比较好说话，又被介绍要文化局帮忙，到晚上10点半，经过四个钟头折腾，终于住进市革命委员会招待所。但招待所有接待任务，只能住一夜，次日又得找地方，幸得文化局工作人员认真负责，又帮助移入另外一家旅馆，使王子云十分感动。

桂林以乳钟岩名遍天下。洞多，佛龛因洞而设较别处方便，离独秀峰不远的西山，早在唐高宗时期便建有南方五大禅林之一的西峰寺，其保留的佛像与龙门石窟的佛像风格接近。王子云认为，这样的现象，可以说明中国佛教雕像的地区性特点，是值得研究的课题。在隐山华盖庵所见清代初年摩刻五代画家僧贯休所画十六罗汉线刻画，虽然转摹自杭州圣因寺的线刻画拓本，因为原作的高明，人物造型诡奇，对半人半仙形象的表现自见卓越。王子云在这里看得十分仔细，对罗汉的面容、手足乃至衣纹和背景等都品摩久久。叠彩山的风洞是桂林山水中的名胜，游人如织。王子云从其中的佛像造型观察，认为可以见出从唐代到宋代雕塑美术发展的变异。这里的唐代雕塑，和龙门石窟所存，风格相近，而宋代所遗，却可以和他考察过的陕北某些地区所见的连类。早在三十多年前对敦煌石窟考察之后，王子云就有过比较，他认为宋代雕刻的艺术性远逊于唐，不仅形象颓唐萎靡，连制作工程也显露出简陋草率。

王子云曾自称是一个最喜欢旅行的人，他的一生变化和他这样的爱好关系密切，其中祸福休咎，可以有很多论说，但他自己经常在其中享受乐趣，是显然的。此行桂林，在对众多佛窟考察研究之余，他没有忘记乘船往阳朔一行。从桂林到阳朔，坐汽车只要两小时，而坐船须一整天，这时候恰逢冬季水浅，游船中途搁浅是经常事。王子云游兴非常，他于凌晨2点钟就到码头买票，6点才得上船，虽然辛苦，毕竟一遂游漓江看阳朔的心愿。

结束桂林之行，王子云乘车北往，到了长沙。这是他当年随杭州艺专撤退时期来过的地方。国民党当局曾有把长沙作为战时文化教育中心的设想，西南联大，最初就是长沙联大，而国立艺专，也曾经准备在长沙安营扎寨。但是，因为战事的发展非当局所料，长沙不仅未能建成文化教育中心，且遭受的战争荼毒比其他城市尤甚。武汉弃守之后，接着就轮到长沙。抗敌无力，当局竟下令烧城，千年古城毁于一炬。事后，国民党不好向国人交代，蒋介石只得杀了他的爱将——长沙警备司令酆悌以为搪塞。就连张治中，也挨了蒋介石的耳光，被其视为平生大辱。王子云随学校撤退的时候，正是滕固将来校，与林风眠代表的学校老人大起冲突的时期，不久后西湖艺专与北平艺专合并，王子云，除任教授外，还是学校附属中学的校长。在战乱中千里撤退，其艰苦麻烦又远过平时，据王子云回忆，当年学校在长沙停留了一个多月，他忙于校务，对这座历史名城竟没能顾得游览，以至于他对焚毁前的长沙老城竟然没有什么印象。此番来游，也就无从比较。这时候，“马王堆”汉墓的发掘正在进行之中，王子云到长沙，想去看一看，却未想到发掘现场戒备森严，他虽然找到省文化局，被介绍住进招待所，却无法进入发掘现场。王子云认为此行长沙，是一无收获。

这次的行程，已经两个多月，王子云计划待明年往北方继续考察。这年的元旦他没有回西安，而是到了徐州，这里是他的故乡，也是他上师范学校，从而开始职业生活的地方。在这里，他住在自己的大儿子王华家里。王华曾随父亲在北京、重庆读书，以后参加新华社培训班，最终在《徐州日报》任编辑。相较于何正璜的几个子女，他的经历顺利、正常许多。从王子云内心来讲，他是对不起自己的农村妻子和儿子的。年轻的时候，认为事业是第一位的，为了它可以抛弃一切，但这样的抛弃，对别人就是长期的痛苦。现在年龄已老，对自己一生所为，在回忆里也难免忏悔。在徐州期间，王华对父亲十分照顾，这，又引得王子云心中十分感慨。一生经历，像云烟过眼，现在的他，只有把自己想做而没有做完的事情抓紧进行。

6．蹀躞京华一杯酒

1974年1月3日，王子云离开徐州前往北京。根据以往经验，有当地革命委员会的介绍，居住要方便许多，甚至还可以得到一些参观和交通上的便利，在安徽、湖南等地，他都得到过这样的便利。可是，在北京，他连碰两个钉子。到市文化局请介绍招待所，该局说，他们从来没有为外地来北京人员介绍住宿的先例，到北京参观的人和天安门前跑的汽车一样多，哪里介绍得过来？再往市文物局要求介绍参观考察，该局则回答说王子云所持省文化局的介绍信不管用，必须要省革命委员会的介绍信才可接待。不得已，王子云只好借住在堂弟王青芳的遗孀家里。自从分手孔德学校，王子云南下，以后出国，王青芳则一直在北京，先是任教于北平美术专科学校，以后，该校被接管并改名为中央美术学院，王青芳又任教于此。他的花鸟画在北京画坛有相当名气，篆刻亦成一家，可惜早在1956年就因病去世。他留下画作不少，但那时候书画作品基本上没有市场，他的遗属生活也相当困难。王子云到他家借居，也是实在没有办法。

在北京，少不了再看看故宫。当年因为马二先生的关系，王子云成为“故宫清理委员会”的一名委员，有段时间，每天出入故宫，不仅是大小宫殿，连里面的所藏，也有机会观览，真是三生之幸。此番重来，他感觉到故宫的变化。当年，他进宫参与工作的时候，虽然已经对外开放，但来参观的人很少，愿意来看故宫的多是有研究兴趣的知识分子和北京大中学校的学生。现在，北京人口已经空前膨胀，掏钱都很难住店就是其最明显的表现，而来北京的人也都想看看故宫，眼下虽是严冬，筒子河冰冻三尺，但是，故宫里还是游人如织。作为旅游胜地的作用明显了，而想来搞点儿研究却困难了。

王子云在北京，见到不少当年的朋友和学生。在外文局工作的蒋仁宇，是当年孔德学校学生，以后留学德国，还曾经和王子云在巴黎见面，王子云来北京，蒋十分高兴，请当年老师到北京展览馆餐厅即北京人所谓“老莫”吃西餐。这对于王子云，是很感欣悦的事情。王子云游览天坛的时候，专门去寻访当年在法国结识的科学家孟雨（字凌崖），在他的朋友里，一个孟凌崖，一个萨空了，是明显跟共产党走的，孟凌崖其实早在留学时期已经是共产党员。1956年，王子云到北京还见过他一面，那时候，他是科学院生物研究所的副所长，而王子云属于“有问题”的人，第二年又被划为右派分子。在王子云的记忆里，孟凌崖是很重朋友感情的，他还想找他叙叙旧，打问之下，却得知孟已经在“文化大革命”中自杀了。没有想到，一个多年的共产党员，命运竟比他还要悲惨。他不知道的是，在解放后不久的“肃反”“审干”运动中，组织上向王子云以前的很多熟人发函调查，孟凌崖写的材料都是十分客观的。比起很多噤若寒蝉的艺术界朋友，这位革命家倒更加恪守事实，也更加够朋友。

在北京拜访李苦禅和李可染，不能不让王子云百感交集。李苦禅是北京美术学校的同学，李可染则是西湖艺术院时期的学生。几十年间，他们都成为中国画的名家，“文化大革命”以前，老画家还有很多健在，“二李”之名还未到如雷贯耳的程度，那时候，王子云也还没有想到过收藏同辈甚至晚辈学生的作品。经过“文化大革命”，老一辈去世的多了，新人逐渐成为名家大家，“二李”之名也如日中天，套用宋人评价柳永的话，此时美术界的“二李”，真正是“舞墨弄彩之处，皆庄敬言之”。在荣宝斋等处见到他们的画，不仅有原作，还有木版水印复制品。这就让王子云大为感叹，他以前在参观荣宝斋的时候，还只是见到齐白石的作品被木版水印复制，那时候曾经想起在法国留学时，旅行荷兰，在阿姆斯特丹的博物馆里看到版画陈列，只有日本浮世绘风格的版画，却没有一点儿对中国版画的介绍。日本版画显然是从中国学去的。那时候的王子云，和一般中国学生一样，最敏感的就是中国人、中国文化在国际上的地位，当时他看展览的感受就是既不平又惭愧。现在，看到自己学生的作品已经被最有民族特色的荣宝斋作为永久性作品进行复制，王子云既高兴，也引起对自己美术经历的回顾。他早年学画，是从西画入手的，以后搞雕塑，就更加“西化”，因为感受到民族美术的伟大而进行考察，多年奔波，对国画的喜爱也与日俱增，但真正想动手来画的时候，手已经不听使唤了。如今，他也和那些荣宝斋的参观者一样，确实是喜欢“二李”的国画。在见他们的时候，他们也都十分热情，王子云就提出希望得到他们的画，“二李”都答应，但是，眼下却不能得到。因为，他们在当时，就已经为画而忙，为画而累。亲戚朋友要画，上级同事要画，国家领导人出访要画，新落成的建筑装饰要画，虽然画还没有到论尺价售，但也已经供不应求。这样的状态，其实是当时每一个画家所希望的，有人要你的画，国家要你的画，才说明你还有价值。王子云这样辛苦地奔波，就是要让国家认识他还有价值。在没有直接的经济收益的时代，仅仅是名声，也可以让艺术家为之奔忙。那个时期过来的人都知道，不仅是美术界，文学界、音乐界，都一样。那时候艺术家们的用功、发愤和事业心，一点儿都不比现在差，甚至还有过之。为什么？那时候的知识分子没有更多出路，却经常有可能被推入绝路，只有你的本事大过同侪，国家不忍心抛弃你，你才有可能继续存在于文化社会里，为人民服务。另外一方面，那时候没有钱，也没有因为钱而发生的奢侈生活，没有因为钱而实现的频繁应酬，也使得知识分子只能坐拥书城，只能精于所业。也可以说，那样一个时代，既闭锁知识分子的眼光，也锻炼了知识分子的耐力和韧性，谁说苦难不是人生的学校呢？

在北京，王子云还见了吴作人，也向他要画，当时未即得，只得到水印复制品。但是，这三位都答应给王子云寄画，以后，他们也都给王子云送了自己的作品。在他们的心里，王子云先生是一个对美术事业虔诚的跋涉者，也是值得他们敬重的朋友和长辈。

他还拜访了萨空了、初大告。萨在解放初期为国家新闻出版署副署长兼人民美术出版社社长，“文革”以后，是民族事务委员会副主任。王子云联系出版《中国雕塑艺术史》，萨空了很支持，在他的介绍下，王子云次日便去访人民美术出版社社长邵宇和总编辑洪藏，联系结果也十分顺利。以后，王子云终于完成了这部书稿，并且得以在人民美术出版社出版。

在50年代初期，王子云刚刚回到西安不久，任教于西安美术专科学校，有一段比较安定的工作时间，他编辑了《唐代雕塑选》和《中国古代石刻画选集》，很快就在人民美术出版社得以出版。他撰写的《中国古代美术简史》，人民美术出版社也决定出版，王子云已经得到预支稿费八百元，因为反右派运动开始而中断。以后，书稿在“文化大革命”中被学生抢去，再无下落。如今，能够得到出版《中国雕塑艺术史》的承诺，给王子云必欲在老年再做出一番事业的心劲增添了动力。

1974年，王子云最后一次出外考察，在八达岭长城

1974年的春节，王子云是在北京过的。正月初一，他独游中山公园，中午，踯躞而进“来今雨轩”，自己要了点儿简单饭菜，独饮啤酒一杯，算是慰劳自己多日奔波的辛苦。春节是中国人最看重的节日，也是每一个家庭都希望红火热闹的时候，在这个日子，是不会请家庭成员之外的人来

家的。独自在外的人，就难免形单影只。这些年来，王子云对过年过节已经没有什么兴味，在旧社会，年节之贺，免不了打躬作揖、恭喜发财之类，新社会不兴这一套了，从“文化大革命”开始，逢年过节，又往往成为家庭开“思想总结会”“斗私批修会”的日子。这些年，暴风雨总算过去了，人们对过年过节又看重起来，除夕夜里，北京城里的鞭炮声让王子云听来，就是“震耳欲聋”。古人说“爆竹一声辞旧岁”，那无数声的爆竹，数不清的爆竹，辞去的是怎样的旧岁？王子云最痛心的是从“反右”开始，他就没有干成什么正事，弹指一挥，将往八十岁奔了。以前，他根本没有想过自己会活到七十岁、八十岁，而当这样的一个年龄即将来到他的身上，他感觉有一种莫名的恐惧，他以为必须有事业的成绩来应对这样的年寿。古人说父母之年不可问，一则以喜，一则以忧，王子云现在对自己的年龄倒真正是有这样的感觉。平时忙碌，顾不上想这些，而正月初一，旅中况味，就不由得他不想。

这“来今雨轩”，以前是北京的文人朋友们最喜欢聚餐的地方，也正是在这里，王子云和“红叶画会”的朋友们经常欢饮畅谈。五十年，整整半个世纪，有些人已经死了，活着的，很多人都事业有成，甚至有大成。特别是在他的学生辈里面，像刘开渠，大概是美术界朋友里面进步最快的。王子云记得，刚刚解放的时候，几乎每一个大城市都有一位进步的民主人士进入政府，北京是张友渔，以后是吴晗，西安是杨明轩，成都是李颉人，杭州就是刘开渠。当时，从西湖艺术院出来的老人都认为这不仅是刘开渠的骄傲，也是“西湖”老人的骄傲。如今，在刘开渠后面，老朋友和学生辈一个个都成了人物。大家在“文化大革命”里面都吃了苦头，当然，最早吃苦头的可能要算他王子云了。那时候被打成“右派分子”真正是难受啊，一下子就没有人理你了。“文化大革命”是大家倒霉，老鸹落在猪身上，大家都黑，都不黑。现在，恐怕都有些清醒了，都知道来日无多，再不抓紧干事，就再没有时间干事了。王子云感到自己是警醒的，又问自己，这么一大把年纪，这么较劲，是不是名利心太重？他想起自己从来就是一个不服输的人，当年在西湖艺术院，就是看见留学回来的人有地位，才跑到巴黎去读书，一去七年，成为“西湖”老人留学时间最长的一个了。连林风眠也只是留学七年。朱德群、吕霞光他们在外面时间长，但他们是定居法国了，去了又回来的要数王子云时间长。留洋的经历到底带给他什么？本来他是国内有数的几位油画家之一，巴黎回来，因为雕塑，不画油画了。他没有想到自己会走向做学问的道路，在画家里面，多的倒是先做学问后画画的，黄宾虹、傅抱石，不都是这样的吗？大概只有他王子云，本来已经是成名画家，却渐渐丢了画笔，钻了书堆。回顾起来，自己的转变，并不是看哪里好往哪里钻，这里面有自己的认识，有自己的责任，当然，也有自己的较劲。到底是无私还是有私？王子云自己也想不清楚，想不清楚的事情就不要乱想吧，毛主席说：人是要有一点精神的。哪怕王子云什么都不是，王子云是有一点精神的。

7．大野凝寒挺虬枝

1974 年初，王子云乘驼车赴辽宁义县考察石窟

正月初五，王子云一个人坐长途公共汽车跑到周口店，他想参观北京猿人陈列馆。人家的春节假期还没有完，这个地方，就是平常日子，也没有几个人来参观，何况春节？经反复要求，总算是被放进去，却没有任何目录说明和图片展览之类的东西，王子云在那冷冰冰的大厅里独自参观，被冻得浑身发抖。出门的时候，这里的值班人员似乎被他感动了，主动和他搭话，说从来没有见过这么老的同志在这么冷的天气来这里看这么久。王子云也有些感动，他想说，他不仅是在这里看这么久，他从留学法兰西的时候就开始这样看，他还要看的东西多着呢！

从北京到天津，他见到以前西湖艺术院的老学生阎丽川等人，并被邀请与天津艺术学院的领导见面。在他们的帮助下，王子云在天津的参观就比较顺利。天津最有名的民间雕塑工艺是“泥人张”的彩塑，王子云看了展品之后，感觉其人物形象和色彩都太写实，尤其是大红大绿的涂抹，显得粗俗，缺乏艺术创造力。他认为如果不能从造型风格包括色彩处理上加以改变，其发展前途堪忧。

在遵化的清东陵，王子云两次观看顺治陵前的十八对石人兽，他经过比较，发现这里石人兽的数目、种类与明十三陵前所见完全相同，但清陵石雕在整体造型和艺术处理上都较明陵逊色。他以为，这主要表现在失去了强健峻拔坚实的力量，神态表现萎靡软弱，有畏缩颓唐之感。在看慈安和慈禧陵时，他注意到虽然慈安是“东宫”，名分不低于慈禧，但因为两人生前地位悬殊，在陵墓建造上也表现出来，陵殿用瓦，慈禧的全是金黄色，而慈安的则是褐橙色。更见慈禧跋扈之性的是，一般帝王陵殿四周栏杆上的龙凤雕刻，都是龙在前，凤在后，而慈禧陵则改为凤戏龙。慈禧在生前就为自己的陵墓大费苦心，此处的“凤戏龙”，表现得十分精巧细腻，凤凰的回首姿态，有欲活之感。一般人来看陵墓，是不可能有这样的观察的，王子云多年研究雕刻，每到一处都看得很细，他的记录，也给后人留下丰富的雕塑艺术知识。参观完遵化清陵，王子云直接到了承德，在这里，普陀宗乘之庙最让他兴奋，因为此庙是仿拉萨的布达拉宫而造。王子云有心把中国大地凡有宗教雕塑的地方都跑遍，但是，西藏却很难去，看见这普陀庙，他也就安慰自己，算是看到了布达拉宫的影子吧。在他的计划里，河北看完，就往山东，但在承德，他得知有开往辽宁的火车，便临时决定再往义县一行，义县的佛教雕刻在东北最为有名，王子云以前多次在课堂上对学生讲过，现在可以前去而如果不去，他感觉是很大的遗憾。到义县，所见甚为兴奋，在奉国寺，见到雕塑保存完整，虽然经过历代整修，却未变原样，这是全国寺庙中少见的。关于此行的艰苦，王子云几乎没有回忆，倒是接替大女婿来陪同他的小女儿王艾，在多年之后发表的一篇文章里，详细记述了旅中情形：

> 1974年初，我随父亲为著作《中国古代雕刻史》漫游考察到辽宁义县。这是一个风雪弥漫、异常寒冷的冬天。我们住在空落无人的县招待所，每天早晨牙齿冻得咔咔响地喝一碗半温半凉的稀饭，吃着又黑又硬的花卷，厕所里风雪横贯而入，令人不敢解带。住下的第三天，父亲告诉我准备步行去离县城数里以外的一座北朝石窟拍照。早晨，天尚未明，我与父亲蒙面裹腰一头冲进外面铺天盖地的狂风暴雪中。那是一片昏茫的、无边无际的雪海。一路上，风雪发疯般带着尖利、凄厉的哨音一阵阵呼啸而过。雪花大片大片飞舞，打在脸上，尽尝“风头如刀面如割”滋味。父亲裹紧大衣，用条破围巾横七竖八包在脸上，手持拐杖，埋头行走；我则走一走便背过身，倒着往前走。惶然四顾，茫茫风雪旷野，就只我们老少二人。约三小时后，终于走到一条干涸的河谷边，脚下万丈悬崖，峭壁上，一道细窄不整的石阶通下，父亲当时已年高七十有余，艰难小心地一级一级往下走。在悬崖中间，出现一扇小门。我上前敲门，无人应答，门顶上一根根巨大的冰柱使我怀疑此间到底有人否。后来，门开了，一眼瞥见开门人，我几乎倒吸一口凉气。那是一个地地道道鹤发童颜的长者，一身旧蓝道袍，在那漫天匝地的风雪中间，在四周寂静无人的荒野里，这老人的容貌让

我这个“文革”中成长的年轻人无比惊讶。老人捧上两杯热腾腾、香气逼人的茶后，便领着急不可耐的父亲参观雕在峭壁上的一件件作品。我是负责照相的，当父亲左右观察好角度、光线，我便举机拍下。但父亲生性严谨，我胳膊略高，略左，略右，他都会蹙起眉头，令我重拍。他似乎不知冷，拄着拐杖指来挥去，我却冻得瑟瑟发抖，有一会儿，手指僵得按不动快门。父亲非常仔细地观赏每一个局部，记得转到一个很偏僻的犄角，他抬头望见光秃秃岩石上隐约刻着的一个小飞天，便连声叫道：‘好，真是好！’凝伫良久，不忍就去。当时我究竟年轻，对艺术的理解、热爱尚不能同无风无雪的室内那温暖的炉火相提并论，因此频频催促父亲，央求快点回去。那天晚上，我们深夜回到招待所，屋内无灯，服务员拿来两支短短的蜡烛。黑暗中，我望着烛火，听着小窗外依然凶猛的风雪和身边火墙里呼呼作响的火声，紧紧缩起，贴墙而坐。有一会儿，我用力敲敲墙壁，问住在那边的父亲：“在干什么？”“记笔记。”父亲答道。

王子云也记述了这次在义县考察的收获：“义县万佛堂雕像虽早已残毁，但有两处造像题铭，是全国石窟所未见者。一是西部第五窟窟壁题刻的北魏太和二十三年（公元499年）‘平东将军营州刺史元景造像碑’，碑文甚长，书法遒美。另一处是东区第五窟北魏景明三年（公元502年）‘韩员等七十四人造像题记’。尤以元景造像碑的书法，曾有人誉为可以与洛阳‘龙门二十品’中最上选的‘始平公碑铭’媲美，梁启超赞为‘天骨开张，光芒闪溢’。”王子云欣悦于自己关外之行的学术收获，风雪严寒早忘得干干净净。这样的生活，他没有觉得有什么艰苦难耐，有时候想起“鸡声茅店月，人迹板桥霜”，倒觉得自己的生活也蛮有诗情。

从义县到北京，依然是一般年轻人都不能体会的“苦旅”：早晨4点到站，外面寒风凛凛，只有在候车室硬坐，到天亮后开始寻找住处。“走遍所能希望找到的地方，仍然失望，万不得已，只好仍住北池子71号亡弟青芳家。”年前到北京，王子云也是遍寻旅馆而难进，不得已住在亡弟王青芳家，给人家添很多麻烦，于心很是不安。这次又到北京，无论如何要找个旅馆住，可是，北京就是没有旅馆给他这样的外省人住。王子云再次住到亡弟家里，多年后回叙，用语为“万不得已”。70年代的北京，宾馆屈指可数，那都是接待来京公干的高级干部和“国际友人”，平民百姓可望而不可入，这时候倒也有一些得到解放的画家，可以在宾馆里奉命搞一些创作，其中不乏王子云当年的学生。他们的待遇，就很让不能入其列的艺术家们眼红。那时候，连以后“京漂”流连的“地下室”招待所也很少，地下室招待所的大量出现，是80年代以后北京二环路大批兴建高层住宅的产物。以后，囊中羞涩的文艺家们，有几个没有住过地下室招待所呢？可惜，那时候的王子云，得不着这样的方便。七十七岁的老人，背着行囊在北京街头，到处寻找栖身之地而不得，身边又跟着个初触人世、对“好生活”充满幻想的女儿，其悲凉之状可以想见。他甚至连“冠盖满京华，斯人独憔悴”这样的感慨也发抒不得。那时候，他能够这样全国漫游，已经是十分难得，还有很多艺术家，连人身自由也还在被剥夺之中呢！

王子云以前在北京待过多年，却不曾到过八达岭长城，此番腰脚尚健，便乘兴而往。在居庸关云台，他对一座古塔基座发生兴趣，有人认为这是居庸关城门基座，王子云认为，其建筑装饰精制考究，佛教气息非常浓厚，不像是一般城门洞。其最大特点是门洞中的浮雕四天王像，显然与佛教寺塔关系密切，也杂有道教人物的形态，这是王子云在参观各地佛窟雕塑时所未见的。

看过八达岭、居庸关，王子云又往明十三陵，在这里，他将长陵前的十八对石人兽和清陵前的同类雕刻比较，知道清陵是仿造明陵，而艺术方面的表现又下之。

在北京雍和宫，配殿有“欢喜佛”，即佛门恶魔性交形象。王子云自承五十年前在北京，此处也不对游人开放，他自己曾经在无人时偷偷看过，现在是政治空气十分浓厚的时代，这“欢喜佛”就更不可能开放。1942 年在塔尔寺考察，王子云曾经亲见匠师塑造此种形象，进行时和完成时的此类雕塑，算是都看过了。而此种雕塑，不论解放前后，都是不让普通人看的。新中国成立初期，曾经有一个上海来的教育参观团，为看“欢喜佛”，向庙中人通融，得到允许参观，受到追究。以后，不仅“欢喜佛”严密封锁，连整个雍和宫也再不开放。此番能够进雍和宫，已经算得有幸了。

王子云珍惜在北京的机会，越是难看的地方越想看，越是以前经常到的地方越想到。像北海，以前就是经常荡桨写生之处，他想再觅旧踪，这次却不得进入，被告知是修地铁，其实是江青等人将其占用。

8．已惯逆风且悠游

济南，是王子云当年命运改变的地方，正是在这里，他的个人命运因为民族的灾难而改变，本来准备远逸高蹈，长期定居法国，却在一夜之间，决定和这民族的苦难同舟共济。如今旧地重来，没有想到的是，刚刚兴起的“批林批孔”突然间让已经渐渐有平静之象的中国又出现波澜。王子云可能还不清楚，他去年10月得到省文化局批准，可以在全国选择考察地点自己行动，其政治背景就是“落实政策”，在运动初期被打倒的大批领导干部，逐渐进入“三结合”的新政权，大批老知识分子被逐渐“给出路”，正是这样的形势，也催发王子云“老夫聊发少年狂”。相对于“文化大革命”的极端目的，这样的形势，也不免有“死灰复燃”的气象。王子云到济南当日，便闻知最近几天，曲阜孔庙每日有万人批判大会，庙内很多文物被捣毁。他在此行的路上，还曾经对一些地方文物的被破坏发表看法，那都还是些查不出破坏人姓名的无头案，而如今，分明是中央领导在号召“批林批孔”，这就叫王子云不得不检点自己这一路上所讲的话，是不是又有“不符合”的言论。尤其让他弄不明白的是，林彪该批，可是，林彪明明白白是“左”，是打倒一切，怎么能够和孔子拉到一起？孔子明明白白是中国封建文化的代表呀！这样的颠三倒四让王子云无论怎样开动脑筋也想不明白。他本来在山东省的考察计划有很多，显然都不可能进行了，连山东省博物馆也已经停止开放，全省的文博系统都已经进入“批林批孔”，这山东省是孔老二的老家呀，是斗争的最前线，这时候还有谁敢放下政治运动和你谈什么文物？

王子云只得在这样的气氛里自己寻点悠游，他上了泰山。1937年，他和好友乌叔养一起登过泰山，而今乌叔养也已经在“文化大革命”中死了。这次出行以来，王子云见到些早年朋友，有“人生不相见”“鬓发各已苍”之感，在泰山，想起乌叔养，则不能不为“访旧半为鬼”而自感寂寞。下山时，因为赶时间，不慎将左脚踝骨跌伤。坚持着一瘸一拐回到招待所，王子云以为休息一夜就会好，没有想到，第二天起来，整个脚踝红肿若大棒。泰安不能久待，回西安又太远，只好就近前往徐州，到儿子王华家养病。到徐州时脚肿已经不能行走，被多位好心旅客帮忙搀下火车，又被车站服务员用手推车送出站外，换乘三轮车找到王华家，又被立即用架子车送往医院急诊，拍片结果出来，踝骨骨折，即打上石膏。回想昨天早上，还在兴冲冲等待泰山日出，今天晚上已经躺在

1974 年，王子云和小女王艾同游黄山

医院里，真正是人生祸福在须臾间。在徐州养伤整两月，所谓伤筋动骨六十天，王子云基本上什么都不能干，也正是这两个月，躲过了冬末凛冽和春寒料峭，待王子云卸去石膏，徐州已经是春浓似酒。王子云决定再开始他的考察行程，这一行的目标，是江西景德镇。那里的瓷器工艺，在中国工艺美术中有独特地位，而往景德镇，又可以顺途看皖南的民居和黄山。两月卧床，不仅没有使得他倦游思返，反而更加向往外面的世界，更加想再试自己不服老的心力、不服老的腰脚。还是由王艾陪同，王子云由徐州前往合肥，在这里，见到萧县籍的老画家萧龙士。如果要说王子云此生的同学，那萧龙士应该是最老的了，萧龙士生于 1888 年，比王子云大九岁，他们都是徐州江苏第七师范学校毕业。以后，萧龙士经比他小多岁的李可染介绍，又往上海美专学习，成为刘海粟、潘天寿等人的学生。以后又到北京，经李苦禅介绍，在花甲之年拜齐白石为师，萧龙士一直倾力于中国画，解放后是安徽美术家协会的副主席。20 世纪末，中国兴起“书画热”，萧龙士和王子云被萧县人看作家乡的骄傲。萧龙士一直活到百岁以上，他们这次见面，也值得一记。

王子云在安徽得到省文化局的接待，那时候知识分子的职称地位等都还没有明显规定，但是，“名气”的影响还是发挥作用的。王子云有萧龙士这些当地名人介绍，有关部门对他“留法”老教授的身份便有些“刮目”，尽量给予方便，省文化局还派科长殷涤非陪同他上黄山。黄山之行既有女儿陪伴，又有文化部门人员导游，王子云得到去年出行以来最好的心情和条件，在遍览山上美景之后，因为殷涤非雅兴成诗，从来不写诗的王子云也和了一首，其中有句为“若问黄山峰多少，层峦叠嶂万千重”。

在屯溪，王子云看到这里居然还有一个古董商店，这在很多大城市是看不到的。原来，在抗日战争时期，有不少富人从江苏、浙江的富庶地区逃难来这里，带来大批古器物字画之类，以后，有些人“复员”返乡，也有些人就留在这里。王子云在这里还认识了在古董商店工作的一个扬州人，听他介绍这古徽州的特色：这里本来是“徽商”的发迹地，因为地处偏僻，交通不便，每遇战乱，就会有外地人来避兵避祸，也就会沉积下一批人物和古物，这皖南便有“人文荟萃”之说。王子云在这里看了几处功德牌坊，又参观了一些房屋建设保留甚完整的民居，还参观了著名的徽墨制造工厂。虽然是走马观花，却也大有收获。那时候中国的旅游热还远没有开始，皖南的幽微，远未为国人知晓，王子云的这次旅行，也算得是“捷足先登”。

要往景德镇，到了皖南，就很近了。1974 年 5 月 31 日上午，王子云和安徽文化局的朋友告别，从屯溪坐公共汽车，中午就到了景德镇。在这里，要经过一个小镇“浮梁”。白居易在《琵琶行》里有句“商人重利轻别离，前月浮梁买茶去”，这浮梁，在唐代应该是一个重要的茶叶生产地。白居易诗里还有那位琵琶女的自述“家在虾蟆陵下住”，这所谓虾蟆陵，就是“下马陵”，是西汉大儒董仲舒的坟墓所在，位于现在西安和平门和文昌门之间的城墙之内，和碑林博物馆声息可闻，也正是王子云在西安的居家之所。王子云乘长途公共汽车过浮梁，汽车在这里不停，是一驶而过。王子云到景德镇之后，还得知景德镇的造瓷用土，也是取自于浮梁和祁门。在景德镇，王子云参观了陶瓷陈列馆和陶瓷研究所，也在街头作坊看到一些妇女在陶件上绘画，因为长期的实践，这些看来就是家庭妇女者，笔下的花鸟人物也很可观。王子云自从搞了雕塑，就走向和民间工艺接近的路子，在景德镇，他看见整座城市都是一个大的工艺作坊，到处都是瓷器，到处都是工厂，也到处都是艺人。工厂和艺苑成为一体，工人和艺人也成为一体，这里的艺术是享誉全世界的，他在这里感到十分振奋。

参观完景德镇，王子云又回屯溪，安徽省文化局对他此行十分关照，股科长还准备陪他上九华山，因为当地修水库，交通必须绕道安庆，这样花费时间就太多，王子云不得不舍弃，而由屯溪往芜湖。到芜湖后立即乘船往南京，短途难得舱位，又在五等舱里席地而坐。到南京后已经是深夜，赶凌晨 2 时的轮船往镇江，早 7 时到达，又立即坐轮渡过江，换汽车到扬州。这样的一个行程，如果放在现在，只是几个小时的汽车路程，而在当时，王子云则马不停蹄地奔波了半天一夜。他的连续坐船，也为的是节省些旅费。以后，他又有从镇江到芜湖的航程，还是五等舱，还是辛苦、拥挤、疲乏，但是，他依然是快乐的。他曾经回忆这段行程，还是快乐掩盖了辛苦：“船离镇江即下起大雨。我们为了多少能看到一些两岸的夜景，本来把地铺铺在最上一层的甲板上。现在有了风雨，就很难找到可以避风雨的地方，东奔西走，一连搬了三四个地点才算混到天明。这时已经转而为晴了，长江上的朝晖和早霞，虽然没有海船上那种辽阔无边的景象，但天水茫茫，却另有值得赞赏的美好画面。由于是上水船，驶行缓慢，因而更得以从容欣赏这平时很难得看到的伟丽景色。”（《中外美术考古游记》，第 286 页）

在扬州，王子云参观了法净寺，看了其间的鉴真和尚造像，他感到不满意，认为“像是一位在解放后参加过生产的新型和尚”。他在1959年的《旅行家》杂志上见到过日本奈良鉴真纪念堂的塑像照片，认为具有苦行僧的风度，并且有扬州人的特点。他这样的比较观察是有道理的。扬州的鉴真纪念堂塑像，是“文化大革命”期间的作品，由于当时“中日友好”热度很高，来华日本人多要往扬州拜鉴真，扬州的塑像为接受政治任务之创作，受到当时环境影响很明显。这样的创作方法，在其他形式的作品里也表现明显。王子云当时有这样的看法，和他在扬州的感受有直接关系。他是喜欢扬州的。他以为，扬州的“瘦西湖”，就表现出秀丽，自见特色，扬州的人物，也有这样的特色，小巧精致，文雅纤细，出身于扬州的高僧鉴真怎么能够像“黑铁塔”般威猛。就像天下很多地方有扬州出去的理发匠，理发虽非大技，却是细活，也正是要扬州这样地方耐得叵烦的男子，才干得好这样的活路。在这里，王子云又表现出他自己的一些审美情趣。与烟波浩渺的太湖相比，连杭州西湖也有人以为是人工雕琢的“盆景”，王子云并不反对这样的说法，那么，瘦西湖就相当于“盆景”之一角了。王子云久处大西北，看遍朔漠风烟和与之气象仿佛的汉唐雕刻，他对那样的大气壮概是深深喜爱的，但这并不妨碍他同样喜爱西湖和瘦西湖。从“可游”并“可居”的价值来说，他以为瘦西湖的精致正表现出人们对生活的热爱。当地朋友陪他参观园林，其中的“个园”，显然是竹子繁多之处，还未进此园，王子云便想起“扬州八怪”里的郑板桥最善画竹，他的诗曰：“四十年来画竹枝，日间挥写夜间思；冗繁削尽留清瘦，画到生时是熟时。”扬州之竹，扬州之瘦，和郑板桥的艺术是这样恰切。连这“个园”以半竹为名，也似乎只有扬州才得见其韵。进园以后，却不免失望，原来这里已经成为当地文化部门的家属宿舍，园中假山已经成为堆放生活垃圾的所在。这样的情况，王子云也无言可讲。70年代初期，中国社会的物资短缺，住房紧张，王子云的家就是碑林博物馆北墙外的一幢简易楼。当时，这幢楼是碑林附近最高的建筑，建成此楼时，是碑林博物馆的一桩大喜事，何正璜作为馆内资深研究人员，得以分到三十多平方米的一个小单元，王子云也因此而得以住上多年盼望的楼房。每在写作间隙，临窗可见碑林全貌，他也很是欣悦。当时，全国刚刚从“文化大革命”的恐怖里挣出，旅游还只是极少数人的事情。今天的“个园”，想早已将那些生活垃圾清除了吧？王子云和何正璜居住多年的那幢宿舍楼，也早已经成为西安碑林风景区的一个“补丁”，是必须拆除的了。

在扬州，王子云还见到当地名画家韩天眷，当时韩先生已经八十二岁，而望之只有六十左右。王子云回忆起当年他被一个老同学从北京拉来南京中央大学的群众教育馆当美术部主任，于1927年发起南京美术作品展览会，当时这位韩先生是中央大学艺术系的国画教师，展览作品并且参加座谈会，与王子云有过密切交往，以后，韩先生远赴兰州做西北师范学院美术系的教师，晚年得回故乡，颐养天年。他们叙旧快然，王子云谈起自己从孔德学校来南京，也是人生一个转折，唯独不能提起拉他南来的具体人，那就是刘季洪，跑到台湾做了国民党的大官。此时还是大大的忌讳。

游罢扬州，返途不可不游镇江。对于美术家来说，镇江的金山和焦山，不仅是天然图画，而且各为典型风格的代表。所谓“金山景色如小李将军金碧画，陆离璀璨，富贵天然，焦山则如云林淡墨米家浓抹，兼擅其胜”。镇江两山，咫尺之间，中国山水画“北派”浓重和“南派”渲淡的特色于兹尽显，如果不是亲眼感受，又有谁能够相信此天造地设。王子云到此大感饱眼福而豁心胸，极少作诗的他，在这里居然自己作了一首：“朝辞梅岭度金山，千里长江一线连；碧绿天际平如画，纵横交错桑稻田。”人生游于艺者，最感天地浩渺而生命悠忽，于是有“昼短苦夜长，胡不秉烛游”之吟，于是有“纵一苇之所如，顾万顷之茫然”之叹。王子云一生，所骛之艺已经够多，到老而生诗情。如果再有时间条件，以他的喜壮游而爱议论，对诗歌肯定会更加喜欢。中国旧诗，从欣赏和写作两方面的本质来说，都是愈近老年而愈知其味的艺术。首先因为它的形式的精练和意蕴的含蓄。越是生活阅历丰富，人生体味深刻，就越有可能于立言中寄感慨，造境中得深昧。可惜王子云在青年时期没有得到这样的锻炼，在大好江山面前，往往“眼前有景说不得”。他的艺术道路，表现出 20 世纪中国文化受外来影响“走出去”的开放性，也表现出忽略中国文化自身的特别质素造成的缺憾。这样的缺憾，表现在王子云身上，就是传统文化的功力不够。他在巴黎学习期间，因为民族意识受到刺激，转向而倾心于民族美术遗存的发掘。他接受温克尔曼的田野实证方法，从西北艺术文物考察团开始所做的工作，所下的功夫，在全国美术界可能无人能出其右，但是，对考察成果进行深入的研究，比起以旧学入手的学术界人如前辈的王国维、罗振玉，同辈的向达、姜亮夫等人，就显出明显距离。而这距离的根本所在，是中国传统治学门径在于“文史哲”的打通，打通的工具则是文学。王国维本来是以治文学出名的，他的诗作和诗学在早年就迴出群侪，在思想上，他甚至是一个彻底的“遗老”，但在学术上，他却最先使用“二重证据法”，很快便执中国学术之牛耳。鲁迅和郭沫若，都是和“封建遗老”势不两立的左派文化领袖，两人之间也形同水火，而对王国维却都推重，究其柢，就是因为王国维在学术上并不“遗老”，而且“创新”。王子云和何正璜的结合，本来是进行中国美术历史和理论研究的最佳搭配，他们在敦煌考察完成后不久写出的《敦煌莫高窟现存佛窟概况之调查》，发表在当时颇有影响的《说文》月刊，就是王子云丰富的美术知识和何正璜出众文笔的结合。可惜，以后他们的这种结合没有能够经常、长久地发挥。特别是王子云被打成右派之后，地位一落千丈，多年不能进行自己喜爱的学术研究，而何正璜为了一个家庭的生存，不能不把主要的精力和时间放在能够很快被上级认可的纯粹介绍式的文物说明文字的写作上。越是能够直接为现实政治宣传服务的文化，越受重视。何正璜这样的工作发生的效果，比较于王子云对中国雕塑艺术历史的探求，更能够发生直接影响。那一时期，中国社会的学术环境还未能够恢复，能够看见的一点表现都是为宣传服务的。何正璜在参观“文化大革命出土文物展览”时做过记录的“坎曼尔诗笺”，因为表现了古代的“阶级斗争”，还被郭沫若引用，以后的事实证明，这是让学术蒙羞。何正璜因为工作成绩突出，成为全国政协委员，她写过宣传西安文化古迹的很多文字，虽然多为宣传介绍，但毕竟保持了自己的学术生活。在当时，何正璜社会地位的提高，并没有能够帮助王子云蓄意已久的学术计划的实现，因为她成为一个忙人甚至名人，不免在某些时候对王子云的不识时务和一生命途多蹇难以理解。此番王子云的万里考察，如果有何正璜的陪同，对所见深入研究，以何正璜对中国古典的阅读能力和生花妙笔，必然能够作成在美术界有重要影响的学术文字。但这时候的何正璜，请假都十分困难，她在陕西历史博物馆的作用，也非他人能比。就在王子云此行江南前后，周恩来总理陪同越南黎笋、范文同访问延安，又来西安碑林参观，出面解说的正是何正璜。当时的碑林，既有陕西历史文物陈列，又是全国独一无二的书法艺术渊薮，陕西作为中国上古文化的重要发祥地，大量的出土文物还只能压在仓库里，不能发挥作用。何正璜当时就向周总理谈到陕西历史博物馆的展览面积太小，提出陕西应该有一座大型的现代化博物馆。周总理当时就表示陕西应该建一座新的历史博物馆。现在位于大雁塔西北方向的陕西历史博物馆，就是当时周恩来总理在考察中决定修建的。在全国的省一级博物馆里，这是一座气魄、规模、建筑水平都列于前茅的博物馆。新馆建成后，碑林博物馆专门陈列展览书法艺术和石刻艺术的历史遗存，陕西历史博物馆则在通史展览里体现陕西历史文化的辉煌。何正璜毕生从事文博工作，在当年跟随王子云从四川往陕西的艰难旅途中，就憧憬过中国艺术文物事业的前景，亲历了周恩来总理对陕西文博事业的关怀，亲眼看到陕西历史博物馆的拔地而起，她觉得自己一生的辛苦奔波都有了充实的报偿。

在大家欢庆陕西文博事业划时代的进展之时，何正璜看见，王子云还在默默地整理着那些几十年来积累而得的艺术文物资料。一座辉煌的历史博物馆在他们的梦想里变成为真实的存在，而那些流存在笔记里，静默在图录中，更多的是埋藏在脑海里的艺术遗存，该怎样让它为这建设发展中的社会发挥作用？如果人的精力能够有所储藏能够有所转借就好了，以前的许多年，何正璜和王子云都闲着没事情干，他们写下的检讨交代材料的字数超过了学术文章的字数，而一旦百废俱兴，时间就紧张得像鞭子在抽打，一鞭下来，就是老人的一片白发。这时候的何正璜，在陕西文化文物部门的地位显然高出王子云，她也没有时间帮助王子云。当年西北艺术文物考察团里，因为有何正璜的一支笔，王子云的艺术见解和发现都能够行于文字，而现在，最需要文字帮助的王子云，却只能孤身奋战。他孤独，疲惫，但也高兴，跟随他进入文博事业的何正璜，毕竟没有因为他而潦倒无名，也没有因为他而从一个有抱负的艺术青年变成家庭主妇。比较何正璜，王子云知道自己在文笔等方面的不足，但他并不因此而自馁，或者倚老卖老，在一杯茶一支烟的闲谈闲逛中打发余生，他还要做万里壮游，还要伏案经年，还要奋力一搏。这时候的何正璜，实际上也成为他的一种鞭策，她越是事业红火，越是名誉纷至，他越不甘就此罢休。在这样的精神激励里，王子云居然吟起诗来。王子云的一生，其行为的意义可能要超出其具体的艺术成绩，这一点，他和吴宓教授有些仿佛。谈及王子云晚年作诗，不能不对其文化心态和状态有所联想。

9．五十年得一还乡

王子云游过镇江，再乘船经芜湖到合肥，在合肥三天，曾往安徽省图书馆借阅《徐霞客游记》。他对徐霞客在全无舟车之利的条件下，步行几千里并且深入少数民族地区，考察山川地理的非凡志向，对客观事物所持的热情态度和所表现的渊博知识，都敬佩得心恍恍欲追，手不忍释卷。从合肥到徐州，他又住了二十多天，除了整理一路旅行的笔记，在这里他深感自己一行接触到的文化历史遗存太多，如果不借助丰富的图书资料加以整理，仅仅凭自己的感觉记忆，时间一过很可能飘然无迹，于是前往自己的母校、现在的徐州师范学院借书。让他更为兴奋的是，以前西北艺术文物考察团的一位老团员在这里当教师（可惜王子云没有写出自己的姓名，也没有留下当年考察团成员的名单，倘非得见雷震的“证明材料”，这些值得纪念的姓名真若风流云散了），在他的帮助下，王子云在学院图书馆随意借书大得其便。他回忆起当年的江苏省立第七师范学校，建在旧府署内，其间还有相传苏东坡题写的“快哉亭”，那里有藕池荷花、小桥流水，是学生们散步的地方。他当年在这里度过几年时光，以后虽然也来过几次，大都把徐州作为一个交通过道，而没有注意这里的历史文化遗存的丰富。这一次，王子云就比较从容地看了徐州的很多地方，他在当时徐州博物馆馆长燕仲生和滕尚朴（这两人的姓名他倒记下了）陪同下，参观了馆藏汉墓石雕，见其风格介于山东西城山汉画像石与河南南阳汉画像石之间，题材则近于山东。王子云认为徐州地近齐鲁，其表现也是齐鲁之风。其实，徐州虽在近代被划入江苏，而徐州人的语言、饮食，显然更近山东。王子云的故乡萧县的情况也一样，虽然划在安徽，但老朋友忆起王子云，多以为他是山东人。

王子云在徐州，没有忘记少年读书时经常游览的“放鹤亭”和“饮鹤泉”，他记得那时候的云龙山上，还有这些因为苏东坡而建的古物。此番寻觅，已经完全不可见，他想起苏东坡曾经在徐州写过的诗：“醉中走上黄茅岗，满岗乱石如群羊。岗头醉倒作石床，仰看白云天茫茫。”这天，王子云登上六十年重来的云龙山，也有“仰看白云天茫茫”之感。他找到苏东坡庙，见大殿尚存，心中惊喜，继之则跺脚哀叹，原来这里的石崖佛龛造像竟然全部被人用红油漆涂抹，看来费此功夫不为破坏而意在保护，可是却与有意破坏异手同工。王子云当时真正是哭笑不得。看迹象，还是最近的事情，王子云不明白，当事者为什么请来这样不学无术的“艺人”，干出这样大煞风景的怪事。他无法去找人

2004年，王子云子女王蔷（中）、王蒨（右一）、王蒙在老家安徽萧县守备庄老屋前

讲道理，只得将一腔愤愤发泄为“反映了这一地区的文化水平和审美观点”。殊不知“十步之内，必有芳草”，徐州有造诣的艺术家，那时候或者远走外乡，若李可染和他王子云，或者还没有发表意见的机会和权利，当时被请来胡涂乱抹的“艺人”，便成为“当地文化”的代表，遭一时之谴。其实，真正该谴的，应该是那“当事者”。

徐州离王子云的故乡萧县只有三十公里，王子云自从出外求学，只是1937年回过一次家乡。在他的印象里，地处安徽、河南、江苏、山东四省之间的家乡是贫穷而破败的，他当年的出外，为自己寻找道路，却无力改变家乡的面貌。解放后这些年，特别是戴上右派帽子以后，更不能回家乡了。这次能够出门考察，总算被社会承认还是一个学有所长的知识分子。到徐州后，萧县文化部门的朋友便请他回家乡看一看。这次，他的回来，果然也受到萧县文化部门的欢迎和款待。在1974年的社会环境里，对“名人”的崇拜还远不能和以后二三十年的情况相比。在“批林批孔”之后，又是“批判资产阶级法权”的运动，其主题，都是按照“文化大革命”的方向和逻辑，以提倡表面的平均主义、“革命化”为内容。在这样的情况下，萧县文化部门还敢于宴请有“右派”问题在身的王子云，也足见当地对自己地方产生的文化人物的看重。王子云在萧县住了三天，这时候的心情，对于几十年来家乡的变化也感到兴奋，甚至连自己家乡的历史，也有了一种新的热爱。欧阳修写过《醉翁亭记》，其云“环滁皆山也”，王子云用以和自己家乡比较，萧县也是有这样特色的。出县城北门就有石阶上山，山顶的圣泉寺，为金代所建，寺旁有清泉潆绕，有泉亭翼然，寺周林木茂密，是王子云少年时期在县城上高级小学和以后教小学时经常来游的地方，也和徐州的“快哉亭”一样，成为他万里行踪里的思念。这次回县，王子云没有忘记到圣泉寺访旧，泉亭依然，而寺庙已经成为居民住宅。对此亦难发议论。中国几十年最大的变化，就是人口几乎增加了一倍，有人，就要吃要住，这是天经地义的事情。1974年，还是毛泽东思想统治一切的时期，马寅初因为提倡计划生育而被打成右派的事情，还远没有得到反思。王子云虽然被允许出来进行艺术考察，却也并没有说他就没有什么问题了。全国几十万右派分子的帽子还戴在头上，王子云虽然在1962年的“甄别”里，帽子已经脱了，但也没有平反。就是说，打成右派分子是正确的，为了调动积极性，对其中一部分人的帽子脱下来拎在手里，只要他们再有不老实的举动，那帽子还是随时可以戴上去的。王子云并不是一个政治意识很强烈的人，孟凌崖在新中国成立初期为他写的旁证材料就说他是不关心政治的。他被打成右派，也不是因为有什么突出而刺激的言论，就是因为他在解放前夕跟张光祖跑到成都这样一些“历史问题”，按照当时的做法，就是画了一个圈子，他就在“右”的圈子里，不论他讲什么，都会被罗织进去的，所谓“天网恢恢，疏而不漏”。如今回到家乡，他对文化部门的热情招待十分感激，却也不敢和人深谈什么。被人敬酒，被要求“讲几句”，讲得多的也是称赞家乡的巨大变化、感谢地方领导的招待云云，像圣泉寺被当作居民住宅之类事，自己虽然有不悦之感，也讲不出什么。毛主席说，“世界上什么问题最大，吃饭问题最大”，其实，1974年及其前后的相当一段时间，还应该加上一句“住房问题也大”。在这样既热烈也恍惚的心境里，王子云没有回离县城四十公里的守备社去，他知道自己并不是衣锦还乡。以后，随着社会文化生活逐渐趋于正常，萧县的圣泉寺也得到修复，远在西安的王子云，已经没有体力和精力再回家乡，但他的热情不减，与萧县有关人员多番书信往来，提供自己所了解的关于圣泉寺的资料，也提出自己的意见，言之不足，他又寄去三千元钱，帮助建设。到了老年，家乡的一切，竟分外亲切起来，他似乎回到了在萧县高小当老师的时代，只要能够为家乡的文化发展有所帮助，恨不得倾囊以出。但是，也只有他自己知道，他虽然有名画家的影响，在家乡人眼里，是一个了不起的大人物，但他平生并没有因为画而得到多少物质报偿。以后，他为出版自己的著作，竟然为经费大大发愁。

10. 踏荒幸有知音人

在徐州整理旅行所得，又住了五十多天。炎热的夏季过去了，王子云再往南京。在将近一年的旅行里，他对于寻宿买票这些事情都已经有了经验，怎样便宜，怎样省时间，怎样可以顺路，都了然于心。到南京，他通过省文化局介绍，住到南京艺术学院的招待所，一人单间，每天宿费只要五角，这样他就可以放心地长住，而不考虑报销的麻烦。他的这次出行，原则上可以报销一人的路费、住宿费，但不能超过规定标准。在那一时期，每天能够报销的宿费不超过两元钱，而王子云在有些地方被介绍到高级招待所甚至宾馆，虽然舒服，但他心里也不踏实。在南京能够有一天五角钱的单间住，这确实是让他兴奋的好事。何况，南京艺术学院里，还有他以前的学生，有和他很谈得来、并且也是以研究美术史为职志的林树中这样的青年教师。他觉得，和他们在一起，所谈的话题对路，日子就过得有趣。在南京，他没有要求家里人陪同。

玄武湖、灵谷寺等名胜，一一看过，最让王子云感兴趣的还是郊外的南朝墓葬雕刻。王子云在阅读向达的《唐代长安与西域文明》的时候，已经知道其中所收《摄山佛教石刻小记》之“摄山”就是南京栖霞山。向达在1925年以前来栖霞山时，南朝造像除大佛窟外已不存，而明代造像尚可见。1925年冬天再来，却发现栖霞山僧人把所有大小佛像全部用水泥涂抹。王子云认为这最后一次的大破坏，徐悲鸿应该有一定责任。当时徐悲鸿作为中央大学艺术系主任，倡议修整大佛崖，但没有采取有效得当的措施，致使佛龛雕像受损。王子云批评徐悲鸿“粗枝大叶”（《中外美术考古游记》，第293页）。

9月之秋，栖霞山正是满山红叶，这是南京人最看重的“秋栖霞”观山赏叶之时，王子云等人因为看到佛窟雕像之破坏而议论甚至生气，居然对眼前美景也忘记了欣赏。在这里，王子云也还是有他自己的收获，在大佛阁右侧一个角落里的石龛中，有一尊石匠的立像，虽然头部已经剥蚀，但南朝装束依然可见，其造型为健壮优美正在工作的劳动者。这是去年来栖霞山考察就注意到的，此番再来，还是十分专注。考察古代佛窟造像的文史学者，在记述写作方面比专业美术家有很多优势，但具有专业美术家的眼光、每见能够做出具体的美术学判断若王子云，又自见其不同。在中国美术考古学界，他确实是一个开拓者。以后，史岩、林树中等美术史家，在自己的研究里各有建树，他们对王子云以一著名画家、雕塑家而终身致力于田野考察，均十分敬佩。

去年来南京，王子云已经与林树中在南京甘家巷小学看过萧秀墓石像，但他觉得还没有看仔细，又约林树中再往，林树中也表现兴趣盎然，到狮子冲看陈文帝陵墓石麒麟，也是林树中同行。这使王子云十分感慨，他在西安美术学院多年，讲美术史的教师能够不怕辛苦，在田野里发现学术问题者还很难见到，他自己的这种治学方法也每有孤独之感。林树中确实是他晚年碰到的一个知音。

南京秋天多雨，王子云遇雨便在招待所利用南京艺术学院的图书，总结或者寻找问题，稍晴便往野外踏勘。从南京到句容狮子冲寻找梁南康简王萧基墓石兽，王子云与林树中走了十几里路，林树中在南京艺术学院教中国美术史，他也喜欢田野考察，也是难找到能够一起踏荒吃苦的同道。见王子云老当益壮，劲头丝毫不比自己小，和他一起走在江南的野外，虽然累，却有难得的投机。他们沿途打问，一般人对于田野里的什么石兽也讲不清楚，就只好把握住大方向自己寻找。终于在一片碧绿的稻田里看见两个很小的黑点，料想是目标所在，走近后果然是他们要找的石兽。王子云认为它和陕西咸阳塬上唐顺陵前的石狮，同样表现出阔大雄奇的风格。尤为感慨的是，日本出版之《世界美术全集》已经收入萧基墓石雕，而中国出版物尚很少介绍。（《中外美术考古游记》，第 295 页）

在南京见到西安美术学院雕塑系毕业的邢永川，他当时在南京博物馆筹备处工作，在他介绍下，往堂子街看太平天国壁画，有曾国藩投水内容。王子云在南京还往莫愁湖边寻“扫叶楼”，但已经成为街道工厂堆栈。

王子云在南京南朝天禄石雕前

南京是王子云万里出行的最后一站，离开南京时，林树中冒雨送行，王子云甚为其求学精神和待人之热诚感动。以后王子云以退休之身，又被西安美术学院返聘为硕士研究生导师，他的学生李淞又成为林树中教授的博士研究生。他们对王子云开创的中国美术考古学派，都有发扬深入的贡献，李淞则在2003年，被北京大学聘为教授，他的基本治学方法，还是起源于王子云。王子云、林树中、李淞，三代人延续，可以看出中国现代美术考古的学术脉络。

王子云此行于 1973 年 10 月 11 日从西安出发，1974 年 9 月 29 日离南京经徐州返西安，几乎整整一年时间，跑遍川西塞外、大江南北。在王子云，是一生中的最后一次壮游，也是他在中国大地上行走得最辽远、考察最全面的一次，在他的美术界同辈人里，似乎还没有一个人像他这样在晚年风餐露宿一往无前的奔波，似乎也没有一个人在年近八旬还在为自己的著作补充材料。他要挽住最后的夕阳，要让自己的生命在一生的奔波之后画上以“文化”为标识的句号。

此番壮行，是王子云平生可以与欧洲之行、敦煌之行、新疆之行比较的一次大范围的学术考察。经过几十年的颠簸，也经过“反右派”以来和“文革”以来地狱里的精神磨砺，他的精神在挤压里凝聚，生命在苦难中升华。他看到了自己的卑微，也看到了自己的力量，他还有一副能够经受风雨的好身板，他更有几十年积累的关于中国美术，特别是雕塑艺术的知识希望贡献给这个社会。就在他心雄气壮地准备着奉献、准备着拼搏的时候，突然在旅途中得到西安美术学院的退休通知。已经七十七岁，退休不是意外事，但已经十几年没有工作，刚刚行动起来，又被迫停顿，对于一个生命已经被事业融化的人来说，不仅突然，而且残酷。要待到再过十年，这不甘被废弃也从来不曾自暴自弃的文化生命，才会被发现其不可替代的价值，那时候，八十八岁的王子云，还会在他的“米寿”之年，重新回到学校，重新开始他生命最后的冲刺。

第十章　虬干放新花

王子云八十寿辰时在西安碑林博物馆

1．何正璜的辉煌和王子云的冲刺

在王子云被迫退休而不甘偷闲的几乎十年时间里，何正璜却处于热烈而忙碌的职业生活。

1976年至1978年，何正璜日记里的接待外宾、参加宴会的内容逐渐增加。而出差在外，住宾馆受招待已经不再稀罕。这时期，何正璜的热烈社会生活和盘踞家中的王子云形成鲜明对比。到1979年，王子云的右派问题虽然和全国五十万“同帽”一起平反，以后又被西安美术学院返聘回校带研究生，但他的处境和何正璜还是不能比。何正璜的日记里有一段真实的记载：1982年11月，何正璜因为多年来在陕西省文博系统的工作表现，被安排为全国政协委员（她还是陕西省工艺美术协会的副会长，康师尧去世后，她继任会长），这在陕西省的文博界，是第一人。这月的28日，何正璜在西安的一家宾馆出席全国工艺美术界的一个会议，工作人员报告，有个老头说他想进来发个言，工作人员告诉他会议发言都是安排好了的，怎么可能随便来一个人就发言，老头还是喋喋不休不肯走，没办法，只好请示康会长、何会长看怎么处理。何正璜一听就想到可能是王子云，她赶快出来，见果然是他。王子云说：“你们开的是工艺美术会议，我在杭州艺专教的就是图案，你们该让我来讲一讲，这里面的学问可是有。”何正璜一时间气得不知道怎么说才好，这老伴真正是不知有汉，无论魏晋。会议的出席人员、发言内容和程序都是经过严格审查的，你还以为是“红叶画会”那样的沙龙啊！王子云不听她这些解释，只说工艺美术的学问真是有，可惜现在没有多少人真懂。何正璜见劝不住他，又有不少会议代表闻声出来看热闹，一时羞愤，躲进自己的房间哭起来。康师尧是和王子云熟悉的，见这情状，既不能让王子云到会上去发言，也不能太冷落了老先生。他忙把王子云招呼进一个房间，好言解释，不一会儿到了开饭时间，康师尧又陪老先生吃了饭，然后用会议上的小汽车送他回家。王子云在家里实在是太寂寞了，他实在是太想把自己的所学所识贡献给社会，却演出了这样一场悲喜剧。

美术史论家、原《美术》杂志负责人李松对王子云这一时期的生活有这样的记忆：“记得1979年9月初，连环画家参观团刚刚到西安的第二天下午，我和王靖宪同志曾经冒着小雨到柏树林街48号三楼去拜访王子云先生，那是很逼仄的住房，王先生坐在床上和我们聊天，背后的窗户上放着两尊陶俑。谈话时间不长，谈什么内容已记不清了，只记得老先生蓬松的胡须之间，忽地垂挂下两条玉箸。当时我很不礼貌地想起南宋郑所南的一句诗：'无力吸鼻涕。'子云先生当时年纪已很大了，但听说由于正璜先生还在上班，他常要亲自去排队买菜。"

再看何正璜成为全国政协委员后的所见所感：

在出发往北京之前，全国政协委员先集中学习，何正璜住在西安当时最好的宾馆——人民大厦。如今她已经是一个名人，但住宾馆的享受也应该让家里人来分享一点儿，在1983年5月27日，她让王子云和儿女们都来宾馆洗澡。这时候，王子云和何正璜在碑林博物馆北面有了一处三十余平方米的两居房，是何正璜在本单位所分。这处房子在当时的西安市里可以算不错了，但是两家用一个小卫生间，根本谈不上洗浴设备。王子云这时候已经是八十六岁的老人，每月洗澡，都得到街上排队。如今何正璜在人民大厦里有一处可以支配一两天的房间，一家人最需要的就是赶快去洗澡。这样的情形，那一时期对宾馆生活有所经历的人都会记得。

1983年6月3日，何正璜在北京人民大会堂出席全国政协六届一次全会，她记下了自己坐的是16排29座，并写道："以前来参观时，偷偷坐了一下，生怕人发现，想今生是不可能在此坐，偷偷坐一下也好。如今被请来坐了。离开西安大厦时，想着，到北京还有二十天好日子。"

和何正璜邻座的是李文宜，她是民盟中央委员，谈起来，以前和何正璜的七姨一起在宋美龄任会长的中华全国妇女运动指导委员会共事过。何正璜回想自己的以往，在美术事业方面的资历和贡献远不能和王子云比，为什么能够坐到这里来？自己的能力实际是写作，"以前就是爷爷奶奶教的古典文学功底，致以后能写些文章"。白居易说过"文章合为时而著，歌诗合为事而作"，以前不认为是什么高见，如今却知道这话可得亲切之理解。敦煌研究院的段文杰也是全国政协委员，何正璜和他一起去中国美术馆看张大千画展，西北艺术文物考察团到敦煌的时候，段文杰还是一个学生，他当时看了考察团的展览，也看了张大千的展览，以后就投身到敦煌，如今，他们二人同观张髯之作，应有唏嘘无限。

值得唏嘘的事情还有很多，多年不见的同学唐平铸也联系上了。真正是天地玄黄，宇宙洪荒，以前，何正璜到北京，不敢和他联系，那时候他是解放军的将军，又在十分显赫的重要部门。可是，这个时代的弄潮儿，在风光无限之后也渐渐退隐，人民大会堂这样的地方以前是他经常出入的，如今却只能望门思叹。在这样的情形下，何正璜到301医院看望了老同学。唐平铸得了结肠癌，动了手术，乍然相见，何正璜已经认不出他来。她在日记里感叹："走了两条道路。"如果在十年前、二十年前和唐平铸相见，她会自惭无地，她没有跟上无产阶级革命的步伐，一场"文化大革命"闹得天翻地覆，最能够跟上无产阶级革命步伐的人和走了纯艺术道路的人，又在新的社会要求下重新确立各自的社会地位。何正璜当然不会在老同学面前表现志得意满，但她对眼前的一切总是有恍然如梦之感。这一切来得总觉不真实，说不定，哪一天便又会飘忽而去。

1983年11月，何正璜被批准为中共预备党员。

1984年8月13日，当年武昌艺专同学彭友善的儿子彭开天奉父命来拜访，并送给何正璜一个瓷盘和两盒点心。彭友善在江西一直坚持作画，成为一方名家，老来诸事顺遂，怀念当年同学。这时期，社会上各个层次的人们，怀旧之心表现纷繁，大学生、中学生、小学生都在搞同学聚会，更有历史上各个部队、各根据地等等多种聚会和结社。就在这一天，何正璜给远在北京、辗转病榻的唐平铸寄去治癌药品“平消丹”。不知道是否北京买不到这种药，抑或是何正璜对临危的老同学寄予安慰。何正璜这时候以文物专家身份得入政治之门，她心中本来有英雄情结，而唐平铸即使暮年蹭蹬，但他毕竟是文武之才，一身氤氲时代风云。在生命的暮年，何正璜思怀日本海的惊涛骇浪，那本来是她向往的生活。

1985年4月4日，又在北京出席政协会议，这一次邻座是王光美。这一天，《人民日报》刊登了何正璜关于反对修杨贵妃墓和王宝钏“寒窑”的发言，这在政协会上正是可以引起各位委员议论和关注的表现，但何正璜在当日却有记：“我很不高兴，原以为登在简报上，没料想在《人民日报》上，我预感到要有祸了，当局者不会原谅我忧国忧民的好心，认为我反对他们了。触犯了，会对我怎样呢？我很难过，在西安不会有民主的，官们会生气的。为此惹祸，是不值得，但真话又有什么不能说呢？我感到这是我最后一次参加政协会了。”在大会堂外，看见围观的老百姓和他们期冀的眼神，她写道：“那么多群众，围在绳子外面肃立看我们，令人感到我们是多么受到人们的羡慕，也许在寄予希望吧，我该怎样呢？能为他们干点什么呢？”其实，这只是何正璜自己心里忐忑，她谈的关于杨贵妃墓、“寒窑”等问题，实际上就是文物和旅游的关系，当时旅游事业刚刚兴起，她就发表了这样的意见，足见其作为一个老文物工作者的眼光和关心社会生活的敏锐。以后二十多年，中国的旅游事业飞快发展，旅游与文物的关系问题日益突出，何正璜昔年之谈适成先见。即使在当年，她的这些“逆耳之言”也并不犯时忌，也没有招致压力和不利后果，只是作为王子云的夫人，她还余悸未消。再者，在名人聚集的政协，挑鼻子挑眼是寻常事，每出一言，每撰一文，既要引起注意，以符政协委员之职，以符上下考量之望，又必掂斤播两，得失计较。何正璜所记，为后世留下真实的事象心理。其中，对政协委员、人民代表应该怎样代表人民利益的扪心自问，也是对社会政治改革的真实思考。如果没有这些，只是简单地记述“贡献”，表现“辉煌”，人的生命履迹将怎样飘忽？性格色彩将怎样苍白？人都生活在具体的历史和社会环境里，能够让后世稽以观史求真的文字，才是有价值的文字。何正璜喜欢摆弄文字、喜欢记述眼下心间的习惯，补充了王子云所留个人生活方面文字资料的稀缺，使后人能够得观其部分心路历程。

这一时期，在何正璜的辉煌面前，王子云是寂寞的。这些年，实际上他的地位也在逐渐改善，1979年，王子云参加了全国第四次文代会，陕西省美术家协会恢复活动以后，他也当选为副主席、名誉主席。1985年4月，王子云前往济南参加全国美协第四次会员大会，就在这次大会上，他得到全国美协顾问的名誉职务。这在中国美术界已经是最高

1979 年，何正璜为邓小平夫妇讲解文物

1972 年，日本首相大平正芳来华访问，何正璜在西安碑林博物馆陪同讲解

的荣誉，但是，这一点荣誉，不能给王子云带来什么实际利益。自从解放初期为“文物案件”发脾气拍桌子，损伤了手掌，他就逐渐不能再作画，而在美术界，作画的能力，再加上社会地位，才可能有名有利。这些年，王子云在孤独之中奋力写作，而出版著作又不是很顺利，在文字上，他远不如何正璜流利顺畅，而何正璜终年忙碌，又不能给王子云的艰苦写作多少帮助，王子云只能孤身奋战。一个红火，一个冷清，王子云便难免孤独。王子云前些年回徐州见到发妻和儿子，良心受到谴责，默坐沉思成为常态。王子云是个自尊心很强的人，一生里的颠簸坎坷，难以对何正璜和已经成人的儿女们尽言，便经常一个人在美术学院的小宿舍里闷头写作，生活也极简单，那时候没有方便面这些东西，经常便是干馒头泡开水、咸菜疙瘩辣椒酱之类。如李松从北京来拜访所见，如果王子云在家，他是一个“闲人”，还得多干些家务事。

何正璜成为西安文物界的名人，她在碑林的主要工作，是接待重要来宾。国家领导人和外国元首访问西安，在参观碑林时多由何正璜出面讲解。由于孩子多，家庭经济不宽裕，何正璜竟然没有一身像样的外套。日本首相大平正芳对中国古代文化兴趣甚浓，他到西安参观时，不仅要看碑林，还要看西安的很多名胜古迹，何正璜被上级指派陪同大平在西安的全部游程。何正璜为自己没有一件好外套发了愁，平时，在碑林为贵宾讲解，时间不长，怎样遮掩一下也就过去了。这一次，在三天时间里几乎是和大平的代表团一同生活，要出席多次宴会，个人衣着小事，关乎国家形象。无奈之中，何正璜只好借了二女儿王蒨的黑大衣，但她的身体已发福，扣子扣不上，只好敞开前襟，做随意状，再搭上一条白丝巾。好在何正璜早年在日本的高等美术学校读过书，熟悉日本语言和风俗，在陪同大平一行里为他们讲解西安今古，为其古都之行增添了趣味快乐，印象深刻。次年大平就去世了，其子专门从日本寄来大平生前签名的照片给何正璜做永久纪念。

工作的意义使王子云何正璜一家都感觉到兴奋，但生活状况的拮据又在热烈里不时显现，使得珍贵的岁月经常不免窘迫。最窘迫处是两个需要写作、需要思考的老知识分子没有一个基本的工作环境。当时，何正璜和王子云的家庭居住环境是这样的：全部面积不过三十平方米，一间居室十平方米左右，朝南小窗下放一张小写字台，侧边放一钢丝床，是王子云的卧榻；脚头又放一大双人床，是何正璜及小外孙女的床，其他地方仅容一小方桌供全家人吃饭。每当王子云开始工作，小写字台无法放开所需资料，只好将钢丝床用作写字台，将铺盖搬开，到晚上又还原。对着钢丝床工作，长期坐小板凳，加重了王子云的腰背曲驼。本来身板硬朗的王子云，老年拼命写作，他的身体就是在逼仄斗室里的写字台和小钢丝床前明显衰老的。何正璜在外面风光荣耀，回到家里，若想写点什么东西，就更没有条件。写字台是被王子云长期独占了，那上边堆积的资料不好搬动，王子云也不许人搬动。何正璜就只好利用下班之后的时间，在单位写点儿东西，这样，经常很晚才能回家。老夫妻的工作规律不能一致，吃饭时间也不能一致，何正璜经常是在单位工作到饥肠辘辘才回家，或者吃点剩饭，或者下点挂面。有时想请个保姆解决家务做饭问题，最大的困难是家里实在没有住的地方。这样的状态，一直延续了将近十年，在这期间，王子云也几次到外地，想在亲戚朋友家里寻找“换口气”的地方。

1985年初冬，王子云在济南开完全国美协第四次代表大会，又经徐州辗转到了广州，寄居在美术学院王肇民、陈少丰家里。西安的冬天是可怕的，那时期，西安民居多没有暖气，王子云和何正璜所住的碑林宿舍，两间小房，安上一只煤炉，家里就转不过身，而广东作为南国之都，总是要好过得多。在广州住了一段时间，写作计划也无法进行，多少年积累的那些资料书籍，没有办法跟随他流浪。在家里的时候各自忙自己的事情，老夫妻似乎没有多少话可讲，一旦离开，何正璜还是对自己已经年过八旬的老伴操心，孩子们也对老父亲一人在外放心不下，都写信叫他回来。已经有几十年历史的家庭，难免有很多复杂，但这复杂终于也在相濡以沫中成为个中人才能品咂的滋味。

1990年，何正璜（右二）参加全国政协会议期间与其他委员在香山宾馆

王子云又回到西安，他以前总觉得对不起儿女，但政治问题的平反，已经说明给儿女们带来厄运的不是他，而是过去的时代没有人能够规避的政治风云。如今，这一切已经是陈年旧梦，儿女们也都已经长大成人，用不着他太操心。他已经是将近九十岁的老人，这一辈子，是非功过都没办法由自己来说，他唯一可以做、愿意做、必须做的，就是抓紧每一分钟，把自己积累了几十年、也思考了几十年的那些东西写出来。这时候，他的笔迹也已经成为颤颤抖抖扭曲不清的“九曲羊毛”。何正璜对王子云有气，也有更多感动。她本来是富有同情心的人，当年，王子云是一位名教授，是考察团团长，她对他是从敬畏进入倾慕，以后，他被打成右派，给这个家庭带来了灾难，但究其原因，在“文物纠纷案件”，而祸根在解放前夕的成都之行。如果不去成都，就不会有这个案件，而这些，又不能不说是何正璜的影响所致。何正璜经常

反思，终于也气定心平。这个家庭，在经历了几十年的风雨之后，应该让它有一个完满的结局。

画家孙振庭有一幅《我的老师——王子云》，在参加全国美术展览时，曾经有很多美术界的重要人物在此画下留影。此画的画面完全是写实风格，其中一处细节是王子云所坐藤椅的扶手处，缠绕着塑料绳。这是孙振庭在80年代前期看望老师时的观察所得，王子云十分珍爱这只破藤椅，一直使用到他生命的最后。孙振庭以王子云的生活状态为创作题材，感受非止一点。有一次，大清晨，他到碑林宿舍，见王子云正在用扇子扇炉引火，家里浓烟弥漫，不得不大开门窗。为取暖，王家新买的一台煤油取暖器也油烟刺鼻。西安冬天的寒冷，成为老人八面抵挡的敌人，而在这门窗大开的房子里，又哪里有一点儿暖和？多年之后，孙振庭依然不能忘情所见所忆所感，他画的王子云像，实际上是一代知识分子的真实面貌。王子云的坚毅矍铄，在画面上呈现一种浑茫幽深之气，引起观者诸多感慨。在艰难环境里自强不息，才会有生命的价值，才能取得人们真正的尊重。王子云当时的工作情况是：白天工作过后，每晚看过电视（家里有一台12英寸黑白电视机）新闻节目，便伏案写作，到10时休息；凌晨2时起来，趁夜深人静写到早8时；吃早饭后又工作到午饭前；午休约两小时，又工作到晚饭前。每天除了六个小时的睡眠和一些家务杂事，他每天有十五个小时是在工作。晚年患白内障影响了他的目力，每天要家人帮助点眼药，但没有停止写作。

1986年，这个家庭的命运又有新的变化。王子云在西安美术学院，本来是此校之幸，但因为历史原因，再加上这里学术空气的稀薄，他多年来处于受排斥地位。而他在中国现代美术史上无法抹杀的影响，他在困境中的自强不息逐渐引起全国美术界的敬重。从参加北京的新美术活动开始，他本来就不是一个地域性的人物，在“拨乱反正”的时代，他当年的学生们多成为全国美术界的重要人物，学生们在几十年的人情变幻里，多也认识到自己的这位老师是一个踏踏实实做事而又坎坷过甚的老人。他们都希望

孙振庭油画《我的老师——王子云》

在老师的晚年给他一些安慰。1987 年，将是老师的九十大寿，刘开渠、艾青、王朝闻、吴冠中、李可染都送了作品和题词，连老师辈的刘海粟、林风眠，同辈的吴作人、李苦禅也都送了作品。已经于1982年去世的石鲁，则在多年的西安生活里，对王子云敬重有加，为王子云一画再画。西安的著名画家，多对王子云十分同情敬重。在王子云荣膺全国美协顾问一事上，是当时的陕西省美协主席方济众的鼎力倡议，西安美术学院参加大会的代表，或许因为太熟悉，似乎感觉不来王子云在全国美术界的声望，倒没有说什么话。也可能在美术学院的具体环境里，王子云的“贡献”和影响被局促得相当有限。如果不放到中国现代美术史的大视野里观察，王子云在西安美术学院竟然算不上著名人物，而一旦重提中国现代美术史，一旦重新考量中国现代的美术文物考察，王子云的开创之功就不是简单为政治服务而成名者可以比拟。

在美协第四次全国代表大会上当选为顾问和副主席的名单中，原西湖艺术院的老人还有林风眠、吴大雨、刘开渠、李可染、王朝闻、常书鸿、雷圭元、沈福文等人。在这些人里，除吴大雨外，王子云年纪最大。年届九十，这时候，他和自己的诸多学生辈相比，因为经历磨难时间长久，也影响了事业成就。和老师辈的吴大雨、林风眠相比，他们一辈子没有放下画笔，即使老到再不能画的程度，几十年流传下来的作品，也因为声名的日益显著而洛阳纸贵。在这“三代同堂”的辉煌里，似乎只有王子云是一个苦行僧。这时候，他的《中国雕塑艺术史》已经完成，在人民美术出版社等待出版。而在80年代前期，他只有人民美术出版社 1980 年出版的《中国古代雕塑百图》和陕西人民出版社 1985 年出版的《陕西古代石雕刻》两本著作，这两本书的学术价值，没有超过他在 50 年代初期的两本书。但他在最近十多年卧薪尝胆一般的奋斗里，也做出了大多数名画家们没有涉足的学术努力。很多名画家在八十开外的年龄，已经搁笔，而王子云年将九十，还在做冲刺式的拼搏。如果把功利成果和人生行为比较，前者显明可见，最易作为评价标准，而人的行为，生命进行中的不懈努力，对命运的不屈抗争，对于普遍的文化人群，则有着更加真实的意义。在王子云一辈的老艺术家里，他的心路履痕，他的行为意义，比起他的具体的功利成果，更当为人珍重。

王子云多年来没有一个安适的写作环境，美术学院给他的房子，在一个三十来平方米的小单元里，还是两家共用，他可以支配的仅为其中一间。他在这里顾了写作，就顾不上吃饭。学院在 80 年代也修了一座“高知楼”，落成以后没有他的份。王子云多年住房窘迫，难以完成写作计划的情况，即使在落实知识分子政策的年代，西安美术学院领导也没有当回事。王子云的住房问题，后来还是美术学院以外的文化人帮助解决的。当时的陕西省文化厅厅长李若冰是一位延安时代的老作家，对王子云十分敬重，他建议王子云给中共中央总书记胡耀邦写了一封信，反映自己从留学法国开始，积累了大量中外美术史资料，以前多年，有心报国而难尽心力，现在国家百废俱兴，欲以余年奉献，但逼仄的住房连资料都铺不开，希望得到领导的帮助。这封信很快被胡耀邦批转给中共陕西省委书记白纪年，要求解决王子云这位在全国美术界已经是硕果仅存的老专家的住房困难。当时李若冰等人也是知道陕西省正在修建一处专门用来解决老干部住房遗留问题的干休所，胡耀邦的批示正来得恰到好处。白纪年得到胡总书记的批示，很快就安排落实了王子云的住房问题。这是在西安大雁塔西边不远处的一个老干部休养所，有四间居室，有暖气，在当时的条件下，是高于厅级干部的待遇。如果没有这处住房，王子云的晚年生活就会十分艰难，碑林宿舍的夏如蒸笼冬若冰窟，还有那钢丝床前酷刑般的"坐功"，都不是进入九十高龄的老人再能忍受的；往亲友学生处的借居，也非经常可行之计。能够在晚年搬进有暖气的宽敞住房，对王子云和何正璜来说，真若久旱甘霖。

搬进这处住房后，王子云就更加紧张地工作，以往的岁月，他经历了太多的挫折，也看遍了人世的荣辱悲欢，他多年的努力，就是要用工作成绩取得社会的承认，他经常唯恐自己这只风雨中的小船不能到达彼岸，就在气力不支中搁浅或沉没。现在，风雨是平息了，小船还将怎样前行，要看他自己到底还有多少气力，还有多少韧性。古人说"生于忧患，死于安乐"，但他到老还没有安乐的权利，他还得加劲工作。远的不比，在眼前，在家里，他就要和何正璜比一比，何正璜就是在解放后的十几年里有工作的条件，有组织培养，她就走了许多地方，见了许多朋友，还当上了全国政协委员。和她相比，自己因为连遭冤枉，被白白地糟蹋浪费了十几年时间，现在，到九十岁了，王子云还不甘心，还想奋力一搏，这真叫是"老夫聊发少年狂"。苏东坡写《密州出猎》的时候，只有五十来岁，而王子云是九十岁，就这样的心劲，这样的气派，就可以望古人而无愧。在奋力之中，王子云也逐渐看出，多年的冷落一方面窝屈着他，也在某些方面成全着他。没有人要他到大会去发言，也没有什么领导要他写那些紧跟形势的文章，他的研究很多都是自己以前所见所感所识的"老学问"。以前经常自觉跟不上形势发展，但知识分子们经过这么多年的"紧跟形势"之后，却发现自己费心费力的大量"成果"最后竟多为文化垃圾，倒是以前的那些"老学问"，在经过时间的检验后被证明并不过时。王子云多年就在他那些"老学问"里面打转，没有人来关注他，甚至连他的退休都是在完全没有精神准备的时候，在他满怀激情的万里考察途中，不由分说、不经商量就把他的退休手续给办了。但是，退休近十年之后，他的那些"老学问"又被发现有用处了，他又被返聘回学院带研究生。以前那些年，王子云还有功名之念，还希望因为自己的工作成绩得到些荣誉和享受，所谓享受，在中国现代知识分子的概念里就是出门能够有个带洗澡间的旅馆住，在家里能够洗上热水澡。如今，出门的事情王子云已经不想了，再好的宾馆他也不想去住了，再什么样的接待对他都没有什么诱惑了，1973 年到 1974 年的那一次远行，他已经看遍了自己还想看的东西，现在，他该像春蚕吐丝一样完成自己最后的劳作。年龄，对于一个在崎岖道路上行进了一辈子的知识分子，有时候真具有决定性的意义。如果王子云死于"反右"之后，或者"文化大革命"的斗争里，或者死在他八十几岁的时候，他不可能有真正的平静，不可能有真正的安详。他可能为自己的命途多舛而嗟叹难休，他甚至为不能洗上一个热水澡而烦恼难耐，他甚至因为自己夫人的荣誉和享受心绪不平，他也必然为当年的学生们名贯华夏而自叹蹉跎。这一切，堆加在一起，

1985年冬季，王子云为避寒借住于广州美院陈少丰家中

可能将他一生的路途归结为一个“悔”字：悔不该因为爱国热情而回国，如果长留法兰西，他的成绩不会比赵无极、朱德群差；悔不该离开国立艺专，他那时候就是中专部主任，以后，刘开渠当院长，再怎么样不可能对他这启蒙老师太不好；悔不该离开敦煌，当时若是屈就在常书鸿之下，事久自然明，自己的雕塑专业，国立艺术文物考察团团长的身份，若论敦煌研究的权威，在国内又有谁可比？悔不该糊里糊涂跟什么张砚田、张光祖跑到成都去，他们都是政治人物，有政治目的，我王子云自己是干什么的，连自己都弄不清楚！如今，所有的这一切都已经被时间超越了，他成了所有这一切悲欢沉浮的经历者和见证人，如果他只是甘心于做这样一个见证人，那就不是他王子云。以往的岁月，他虽然也有意气用事的时候，但他从来没有过放弃劳动、放弃工作，而如今，不论朋友们、学生们怎样推崇，不论社会上怎样评价，王子云只觉得有一个最大的愿望：我要干活。他对当年从法国归来以后也被打成右派的女作家陈学昭的一本书欣赏不已，那书名是《工作着是美丽的》。这样的书难道有什么好看？但他觉得这书名是为他这样的人准备的。王子云的学问，多是和新美术有关的种种，中国的诸子百家，他接受得并不多，但有句老话“老年戒得”，他是注意了，他是警惕了，他也超越了。他意识到，要把自己以前的种种“悔不该”全变成“无悔”，就是要在生命的最后时光像个男子汉，就是要在很多人争这争那的时候什么也不争，就是要像一个士兵战死沙场那样死在自己的工作间。

生活环境的改善，也使得家庭气氛改善。由于王子云晚年写字极困难，他把全部精力和笔力用在写自己的《中国雕塑艺术史》和《中外美术考古游记》等著作上面，几乎没有留下什么生活记录，还是有写日记习惯的何正璜记述着还在继续的生活。

1986年9月4日，何正璜和十几位文教界专家一起到中共陕西省委驻地雁塔路8号院受省委书记白纪年等领导的接见，何正璜写道：“白对我竟极熟，问房子解决了没有；毛生铣部长也认识我，坐在我旁边，问长问短。这都使我意外而感激，留陕四十六年，今得到安慰了，这都得力于李若冰同志。孙达人副省长也是使人感激的，但他以为我竟忘了恩，无法表明。”孙达人是原陕西师范大学历史系教授，后担任陕西省副省长，卸任后到浙江大学还是做历史系教授。何正璜的心理代表了知识分子在体制环境里的某种尴尬。住房、待遇，永远是僧多粥少，永远需要由领导根据人们的表现来分配。胡耀邦、白纪年、孙达人，为王子云何正璜解决住房问题，肯定是办了一件好事，在当时的政治语言是“落实知识分子政策”，但这不是制度化的措施，取决于领导者的具体想法，而问题得到解决的人，也不会认为这是制度化的必然。如果哪一级人员必须享受什么待遇，王子云作为美术学院最早的教授，早就该住上宽敞的房子。在这样的比较里，便有了对领导干部的不同认识，帮助人的，与人为善的，当然就受到感谢。何正璜知道感谢，但她又无法一一表示，便生出对孙达人的忖度。其实，也可能是杞人之忧。

1987年3月28日，何正璜又在北京出席全国政协会议，晚上观看李世济的《贺后骂殿》，这使得她想起多年前发生过的一件事情：她和女儿王蒨正在西安光明电影院看电影，突然被字幕叫出，是西安美术学院接到通知，当天从北京到西安的一列火车遭遇爆炸，有多人遇难，这时候王子云正在北京出差，给学院来了电报坐此次列车返回。美术学院的意思是准备给王子云办后事。正在一家人痛苦之时，王子云回来了，原来他为看李世济的一场戏，临时改乘第二天的火车。为这故事，何正璜看李世济演出便生感慨。政协委员的生活，是中国知识分子的最高荣誉，但何正璜的心理却有些复杂，她写道："我感觉到我是不合时宜的。在政协五年，并无知交，因自己知名度不够，又无现有的光荣官衔，又未出国外游，自己又是女同志，不便到男同志房畅叙，而女同志又多不愿初识女友，总见妒难合。因而我极端寂寞，而我却又是个爱好热闹的人，我有各方面的知识，但又能与谁交谈？小组会上，还可发言，其他在宾馆、在大会堂，看着成千的国家俊彦，多想请教发言，但谁能知道你是谁？所以我心之深处，是寂寞的。"

1986年冬，王子云在广州花市上

这样的心情，可谓"高处不胜寒"。何正璜关于旅游点不可乱建"假文物""假古迹"的发言分明是有价值、有前瞻意义的，这出于她的知识、经验和良知，这正是一个政协委员发挥的作用，但她又担忧说真话遭报复。她为自己到底是一个什么人，对社会到底有什么价值而苦恼。1986年夏天，在几十年前就对她的文章十分喜爱的上海读者王鸿森专程来西安拜访何正璜一家，给她带来了他保存四十年的文章剪辑，并且有他将这些文章全部用工楷抄于宣纸的墨本。这些文章，何正璜一篇也没有保存，难得这样的有心人，引起何正璜对往昔生活的回忆。能够在读者心中珍藏几十年的文字，该也对今天的人群还有些作用吧？何正璜将其中的《含泪返国门》一篇重抄后寄给《西安晚报》，先被编辑丢失，以后又抄写一遍寄去，最终还是被退稿。何正璜写道："自取其辱。"她那篇文章写的是普遍意义上的爱国主义，而不是阶级斗争意义里的爱国主义，如果在"文革"和以前时期，不合时宜，她可以理解，而现在的国内外环境发生了深刻变化，她自觉自己的文章已经没有什么犯忌，兴冲冲两次投稿，连遭冷遇，她就有些弄不懂了。

何正璜这些年一直是积极为现实需要服务的，她思考：自己的《含泪返国门》的服务性还不够贴近，虽然有王鸿森那样的读者珍爱保存四十年，但还不是党报需要的文章。她更加明白，文章、文化、学问、学术，只有和当前需要结合，才可能被需要。文事如此，他事亦然。1987年的除夕，这样的认识更加得到证实："被接到西安宾馆参加庆祝会，除了党政领导，就是书画文艺名流。今天我想到一个关系连一个关系，我能认识这些人，都是各种渠道通知来的，可见一个人要知名，就要在社会上多活动。这次写了个《长安》，也使我提高了影响，朋友多，熟人多，才能一个牵一个。到会一千人，外宾六百，内宾二百，首长工作人员二百。十二家宾馆佳肴荟萃，供选食。"何正璜这些文字把文人的晋身之阶，把现代社会的"公关"实质，把逢年过节之期"首长工作人员"的热闹写得很清楚。她对这样的生活是向往的，以前的愁苦生活，她已经不堪回首。她当然知道《含泪返国门》是感情血泪文章，但时过境迁，已经未必能够得到今天的报纸编辑的理解。像王鸿森那样的读者，又有几人？而写作《长安》专题片，则为现实的需要服务，也得到许多现实的便利。《长安》专题片的写作，因为何正璜对西安历史和文物古迹的熟悉，也因为她的优美文笔，对宣传西安发挥了明显作用。这样的工作，对具体的执笔者而言，也是政府的信任，是一种荣誉。但是，比较《含泪返国门》一类文字，文采和感情，毕竟不是最重要的因素。《长安》专题片在中央电视台播出，配以著名主持人的解说，确实是很好看的电视节目，但平心而论，这样的节目主要依靠的是知识，而有知识的知识分子大有其人，谁能够被选择为执笔者，就是组织信任，就是名誉地位。其实，换了别人，《长安》也一定会写出来，也一定会在中央电视台播出，而《含泪返国门》这样的文章，则只有何正璜能够写出。通观何正璜毕生，她的出群文笔主要表现在考察团前后与王子云一起进行野外踏勘的时期，在学术文字里能够见性情、见风采，真正是难能可贵。何正璜在担任政协委员以后，再没有写过青年时期那样让自己激动、也让读者久久难忘的文字，甚至连有深度的学术文章也很少见，她已经沉浸在社交的热闹和"寂寞"里。与大量此中人不同的是，她毕竟是能够面对真实、面对内心的人，她的这些平白的文字，给人们留下了一个政协委员的真实生活和真实心理，在某种意义上说，这些文字也是一个时代的真实记录。如果不是这些文字的留存，何正璜和王子云晚年的真实生活和真实心理将会被淹没在一些"名人""大师"的泡沫里，这些泡沫可以被利用来满足短暂的心理欲望，甚至壮大某些继续滚动的新文化泡沫，却对理解两位文化长途跋涉中经历了艰难人生的老人适成夏虫语冰。在并不十分丰富的王子云和何正璜的历史资料里，这些散点式的资料的宝贵就只能让珍惜者自为珍惜，不知者自为扬弃。

何正璜在担任了一届全国政协委员后，不知道自己还能不能连任，1988年7月6日，她接到连任通知，心中石头落地。身份的变化使得人的关系也发生变化。以前陕西省文艺界最有影响的人物石鲁和杜鹏程的夫人都来找何正璜，石鲁夫人闵力生要何正璜在全国政协会议上，找副主席汪锋谈为石鲁落实政策，而杜鹏程夫人张问彬则是希望反映给杜配助手的问题。何正璜对这些要求都感到颇有为难。石鲁夫人和杜鹏程夫人都是见过世面的人，在整个20世纪50年代和60年代前期，陕西文艺界最受羡慕的就是她们的家庭，那时候王子云和何正璜都是被改造的对象。如今何正璜当了政协委员，她们便以为她能够帮忙办些在省里不好办的事，其实，何正璜在全国政协会议上的心情和作用并非别人可以了解。

当政协委员时间长了，何正璜在忐忑的心情里也努力发挥着她的作用。西安的著名道观八仙庵有位道士向她反映庵产无故被占用问题，经过多次向有关部门反映，未得解决，道士反被打击报复。何正璜认为这问题牵涉国家宗教和统战政策问题，是政协委员应该过问之事，便在大会上写了提案。她又根据自己在文博界的工作经验，提出工人和干部的身份不应该长期固定化，应该根据人的才能分配工作。前案很快帮助了八仙庵问题的解决；后案虽然当时未得重视，但人才的权衡和使用问题，在中国社会逐渐明显，多年之后，终于有中共中央和国务院文件，决定取消工人和干部身份的界限，“不拘一格用人才”。何正璜当年的提案决非无的放矢，实有先见之明。也因为是老政协委员，何正璜看问题谈问题也增加了批评意识，在陕西省工艺美术界的高级职称评委会上，她感叹：“开会豪华奢侈浪费，国家为何不穷！”参观新落成的北京图书馆，她说：“真像是到了一座皇宫，豪华壮美极了。但味道上不及旧馆的一股书香气。且中国用得上建这么豪奢的图书馆吗？太浪费了，作用并不大，这是一个追求形式、追求华美的代表作。”对于政协会议上的发言，她也有所批评：“徐四民的发言，又得满堂掌声；范曾的发言，简直是一篇优美的文章，不过有人也认为空了一点；关士聪和张瑞芳发言实在，赵朴初发言则大不得人心……”何正璜的提案和发言说明，她既是一个专业知识分子，也有作为公共知识分子的意识和才能。从她的日记，读者也可以观察一个政协委员经历的社会变化。

2．《中国雕塑艺术史》

1974年，王子云考察即将完成，准备再写《中国雕塑艺术史》，就在他的考察途中，西安美术学院未与他做任何商量，为他办理了退休手续。这一年，王子云已经七十七岁，从学院方面讲，既然他早已经过了退休年龄，按规定办事，没有什么不对，但在王子云这方面想，自从打成“右派分子”之后，就没有能够好好工作，“文化大革命”折腾了几年，眼看文化又开始有了价值，他也真想再好好搞点学术，才这样不顾老迈，四处奔波。人，最难的是有这点精神，最怕的是这点精神被凉水泼洒。退休是每一个工作人员都必须面临的现实，但作为一生工作和服务的终结，多少应该有一点庄重的对待，比如，领导来谈谈话，虽然是形式，也总是给人一个尊重，自己也会有些精神准备，有些考虑。而王子云的退休却是在他的考察途中，在他克服同龄人几乎不可想象的困难，希望为中国的美术历史留下一些心血之作的热情里被兜头泼下一瓢冷水，这样的做法，让王子云感觉：在西安美术学院，他实际上是一个可有可无的人。这样回叙三十年前的往事，不能不提及王子云的具体生活环境，其实，那时候的知识分子，还处于整体的无价值之中，不是王子云一个人的命运。比较观之，当时的林风眠还在监狱里，命运更加悲惨，价值更受践踏。比较让人开脱，经过几天的不愉快，王子云很快便又投入准备已久的工作，进入《中国雕塑艺术史》的写作。

一旦面对浩瀚的艺术历史，身前荣辱便显得十分淡漠，王子云感觉自己还是一个幸运的人。当年那些老朋友，吴法鼎、李毅士、王悦之，都是优秀的美术家，他们却连抗日战争的胜利都没有看见，便英年早逝。自己的堂弟王青芳，很年轻的时候就成为齐白石的得意弟子，却也在1956年就去世了。比较之下，自己的生命真是耐得起折磨，在接近八十岁的年龄还有这样的劲头，还不甘作罢，还要写书，还为“退休”而不快，想一想，这就是自己的幸福啊！他没有想到十年之后，在将近九十之年，又会被学院返聘回去带研究生。他的学生李凇在硕士研究生毕业之后，一段时间没有工作，但李凇一直没有放弃学术进取，在生活条件十分艰难之中，却掏一笔不菲之资购买照相机。他对老师的实地考察功夫十分服膺，在长期默默无闻之中将陕西的佛龛雕塑进行了十分细致的考察研究，成为美术史论界有影响的学者。在李凇最为困难的时期，王子云不断给他以精神鼓励、学术指导和经济帮助。

《中国雕塑艺术史》于 1988 年在人民美术出版社出版，有四十余万字和七百多幅图片。在此前，梁思成也写过一本《中国雕塑史》，但内容较简略。梁思成作为中国现代最杰出的建筑学家，对中国古代雕塑艺术有其知见，但对雕塑艺术毕竟没有王子云那样的实践，也不像王子云对中外雕塑艺术经过长期的考察研究。王子云在昆明、在敦煌、在广元等地对中国古代雕塑创作的细节观察和描绘，在中国雕塑界有开创之功。此书出版第二年，就获得了中国图书评论学会的年度荣誉奖。为这部著作作序的是王子云在巴黎留学时期的老同学、中央美术学院教授曾竹韶和他在杭州艺专时期的学生、广西艺术学院教授朱培钧及广州美术学院教授陈少丰。曾竹韶的序简短扼要，有谓“近年来各重要陵墓石窟雕塑，曾陆续有专题介绍，至于系统编史，此著实肇其端。其筚路蓝缕之功，诚有益于艺林，为后学之所宗”。

朱培钧自从杭州艺专毕业之后，一直没有离开雕塑艺术教育岗位，他的序文除较详细地介绍了老师著作的内容和特色外，还谈到自己对民族雕塑艺术从不甚重视到逐渐理解热爱的过程。他说：“由于过去所受全盘西化的雕塑教育，所乐道者是希腊、罗马或法国巴黎，所尊崇者是米开朗基罗、罗丹等人的名作，而对于祖国的杰出作品，如可以与巴尔戴农的骑士浮雕媲美的唐昭陵六骏或远远胜过伯尔埃动物雕刻的顺陵石狮以及其他各时代灿若繁星的优秀雕塑作品，则竟一无所知或所知不多，这就严重阻碍了在雕塑教学中接受传统和发扬传统。”朱教授以自我批评的语言反证王子云对祖国传统雕塑考察整理研究传播之功，诚恳而细微，可见雕塑学术的健康流脉。

陈少丰的序文题目是“作为第一个读者的话”。王子云在修改《中国雕塑艺术史》最艰苦的时候，曾经在陈少丰家里住过，这部著作初稿出来后，也曾经寄给他请提意见。如今书出来了，作为最先的读者，也是王子云早年的学生，中国著名的雕塑家和史论家，陈少丰说：“由于雕塑艺术生产带有相当强的体力劳动成分，在轻视体力劳动的漫长封建社会里，出身于上层社会的知识分子，除极个别人偶涉雕塑之艺外，一般是不屑于染指的。所以一般雕塑历史的创造者，几乎全部是社会地位低下的工匠。因为他们普遍受着生活、工作条件和文化、理论修养的限制，与画家书法家有所不同。他们没有史传、

王子云部分著作书影

理论著作保存下来，艺术史论家们也少为他们立传或探讨雕塑艺术理论问题的。这便造成了雕塑文献资料的异常缺乏的状况。到了近代、现代，雕塑队伍的成分发生了很大变化，但专门从事雕塑历史研究的，却寥若晨星。雕塑专史著作，截至目前，是一本也不曾见到。那么王子云先生的《中国雕塑艺术史》便成了破天荒的第一部。如果说这部著作有着这样那样的缺点，那就不足为怪了。”

在陈少丰眼里，这部著作的缺点有哪些呢？他说：“材料罗列得太多而未能精选，使主次详略分明；往往偏重于一般性的叙述，而疏于重要作品、重要史实的深入分析；在介绍某处遗迹时，每连带叙述遗迹考察的经过及情况的前后变化，近似游记，也并非都是必要的；据以考察论述的史料，大都是现存作品，古籍文献资料引证不足，限制了可能做到的对历史面貌的重要特征的把握；以及雕塑艺术在各个历史阶段有哪些发展变化，虽每力图说明，但不够明确、具体。”陈少丰还说，这些看法和意见，并没有反映在他屡次向作者所提的书面意见中。他并不是怕得罪王子云老师，而是知道，这样的意见老师也是会接受的，但如果对这部雕塑史大修大改，他害怕老师的身体吃不消。他说：“我不敢担保还有多少岁月可让老人家用来对洋洋五六十万言的著作进行反复修改，我所希望的倒是让他老人家经过数年的紧张劳动之后，得以适当的休息……我读着他以这种九曲式的蝇头小楷写出的厚厚三册手稿，曾多少次感动得下泪！我怎能忍心对他老人家求全责备！我曾把这样的意思函告人民美术出版社的编辑同志，真所谓‘人同此心’，他们也持类似的想法。”

虽然有这些明显的不足，陈少丰也阐明了这部中国雕塑艺术历史的开山之作的独特价值：“……先生在这部书里所依据的材料，绝大部分是他几十年中跋山涉水，风餐露宿，足履所至，亲眼所见，亲手所记并自行拍摄得来的，有自己的真切感受，与主要根据间接的文献材料而编著的书是大不相同的。他也很重视翔实的间接材料而加以引用，但多数是经过亲身的直接感受检验了的。令人痛惜而又值得庆幸的是：书中论述的不少颇有艺术价值和历史价值的雕塑作品，或在解放之前，或在‘文化大革命’的浩劫中已被毁坏，再也无法复原了！亏得王先生当年为其中一些作品拍了照，而且经历一场浩劫而未遭毁失，居然保存了下来，使我们能够从图片上领略它们的风采，想见当时雕塑创造和雕塑历史发展的一斑，实在是不幸中之大幸了！”

对《中国雕塑艺术史》发表评论的中央美术学院教授汤池，对这部著作的成就与不足，也阐明了自己的看法，他认为，此书有下列三大特色：

一、体例完整，结构宏阔。从纵的方面看，涵盖了我国古代史的各个时代或文明时期的所有朝代。从横的方面看，每章之下，视各该时代雕塑遗物遗迹之多寡，分别设立三节至七节不等，就其历史概况、雕塑门类（分陵墓雕塑、佛教雕塑、建筑装饰雕塑、工艺装饰雕塑等）、著名雕塑家与雕塑匠师、雕塑艺术的发展与成就等，分别进行介绍与评述。对于同一时代、同一类作品，例如唐代的陵墓雕刻或宋代的陵墓雕刻，则按年代先后进行介绍，以便读者把握艺术风格演变规律。在缺乏可循先例的情况下，构筑起目前这一框架体例，是值得充分肯定的。

二、资料翔实，内容丰富。此书完稿于1982年，对1981年以前我国各地发现的古代雕塑遗迹与遗物，著者尽可能予以罗致介绍，重大的遗漏虽有而不多。因此，此书具有集大成的总结意义，是王子云先生四十余载辛勤积累、聚沙成塔的硕果。他继承了我国史学家注重调查研究的优良传统，努力掌握第一手资料。王子云先生外出考察时的认真细致作风，亦堪吾辈师法。例如本书上册第163页记述，1974年他专程到南京栖霞山考察千佛崖南朝造像时，在大佛阁（亦称无量殿）右侧的一个角落里，竟意外地发现一处未遭水泥糊过的小龛，龛内雕刻着一位古代石雕工匠的肖像，作一手握錾，一手扬锤状，其下身着与南朝俑像相似的高筒裤，姿态惟妙惟肖。到栖霞山考察过的人可谓多矣，试问有几人曾注意及此？！再如介绍唐代墓俑雕塑部分，“七七”事变前夕，洛阳出土一组唐代的陶塑彩绘女俑，其造型之美，舞姿之生动，堪称举世无双；令人痛惜的是，这组陶塑珍品出土不久，即在一次躲避日寇飞机空袭的忙乱搬迁中毁坏了；幸亏那年王子云先生在洛阳教育厅办公室见到这组舞女俑时，拍下资料照片，我们现在尚能一睹唐代舞女轻歌曼舞的身影。

三、兼容并蓄，直抒己见。书中对于古代雕塑作品的断代、称谓、艺术评价等学术问题，均广泛征引各家论述，然后殿以著者个人见解，为日后进一步研究带来方便与启迪。例如在介绍杭州烟霞洞五代十国的吴越时期造像时，引述了史岩先生和俞剑华先生的不同意见。在论述巩县宋陵石雕的艺术评价问题时，征引了杨伯达、曾竹韶及建筑史界有关同志在不同刊物上发表的三种不同观点，著者逐一作了评论，虽有不尽赞同处，但认为这些都是“颇有见地的评价”，“是值得从事雕塑理论研究者共同探讨的”。又如关于四川大足宝顶大佛塑造像的年代问题，《文物》1981年第8期曾刊有《也谈宝顶山摩崖造像的年代问题》一文，提出了宝顶大佛湾雕像“开创于初唐，经五代、两宋，历数百年而成”的新颖说法。本书著者从雕像的造型风格和儒佛糅合的奇特题材等角度作了透彻分析，认为该文的说法难以成立，坚持了“宝顶大佛湾全部雕像是南宋僧人赵智凤一生募化在宝顶山建造的‘无量功德’”的看法。

汤池认为王子云的《中国雕塑艺术史》的不足之处是：

> 一、二两章，以及第三章的战国雕塑部分，内容显得单薄简略，作品分类也不够规范严格。对中国新石器时期的雕刻艺术成就估计不足。转引外国出版物提供的资料，存在明显的断代错误。对一些重要的雕塑艺术品如1978年湖北随县出土曾侯墓铜人及彩漆木雕卧鹿、四川乐山麻浩崖墓东汉佛雕坐佛像等未提及，这样的遗漏，或多或少影响了对战国、东汉雕塑艺术成就的评价。

《中国雕塑艺术史》出版后，王子云也发现了不少问题，他希望能够在再版时有所改进。对自己的这部作品的出版，他是一则以喜，一则以忧。大半生的努力和悲欣，都凝聚在这里。这部书的出版，既有当时“百废待兴”的历史环境，也因为中国雕塑艺术还没有这样一部通史。王子云以中国雕塑界在世元老之身，完成此书，确实是扛鼎之作，但这些学术上的缺憾和语言文字上的不足，如果能够得到一支好文笔的帮助，本来可以大大补救的。这支好文笔就是何正璜。在以前介绍过的何正璜的有关文字里，可以看出，何正璜对于中国古典文学里的叙述方法的把握相当精彩，对于具体事物及其内涵精神的描绘和阐述也有深度。这样的一支笔，若能够帮助王子云一起写《中国雕塑艺术史》，读者看见的应该不仅是一部史著，也是赏心悦目的鉴赏文字。但遗憾的是，何正璜在这时期，工作任务比王子云繁重得多，她的社会地位实际上也高于王子云，她有时也觉得王子云的文字运作很艰难，在旁边加以指点甚至挑剔。但老先生也颇多不服气，在压抑的心态下，往往说不到一起，王子云就干脆自己“闭门造车”。而当《中国雕塑艺术史》出版以后，王子云还想继续写作几部中外美术史著作，比他年轻十七岁的何正璜却病倒床榻。

第十一章　百年回望频

王子云晚年在家中

1．众望所归

何正璜于 1989 年一年内两次住院，做结肠手术。这期间，王子云还显得十分健康，全家人操心的是何正璜的病。王子云在《中国雕塑艺术史》于 1988 年由人民美术出版社出版后，便集中精力写作和修改《从长安到雅典——中外美术考古游记》，何正璜见他写得十分吃力，经常想给他提些意见：你这书把美术史和自己的游览见闻写在一起，到底是个什么体例？就算写出来，人家出版社怎么处理？王子云则顾不得这么多，九十二岁的老人，早已经过了“耳顺”之年，他却更加自信，到如今，他已经不太顾及自己这部书到底是什么体例，他只是觉得自己的所见所游不是现在的艺术家们能够得到的。西安美术学院成立快四十年了，也有些教授出过国，那都是十天半月的公费旅行，谁能够到欧洲去待上七年？谁能够跑遍那些大大小小的国家，就是自己这些见闻，提供给今天学习美术的人，对他们也该是有意义的。

越近暮年，两个人对身前繁华都趋于淡泊。何正璜对政协委员的职责比前更加认真，她以前接待过的那八仙庵道士又来找，他反映的事情真正可以说是空门传奇：这道士名谢兴仁，以前在华山做护林检查员，“文革”后到八仙庵出家，并为文物部门当通讯员。他因反映“庵领导”将慈禧太后时期留存在八仙庵的三千六百件瓷器私分，遭打击报复被开除出庵，并且被通报各观，不得收留。这是一件奇案，慈禧太后时期的遗留物品，到底是怎样的保管办法，其间人事更替，又远非俗间可以等类，所以，这谢道士上访多次，问题不得解决。何正璜对很多共产党员、文化名人的请托要求没有精力应承，对这位谢道士却认真接待直到问题解决。对这样的麻烦事情，王子云没有任何意见，越到老境，他的正义感越强烈，为自己花钱总是抠掐不休，为了正义之事，他发一个电报就肯花几十元。这一年，王子云带的研究生孙焱、李凇都毕业了，孙焱往美国求发展，以后成为大学美术学院的负责人，李凇经过多年奋斗，对佛教雕塑壁画的研究在国内首屈一指，以后成为北京大学教授。李凇在其论文集《长安艺术与宗教文明》的后记中写道：“记得 1988 年我写了一篇关于印度佛教美术的文章，请年逾九旬的王子云先生过目，他看过后微笑着问我是否最近去了印度，我尴尬地否认了。从那以后，我自觉地服从了以亲眼目睹艺术实物为前提的学术传统，仅这一点就使我终身受用。”

王子云的美术考古研究事业，终于得有传人。

1987 年，王子云、何正璜在西安翠华路寓所

他的《中外美术考古游记》在 1990 年便完成并且交给陕西人民美术出版社，因为出版程序的复杂，主要是出书经费问题的困扰，这部收集了六百多幅图片、文稿达六十万字的著作，在王子云去世两年后才得以问世。他的几位学生和朋友为此书写了序言和题词。

刘开渠的序言说："子云先生是我读小学时美术课的启蒙老师，30 年代又同时学习于巴黎。由于他勤奋好学，为了求知，曾遍游西欧各国和希腊诸岛，访欧洲美术名迹，回国后在多年的教学研究中，对民族美术遗产深入探索，写成一部《中外美术考古游记》。现已届九三高龄，手眼都有疾病，而为国家奉献的热情却仍未稍衰，最近正在写《欧洲雕塑史》，以期有助于当前中外文化交流的需要。这种自强不息的精神是很值得学习的。因他的考古游记一书正在付印，来信嘱我写篇短序，敬佩之余，写此寄奉，并求赐教。"

艾青题词是："踏遍地球，历尽千辛万苦，为追寻人类美的创造。子云师，艾青题，1990 初。"

阎文儒为这本书的出版写了一首《清平乐·遍查全国石窟》：

西起昆仑，览今古窟群。
南下巴蜀通东海，驻马西子湖滨。
莫高窟里行遍，麦积宝顶踏乱。
北上云冈龙门，行程早已逾万。

李浴的题词也是一首发自肺腑的四言诗："人是我师，书是我师。我师我师，永师我师。"

王朝闻的题词是一封信，他说："子云先生，你春天给我的信，今天才由美术研究所一位同志给我带来，几乎有三个月了。这信件在报纸堆中，偶然被发现才带交给我。

新著《中外美术考古游记》只读寄来的目录，就觉得你的考察对象的广泛，论证对象的普遍（看来国际上只有欧洲，这也符合‘游记’的实际）。我只到过比利时、西德、意大利，时间短，看得少，连巴黎也未去成，今后恐也无此机会。因此，我乐于拜读你将出版的这部新著，间接接触欧洲我没有直接接触过的雕刻，学习你勤奋的工作精神。来信说希在四月份寄点关于此书的感想，我乐于写点感想，但也可以说是一种不幸，两个月的时间就这样被旧报纸堆所埋没，未能赶上你所嘱的时间，再写恐书已付印而辜负你的嘱托。这样的事故显出意外，我深感抱歉。不论今后多么忙乱，定要写点读后感以补偿上述缺憾。祝你健康！祝你工作顺利！你的学生王朝闻，1990.6.24. 凌晨。”

王朝闻的这封信寄出后一个多月，1990 年 8 月 16 日，王子云在自己家里逝世。这天早上，他还在写字台边坐着，他的《欧洲雕塑史》还在写作中，“九曲羊毛”的笔体已经没有人能够认出。王子云只能先把自己的想法一字一字落在纸上，指望以后再给帮助整理的人一句一句读，这样的写作方式和速度当然是太缓慢了，但是没有办法。如果再过几年，可能有声音输入法的电脑写作方式，但是王子云等不到那一天了。在去世的这天上午，王子云没有什么痛苦，吃过中饭以后，他还休息了一会儿，又起床，突然在床上歪了一下，家里人来扶他，就发现老先生身体瘫软，眼睛里没有了早上还存在的光彩，还没往医院送，老人家已经飞仙而去。

这样没有痛苦的死，真正是人生大福。在此之前几年，王子云的晚年奋发和高寿，就已经为美术界众心所仰。在他九十岁的那年，也是他从事美术教育的七十周年，全国各地的学生们就纷纷寄来贺信贺诗。这里面是具有一种经历了几十年沧海桑田之后的人情淡定，只有生命和创造才是可讴歌的。这淡定又表现出艺术家特有的热烈。

吴冠中的贺词是：“春夏秋冬，苦雨凄风，治艺不辍西复冬；植树种花，白头园丁腰弯，谁数硕果遍中华。”

刘开渠和夫人程丽娜齐贺：“启蒙育美，桃李满天下；雕塑论述，盛名传九州。”

华君武题贺：“王子云先生是我国雕塑界的老前辈，他在艺术上、学术上孜孜不倦、锲而不舍的精神，永远值得我们学习。祝先生健康长寿。”

王朝闻的一封信说：“西安见你像年轻人那么工作，耳聪目明，十分高兴，为你的健康高兴，也为读者受惠于你的劳动而高兴。这几年出现‘代沟’一词，意思是指年龄所造成的思想观念等方面的隔阂。我以为思想、情感以至品质方面的隔阂，不见得是年纪大小所造成的。我家那个小孩儿比我的年纪小十倍，我想不起字形而求她替我查拼音字典，双方皆大欢喜，并不因而使她变成小大人，我自信多少还有点童心。龙年已到，你的九十大寿来临。祝愿你精力更加饱满，生龙活虎般实现你的工作目标，让人们从你对学术的钻劲中学到如何创造自己的借鉴。”

王朝闻以自己感受的童心之乐，联想到学术生命、创造生命的意义，给比自己大十二岁的子云老师拜寿，寸笺之内，包含了人世间多少感喟。

还有一些美术家用自己的诗歌来表示对这位艰苦奋斗多年的前辈的衷心推戴。李浴

20 世纪 80 年代，王子云于斗室中伏案著述

作的一首歌，深沉又诙谐：

云师夫子有三多，
桃李华章与坎坷。
互相乘除促长寿，
笔耕胜似犁耕乐。
黑迹泪浪交织锦，
崖窟荒野久摩挲。
大地路险行不易，
世事辛酸也折磨。
欣幸云翁堪自慰，
患难有伴类名娥。
贤侣不是等闲士，
原来何仙降文博……

王子云九十寿辰的时候，也是中国社会的“拨乱反正”达于深入，文艺界对几十年来“左”风戕害批判最为激烈的时期，在这样的精神环境里，美术界同人对王子云多年奋斗的感佩就超越了他的事业贡献和学术价值的文本意义，而具有更多人生意义和社会意义。这其实是对一个世纪中国美术界跌宕起伏的发展历程的蓦然回首，是对大风扫过

后长天冷月的凝目怅望。

王子云去世之后，何正璜将当年王子云在敦煌绘制的莫高窟全图长卷捐赠给敦煌艺术研究院。在王子云生前，他们夫妇就已经决定将此图捐给敦煌，当时的敦煌艺术研究院院长段文杰曾来信问有什么条件，何正璜为此还有些不快：现在的事情，什么都有些交换意味，连她在全国政协会议上发表一些意见，传递一些信息，也经常要考虑这些因素。何正璜对敦煌方面的答复是："此画是王子云当年率考察团首发敦煌时的精心之作。'文革'蒙殃，王子云从法国带回来的十几幅油画包括《杭州之雨》都化为灰烬，这幅莫高窟全图因为单独存放，居然躲过千秋一劫。王子云对敦煌的感情是难以言表的，这幅莫高窟全图也不是什么东西可以交换的。"1991 年 4 月 23 日，敦煌艺术研究院代表段文杰院长来西安，何正璜将莫高窟全图交给了他。这天，何正璜在日记里写下了对王子云的怀念："马兰花开了第一朵了，这是子云最爱的，去年还让孩子带一盆给我，放在医院里，而今天花又开了，我回来了，他却不在了。"何正璜在王子云去世后给《美术》主编李松的信中说："王子云去了，他是托钵艺海的一个苦行僧，七十年的美术生涯，几多风雨，几多坎坷，几多辛酸呵。他终于带着满钵的泪和汗，离开了不自量力地拼搏了终身的人间。他望着刚出版的《中国雕塑艺术史》，思念着即将出版的《中外美术考古游记》，半途掷笔的《欧洲雕塑史》能说什么呢？若在'文革'前能有点工作条件，能在'文革'中手稿不被烧掉，能在'文革'后有个助手，帮着检资料，抄抄写写，帮他抢回失去的时间，本来是可以写完最后的《欧洲雕塑史》的。但是一个中国真正肯投入全部精力做学问的知识分子，奉献也是奢望！"

在敦煌藏经洞发现一百年庆祝之际，王蒨又向敦煌艺术研究院捐赠了先父王子云当年在敦煌拍摄的二百多幅珍贵照片资料，其中有壁画资料一百五十余件，雕塑资料六十余件。王子云所摄壁画上的题识都还清晰可见，比较以后几十年敦煌文物的变化，更显出学术研究价值。确实若何正璜所说，王子云对敦煌充满感情，这样的感情，也延续到他们的后人。

1991 年 6 月 20 日，陕西历史博物馆的新馆在西安小寨东路开馆，李瑞环出席开馆仪式。何正璜作为陕西历史博物馆的资深馆员，作为这里的主人出席。离初来西安恰好是五十周年，当时的王子云曾经设想过以后能够在自己建设起来的艺术博物馆里搞研究；十八年前，何正璜曾经向周恩来总理提出扩大碑林博物馆的要求，如今，这一切都实现了。何正璜作为博物馆的顾问，在热烈的气氛里，深慨历史发展的步伐在不断加快，也因此而更加怀念以往岁月。当年 9 月 16 日，她在清理旧信时写道："其中有子云从黄山寄回的松针二束，信二封，使我难受，他那时对我多好啊，我太不尊重他的感情了，现只剩下思念和悔恨，我那时人在福中不知福呵！"只有在斯人已远之际，才真正体见斯人之怀。在追怀往昔里用泪水洗濯自己的心结和灵魂，这其实是人生的一种幸福。其实，王子云在进行自己苦行僧一般的劳作的时候，也是有过忏悔之情的，特别是在何正璜社会地位优越于他，并且对他的坎壈不遇发生某些埋怨的时候；当他前往徐州在王华家里

1990 年，王子云在翠华路寓所

得到照顾的时候，生活作用于他的矛盾，必然使他有悔，这悔不同于事业功名道路上的判断选择的失误之类，是人的生命意义和另外的人的生命意义的比较而产生的良心谴责。王子云一生，真正要说对不起的当然是他在家乡的发妻。总结他的一生的时候，可以发现，他既不是一个没有责任心的“浪人”，也不是一个缘时际会的“巧人”，也如何正璜在初入艺术文物考察团时期对他的认识，他实际上是一个“直人”，在不懂世途钻刺方面也可以说是一个“笨人”，他平生的这处忏悔，也是受了“新文化”宣传的影响。在 20 世纪之初，中国经历几千年未有之大变，以婚姻而论，讲究没有爱情的婚姻是罪恶，可是，为了自己脱离罪恶，就让一个清白无辜的大活人守一辈子活寡，这，不是罪恶又是什么？以后，王子云才知道“新文化”的旗手和主将，鲁迅和郭沫若都是因为要脱离罪恶婚姻，都是让自己的结发妻子守了一辈子活寡。这，或许在很长时期里可以作为自己逃避心灵惩罚的借口，但是，在 20 世纪的后叶，在对几十年社会思想和知识分子集体命运乃至个体命运的反思里，这样的借口又显得太没有力量。另外一位“新文化”领袖胡适，他倒是一辈子“糟糠之妻不下堂”。在这样的精神矛盾里，不善言辞的王子云，只能用他的方式来做他自己认为应该做的事情：自从 1974 年到徐州之后，他每月给王华寄去三十元人民币，希望能够对他母亲有一点儿报偿；同时，他对何正璜，这个几十年的事业伴侣，被很多同人羡慕为神仙眷属的老妻，也只有更加好。人非圣贤，孰能无过，王子云的晚年，他的忏悔，就像他手底的“九曲羊毛”，描画出他一辈子的脚印，只有他自己才知道每一步是怎样过来的，每一笔是怎样写出的。直到人去屋空，首先，是何正璜原谅了他，并且对他一辈子的艰难辛苦倍生怜敬。他的所有的学生们，在他的晚年，表现出那样众口一词的珍重，领会其间幽微，真可以从中检点百年文心艺路。

何正璜是1994年去世的，她的全国政协委员一直当到1992年，两届共十年。在最后的岁月，她对王子云的怀念无日不在。王子云为某学者写中国壁画历史的著作作序，在他去世后两年，何正璜收到二百元稿费，这样的钱，当然是捏在手里发烫。这年春天，何正璜最后一次到北京开政协会，她写道："几天神仙般的生活即将结束了，今生无再的时刻呵，太珍惜了，留恋！"再读这样的文字，和何正璜最初对高层豪华的艳羡，多少是有些不同的味道。人总是希望有充裕的物质生活和丰富的精神生活，大量的人在一生的奔碌里也未必能得到基本的满足，而在得窥大貌之际，生命已经进入尾声，也如同长期被封闭着的人，偶然得到门牖风来而又被闭合，这样的滋味就是乍暖还寒时候，最难将息。何正璜日记里的真实心情，正可以让曾经生活在这个时代的人，感同身受。这里，又有着和生命道别的意味，世间百年，既有艰难苦恨，也不能没有快乐欢欣，读何正璜的这些文字，不由得心间便涌出宋人的几句词："忆昔午桥桥上饮，座中都是豪英，长沟冷月恨无声……"

离开北京，回到西安以后，何正璜特意又往以前和王子云一起来过的乾陵和茂陵，王子云曾多次写进自己著作的那些石雕，被何正璜摸了又摸。她见到永泰公主墓前的柳树，也不禁想起当年风下婀娜，而现在，树木已经合抱撑空，在暮春的和风里摆絮飞花，直入无际烟霭。

2. 文化升值中的长久纪念

在王子云九十诞辰的时候，对他的赞颂就出现高潮。他的西湖艺术院学生刘开渠、艾青、王朝闻、吴冠中、李浴、王肇民等人是那时期中国美术界最具影响的人物，他们对王子云的推崇，既有多年人世沧桑里的感慨，也多“拨乱反正”时期的认识。在王子云去世之后，对于他的怀念，却没有因为时间而消淡，在他一百周年诞辰的1997年，陕西省文联、陕西省美协、西安美术学院联合召开了纪念王子云百年诞辰学术研讨会。在这个会议上，美术学院的一位负责人听了专家们的发言后说：通过对王子云的纪念，我们应该认真反思，应该怎样正确对待文化学术，怎样正确对待知识分子，历史不可能返回，我们应该吸取历史的教训，落实到正确对待今天的知识分子，不应该满足于知识分子成为名人以后的歌颂，而应该在困难的时候对他们有所帮助。曾经和王子云有多年友谊的孙振庭，谈到王子云晚年出版《中外美术考古游记》还得自己掏出书费用，不禁痛哭出声。中国艺术研究院的研究员杨庚绪应邀从北京来参加纪念，他说，近年参加很多相类的活动，但像这样对一位逝者真诚的怀念，并且引申到对美术家精神状态和美术界文化生态的关心，使他感触很深。

作为一个世纪老人，作为一个中国现代美术的全程参与者，从西湖艺术院时期，艺术文物考察团时期，西安美术学院时期，得到过王子云教育培养的人，各个的纪念文字连缀起来，不唯是对王子云个人艺术生涯的全息记录，也可以从中得到中国现代美术史的生动细节。现在，连纪念过他的有些学生也陆续作古，历史正在飞速地向前运动，这位艺术老人的诸多生活形态，依然存留在一些艺术家的回忆里。在对王子云不绝如缕的回忆里，让我们再来看看他留给后人的是些什么——

修军说：“1971年夏天，我来西安正在钟楼邮局寄信，猛一抬头，见稍远处大案台前，有一位身材高大、白发苍苍的老人站立在案前写字，背影十分眼熟，定睛细看，原来是子云先生，急忙上前问候。先生见了我也是十分高兴，彼此寒暄以后，方知他是因为家里人多，居住狭窄，干扰又大，故而时常散步至此，以案为桌，写点心得或信件。这里虽很嘈杂，但还觉得比在家中宽敞、惬意。问此情况，我的心情很沉重，竟无言以对。但观其神色，却精神矍铄，泰然自若，声言他在中国雕塑艺术史研究著作方面从未间断。先生的坦诚坚定、达观进取、胸有成竹的气质风度，使我更加敬佩。告家人及下放农村的同志们，都嗟叹赞佩不已。”

“1978 年……一个天气晴朗的上午，我怀着兴奋的心情，踏上了柏树林博物馆的宿舍楼梯，轻轻叩响王老的家门，夫人何正璜同志悄悄引进了小过道。当我探头向里看时，只见一张破藤椅上，坐着一位身材宽大、肩披灰色旧棉大衣的老人背影，他正在靠南窗前的一张堆满了资料的小书桌上，凝神伏案写作，占据的位置，几乎塞满了这光线颇暗的半个房间。他似乎并未察觉我的到来，我也不愿打断他的思路。环顾四周，在这不到十五平方米的房间里，还安放着一张大双人床和两个旧沙发，中间可以转身的地方只剩下一平方米左右。原来这是一套两居室的宿舍，另一间住着小儿子一家，于是这两位知识渊博的老专家，也只好如此安居了。想起 1971 年站在邮局案前写字的高大背影，对子云先生的心情也就更为理解。他的许多驰名中外、奇迹般的著作，就是诞生在这二十多年的厄运逆境之中。”（《美术家通讯》1991 年第 1 期）

王子云教授的研究生孙焱和殷泓从美国玛斯金格姆学院寄回的电报说：“王老师对艺术研究的投入之慷慨，以及对后辈青年学者的提携帮助之热忱，与他对自己生活基本要求之苛刻和吝啬正好成正比，八九十岁的老人写作时间远远超过年轻人，为的是夺回‘文革’时期丧失的时间。已经出版的著作他掏钱买来送给研究生；即将付梓印刷的书稿一遍一遍地审阅，有些部分被那‘九曲羊毛’的字句改动了多次，就连人（民）美（术）出版社的编辑都不忍心再让他改动了。还有一长串准备写作的计划……”（《西北美术·王子云先生逝世一周年特刊》）

王子云的研究生李凇谈到先生对自己著作的态度：“直到逝世的前两三天，他还乐观地说，现在写遗嘱‘为时尚早’。所以，他坐在那把破藤椅上保持着平常写作间隙小憩的姿势平静离去的时候，他自己也没有想到，这一天居然这么快就真的来了。“确实，他还有很多事情没有来得及做。如果几十年前有一个助手，他的大作恐怕就会成倍增加，凭他那惊人的记忆力就会给我们增添很多有价值的著述。他不止一次地向有关部门提出这一要求却一直没有实现。后来他看中了我……他明确表示愿意自己掏钱以高于学校工资二十元的代价聘请我——这要花去这位著名教授月收入的一大半。实际上，在我研究生毕业以后没有工作的时期，他已经慷慨地以各种理由接济过我多次了。

“他希望再写两本书，《欧洲雕塑史》已经弄了一半，再做些努力就可完成，他只是缺一些 40 年代以来的资料。他还很谦虚地提出和我合编一套十卷本的巨著《世界雕塑史图录》，从西方到东方，从古代到现代，他写出了详细的编书提纲，他希望我协助他能在一年内完成这个庞大工程。当我告诉他有家出版社正在出版与这类似的书时，他仍然信心十足。

“他希望《中国雕塑史》能够再版。这本书渗透了王老大半辈子的心血，集中了他对民族艺术宝库的考察与研究成果，填补了中国艺术史研究的空白，荣获 1988 年全国优秀图书奖和同年中国图书荣誉奖……韩国一家学术机构委托北大一位教授来函联系，希望能将此书纳入一套世界性文化丛书系列之中……

1990年，王子云在翠华路寓所

“他希望能出一本画集，把平生的创作汇集在一起。自从30年代以油画和雕刻作品连续闯入法国的官方沙龙以后，他的名字和照片就成为当时出现在法国《现代艺术辞典》唯一的中国艺术家。他还画了很多写生和速写。他知道现在出画集要花钱，而这又是他无能为力的。他甚至还很谦虚地认为这些画没有人看，只是让我帮忙拍了一些彩色照片，集在一起，让亲朋好友看看……

“台湾一个高级学术机构来函，邀请他去访问讲学……他拟定了详细的讲学提纲，准备了讲学用的幻灯片和其他资料……他还希望我和他同去，他只是等待天气转凉，这年的夏天热得要命，他下决心买了一个空调器，可由于囊中羞涩畏惧电费而几乎没有启用。他终没能熬过这个炎热得可恨的夏天。

“他的心愿一个接一个，他一定还有很多希望没有来得及告诉我。他像年轻人那样不停地编织着美丽的梦……他似乎忘记了自己已是九十四岁的高龄，甚至连遗嘱也还来不及留下。然而，这些希望和心愿不是他最重要的遗嘱吗？一个值得中国知识分子骄傲的伟大灵魂，正体验在这一个个未完成的心愿之中。”（《西北美术·纪念王子云先生逝世一周年特刊》）

他的学生对他的记忆和怀念还可以推回到很多年以前，杨力舟说：“1957年我经兰州考入西安美专附中……那时候我只有十五岁，根本不知政治为何物，我和几个年龄小的同学十分天真地要看右派分子头上是否长着反骨，真的有角吗？也看到批判王子云先生，他大高个，方脸盘，低着头。为什么批斗他？不清楚，说他是国民党的西北文物考察团团长，给国民党干，自然就是反革命了……1961年，我升入学院油画系，开始中国美术史的学习，这时候才真正开始接受王子云先生的教诲，他还给我们介绍了自己原本是学绘画的，后来又搞雕塑，但是得了手颤的病，只好搞理论了。说实在的，那时候的气氛和处境，王先生是很窘迫的。没有人会意识到自己是在听一位学者讲课，更不会认为他是权威。子云先生也不好意思强调纪律或维持秩序……

“1966 年，‘文化大革命’的红色风暴，王子云先生首当其冲地被席卷冲击，我记得附中的某造反组织抄了他的宿舍，说王子云窝藏着几幅外国女裸体照片，骂他‘老东西无耻’云云，我还记得人们逼他写大字报，抄在报纸上的‘毛主席万寿无疆，林副主席永远健康’一套是满篇的‘蚯蚓’。在那些年月，我经常看到他从食堂端着一碗稀粥，颤颤惶惶，回到房间已经剩下半碗。

“1978 年，我和王迎春（我爱人，国画系同学）在山西工作了十年之后，一起到北京报考中央美院国画系研究生，考试间隙出校门到东来顺餐馆吃饭，忽然一位老者呼唤我们俩的名字，但是他弯着腰（曲弓着背），胸前挂着一块手绢（嘴里总在流着的口水浸湿了它）向我们走来。啊，王子云老师！我们真不敢相信，他还顽强地活着！八十多岁了，一个人来到北京，他还记得我们，还是那样笑眯眯的。眼泪模糊了我们的眼睛，赶快请他坐下。王先生说他在‘人美’出书，来北京为了改稿子，多么难得和亲切的聚会啊！当时的心情复杂、激动、崇敬，也有难言的酸楚。下午我们考文艺理论，从考场出来时，眼花缭乱的，没想到子云先生坐在中央美院大礼堂垫着草的考生通铺上等了我们许久……”

毕业于西安美术学院，后来成为雕塑系主任的陈云冈这样追怀王子云：“没有他，中国现代美术史的外观将改写；没有他，中国现代某些著名美术家的名单将易人；没有他，中国古代雕塑艺术的研究将滞后……作为晚学之辈，无论是当面聆听先生的教诲，还是从先生著作中得到的教益都是巨大、丰富的，深刻的和长久的。尤其近年来，先生以九旬之身，怀着舐犊之情，以渊博的学识、精深的见解，来培养那些晚辈的学生、研究生和各地的来访者，无论晚学之辈的观点、看法与己同异，他从不强加于人，更不以教训的口吻问人对语，而总是虚怀若谷地谦述自己著作的‘不足’，将自己学富五车的广博学识视为平淡。所以，先生获得的景仰是当代学者中少有的，无论是他的学生，还是他学生的学生的学生，交口称赞的首先是先生人格的磊落和伟大！先生一生著述，治学严谨而造诣精深，而最淡泊名利，最疾恶如仇，最不与恶势力妥协，也最不被厄运所击倒。他始终以静虚之心冷看世态炎凉，正是这种伟岸的胸怀才是先生终不为得失所累而能以超人的毅力醉心于学问的根本。只要与先生有一次的接触，我们就明白了怎样的人才配称为学者，这不仅在学问，重要的是德行。”

王子云在西安美术学院的四十年，从一开始就入了政治的“另册”，这在客观上使得他没有参与过任何整人的行动，而总是以“老运动员”的身份处于八面来风之间。中国近几十年的历史，特别是在知识分子人群里，多为在意识形态风暴的莫测变幻里既为鱼肉，又为刀俎。几乎所有的人都有过在大环境里“起哄”的经验，至于为虎作伥、火中取栗者，也是代不乏人。而时过境迁以后，又很少有人为自己已往的灵魂污浊认真反省和争取救赎。“真理面前人人平等”很难见落实，“错误言论个个有份”遂理得心安。在“文化大革命”那样的环境里，革命群众被分成为多种层次，你是贫农出身，已经很纯洁了，但没有产业工人光荣，还够不上领导阶级；你是工人出身，还不能和革命军人、革命干部相比，他们才是出生入死的职业革命者，在否认人的社会地位有差别而又不可能免除“衣分三色，食分五等”的现实里最让人艳羡的角色；如果到了这个层次，苦恼还会与时俱添，你可能还不是伟大无产阶级司令部里的分子，今天还在三呼万岁，明天也可能跌下九霄。九霄之下的人群，也有自己的纷争，你是地主资本家出身，且夹着尾巴做人便是，比起有“现行”之辈还可以差自庆幸。如果再被抖搂出有“海外关系”成为“特嫌”，那就不仅徒叹今生，还要自罪前世。王子云在多少年里都陷在这样的“苦跌打”里，他实在想不起来自己有什么政治上的罪恶，就只能在“在阶级社会中，每一个人都在一定的阶级地位里生活，各种思想无不打上阶级的烙印”这样的普遍真理里硬挖自己的个人行为，那就是：“高工资本来是人民血汗，用工资所买文物当然应该属于人民。”这样，他的思想竟最先共产主义化了。他在几十年里，总是在要求自己，也若杨力舟所回忆的，他对课堂上的纪律秩序也不敢多管；还如陈云冈所叙，他在学术上也抱了使后辈不得不感动的谦抑态度。那么，他是一个可怜人？后辈对他的尊重里还有怜悯的程度？不可否认，在对王子云的纪念文字里，有这样的成分，人们都是容易同情弱者，特别是在表现过自己的人性缺点之后来同情弱者，这样的同情和那些并不了解王子云的真实人生、在“大师”的鼓噪里掀波推澜的廉价的“好话”一样不着边际。王子云在几十年的逆境里，“不向恶势力低头”，陈云冈作为在美术学院生活了几十年的“晚学之辈”，对王子云的为人有实际的了解。在很多人为了自己的一点利益（在文化教育部门，多以学术事业的名义）希风承窍、阿世违心、觍颜苟活甚至出卖同类的时候，王子云却是经常要“讲道理”。何正璜早年就看出“子云耿直，恐与世难合”。这一点性情在他身处逆境之后，并没有改变，而是在孤处独行里表现得更加明显。杨力舟说，想起先生的际遇就心酸，要把王子云晚年之“耿直”尽述，还得有更多的时间去发撅。

陈云冈说：“先生在昨天离我们很近，正因为这样而使我们忽视了多多地看望和请教的机会，而今天，先生离我们远了，远得使我们再也看不见他的音容，听不见他的笑语了。这是我们的悲剧。我们原本是可以不让先生在他的那双手已抖的时候再写作的，也是可以让先生至少在二十年前就将现在才进行的、他六十年前就收集好了的资料著述成书的！但是没有，直到他老人家匆匆走了的现在才写出了一半。尽管先生的盛名将随着他的逝去而日著，但这较之他想写的和该写的著作还有很多未完成，能给我们多少的安慰呢？”陈云冈撰此文时是《西北美术》杂志的执行主编，他是亲受过王子云謦欬的晚辈，他的父亲陈天是中央美术学院雕塑系毕业，分配到西安美术学院以后，在 1957 年与王子云等人一起打成右派，刚刚一岁的陈云冈，也跟着父亲过了多年“狗崽子”生活。以后，陈天教授回到西安美术学院，年仅六十二岁便溘然长逝，其生前也是王子云的女儿王蒨的老师。这样的经历和了解，使得陈云冈之纪念王子云，于濡泪泣血之中，也使人刮目以看。

3．王子云和吴宓的比较

王子云的经历，和出生于陕西泾阳县的吴宓先生有些可以比较的地方。吴宓比王子云大三岁，他是作为陕西省的公费生，先考上清华学堂当时的“留美预备班”，于1921年放洋到美国的哈佛大学，所学为比较文学。出国之初，吴宓也是想到美国找一只金饭碗，在学习过程里，他的老师白壁德博士反复向他灌输：如果要说文化的丰富，文学的精美，对于人类精神和谐发展的价值，中国的传统文化和文学艺术是最高尚的。吴宓逐渐接受了老师的思想，回到国内，就以研究和传扬中国传统文化为终身事业。他和陈寅恪、梅光迪、柳诒徵等人以《学衡》杂志为阵地，坚持研究“国学”，在新文化、新文学在社会上成为主流的几十年间，步履维艰，直到20世纪80年代，才在中国的“文化反思”时代得到重新认识和评价。吴宓的重新被社会注意，和他的教育经历关系很大，他在清华大学做外语教授时，曾经教过钱钟书、曹禺、季羡林等一大批以后在中国文学艺术界最具声名的学生。而王子云之被美术界重新尊重，也与刘开渠、王朝闻、艾青、吴冠中等人在晚年对他的纪念有关。吴宓和王子云真正的共同处，是他们对中国文化的认识，都来自于在外国的学习经历。曾经在西安美术学院和王子云共事的徐文伯在1997年纪念王子云百岁诞辰时写过一篇文章《重新认识王子云先生》，他说：“现在的艺术院校的教学模式和方法……也可以说是全盘西化的艺术教学格局。而王子云先生从西方学习回来以后，把西方学到的知识和技术结合中国传统雕塑艺术进行比较、研究，发现中国传统的雕刻艺术比西方的更好，更高超。有这样认识的不多，身体力行地去论证这个观念的正确的人更是凤毛麟角。于是王子云先生就把一生的精力都放在民族雕刻艺术的研究上……我们今天许多人在谈中国艺术与世界艺术接轨的问题，我觉得这种提法本身就不科学，中国的艺术是世界艺术的重要组成部分之一，根本没有不接轨的事，这完全是中国艺术教学和艺术方向上的全盘西化所产生的后果。我看今日，多元化、多中心、多层次的艺术发展，保护、保持优秀传统是艺术的根本。它能让世界的精神财富更加丰富多彩。”

对民族传统的认识，可能会有很多不同的解释，对“全盘西化”，也有很多不同的认识和解释，在以往的几十年里，极端意识形态对民族文化传统的戕害最为剧烈，应该是不争的事实。王子云开始进行他的美术考古研究的时候，完全出于自己在中外艺术历史比较里得到的认识，在以后的几十年时间里，他曾经投注心血的对中国传统艺术的收获，竟被尘封久久，直到现在，这些心血结晶，也还没有得到充分的发挥和利用——意识形态的飓风刮过之后，实用主义又成为时髦。对王子云的推崇和纪念，在高歌和痛哭之后，却很难见到切实的发掘和研究。余者不论，王子云当年移交给西北大学的那十册《教育部艺术文物考察团西北摄影选集》，直到今日，看过的人屈指可数，又何谈研究利用？

吴宓（1894—1978）

对吴宓的张扬也有这样的情形，人们对他的惊奇感叹，多来自对他的“大师”学生群体的现实歆慕。吴宓的那些近于固执的对中国传统文化的珍惜，到底有怎样的价值？在几十年意识形态反复的环境里，他为什么没有为之反复？在时代的继续前进里，摈弃狭隘的民族主义情绪，还原于文化本位，可能王子云和吴宓的意义还可以得到更多的认识。可惜这两位“有同戚焉”的文化老人未能相晤。吴宓去世于1978年，这时候，他的处境比王子云还要糟糕许多，他早年就和妻子离婚，三个女儿都长期不认他，以后又在重庆的西南师范学院娶了一位夫人，却不幸病死。在“文化大革命”里，他被斗得无路可走，无人可依，是他妹妹将他接回陕西，就死在泾阳县面粉厂。这时候，王子云在西安生活，有自己的家庭儿女，虽然也还在受压制之中，毕竟没有吴宓那样叫天不应，孑然一身。吴宓1933年也曾经到法国留学一年，这期间他也对艺术考古学问发生过兴趣，曾经拜访过伯希和。王子云在法国期间和吴宓的清华大学同事朱自清有过接触，却未见有和吴宓见面的记录。以后，吴宓还曾经于1948年由武汉到西安探亲，并且到西北大学讲《红楼梦》，这时候王子云也在西北大学历史系工作，也未见有他们接触的记录。吴宓和王子云，他们的异同，他们的人生经历和学术经历，确实有很多可以寻绎的幽微。

吴宓也有和王子云的明显不同，他对于中国传统文化的坚持，一开始就是和“新文化”唱反调，来自鲁迅和胡适这“新文化”两大主将的左右交攻，使得他直到去世，都没有在文化评价方面抬头。他虽然有诸多“大师”级学生，在他血泪浸身的晚年，却看不到一点来自学生的安慰。到他死后，先是季羡林，后是钱钟书，以忏悔方式表达了对先师的理解和追怀。王子云的美术学习、创作和以后的学术活动，则一直是和新文化的发展轨迹谐和的，他在文化方向方面并没有受误解和委屈。在他的生前，便得到了学生们及时的感情补偿，刘开渠的多次书信和题词是表现得最显豁的。他也得到了美术界最高的荣誉职务。吴宓是抱恨终天，王子云则含笑九泉。

吴宓作为文化象征人物被纪念，多出于他的文化行为，但他确实没有留下什么著作，他的几百万字的日记记录了中国学术界的幽微，这多是行为和心理记录，有其特殊意义。吴宓知道自己的文化追求不合于时，在几十年时间里除了在日记上对自己交谈，便基本上什么也不写。王子云则十分清楚，他的文化方向，其实不仅是“新文化”能够包容，甚至还是唯物主义思想的证明。在1957年的横逆到来之前，他的《唐代雕塑选集》和《中国古代石刻画选集》的出版，便是他的希望被新社会接纳的献礼，而当二十多年的噩梦过去之后，他更不惧老迈，出版了《中国雕塑艺术史》和《从长安到雅典——中外美术考古游记》。吴宓的不合于时，完全是文化方向的原因，他个人倒并没有被戴上“反革命”帽子，甚至在1957年的中国知识分子的集体悲剧里，他也没有被划入“右列”，甚至还长期有过四川省政协委员的头衔。王子云的悲剧则是政权易手时期的意识形态紧张所致。因为文化原因造成的悲剧，显然不如政治原因悲剧来得激烈，但其漫漶就要显得长久。在1973年的环境里，王子云还有机会出外考察，在济南，他碰见“批林批孔”，最多是看不成孔庙，而吴宓则以咳血之吼，颤抖着喷吐逆耳之声。比较之下，王子云的命运，就具有较多的具体性，他是随时随刻都在希望发挥自己的那点力量，而在很长久的时段里，具体的环境不允许他发挥。而他则以自己生命的顽健，不停地在寻找发挥的机会。前面有叙，在1982年，何正璜主持全国工艺美术学会的研讨会，王子云不得参加，他竟自己跑去要求发言，这其实就是王子云的典型形象。他不是有所不为，而是总想有所为。对这样的知识分子，浪费他几十年的时间，真正是一个时代的色盲。

王子云的一生，其实是健康而少病态的，这不仅是说他的高寿，他虽然在早年因为家庭的不幸而有些内向，不善言辞，但他一生绝少无病呻吟和自我消耗。而吴宓则在这样的无病呻吟和自我消耗里折磨了自己大半辈子。吴宓一方面是坚持中国文化传统，一方面又欣赏西方式的移情别恋。他害单相思几近半个世纪，明明知道不能实现的事情，却反反复复纠缠不休，他曾经想用写小说来证明自己的能力，在他的日记里关于写小说的决心下过几十回，最终也没有写出小说来。王子云本来是可以成为中国一流油画家或雕塑家的，但当命运的变化让他失去这样的机会以后，他没有自暴自弃，也绝不水中捞月，而是脚踏实地地自我挽救；他所做的一切，固然都在文化意义的囊括里，也有着个体生命对于环境的不屈抗争。这样的比较，当然并不会消融吴宓先生的文化象征意义，却也可以更加清晰地发现文化人在时代的无情演绎里有效挣扎和无情消磨的各自形态。当历史翻过以往的沉重，当新的命题又横亘在新一代面前，对于王子云的认识，除了他的专业性的著作和行动里留下的价值，如果放在20世纪中国文化发展的冲突变异里去认真分析，或许所得就要比简单地表示一些敬老尊贤言语不同。在经过了长期的文化撕裂以后，养颐伤口是世之常情，人之常情。但在这养颐之中，也往往有庸医连伤口里的淤血也不清理，便贴上鲜亮的膏药，比较之下，倒是在伤口里多抹几下碘酒更合医道。对已经进入历史的文化人物的研究和叙述，其实也是对于刚刚过去的曾经被撕裂的文化历史的清理。

2003年8月至2004年3月
初稿于西安雨园
2004年6月至7月修改
2005年7月再改

后记

虽然同居西安，知道美术界有王子云先生这样一位泰斗，但我对先生的了解是在他去世七年之后。西安美术学院纪念先生百年诞辰，约我写一篇介绍先生平生经历的文字，并且介绍我和王子云、何正璜先生的子女们接触。从此以后，这位和中国现代美术史的发展形影相伴的艺术家的丰富人生和坎坷命运，便为我思索久久。

一个刚刚经历过文化浩劫的社会，长久被隐埋的文化英雄，成为文化复兴中必然的寻找。初识王子云先生事迹，他在美术界的状态活脱就是文学界的吴宓。刘开渠、王朝闻、艾青、吴冠中，都是王子云先生的学生。与吴宓的不同之处是：吴宓到清华办国学院，以后又长期任教外文系，来此读书者笃定都是他的学生。钱钟书不遇吴宓，一样成大器；吴宓有钱钟书，为身后殊荣。王子云和刘开渠的关系，则具有更多个人性。如果没有王子云在萧县高小的一力促成，刘开渠不可能得到官费往北京读艺专，以后的出国，当教授，塑人民英雄纪念碑，当中国美术馆馆长，没有这个开端，也就难有以后的一切。文化人的师承关系，可以得见现代文化发展的基本脉络，而其间的幽微万状、同中之异，在学术里便有了趣味。

我读王子云先生，没有脱开这样的路子：对现代中国文化，不论是文学还是美术发展的探询，不能脱离生人之趣。吴宓先生，王子云先生，他们的独特经历，在我的阅读和探询过程里，首先是出发于对已经过去而又影响今天的历史的探究趣味。他们的命运，和中国社会的现代变异一样曲折，也成为中国文化现代发展里有价值的“个案”。吴宓到美国留学的时候，本来冀望于得点儿实用本领，回国可以谋美职厚禄；王子云往法国留学的基本动因，是他当时任职的西湖艺术院，不留洋就难当教授。结果呢？吴宓被他的导师白璧德告诫：你中国的文化，是世界上最值得研究的文化。吴宓回国后就死心塌地维护中国文化传统，“洋教授”和“封建余孽”两种迥若云泥的形象纠缠他直到死后。王子云在欧洲读书游历七年之久，看遍了“西洋”美术的奇珍异宝，回国后却对中国古代雕塑如痴如醉，从一个著名油画家转变为研究家，当他的诸多学生卖画平尺论价万元之际，他却在艰难地“爬格子”。这样的人生变异，发生在一个文化“符号化”的社会，文化英雄的卓荦不群足可让希望寻找文化人世纪心路者为之徜徉，也为之发凡究柢。

一旦进入真实的人物世界，文化英雄便也会被发现其实也还是常人，他们也有常人的世俗欲望，功利计较；他们的意气用事、判断失着，遭遇宏观社会的“命定”，他们的生活就比平常人更加悲惨。在一段时期的文化英雄追寻里，多年单向思维造成的习惯心理，又趋于粉饰夸张，似乎多奉送几顶“大师”的花冠就可以填充曾经被蹂躏的文化御苑。只有进入具体的文化人物的真实心路，才会在这样的“语境”里深省。我之耽趣于吴宓，之进入王子云，也随着对现代社会文化发展脉络的不断辨析，经历着真实的心理跌宕。文化英雄的形象，有时清晰，也有时模糊。比如，王子云曾经是中国现代有建树的油画家，他的《杭州之雨》曾经在巴黎的“春季沙龙”展出（一直到现在，参加巴黎的“春季沙龙”依然是画家的殊荣）；王子云的作品和事迹在20世纪30年代初期便刊入巴黎出版的《现代美术家辞典》，这也是当时中国美术家的凤毛麟角。据此，说王子云是中国的“油画大师”也有理由；王子云还是中国雕塑界的先驱者，且不说他对刘开渠美术道路的指引，仅仅是作为朗多维斯基弟子多年研习雕塑，回国后发生诸多影响，列名于“雕塑大师”之列，也并非空穴来风；且不说他带领的教育部西北艺术文物考察团对敦煌等地的考察，确实得风气之先，有开创之造。这样，说他是“全方位大师”也言之有据。在“发掘文化资源”“打造文化品牌”的以“文化”为标榜的时期，作为一个“乡后辈”，何尝不希望自己生活的这片土地多有几位大师？何尝不希望自己的兴趣心力能够成为对大师的寝馈和诠释？但是，已经身历过的绝对化的社会生活和文化偏颇提醒我，正在发生中的依然浮泛飘飞的文化泡沫警示我，与其对那些已然膨胀的泡沫鼓胡涨腮，不如淡定平常，以观察先贤前辈的履迹。

在这样的心态里，是否就会泯灭了先前的兴趣？我的体会，非但不会，而且探幽索微的兴趣更加浓厚，旁搜穷取的心力更加健顽。比如，研读吴宓，遗憾于他曾经几十次下决心写长篇小说《新旧因缘》而终于没有写，这确实使得吴宓的形象比较“不大师”，但同时又注意到他和陈寅恪先生早就观察到中国文化必因国际意识形态划分而有一劫，而中华民族在世界性的集团纷争中深受困扰之后，又只有以自己民族文化为立国之本，方可振起于世界民族之林，有如此知见，岂不比文坛多几本谈情说爱的小说更加有益于世？又以王子云为例，他作为敦煌艺术研究的第一人，因为不甘居人之下，在敦煌艺术研究所成立之初，竟拂袖而去，这样的意气用事，显然“不大师”，但是，再看他在将近八十之年，在狂风大雨之中踏勘雕塑遗存，重书《中国雕塑艺术史》，这样的刚强，和当年的昂藏，岂不正是一个真正男子汉的性情逻辑？现代文化艺术界，著作等身之人多矣，左右逢源之人多矣，做违心之文夜间悔泪掩流白日依然故我之类有矣，像王子云这样敢以性情之真自取艰难，又不被艰难压倒，临死一刻依然奋斗不息的男子汉，对文化探求和人生探求中艰难行走者的意义，便贴切而恒久。有见如此，我越是发现他的“不大师”，越是希望深入探询其心路，及而观照人生世路。读他的《从长安到雅典——中外美术考古游记》，他与同行者在新疆考察时，被风沙掩埋在帐篷里，第二天又继续工作，任务完成之后，他竟不愿意离开。这时候，我不由得想起《老人与海》。在经磨历劫的生命里，进入这样的状态，已经超越了一般意义的所谓“事业”“成功”的拘囿，幽微变为显朗，复杂归于单纯。

王子云先生九十四岁的高龄，他在中国现代美术史发展中的经历与贡献，欲加介绍，不是一本书可以得其全貌。而真正进入写作，才发现，最大的困难是资料零星不全。即以王子云先生一生中最为辉煌的西北艺术文物考察团期间的经历而论，当年是有详细记录的，若《关中唐陵考察记》，本书就得以引用；还有《敦煌考察记》，有人见过，却又消失无踪。王子云先生没有留下日记，他的《八十九岁自述》《奋斗的历程》等自传性文字，在变动着的文化环境里，随当时的“允许”激活着记忆，也因为当时的禁忌而封闭着记忆。如果放到今天，可以形于文字的内容必大为丰富；待到明天，可以诉诸笔墨的内容必更为丰富。这是无法克服的时间悖论。一定条件下的写作，因为需要，最终只能接受局限。何正璜先生倒有部分日记留存。这部分日记便成为我考稽他们生活的重要依据。有些地方，王子云先生的活动几近空白，而何正璜先生的活动则成为映照。

有几件档案材料为此书的完成帮了忙，未加修饰的原始材料恰让人看见真实。王子云先生在他的历次回忆文字里都没有多谈他在解放初期和西北大学发生的“文物纠纷”，即使在几十年之后的今天，谈这件事情依然有些费力。王子云先生并不是一个热衷政治的人，虽然因为生活在西安，因为是美术考古专家，与曾经的政治人物胡宗南等人有过一般性接触，但他对国民党的所作所为早有愤懑之言。这是当时知识分子的普遍状态。但他却又在西安解放前几天坐胡宗南部队的汽车到成都，他以为这无非就是一次职业和居处的迁徙，没有想会给自己带来政治麻烦。“文物纠纷”就是在这样的麻烦里发生的。本书中引述了当时有关方面和王子云先生发难与辩难的原始材料内容。在大时代的变异里，个体生命的遭际，特别是文化人的心理幽微，于兹可见。王子云先生在当时条件下据理力争，因为他曾经有过在公民社会里生活得出的“凡事讲理”的习惯，同时，他又必须认识和接受当时的意识形态话语。他自己提出：“当教授的高工资既然来自人民血汗，以工资所购文物当然应该归于人民。”今天，国家大法肯定私人财产，重读斯语，真成隔世。但在当时情况下，王子云先生也举证确凿，条分缕析，使得一场可以陷他于牢笼的大案以撤诉为了结。这过程，不仅让人看到王子云先生收藏文物的细节，看到他的刚强性格，也得见当时知识分子的命运处境以及国家在大环境下对知识分子政策的某些调整。

王子云先生本来是一位画家，以后成为雕塑家，成为学者，这样的变化，其实也是中国文化的现代演变所致。这样的线索，构成他一生的丰富，但也因为他一生从事学问门类太宽泛，以至于他在诸多领域都堪称开创者，而又没有精骛以为大成。王子云先生的最初文化经历是幸运的，他在离开家乡去往北京之后，很快进入中国现代美术的渊薮，他被史学家陈垣聘为家庭教师一事，足见“新美术”对当时北京士大夫传统文化的影响。以后，因为他精力的旺盛，不断希望赶上现代美术的变化，在他自己的一生命运里，实际上带来的却多是困厄。最显明的事实，是他晚年出书，竟要靠卖学生们赠送的绘画作品。这样的比较，便凸显他的悲剧意味。静心思之，命运的变化本非人力可以逆料，况且，他那一代知识分子，本来是膺负文化使命之群。即如吴宓先生，影响极大而著作不多，一生坎坷，少乐多悲，但衡观一生，最终也如陈寅恪先生评述王国维时所云：“为中国文化所化之人。”其文化追求、文化行为，甚至大于具体的文化成果。王子云先生也有相类处。回观动荡中的整个20世纪中国文化和具体的文化人，品不论高与低，功不论全与缺，“千古文章未竟才”是普遍。王子云先生本来不是写文章的人，但他在进入学术以后，却不甘受命运摆布，一直写到九十四岁，因为他的韧劲，居然在并非强项处做出不菲成绩。他的《中国雕塑艺术史》，收集材料之丰富，个人考察经验之具体，均得到美术史界的高度评价。尽管由于各种原因的局限，他的学术研究还有许多不足，但是，因为他，因为西北艺术文物考察团的卓有成效的工作，因为他以后几十年锲而不舍的努力，说王子云先生开创了中国美术界的考古研究学派，应该不是夸饰之词。据于此，本书对王子云先生的多次野外踏勘，尽量引述原始记录文字，读者于其间不唯可寻游踪、可观艺术，亦得见世态人情。

在感叹王子云先生所骛多方之际，遗憾于他的不够精赅；在追随地欣赏他的平生履迹时，又不能不钦佩他的宽浩博大。在文化英雄的鼓吹里发现他依然是平常人，一旦归回平常心又发现他实际上是文化英雄。这样的精神跌宕，活跃在写作此书的全部时间里。经历了一番心理的跋涉之后，一切观念都趋于淡定，只是他的个性、活力、坚忍、朴实甚至某些笨拙，依然鲜活在我的记忆里。我本来没有见过他一面，如今，却永远再难忘忽这样一位长辈，他的欢欣似乎已经成为我的欢欣，他的遗憾也似乎成为我的遗憾。如果说从前人的经历里真正希望得到点儿什么，我想起来的竟是一句笨话：只问耕耘，不问收获。这样，人生或者少些遗憾。王子云先生在最后回眸人生的一瞬，他是不遗憾的。

完稿之时，有八绝句吟成，爰录于兹：

纷繁艺苑看谁家，
曾领先鞭不自夸。
最是男儿肝胆在，
敢抛云锦向流沙。

幽灯照夜人吹管，
解缆放流月满江。
非美倚红偎翠者，
长谐文气染洪荒。

写形写意写风神，
张髯曾与共一尊。
旃座久拥罗汉坐，

长行风雨苦行僧。

古迹掩踝是古都，
经年意态未消除。
斋成百瓦不为卖，
七志鸳鸯堪媲朴。

栈道星微满目霜，
剑门西去是投荒。
儿侪不解玄黄变，
回首千秋恸一场。

荒原岂惧大风吹，
埋骨黄沙雄唱飞。
此夜心情杜子美，
平生意态海明威。

男儿有泪不轻弹，
儿女风尘引泪汍。
长梦清风浑过耳？
应留微意寄心关。

名屋几抛来去频，
孤帆独向大江行。
丹崖白发成斯照，
丹血写铭王子云。

最后，真诚感谢为写作此书提供帮助的西安美术学院的朋友。感谢王子云、何正璜先生的子女们，在长达七年时间里，王蒨女士作为他们的代表，和我交谈最多。如果不是基于对现代文化历史的共识，我不可能下决心进入此书的写作。我虽然写的是他们的父亲，却在一开始就默契于对中国一段文化时空的研寻。因为资料的不够完整，时间的不够充裕，特别是作者能力的限制，这本书的缺陷显而易见，只能请求原谅。

李廷华

2004年7月15日于西安雨园
2005年7月再改

再版缀语

太白文艺出版社拟再版本书，我欣悦并感谢。再版纠正了初版的一些错讹，文字亦略有修订。

李廷华

2014年8月16日于燕郊

主要参考书目

《从长安到雅典——中外美术考古游记》　王子云　陕西人民美术出版社 1992 年第一版
《中国雕塑艺术史》　王子云　人民美术出版社 1988 年第一版
《敦煌学概论》　姜亮夫　云南人民出版社 1999 年第一版
《于右任传》　李秀潭、朱凯　陕西人民出版社 1988 年第一版
《于右任集》　刘永平编　陕西人民出版社 1989 年第一版
《张大千全传》　李永翘　花城出版社 1998 年第一版
《萨空了》　萨沄　花山文艺出版社 1997 年第一版
《蔡元培美学文选》　北京大学出版社 1983 年第一版
《文化古城旧事》　邓云乡　中华书局 1995 年第一版
《皇城根寻梦》　邓云乡　山西古迹出版社、山西教育出版社 1998 年第一版
《西北大学学人谱》　姚远主编　西北大学出版社 1994 年第一版
《中华民国时期军政职官志》　甘肃人民出版社 1990 年第一版
《解放战争中的西北战场》　中国文史出版社 1992 年第一版
《吴宓日记》　三联书店 1998 年第一版
《艺术摇篮———浙江美术学院六十年》　浙江美术学院出版社 1988 年第一版
《萧县英才》　中共萧县县委组织部编　方志出版社 1995 年第一版
《萧县文史资料》　书画专辑
《西北美术》　西安美术学院主办
《美术观察》　中国艺术研究院美术研究所主办
《艺术界》　陕西省艺术研究所主办